GARRETT OLIVER

A mesa do MESTRE-CERVEJEIRO

Descobrindo os prazeres das cervejas e das comidas verdadeiras

COM FOTOGRAFIAS DE DENNY TILLMAN
TRADUÇÃO DE ANTHONY CLEAVER

Editora Senac São Paulo – São Paulo – 2012

ADMINISTRAÇÃO REGIONAL DO SENAC NO ESTADO DE SÃO PAULO
Presidente do Conselho Regional: Abram Szajman
Diretor do Departamento Regional: Luiz Francisco de A. Salgado
Superintendente Universitário e de Desenvolvimento: Luiz Carlos Dourado

EDITORA SENAC SÃO PAULO
Conselho Editorial: Luiz Francisco de A. Salgado
Luiz Carlos Dourado
Darcio Sayad Maia
Lucila Mara Sbrana Sciotti
Jeane Passos de Souza

Gerente/Publisher: Jeane Passos de Souza (jpassos@sp.senac.br)
Coordenação Editorial/Prospecção: Luís Américo Tousi Botelho (luis.tbotelho@sp.senac.br)
Márcia Cavalheiro Rodrigues de Almeida (mcavalhe@sp.senac.br)
Administrativo: João Almeida Santos (joao.santos@sp.senac.br)
Comercial: Marcos Telmo da Costa (mtcosta@sp.senac.br)

Edição de Texto: Luiz Guasco
Revisão Técnica: Marcelo Moss
Preparação de Texto: Cristina Marques
Revisão de Texto: Angelo Gabriel Rozner, Kimie Imai, Luciana Baraldi, Luiza Elena Luchini (coord.)
Projeto Gráfico e Capa: Antonio Carlos De Angelis
Foto da Capa: Valentyn Volkov (iStockphoto)
Impressão e Acabamento: Gráfica e Editora Serrano Ltda.

Traduzido de *The Brewmaster's Table: Discovering the Pleasures of Real Beer with Real Food*
© Garrett Oliver, 2003
Publicado por acordo com Harper Collins Editors.

Proibida a reprodução sem autorização expressa.
Todos os direitos reservados a
Editora Senac São Paulo
Rua 24 de Maio, 208 – 3º andar – Centro – CEP 01041-000
Caixa Postal 1120 – CEP 01032-970 – São Paulo – SP
Tel.(11) 2187-4450 – Fax (11) 2187-4486
E-mail: editora@sp.senac.br
Home page: http://www.editorasenacsp.com.br

© Edição brasileira: Editora Senac São Paulo, 2012.

Dados Internacionais de Catalogação na Publicação (CIP)
(Câmara Brasileira do Livro, SP, Brasil)

Oliver, Garrett
A mesa do mestre-cervejeiro : descobrindo os prazeres das
cervejas e das comidas verdadeiras / Garrett Oliver ; com fotografias de Denny Tillman ; tradução de Anthony Cleaver. – São Paulo:
Editora Senac São Paulo, 2012.

Título original: The Brewmaster's Table: Discovering the
Pleasures of Real Beer with Real Food
Bibliografia
ISBN 978-85-396-0174-5

1. Cerveja 2. Cerveja – História I. Tillman, Denny. II. Título.

11-13418   CDD-641.23

Índice para catálogo sistemático:
1. Cerveja : Alimentos e bebidas   641.23

Sumário

Nota da edição brasileira, 5

Apresentação à edição brasileira – *Cilene Saorin*, 7

Agradecimentos, 11

Introdução, 15

Parte 1. Os fundamentos, 23

    1. O que é cerveja?, 24

    2. Breve história da cerveja, 50

    3. Princípios da harmonização da cerveja com a comida, 72

Parte 2. Tradições cervejeiras, 105

    4. Lambic, 106

    5. Cerveja de trigo, 128

    6. A tradição britânica da cerveja Ale, 158

    7. A tradição da Ale belga, 258

    8. A tradição boêmio-germânica da cerveja Lager, 346

    9. Novas tradições: cerveja artesanal americana, 414

    10. Especialidades únicas, 488

Parte 3. A última palavra, 505

    Copos, temperatura, armazenagem e serviço, 507

    Cerveja e comida: um quadro de referência, 517

Índice remissivo, 527

Nota da edição brasileira

Este livro trata de uma longa história: a da cerveja. Presente em várias civilizações antigas, há numerosos registros de seu imenso prestígio na Mesopotâmia e no Egito, por exemplo, desde milênios antes de nossa era.

Um dos objetivos de seu autor é demonstrar o quanto essa bebida difere das cervejas hoje produzidas pela grande indústria. O ponto principal, a esse respeito, é que a cerveja de fabricação artesanal, em diferentes sociedades, jamais foi considerada exclusivamente uma bebida, mas um alimento indispensável, que complementa refeições. Garrett Oliver explica como manter essa característica da cerveja, a partir da manipulação dos ingredientes que entram em sua composição.

Outra importante contribuição do texto remete à harmonização entre diferentes tipos de cerveja artesanal e os mais diversos pratos e sobremesas. Oliver esclarece como ela ajuda a desvendar sabores, transformando qualquer refeição em um momento de refinada degustação.

A mesa do mestre-cervejeiro: descobrindo os prazeres das cervejas e das comidas verdadeiras, publicação do Senac São Paulo, é um instigante lançamento para os cultores do sabor e dos prazeres à mesa, além de uma consistente fonte de informações para os empreendedores do ramo de bebidas.

Apresentação à edição brasileira

Em 2004, trabalhava na Inglaterra quando este livro me foi apresentado. Fiquei impressionada – enredo envolvente, provocante e divertido em uma excelente combinação de informações sobre cultura e tradição cervejeira, gastronomia e turismo. Tudo entrelaçado com certo fraseado romântico e uma bela dose de vivência e aventuras do talentoso autor Garrett Oliver. Desde logo se tornou um livro de cabeceira.

Inspirada por ele, passei a enveredar por estudos, degustações e viagens e, aos poucos, me vi dedicando mais e mais tempo aos trabalhos ligados à cerveja na gastronomia.

Desde há muito, as cervejas estão enraizadas na cultura e tradição de países como Bélgica, Inglaterra, Alemanha e República Checa, a ponto de aparecerem em várias manifestações artísticas: da literatura à música; da pintura à gastronomia. Porém, mesmo com tamanha influência, essa bebida andaria carecendo de vitalidade no Velho Mundo e em outros países como Estados Unidos, Itália e Brasil, no final do século XX.

Assim, como numa resposta apaixonada e inquieta a essa situação, nasceram alguns movimentos ao redor do mundo na intenção de recapturar olhares à inebriante e prazerosa cultura das cervejas. Nos Estados Unidos dos anos 1980, uma legião de profissionais e entusiastas passou a desafiar as tendências do inexpressivo, produzindo cervejas de diferentes estilos e personalidades sensoriais. Esse movimento ficou conhecido como "renascimento da cultura cervejeira" e, ao longo de três décadas, não somente revolucionou o mercado norte-americano como inspirou e impulsionou mudanças no mercado global.

Em meio a essa legião, um personagem que viria a ser dos mais brilhantes e provocativos cervejeiros norte-americanos, Garrett Oliver, além de expressar sua criatividade cervejeira por intermédio dos rótulos da Brooklyn Brewery, em 2003 também se apresenta como escritor deste *A mesa do mestre-cervejeiro: descobrindo os prazeres das cervejas e das comidas verdadeiras*, publicação que foi tomada, de certa forma, como divisor de águas no mundo inteiro por propor um estilo literário próprio e diferente de tudo que havia sido apresentado até então.

Em meados de 2006, retornei ao Brasil para me juntar aos ousados cervejeiros e entusiastas que pareciam trilhar um caminho similar àquele visto nos Estados Unidos. Desde essa época, observo como o Brasil vem se destacando como economia emergente, alcançando níveis de crescimento inéditos em décadas graças à ascensão da nova classe média, cujo poder de consumo gera demanda em um crescente grupo de produtos e serviços – incluindo aqueles relativos ao negócio de cervejas.

O excelente desempenho das cervejas especiais tem atraído a atenção de investidores e feito companhias se reinventarem, aprendendo a trabalhar nesse novo panorama construído com base em aspectos econômicos, demográficos e socioculturais.

O Brasil atualmente vive o fenômeno demográfico do envelhecimento da população. Para negócios dirigidos à luz dessa silenciosa transformação, as chances de crescimento são enormes. Referido como "bônus demográfico", essa fase abraçará nosso país nas próximas duas décadas e, durante essa preciosa janela de oportunidade, estaremos no ápice de nosso período produtivo, orientando a economia e gerando recursos que podem se reverter em consumo, reserva e investimento.

Outra interessante perspectiva está relacionada ao fato de a população mais velha trazer mudanças de comportamento de consumo – homens e mulheres mais maduros e exigentes, buscando informações sobre a cultura das cervejas e conduzindo ao crescimento do consumo de cervejas especiais, antes considerado inexpressivo.

O movimento "beba menos e melhor" é uma tendência de comportamento entre brasileiros, e seus efeitos são claramente benéficos – a saúde melhora e as experiências gastronômicas são recompensadoras e estimulantes.

Considerem, assim, este livro como um convite ao estudo, ao trabalho e à construção desse novo país em que vivemos. Que Garrett Oliver inspire e influencie os leitores em novos caminhos tanto quanto fez comigo.

CILENE SAORIN
Mestre-cervejeira e sommelier de cervejas

Para Joyce Thurston Oliver e
Alexander Sidney Oliver (1931-2003),
que me deram tudo de que preciso.

Agradecimentos

Já se passaram quase vinte anos desde minha formatura da faculdade e havia me esquecido de como é aterrorizante enfrentar uma página em branco. No ano passado (2002), voltei a familiarizar-me com essa sensação. Várias pessoas me ajudaram a superar meus temores e a transformar uma ideia em livro.

Assim, gostaria de agradecer a Steve Hindy, Tom Potter, Eric Ottaway e a todos os meus colegas da Brooklyn Brewery, por incentivar e compartilhar meus pontos de vista sobre fabricação de cerveja de qualidade. Tenho sorte de trabalhar com pessoas tão interessantes, dinâmicas, inteligentes e divertidas. Enquanto me debruçava sobre o computador, Andrew Ety, Tom Villa e Seth Burning, minha incansável equipe de produção, garantiram a fabricação de nossas cervejas. E, se continuarem a caçoar de mim, sei que não preciso me preocupar.

Fundamental, ao me ajudar a reunir o que penso em um formato coerente, foi Melissa Rosati, minha primeira agente literária. Seu entusiasmo ilimitado levou-me a acreditar que era possível escrever este livro. Quando Melissa partiu para a Europa, deixou-me às mãos de Richard Curtis, que abraçou sua concepção inicial, tendo me incentivado e me aconselhado ao longo de todo o processo de publicação. Conheci Dan Halpern, meu editor, em uma festa e, algumas semanas depois, nos encontramos novamente no Gramercy Tavern. O destino queria que trabalhássemos juntos. Aprendi a apreciar sua inteligência viva, sua incisiva capacidade analítica e sua percepção inata sobre o caráter de um livro. Todos dizem que tenho muita sorte em ter Dan como editor. Eles têm razão. Agradeço também a Patricia Fernandez e a Gheña

Glijansky, que trabalharam duro para conduzir um autor de primeira viagem pelos caminhos da produção.

Agradeço ao meu fotógrafo Denny Tillman (e a seu enérgico irmão James), cujo trabalho tornou este livro tão belo. Passamos semanas correndo por toda a Europa, captando imagens maravilhosas das cervejarias. Foi uma verdadeira aventura, e prometo a ele que vou aprender a dirigir um carro com câmbio manual.

A Michael Jackson, o autor pioneiro em cerveja, que tem sido, há mais de uma década, uma brisa enfunando minhas velas, ajudando-me de todas as maneiras possíveis. Não me atreveria a chamá-lo de mentor, mas tenho prazer em chamá-lo de amigo. A Larry Lustig, que me deu o primeiro *kit* caseiro de fabricação de cerveja. A John Mided, que me levou ao *pub*. A Mark Witty, que me ensinou a fabricar cervejas Ale inglesas, e a Mark Dorber, que me ensinou a apreciá-las. A Roger Protz e seus colegas da Campanha pela Verdadeira Ale, que me acolheram em uma comunidade internacional de cervejeiros, e a Charlie Papazian, que fundou uma comunidade americana de cervejeiros. Essas pessoas construíram o caminho que estou trilhando: todas as manhãs acordo feliz por ser mestre-cervejeiro.

No começo, este livro incluía receitas de alguns dos melhores *chefs* dos Estados Unidos, mas ficou decidido que teriam de esperar por outra oportunidade. Mas não quero deixar de expressar meus sinceros agradecimentos a Michael Romano, Mario Batali, Alice Waters, Waldy Malouf, Rick Moonen, Barbara Lynch, Floyd Cardoz, Fortunato Nicotra, Greg Higgins, Barbara Sibley, Rick Bayless, Vincent Sacré e Norman Van Aken por suas contribuições a este projeto. Agradeço também, pela ajuda em minhas pesquisas, ao Felidia Ristorante, ao La Palapa e ao James Rodewald. Também a Danny Meyer e a sua alegre turma, do Gramercy Tavern e do Blue Smoke, que foram maravilhosos o tempo todo. Aos versados *sommeliers* Paul Grieco, Richard Lutfig e Kevin Mahan, que me ensinaram as maravilhas do vinho, ao mesmo tempo que ensinavam a seus clientes as maravilhas da cerveja.

Meus agradecimentos a todas as pessoas das cervejarias que Denny e eu visitamos, especialmente Fuller's, Young's, Greene King, J. W. Lees, Harveys, Boon, Lindemans, Rodenbach, De Koninck, Chimay, Westmalle, Orval, Rochefort, Kaltenberg, Schneider, Ayinger, Heller-Trum e Weyerman Maltings. Agradeço ainda, pela ajuda com as imagens e muito mais, à revista *Gourmet*, Briess Maltings, Cargill Maltings, HopUnion, Tuller Fine Foods, Wendy Littlefield, Museu Egípcio de Berlim, John Larson, Merchant du Vin e B. United International.

Por fim, meus agradecimentos à comunidade internacional de cervejeiros artesanais, a todos os que desprezaram o caminho fácil do comercialismo para criar pequenas obras de arte que diariamente apreciamos. É um privilégio conhecê-los e ter suas cervejas em minha mesa de jantar.

Introdução

Hoje, parece inacreditável, mas faz vinte anos que descobri os prazeres da verdadeira cerveja, uma descoberta que mudou completamente a minha vida. Um tanto temeroso, com o diploma universitário em uma das mãos e uma mochila na outra, desci do avião em Londres, vindo de Nova York. Era minha segunda viagem ao exterior, e eu planejava morar um ano inteiro em Londres. Naquela manhã de setembro, fazia frio, e, apesar de ser cedo, minha situação parecia pedir uma cerveja. Atrás da Victoria Station, achei um *pub* escondido, meio decaído e malcuidado, onde certamente haveria uma cerveja me esperando. Para mim, o local tinha certo charme – carpete, cadeiras estofadas, cerveja e um *bartender* com sotaque britânico. Como não gostar? Pedi um *pint* (tradicional copo de cerveja inglês). Com duas longas puxadas na alavanca, o líquido escorreu copo adentro. O *bartender* me entregou algo que parecia um aquário – com asa e quase transbordando – de xarope de bordo. Paguei com as libras que trocara no aeroporto e fui esticar as pernas em uma poltrona.

O primeiro gole foi estranho. A cerveja mal tinha colarinho, só um círculo de espuma rala revestindo a parede do copo. Comecei a beber, me perguntando o que era aquilo. O amargor da cerveja percorreu a minha língua, auxiliado por um levíssimo formigamento de carbonatação. Em seguida, explodiu em várias camadas de sabores – feno, terra, grama recém-cortada, geleia de laranja--azeda e pão assando. Nem ao menos estava gelada – de fato, mal estava resfriada. Cada gole parecia revelar algo novo – um sopro de ar marinho, uma flor ou fruta diferente. Eu estava gostando?

Não tinha certeza. Mas era tão interessante que não conseguia parar de beber. De repente, o copo esvaziou. A cerveja acabara e eu já sentia falta dela. Com isso, saí para enfrentar a neblina fria e procurar um lugar para morar.

Mal sabia eu que minha odisseia de cervejeiro estava começando. E, enquanto o outono dava lugar ao inverno, e o inverno se transformava numa primavera úmida e nebulosa, provei centenas de copos do que os ingleses chamam de *real Ale*, a autêntica cerveja Ale. Essa cerveja e o ambiente aconchegante dos *pubs* constituíram meus observatórios pessoais da Grã-Bretanha e de suas diferenças em relação aos Estados Unidos. Em um *pub*, o primeiro assunto de conversa era sempre cerveja, e escolhíamos os nossos *pubs* segundo a qualidade da cerveja servida. Se a cerveja estivesse "no ponto", ficávamos a noite toda; se estivesse "cansada", caíamos fora. Música ruim até passa, mas cerveja ruim é intolerável.

Depois de um ano na Inglaterra, comprei um passe de trem para percorrer a Europa. Em minhas viagens, descobri pessoas que realmente sabiam como viver. Prazer não era apenas a recompensa por um trabalho bem-feito. Prazer era nada menos do que a meta de uma vida bem vivida. Onde havia gente rindo, comendo e bebendo, encontrei uma combinação de boa cerveja e boa comida – nunca me ocorreu a ideia de que alguém poderia querer separá-las.

Quando cheguei a Paris, imaginei encontrar uma cidade de esnobes bebedores de vinho. Longe disso! Os parisienses bebiam Jenlain, uma Ale de fazenda, terrosa e frutada, acompanhada de embutidos de alho de Toulouse. A cerveja na Inglaterra era sensacional, mas a comida – bem, digamos apenas que ainda havia muito a melhorar. Aquela *saucisse* francesa era a melhor coisa que eu comera em meses, com seu alho picante e um sabor inconfundível de carne suína de qualidade. A combinação com o gosto da cerveja, de levedura e anis era tão perfeita que ficava impossível imaginar alguém acompanhando aquela iguaria francesa com alguma outra coisa. Para minha sorte, as cervejas francesas também combinavam bem com seus ótimos queijos. A vida em Paris era cara, e eu não tinha muito dinheiro, mas uma *baguette* e um pedaço de queijo constituíam uma refeição acessível. Acompanhadas por uma cerveja Ale de fazenda, essas refeições humildes eram ricas em prazeres, simples, do modo de vida francês.

Na belíssima cidade belga de Bruges, a Veneza do Norte, todo mundo que eu conheci cozinhava com cerveja. Na Bélgica, a boa cerveja está em tudo e em toda parte. Naturalmente, apaixonei-me pelo país. Um *waterzooi* de frango – frango estuvado (poderia ser peixe), feito num caldo à base de cerveja – era tão comum em Bruges quanto *bagels* em Nova York. Vinha repleto de cebola e folhas de louro, tiras de cenoura e repolho, um toque de manteiga e um sabor inconfundível de cerveja. Por baixo de tudo, uma coxa de frango inteira, com a carne desmanchando. E a cerveja belga foi uma surpresa ainda maior. A Gueuze, clara e turva, era ácida ao máximo e tão pungente quanto queijo Roquefort. Sabores de levedura e feno, casca de limão e lã úmida misturavam-se ao gosto forte de cebola e se associavam à cerveja do caldo – uma combinação maravilhosa. Reiterando que aquela era a única cerveja no mundo produzida da mesma maneira há milhares de anos, os habitantes locais manifestavam sua aprovação. Segundo eles, não havia adição de levedura – a fermentação começava sozinha. Nos quadros de Pieter Brueghel, o Velho, disseram, todos bebem Gueuze. Por toda a parte, via o intenso orgulho das pessoas pela antiguidade pré-histórica de sua cerveja.

Em Amsterdã, as pessoas eram descontraídas e animadas, mas, ao mesmo tempo, com uma leve presunção. Ora, se eu morasse num lindo canal e tivesse uma chata com sala de estar no convés, também me sentiria assim. A cerveja, além de ser turva, era a mais pálida que eu já vira. Pedi uma num café à beira de um canal. Chamava-se Witbier, que significa "cerveja branca", e tinha gosto de verão. Era vigorosa e cítrica, com aroma condimentado e de surpreendente efervescência refrescante, além de levemente acre. Meu sanduíche chegou à mesa, numa *ciabatta* aberta, com salmão grelhado e queijo Gouda. A acidez vigorosa da cerveja caiu como se tivesse espremido limão no peixe e atravessou totalmente o sabor do queijo. A combinação aguçou meus sentidos, e quase fui dominado por aquela interação mágica de sabores. A cerveja, o salmão e o sol refletindo na água... Comecei a pensar seriamente em me mudar para Amsterdã. Mas voltei para os Estados Unidos. E aí não havia *nada para beber*.

Antes de viajar para a Europa, as prateleiras das lojas tinham poucas marcas massificadas, dessas efervescências amarelas americanas, todas idênticas. E continuavam abastecidas com as mesmas cervejas. Mas eu havia mudado – não conseguia mais beber aquilo. O que fazer? Fiz a única coisa que me veio à mente – comecei a produzir cerveja de verdade na minha cozinha. Foi o primeiro passo para me entregar a uma jornada longa e escorregadia. Meu diploma dizia que eu era cineasta, mas agora estava fadado a ser mestre-cervejeiro. Nunca mais olhei para trás.

No entanto, no retorno aos Estados Unidos, meu problema não foi apenas cerveja – foi tudo. Naquela época, as prateleiras dos supermercados eram dominadas por vegetais congelados, pão branco de forma, "derivados de queijo" pasteurizados, e café liofilizado. Era um cenário um tanto desolador para alguém que quisesse comer bem.

Bem, a idade das trevas finalmente passou. As *salsa*s tomaram o lugar do *ketchup* como condimento predileto dos americanos, e as mesmas prateleiras dos supermercados estão repletas com uma encantadora variedade pães, azeites, queijos artesanais, presuntos maturados, ervas e vegetais frescos, temperos, café de verdade, pimentas-malaguetas e saborosas cervejas tradicionais. Em termos culinários, os Estados Unidos rapidamente se tornaram um dos lugares mais notáveis do mundo.

A cerveja tradicional é a nova estrela que acompanha as culinárias internacionais que nós todos comemos hoje em dia. A verdadeira cerveja faz coisas impressionantes com a comida e produz efeitos que o vinho é incapaz de alcançar. Não me entenda mal –

eu adoro vinho. Passei alguns dos momentos mais agradáveis da minha vida nas regiões vinícolas do Piemonte, saboreando esplêndidos Barolos envelhecidos, durante preguicentas refeições de quatro horas. Já me deslumbrei com Rieslings alemães magnificamente aromáticos: vinho é uma bebida maravilhosa. Mas, sejamos honestos, não é capaz de acompanhar tudo.

Já a verdadeira cerveja *é capaz* de acompanhar tudo. Comidas mexicanas, tailandesas, japonesas, indianas, *cajun* e as do Oriente Médio, além de churrascos, todas ficam bem melhores com cerveja de verdade do que com vinho. Até mesmo em receitas tradicionalmente preparadas com ele, a cerveja revela maior versatilidade e compatibilidade de sabor. O leque de sabores e aromas da cerveja é vasto, intenso e amplo, ultrapassando facilmente o alcance do vinho. A cerveja tem amargor para atravessar a gordura, carbonatação para refrescar o paladar, sabores caramelizados para complementar os da comida, e doçura para abrandar a ardência de pimentas.

Se você até hoje só provou cerveja massificada, sinto dizer, mas jamais provou cerveja. Cerveja de verdade pode ser uma Imperial Stout, que acompanha sobremesas com sabores tão impetuosos, achocolatados e torrados quanto um café expresso, ou uma Witbier belga, que casa com pratos de peixe, de sabores tão leves e cítricos quanto os de limonada fresca natural. Pode ser uma American Pale Ale, repleta de aromas vigorosos de toranja e pinheiro; ou uma Framboise, tão frutada e pronunciada quanto um bom *sorbet*. Pode ser uma Barley Wine britânica, de dez anos, tão alcoólica, complexa, densa e untuosa quanto um vinho do Porto Vintage; ou uma Weissbier alemã, leve e efervescente, com fragrâncias de cravo e banana. Acompanhando pratos das mais diversas culinárias, essas cervejas aromatizadas levam uma refeição ao êxtase. Por mais complexo, refinado ou mesmo simples que for o prato, seja *foie gras*, seja embutido, sempre há uma cerveja extraordinária para ser a acompanhante perfeita. Se você adora comida, mas só conhece vinho, está tentando compor uma sinfonia usando apenas metade das notas e meia orquestra. Na Brooklyn Brewery, nós gostamos de comer bem, fazer cerveja bem e beber bem. Meus colegas e eu adoramos cozinhar e, em nossas adegas, temos as cervejas mais formidáveis do mundo, ao lado dos melhores vinhos que conseguimos obter. Já sou mestre-cervejeiro há 14 anos e nunca perco o estímulo: passo meus dias pensando em texturas, sabores, aromas – e comida.

Meu objetivo é que, em sua vida, este livro tenha uma influência pequena mas significativa. Pode soar pretensioso, mas é verdade. Ao longo dos anos, venho organizando centenas de jantares e degustações de cerveja, e toda semana alguém me para na rua para agradecer por ter conhecido a verdadeira cerveja. Eu adoraria levar todo o mérito, mas ele não é meu – é da cerveja. Hoje em dia é possível encontrar, em toda parte, ótimas cervejas do mundo inteiro e, ao contrário do vinho, é um luxo acessível. Literalmente: você pode apreciá-las todos os dias, e quando descobrir a cerveja tradicional, sua "vida alimentar" será mais fascinante, divertida e infinitamente mais prazerosa.

A mesa do mestre-cervejeiro é um guia de cervejas tradicionais e traz sua relação com nossa história, nossas vidas e, o mais importante, com nossa comida. Mesmo no cotidiano, comer é uma arte, é uma sinfonia que deve ser regida com prazer. Bem-vindo a um mundo totalmente novo de sabores fantásticos. Você vai se divertir muito. Espero que esteja preparado para um banquete.

Parte 1
Os fundamentos

1
O que é cerveja?

Quando as pessoas perguntam qual a minha profissão, respondo que sou mestre-cervejeiro.

Devo confessar que me divirto com suas reações. É comum darem um passo para trás e me examinarem de cima a baixo, talvez procurando chifres ou pés de bode. Será que vou transformá-los em tritões? Nos últimos quatro mil anos, uma coisa mudou muito pouco: fabricar cerveja sempre foi uma atividade considerada misteriosa. Documentos antigos, estabelecendo associações de cervejeiros medievais, fazem menção ao "mistério e arte de fabricar cerveja". Em torno da fabricação de vinho, há pouco mistério – afinal, fabricar vinho rudimentar é um projeto de ciências comum nas escolas. Todo mundo sabe o que é vinho, mesmo aqueles que nunca o bebem. Você sabe o que é cerveja? A maioria das pessoas não faz a mínima ideia. Mesmo bebedores habituais de cerveja raramente têm alguma noção de onde ela veio, um fato bastante singular em se tratando de um produto alimentar. Antes de nos aprofundarmos na história, estilos, sabores e harmonizações, precisamos ter uma ideia do que é cerveja e de onde vem. Não carrego um bastão de ilusionista, mas há certas partes do processo de fabricação de cerveja que, mesmo depois de tantos anos, ainda me parecem mágicas.

O vinho é uma bebida de produção simples. Para fazer vinho, bastam uvas. Esmague-as, a levedura natural da casca vai dar início à fermentação e, em pouco tempo – *voilá!* –, eis o vinho. Aliás, dependendo da quantidade, as uvas serão esmagadas pelo próprio peso – nem isso o produtor precisa fazer! Já a cerveja não é tão simples, e sua fabricação é uma arte bem mais complicada do que a de produzir vinho. Já posso ouvir os protestos da turma do vinho, mas temo que seja verdade. O processo mais simples de fabricação de cerveja requer cevada maltada, levedura, lúpulo e água. É certo que o produtor de vinho precisa podar a videira e escolher cuidadosamente as uvas, além de supervisionar um longo processo de vinificação. O mestre-cervejeiro, no entanto, tem de escolher seus ingredientes em um leque estonteante de maltes, cereais torrados, cereais não maltados, açúcares, dezenas de espécies de lúpulo e centenas de variedades de levedura, e depois fazer com que eles produzam exatamente o que imagina. De muitas maneiras, um mestre-cervejeiro assemelha-se mais a um *chef* do que a um produtor de vinho. Se a cerveja não fica boa, ele não pode simplesmente dar de ombros e culpar a safra ruim. Uma cerveja de qualidade não é uma descoberta ou simplesmente uma parte da natureza, mas uma obra de arte: um produto de pura intenção e imaginação.

Além disso, fabricar cerveja é trabalho duro. Não há dias amenos para dançar ao sol em cestos de vime – você pode dançar o quanto quiser sobre a cevada, que não terá suco nenhum. É pre-

A cevada pode parecer macia, mas suas sementes são duras feito pedregulhos. O processo de maltagem vai amolecê-las e desenvolver as enzimas necessárias para a fabricação de cerveja.
Cortesia de Cargill Malts e Washington Barley Comission.

ciso o trabalho do cervejeiro para forçá-la a liberar o ingrediente essencial: açúcar. Qualquer um que queira produzir uma bebida alcoólica necessita de açúcar para a fermentação. A uva tem açúcar próprio, mas a cevada é rica em amido que, para fazer cerveja, precisa ser convertido em açúcar. Esse processo começa com o macerado, onde os amidos são transformados em um líquido doce chamado mosto. O mosto passa para um outro recipiente no qual o amargor, o aroma e o sabor dos lúpulos são extraídos através da fervura. Em seguida, resfria-se o mosto lupulado, sendo então enviado a um tanque de fermentação, no qual a adição de levedura faz maravilhas, transformando em cerveja o mosto rústico e adocicado. Parece simples, não? Em certa medida, não deixa de ser. Mas fazer suflê também é…

Pelo caminho, há vários detalhes que determinam a qualidade final da cerveja. Vamos agora fazer uma viagem do cereal ao copo, desvendando o mistério e a arte de fabricar cerveja. Primeiro, vamos dar uma olhada nos ingredientes. Toda viagem começa com o primeiro passo: tratando-se de cerveja, o primeiro passo é maltar a cevada.

Malte

A cevada (*Hordeum vulgare*) é uma gramínea alta e amarelada, com uma espiga no topo da haste. Na plantação, a cevada e o trigo se parecem bastante, mas, para o cervejeiro, a cevada tem dádivas especiais que outros cereais não oferecem. Graças à casca dura, ao baixo teor de proteína e ao alto teor de amido, é mais adequada para fabricação de cerveja do que de pão. Ao redor do mundo, a cevada cresce bem em climas temperados. Assim como em outros cereais, há vários tipos e variedades. E, como em outros produtos agrícolas, as variedades de cevada foram sendo homogeneizadas ao longo dos anos. Os produtores procuram maximizar o rendimento por hectare e também produzir cevadas de sabor pouco intenso, para uso em cervejas de produção em massa. Todavia, ainda há muitas variedades de cevada respeitadas e valorizadas por seu sabor raro e intenso, como as antigas variedades britânicas Maris Otter e Golden Promise. Alguns cervejeiros são favoráveis a variedades "marítimas", cultivadas perto do mar na Inglaterra e na Alemanha, enquanto outros preferem sabores desenvolvidos ao sol das planícies americanas. O sabor doce e caramelado das variedades alemãs é inconfundível, e os cervejeiros alemães as combinam com técnicas de mosturação especiais, para criar cervejas com sabores singulares de malte. O caráter distinto de cada variedade de cevada passa intacto pelo processo de fermentação e apresenta-se na cerveja pronta. Houve uma época em que todas as cervejarias maltavam sua própria cevada, mas, hoje em dia, esse trabalhão geralmente fica a cargo de "malteadores" profissionais. Na Brooklyn Brewery, eu compro malte dos Estados Unidos, da Inglaterra, da Escócia, do Canadá, da Bélgica e da Alemanha. Sai mais caro comprar malte dessa maneira, mas cada um desses maltes confere qualidades distintas à nossa cerveja.

O malte de cevada, também conhecido simplesmente como malte, é produzido colocando as sementes de cevada de molho até que comecem a germinar, e, depois, secando-as em uma estufa. A cevada não maltada é dura feito pedra – tente comê-la e está arriscado a quebrar um dente. Com o processo de maltagem, o amido dentro das sementes fica macio, branco, polvorento e pronto para a fermentação. Tradicionalmente, a germinação ocorre em um piso de concreto especial, no qual a cevada é espalhada em camadas espessas, de mais de um metro. Em seguida, ela é borrifada com água, despertando a semente adormecida e iniciando a germinação. O malteador precisa manter fresco e aerado o fundo do piso, e, para tanto, revolvem-se as sementes. Isso também as mantêm separadas – caso contrário, suas radículas se enroscariam, formando uma massa emaranhada. Antigamente, tal processo era feito manualmente, mas isso é raro hoje em dia, quando predominam sistemas mecanizados.

Basicamente, uma semente de cevada é igual a um ovo – um ovo com um projeto. Tal projeto consiste em desenvolver enzimas para quebrar o amido em açúcar, queimar o açúcar para obter energia, usar essa energia para produzir folhas e começar a fotossíntese quando o açúcar for totalmente consumido. Mas o malteador tem planos mais grandiosos para a semente de cevada. E tem de esperar o momento exato para agir, pois a semente se transforma rapidamente. Com cerca de três dias de germinação, o amido na semente está macio e repleto de enzimas naturais. O local de maltagem é tomado por um forte aroma verde, que lembra brotos de feijão ou de alfafa. Se você comer a cevada agora, sentirá o amido espirrar entre seus dentes, pois virou uma pasta. Está começando a formar-se a acrospira – que dá origem ao broto de cevada. A semente já começou a germinar e está pronta para pôr seu projeto em ação, mas, antes que a semente prossiga, o malteador drena toda a água e transfere o cereal para uma estufa de secagem. Uma vez seco, o cereal está pronto para sua nova missão. Agora é

Essa cevada germinou brotos que nunca crescerão. Agora é "malte verde", que será seco e depois usado para fazer cerveja.

malte, destinado à fabricação de cerveja ou talvez uísque escocês, que é simplesmente uma forma destilada de cerveja.

Mas não tão rápido assim. Que tipo de malte é esse? Desde o começo do processo de maltagem, são essenciais a variedade de cevada, as diferenças de umidade, de tempo e de temperatura de secagem; e resultam em variedades diferentes de malte. Cada uma delas tem um sabor, uma cor, um aroma e uma finalidade. É agora que o cervejeiro começa a conceber a cerveja, escolhendo os componentes que determinarão sua cor e seu sabor. Será uma cerveja dourada? Talvez seja o caso de usar malte Pilsen. Secagem em temperatura baixa resulta em um malte que pode dar uma cor dourada clara e um leve sabor de pão. A cerveja terá um sabor abiscoitado? O malte Pale Ale, seco em temperatura ligeiramente mais elevada, dará uma cor mais escura, combinada com leves toques de biscoito tostado, célebre nas cervejas Ale inglesas. Os maltes Viena e Munique são cozidos e, em seguida, ligeiramente secos. Isso converte parte do amido em açúcar, dando à cerveja uma cor âmbar alaranjada e os sabores *toffee* e de nozes, clássicos das cervejas Oktoberfest e outras especialidades bávaras. Os maltes caramelo e cristal são cozidos até a conversão total do amido em açúcar; em seguida, são secos até que o açúcar caramelize, deixando um pequeno torrão de caramelo de cevada sob a casca. Esse malte doce, de sabor caramelado, confere à cerveja uma cor âmbar avermelhada, sabores ricos e um corpo mais cheio. Assim como ocorre com grãos de café, temperaturas de secagem mais altas resultam em graduações de torrefação mais altas, produzindo sabores que lembram chocolate, café e café expresso. Maltes pretos carbonizados têm aparência e gosto de grãos de café em miniatura. É do malte que a cerveja obtém parte de sua capacidade superior para harmonizar com os *menus*. Nenhum vinho tem os sabores verdadeiramente caramelizados ou torrados encontrados em certas cervejas. Quando tais sabores se combinam com sabores semelhantes da comida, o resultado pode ser mágico.

Ainda estamos no primeiro ingrediente, e a coisa já está ficando complicada. Na verdade, sob o aspecto de receita de cerveja, o trabalho mal começou. Por exemplo, o cervejeiro pode ter decidido usar malte Pale Ale como base para sua cerveja, mas agora tem de escolher a variedade. Cada malteador produz um malte diferente, e cada malte tem sabores e propriedades diferentes, resultando em cervejas diferentes. Algumas cervejas são fabricadas com apenas um malte, mas muitas utilizam uma mistura de maltes, cada qual contribuindo com uma qualidade diferente. A combinação hábil de sabores e cores de diferentes maltes está na base do caráter de uma cerveja e, não raro, em sua afinidade com a comida. O sabor de *toffee* do malte Munique casa-se com o gosto intenso da carne de caça; os sabores caramelados do malte cristal combinam com a caramelização da pele do frango caipira assado; os sabores de cacau, da mistura de maltes chocolate, fundem-se sutilmente com sobremesas de chocolate. O malte Maris Otter é célebre por seus sabores redondos e suculentos, com um gosto intenso de pão, que harmonizam maravilhosamente bem com carnes vermelhas. Aliás, se você quiser saber qual o gosto de malte, compre uma caixa de cereal matinal Grape Nuts. A turma do vinho deve ter um pessoal de *marketing* realmente muito bom – não há uvas no Grape Nuts. Esse cereal é feito de malte de cevada e levedura. É praticamente cerveja em caixa.

Lúpulo

A maioria das pessoas parece saber que cerveja contém lúpulo. Aliás, muitos até acham que ele é o principal ingrediente da cerveja e, possivelmente, que é um cereal. O lúpulo, na verdade, é uma flor – e uma flor e tanto. Além de emprestar qualidades conservantes naturais à cerveja pronta, também fornece amargor e um leque de sabores e aromas. Basicamente, tem a função de um tempero. O amargor do lúpulo é a espinha dorsal da cerveja, equilibrando a doçura natural do malte. Antigamente, para alcançar tal equilíbrio, os cervejeiros usavam variedades de ervas e condimentos. Suas cervejas – que tinham ingredientes como alecrim-do-norte, milefólio, mirra, alecrim, absinto, rainha-do-bosque, gengibre e alcaçuz – seriam praticamente irreconhecíveis para nós, pois esses ingredientes impregnavam a cerveja com fortes aromas de ervas. Hoje em dia, já estamos acostumados ao sabor de lúpulo na cerveja.

O lúpulo (*Humulus lupulus*) é uma vigorosa trepadeira perene (tecnicamente, na verdade, é um cipó ou liana, tipo aparentado de planta). Em termos botânicos, pertence à ordem das canabináceas, e está mais próximo da *Cannabis sativa*, também conhecida como maconha. Nas décadas de 1940 e 1950, os músicos de *jazz* que sucumbiam aos "males da maconha" eram chamados de *hopheads* (algo como "lupulomaníacos"), mas era fama injusta, pois o lúpulo não tem os mesmos efeitos. Mesmo assim, a flor do lúpulo já foi muito usada como sedativo popular, os ingleses a adotavam como enchimento de travesseiro e, até hoje, é um dos principais ingredientes dos soníferos "naturais" existentes no mercado. Qualquer aficionado por cervejas com alto teor de lúpulo sabe que são bastante relaxantes.

Durante a primavera e o verão, o lúpulo pode atingir até seis ou mais metros de altura, regredindo no outono para uma coroa lenhosa dentro do solo. Sendo uma trepadeira, seu crescimento precisa ser orientado por fios presos a estacas ou treliças. Em geral, não é cultivado com sementes, mas com rizomas transplantados, e apenas a planta fêmea é cultivada comercialmente. O lúpulo floresce no final do verão e início do outono, produzindo uma flor no formato de um pequeno cone verde. Dentro desse cone, na base das pétalas, encontram-se as glândulas que produzem um pó resinoso, amarelo brilhante, chamado lupulina. A lupulina contém todas a propriedades desejadas pelo cervejeiro, e o lúpulo deve ser cuidadosamente manuseado para evitar perdas desse pó delicado.

Imagine um vinho tinto sem tanino ou um vinho branco sem sua acidez e você vai entender por que a cerveja precisa de lúpulo. O lúpulo superou outros condimentos devido ao seu amargor puro e pronunciado, bem como a suas qualidades conservantes. Sem o lúpulo, a cerveja seria uma bebida doce, nauseante e, consequentemente, menos prazerosa. O lúpulo também contém taninos, que auxiliam na sedimentação de proteínas no fundo da caldeira, dando claridade à cerveja pronta. O amargor do lúpulo confere à cerveja seu equilíbrio, sua capacidade de saciar a sede, e parte de sua afinidade com comida. Esse amargor tem poder de atravessar sabores fortes, limpando o palato. Os aromas do lúpulo fundem-se com aromas da comida, criando vínculos intensos e dinâmicos, capazes de extasiar os sentidos.

Tal como uvas que produzem vinho, há diversas variedades de lúpulo à disposição do cervejeiro, e é crucial para o sabor da cerveja a escolha do tipo a ser usado. Assim como a ardência dos diferentes tipos de pimenta-malagueta varia em qualidade e intensidade, o mesmo ocorre com o amargor das variedades de lúpulo. Algumas são mais amargas do que outras, ou têm aromas e sabores diferentes. Ao longo dos séculos, produtores cultivaram

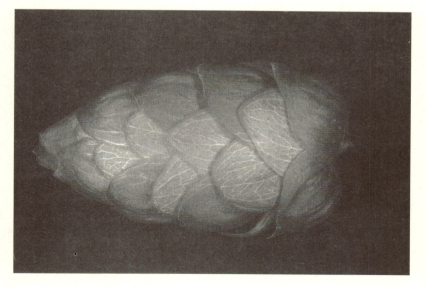

A flor do lúpulo fornece amargor, espinha dorsal do sabor da verdadeira cerveja. Sem lúpulo, a cerveja seria doce e pouco prazerosa, como vinho sem acidez ou tanino.
Cortesia de Hop Union.

as melhores variedades nativas e criaram híbridos com as qualidades desejadas pelos cervejeiros. A variedade checa nativa Saaz, cultivada perto de Zatec, na Boêmia, é famosa há tempos pelo amargor requintado e o delicado aroma floral que empresta às cervejas Pilsen. O lúpulo alemão Perle é pronunciado na ponta da língua, enquanto o inglês Golding, frutado e amadeirado, espalha seu amargor por toda a língua. O amplo espectro de aromas de lúpulo abrange desde as notas terrosas de feno e erva-doce da variedade inglesa Fuggle à forte fragrância de pinho e toranja do popular Cascade americano, e os aromas de mofo e limão do Chinook, que lembra vinho Riesling. O Tettnang alemão combina fragrâncias de terra e flores. Um cervejeiro pode optar por usar diferentes lúpulos em uma cerveja, cada variedade com uma coloração diferente em sua paleta aromática.

Nos Estados Unidos, o lúpulo é cultivado no Noroeste Pacífico, com a produção concentrada no vale de Willamette, no Oregon, e no vale de Yakima, no estado de Washington. Não raro os cervejeiros europeus olham com desdém para os lúpulos americanos, considerando demasiado exuberantes seus aromas e sabores cítricos e de pinho. Os cervejeiros artesanais americanos retrucam que, mesmo sendo os lúpulos europeus realmente excelentes, ainda há lugar para a exuberância. Isso me lembra as diferenças culturais básicas entre europeus e americanos. Os americanos são extravagantes – gostamos de música alta, comida condimentada, cerveja lupulada e vinho viscoso. E não venham reclamar que somos barulhentos.

Levedura

A piada corrente na sala de fermentação é que, no fundo, nós é que trabalhamos para a levedura. Nossa única função é deixá-la bem alimentada e feliz. Brincadeiras à parte, há realmente um fundo de verdade nisso. Infelizmente, o lêvedo ou levedura não se preocupa com o tipo de cerveja que faz nem com seu gosto.

O trabalho do cervejeiro é antever as condições necessárias para que a levedura produza a cerveja desejada; e mantê-las, para obter o que quer. Ela é uma criatura geniosa, e todo cervejeiro é um tratador de leveduras. Assim que terminam de fermentar um lote de cerveja, nós as recolhemos para fermentar outro. E, embora ao serem recolhidas pareçam massa de panqueca, as leveduras estão bem vivas.

Trata-se de um organismo unicelular da classe dos fungos. Encontra-se em toda a parte – no ar, no solo, em sua pele, nesta página. Há várias espécies de levedura, mas apenas duas principais são usadas na fabricação de cerveja: *Saccharomyces cerevisae*, a levedura da cerveja tipo Ale, e *Saccharomyces uvarum*, a levedura da cerveja tipo Lager. Ambas as espécies têm diversas variedades, cada qual com características únicas. Para o produtor de vinho, pouco importa a variedade da levedura de vinho usada, mas com cerveja é diferente. Particularmente para cervejas Ale, a variedade de levedura pode contribuir decisivamente para o sabor do produto final. Uma variedade de levedura para Weissbier, por exemplo, produz aromas de banana e cravo, enquanto uma variedade inglesa pode contribuir um toque de geleia de laranja-azeda. As leveduras não são permutáveis – uma cerveja Weissbier alaranjada não cairia bem em Munique, e é provável que os habitantes de Londres rejeitassem um copo de cerveja Bitter com gosto de cravo. Os cervejeiros belgas dão atenção especial às contribuições de gosto e aroma de variedades específicas de levedura, e brilhantemente as exploram para criar algumas das bebidas mais complexas do mundo.

A levedura certa produz os sabores certos, mas há outras características que interessam ao cervejeiro. Ao final da fermentação, a levedura sobe para a superfície do barril de fermentação ou descansa no fundo? Quanto tempo leva para completar a fermentação? Qual seu consumo de açúcar? Fermentará uma cerveja forte, ou vai "dormir no ponto"? Nós trabalhamos para a levedura, mas, antes de ser escolhida para fabricar nossa cerveja, ela precisa satisfazer vários critérios. Se isso parece confuso, considere os cães. Pode não parecer, mas são todos da mesma espécie. Assim como não quero um Chihuahua guardando minha casa, não quero uma variedade de levedura Lager alemã fermentando minha cerveja Bitter inglesa. Cada variedade de levedura tem um talento diferente, que determina sua escolha pelo cervejeiro.

De várias maneiras, a levedura é o ingrediente mais importante selecionado pelo cervejeiro. Séculos atrás, quando os cervejeiros ainda não sabiam exatamente o que era levedura, deixavam a cerveja fermentar espontaneamente. Assim que o mosto resfriava, era invadido por leveduras "selvagens", do ar e do tacho de fermentação, dando início a ela. Esse método antigo sobrevive até hoje na Bélgica, na fabricação das cervejas Lambic, mas todos os outros cervejeiros agora escolhem cuidadosamente uma variedade ou mistura específica de variedades de levedura para produzir a cerveja que desejam. Em outras culturas, introduzia-se uma vara de madeira na cerveja em fermentação, que, em seguida, era retirada e seca. A mesma vara, agora coberta de levedura seca, era atirada dentro do lote seguinte de cerveja, onde a levedura despertava e iniciava a fermentação. A vara era considerada mágica – ninguém sabia como funcionava.

Essas duas espécies de levedura geram uma das grandes divisões no mundo da cerveja – a divisão entre cervejas Ale e Lager. A levedura Ale é, de longe, a mais antiga na fabricação de cerveja. As leveduras Ale fermentam em temperaturas mais altas, entre 17 °C e 24 °C, e sua fermentação é rápida, às vezes durando poucos dias. Durante a fermentação, a maioria das leveduras Ale produz sabores e aromas que dão uma característica única à cerveja. Em geral, os aromas são frutados, mas podem ser também mais condimentados e complexos, combinando com outras características para produzir uma cerveja de grande intensidade. Uma vez terminada a fermentação e consumidos todos os açúcares, as leveduras Ale tendem a subir à superfície do tanque de fermentação, onde flutuam em uma massa parecida com a de bolo. Por isso são

muitas vezes chamadas de leveduras "de superfície", ou de "alta fermentação", como são (erroneamente) chamadas no Brasil. Tradicionalmente, os cervejeiros retiram as leveduras escumando a superfície da cerveja em um tanque de fermentação aberto, usando-as em seguida para fermentar o próximo lote. Devido à rápida fermentação, a cerveja pode estar pronta para beber em pouco mais de uma semana, embora seja normalmente envelhecida por mais tempo. Se você prefere cerveja Lager, porém, terá de ser mais paciente.

As Lager são relativamente novas, mas causaram grande impacto no mundo da cerveja. Várias versões de Pilsen (mais precisamente: um tipo de Lager lupulada e dourada) estão entre as cervejas mais populares do mundo. A levedura Lager só foi descoberta em meados do século XIX, mas é provável que já fosse utilizada há anos por cervejeiros da Baviera. Antes do advento da refrigeração, os cervejeiros bávaros realizavam suas fermentações em cavernas e túneis profundos e frescos para proteger as leveduras dos efeitos devastadores do calor. Com o tempo, obtiveram

Todo cervejeiro é um "tratador de leveduras", tentando mantê-las felizes e produtivas. Aqui, o cervejeiro Hans Peter Drexler confabula com seus microscópicos sócios, na Cervejaria Schneider, em Kelheim, Alemanha.

uma levedura que prefere temperaturas mais baixas. As leveduras Lager fermentam melhor em temperaturas entre 7 °C e 13 °C, e a fermentação é mais lenta e menos tumultuosa do que a das Ale. Ao término do processo, no entanto, não se pode sair bebendo imediatamente a cerveja, sem cerimônia, pois ela requer um tempo de repouso. A palavra alemã *Lagerung* significa "armazenamento". As cervejas Lager são armazenadas resfriadas, e, durante semanas ou até meses, maturadas em temperaturas que chegam a 0 °C. Com o tempo, os sabores e aromas são abrandados e suavizados, resultando em uma cerveja de excelente qualidade. Em geral, as leveduras Lager não produzem os sabores frutados e condimentados produzidos pelas Ale. São menos ostentosas e contentam-se em ficar em segundo plano, deixando o palco para os outros ingredientes. As cervejas Lager têm sabores mais puros de malte e levedura. Combinadas com variedades de malte e a técnicas certas de fabricação, as leveduras Lager podem produzir cervejas com uma espetacular intensidade de malte e aromas maravilhosamente refrescantes.

Muitos parecem achar que as cervejas Ale são escuras e as Lager são claras, ou que as Ale são fortes, enquanto as Lager são mais moderadas. Não há nenhuma verdade nisso. As únicas diferenças são o lúpulo, a temperatura de fermentação e o tempo de envelhecimento. Há cervejas Ale escuras, com pouco álcool – a Irish Stout é um bom exemplo –, e cervejas Lager douradas, que, em teor alcoólico, rivalizam com o vinho. As Lager escuras e fortes são muito apreciadas na Alemanha, ao passo que as Bitter inglesas são muitas vezes claras e fracas. De modo geral, as cervejas Ale têm suas raízes na Inglaterra, Bélgica e França, enquanto as Lager são originárias da Boêmia checa e da Alemanha. Nos Estados Unidos, os cervejeiros artesanais têm mostrado preferência pelas Ale, mas estão descobrindo agora os prazeres mais sutis das Lager.

Água

"De onde vem sua água?" é uma das perguntas mais ouvidas por cervejeiros. Em geral, a resposta mais honesta é: do sistema de abastecimento municipal ou do poço particular da cervejaria. Embora isso não soe tão romântico quanto "nossa cerveja é fabricada com água derretida de geleiras", ou outras baboseiras publicitárias desse tipo, o fato é que grande parte dos municípios fornece água relativamente boa. Dito isso, a água é um ingrediente importante. A maioria das cervejas é composta de pelo menos 90% de água, portanto, não surpreende que a água seja um elemento essencial para o gosto da cerveja. Na virada para o século XX, havia quarenta e oito cervejarias no Brooklyn, em Nova York, em parte devido à qualidade da água procedente das montanhas Catskill, nas proximidades. Eu, hoje, utilizo essa mesma água.

Nos últimos dois séculos, várias cidades europeias se tornaram célebres pela qualidade de sua água e da cerveja feita com ela. Burton-upon-Trent, por exemplo, na região central da Inglaterra, está situada sobre enormes depósitos de calcário. A água é extraordinariamente dura, repleta de sulfato de cálcio e outros minerais. Burton não é o melhor lugar para se lavar o cabelo, mas, se você quer fabricar cerveja, a história é outra. Os minerais favorecem uma fermentação vigorosa, e a cerveja pronta tem um caráter lupulado seco e pronunciado, que é a marca registrada das cervejas Ale de Burton. Grandes cervejarias tradicionais, como a Bass & Company, construíram suas reputações e fortunas em cima da qualidade da água de Burton e das cervejas calcárias India Pale Ale, fabricadas com ela, que eram exportadas da Inglaterra para Calcutá.

A 1.600 km de distância, na cidade de Pilsen (Plzen), na Boêmia checa, a água é conhecida pela propriedade inversa: de tão mole (com poucos minerais), praticamente tem gosto de água destilada. A ausência quase total de sais minerais no suprimento de água de Pilsen colaborou no surgimento da cerveja estilo

Pilsner, que tem um toque amargoso pronunciado, seguido, porém, de um sabor maltado de pão suave, adoçado e delicado, que tanto fabricantes quanto apreciadores de cerveja Lager estimam. Uma água mais dura produziria uma cerveja totalmente diferente.

Atualmente, nessa era de filtros e suprimentos de água misturados, a maioria dos cervejeiros é capaz de ajustar, de acordo com suas necessidades, as propriedades minerais da água que utiliza. Um fabricante de Pilsner em cujo município a água é dura pode suavizá-la, enquanto um fabricante de Pale Ale pode adicionar "sais de Burton" à água, para dar um caráter mais seco a sua cerveja. Antigamente, a maioria dos cervejeiros produzia apenas um ou dois estilos de cerveja, mas hoje em dia é mais vantajoso ser flexível. Sei que não soa muito romântico, mas é a verdade. O resto é propaganda. Além disso, se você realmente consegue sentir o gosto das Montanhas Rochosas numa lata de cerveja massificada, suas papilas gustativas são bem melhores do que as minhas.

Brassagem

A brassagem é a etapa em que o cervejeiro prepara o mosto que, durante a fermentação, a levedura transformará em cerveja. Então, mãos à obra. Primeiro precisamos de nossa receita de malte, chamada *grist*. Pesamos e misturamos os maltes, preparando-os para a moagem. A receita de hoje é de cerveja Brooklyn Brown Ale, portanto temos um pouco de malte inglês Pale Ale (encorpado e torrado), malte cristal (para cor e sabores de caramelo), malte chocolate (para sabores de chocolate), cevada torrada (sabores de café), malte aromático belga (sabores agradáveis de pão), malte biscoito belga (sabores abiscoitados), e um toque de malte de trigo, rico em proteína, para ajudar a formar um colarinho espumoso e macio. Vamos passar esse malte pelo moedor, que vai quebrar cada semente em vários pedaços, expondo o farinhento amido branco que há lá dentro. Colocamos o *grist* em um tanque, a tina de mostura (*mash tun*), onde ele é misturado com água quente, para formar um mingau quente: o macerado. O aroma de pão proveniente do malte toma conta da fábrica. O macerado libera os açúcares que, durante a fermentação, são transformados em cerveja. As enzimas naturais desenvolvidas pela semente de cevada durante o processo de maltagem serão ativadas pela água quente, quebrando o amido em açúcar. Ficar de olho na temperatura é muito importante, pois, conforme a temperatura, as enzimas do malte reagem de maneiras diferentes. Poucos graus podem fazer muita diferença. Aquecido a 62 °C, o macerado libera açúcares diferentes dos que liberaria se aquecido a 65 °C e, portanto, a cerveja será outra. Alguns cervejeiros, particularmente os fabricantes ingleses de cerveja Ale, usam uma temperatura única, mantida por aproximadamente uma hora. Como não sou inglês, uso uma técnica diferente, que visa a quebrar algumas das proteínas menos

Na maceração, a água quente converte o amido do malte em açúcar fermentável. Na Brooklyn Brewery, um aroma agradável de cereal quente toma conta da fábrica.

úteis do malte que estou empregando. Começo com o macerado morno e, aos poucos, vou aumentando a temperatura até atingir o ponto em que o amido é convertido em açúcar.

Ao voltar, uma hora mais tarde, a aparência do macerado é outra. Os flocos brancos de amido desapareceram e ele está mais escuro e viscoso. Nosso mingau de amido é, agora, composto de bagaço de cevada e mosto doce concentrado, que tem a consistência de uma calda leve. Chegou a hora da extração do açúcar, denominado *lauter*. Bombeamos o mosto para outro tanque, o *lauter tun*, ou tina de filtração, que é basicamente uma peneira. Há, no fundo, uma série de telas que seguram o bagaço de cevada, mas deixam passar os açúcares. Após ser filtrado, o mosto é bombeado para uma caldeira. Esse primeiro mosto não diluído enviado à caldeira é bastante doce e particularmente delicioso. Fica ótimo com panquecas, e, certa vez, fiz parceria com um fabricante de sorvete, que o usou como ingrediente de um delicioso sorvete maltado.

Se estivéssemos fazendo uma cerveja bem forte, poderíamos usar apenas esse primeiro mosto. A alta concentração de açúcares produziria uma cerveja com mais de 10% de álcool por volume. Nossa Brooklyn Brown Ale é para ser mais moderada, portanto começamos o processo de enxaguar o macerado para extrair o resto dos açúcares. Lenta e cuidadosamente, borrifamos água quente sobre o bagaço, até que todos os açúcares tenham passado para a caldeira. Esse processo se chama *sparging*. A água não pode estar quente demais, ou extrairemos desagradáveis taninos adstringentes do bagaço. E, se estiver fria demais, não conseguiremos dissolver os açúcares de malte e enviá-los à caldeira. Em minha cervejaria, usamos rastelos giratórios (*rakes*) para manter os cereais separados e garantir que a água espargida se espalhe sem empecilhos pelo bagaço. Em cervejarias menores é comum fazer isso à mão, usando uma pá de madeira.

Agora que a caldeira está cheia, basta verificarmos que o trabalho foi bem-feito e temos exatamente a concentração desejada de

açúcar. Nós nos referimos à concentração de açúcar (a densidade inicial) como *original gravity* (OG), medida em graus da escala Plato (°P), que, de maneira aproximada, expressa a porcentagem de açúcar por peso e é semelhante à escala Brix usada na fabricação de vinho. Na Inglaterra, a concentração de açúcar no mosto ou cerveja é geralmente expressa por uma *gravity* específica de quatro dígitos. O restante do bagaço de malte daria para fazer um ótimo *muffin* de farelo (se você crê que tal coisa exista), mas, no nosso caso, é enviado para Nova Jersey, para alimentar algumas vacas sortudas. Eu adoraria ter uma vaca alimentada exclusivamente com o bagaço de malte de nossa cerveja Brooklyn Brown Ale. Desconfio que daria um leite particularmente delicioso – teria uma leve "nota" de chocolate e café?

Agora iniciamos a fervura e adicionamos os lúpulos. Adicionado no início da fervura, o lúpulo serve basicamente para conferir amargor, pois seus componentes aromáticos vão vaporizar-se. Para extrair as resinas responsáveis pelo amargor, é necessário que ela seja vigorosa e completa. A fervura também esteriliza o mosto, para que nossa levedura não tenha concorrência durante a fermentação. Durante o processo, algumas proteínas de malte vão coagular; mais tarde descem para o fundo da caldeira, e daí

**Hora da fervura?
Estando cheia a caldeira, a fervura vigorosa captura amargor e aroma do lúpulo.**

vão ser removidas junto com o bagaço do lúpulo. Cerca de uma hora mais tarde, fazemos a última adição de lúpulos. Essa é para dar aroma, portanto não vamos fervê-lo a ponto de vaporizar os óleos aromáticos, pois queremos que impregnem o mosto. Cortamos o calor, e deixamos o mosto em fervura lenta, até descansar totalmente.

Fermentação

Agora temos uma caldeira cheia de mosto agridoce, proteínas coaguladas e bagaço de lúpulo. É preciso remover o excesso de proteína e o bagaço de lúpulo. Algumas cervejarias têm um coador, mas nós usamos um tanque *whirlpool* que turbilhona, reunindo todas a partículas no centro da caldeira, e assim podemos extrair o mosto puro pelas bordas. A essas alturas, nossa cerveja nascente passa por uma crise de identidade. Será Lager ou Ale? Se tivéssemos resfriado o mosto a 7 °C e adicionado uma levedura de Lager, seu destino era ser Lager. Em vez disso, pegamos um pouco da levedura de Ale, do nosso último lote de Brown Ale, e despejamos no tanque de fermentação, que está só esperando a chegada do mosto. Ao ser retirado da caldeira, o mosto puro é rapidamente resfriado, passando de mais de 93 °C para aproximadamente 15 °C. Em seguida, junte-o à levedura – que imediatamente se põe a trabalhar.

Nas próximas horas, o mosto fica imóvel, em repouso, mas os acontecimentos são intensos. As leveduras unicelulares estão se dividindo furiosamente, aumentando de número, em preparação para a fermentação. Várias horas depois, reunidas todas as suas forças, iniciam seu trabalho mágico. A primeira indicação de atividade é uma simples pontinha de bolhas, mas logo a superfície do mosto vira uma coberta espumosa. As leveduras Ale proporcionam um espetáculo mais vistoso, pois suas altas temperaturas de fermentação e a atividade natural de superfície cobrem, com um "merengue" espesso, o topo da cerveja fermentada. A fermentação produz calor próprio, mas, no tanque de fermentação, a temperatura é controlada por meio de camisas de refrigeração. Depois do segundo dia, a atividade de fermentação atinge o pico e começa a diminuir de intensidade.

Ao atingir a concentração de açúcar desejada, a cerveja é resfriada, interrompendo a ação da levedura. Nunca a levedura consome todo o açúcar do mosto, nem queremos que o faça – queremos açúcar residual, tanto para sabor quanto para corpo. Agora a cerveja precisa descansar. Sendo uma Ale, sua pausa será breve, não mais do que algumas semanas. A maioria das cervejas desse tipo não precisa ser maturada por mais de um mês, embora algumas, muito fortes, sejam envelhecidas por até um ano antes do envasamento. Durante a maturação, os sabores se tornam mais refinados e há sedimentação adicional de levedura e proteínas.

Já é cerveja?
A degustação é essencial para o cervejeiro.
A maturação depura os sabores da cerveja.

Alguns cervejeiros adicionam lúpulo nesse estágio, uma antiga técnica inglesa chamada *dry-hopping*. O lúpulo fica em infusão na cerveja, feito folhas de chá, impregnando a cerveja com o aroma de lúpulo fresco.

Já a cerveja Lager, ao final de seu longo e frio processo de fermentação, tende a conservar ainda alguns sabores ásperos. É preciso que passe por um processo de envelhecimento em baixa temperatura, para amadurecer e refinar seus sabores delicados. Tradicionalmente, adiciona-se ao tanque de envelhecimento uma pequena quantidade de cerveja ainda em fermentação, provocando o reinício da fermentação. Esse processo, chamado *krausening* (frisagem), ajuda a remover parte do gosto remanescente de enxofre e acrescenta carbonatação natural. Em seguida, a temperatura do tanque de fermentação é reduzida a quase zero grau (0 °C) e a cerveja se acomoda para um longo e merecido descanso. Uma boa Lager descansa, no mínimo, de um a dois meses, mas a maioria das massificadas Lager americanas mal consegue um repouso de duas semanas antes de enfrentar o clarão fluorescente dos corredores dos supermercados.

Filtração e envasamento

Antes de deixar a cervejaria, o envasamento da cerveja pode ser bem simples ou bastante complexo. As Ale inglesas tradicionais são acondicionadas diretamente em barris, às vezes com um clarificador natural, uma dose de açúcar fermentável para carbonatação (chamado *priming*), um punhado de lúpulo ou todos os três. O açúcar vai fermentar, produzindo uma carbonatação leve e natural. Em poucos dias, a cerveja estará pronta para ser tirada do barril nos *pubs* ingleses.

A maioria das cervejas é envasada em garrafas ou barris pequenos. As chamadas "acondicionadas em garrafa" são refermentadas na garrafa. Em geral, recebem uma dose de levedura e açúcar pouco antes do engarrafamento. A levedura consome o açúcar e

produz uma carbonatação natural e efervescente, parecida com a do champanhe. Na verdade, a técnica é idêntica ao *méthode champagnoise*, exceto pela ausência do *degorgement*; e a levedura permanece na garrafa, onde acaba por sedimentar-se. A cerveja acondicionada em garrafa pode servir-se turva ou com a levedura sedimentada, conforme o gosto do cliente. Várias Ale belgas são acondicionadas em garrafa, e também algumas Ale inglesas, cervejas artesanais americanas, Weissbier bávaras e, ocasionalmente, Kellerbier alemãs. Cervejas acondicionadas em garrafas podem ser particularmente complexas, com a ação lenta e prolongada da levedura acrescentando novas camadas de sabor.

Rumo ao *pub* – envasamento (*racking*) de cerveja Ale em barris, na cervejaria J. W. Lees em Manchester, Inglaterra.

Outras cervejas são filtradas, para a remoção de levedura e proteínas, ficando com uma cor clara. Essa cerveja filtrada é armazenada em tanques à espera de envasamento em garrafas ou em barris pequenos. Uma filtração adequada clareia e protege a cerveja sem prejudicar suas melhores qualidades. O excesso de filtração, porém, pode remover os sabores que tanto trabalhamos para alcançar, portanto é preciso ter cuidado. Após a filtração, vai haver alguma carbonatação natural, mas, na maioria dos casos, para atingir exatamente o nível desejado, o cervejeiro adiciona carbonatação artificial.

A propósito, você já deve ter visto comerciais de cerveja massificada louvando as qualidades da cerveja "filtrada a frio" de certa megacervejaria. E também já deve ter visto comerciais de café "cultivado nas montanhas". Bem, talvez ambos os comerciais sejam da mesma agência de publicidade – *toda filtração de cerveja é feita a frio*, por volta de zero grau (0 °C). O resfriamento faz com que as proteínas coagulem e possam ser filtradas junto com a levedura. Não existe filtração a quente. E todo café cresce em montanhas. Se você procura os prazeres da verdadeira cerveja, dê sempre atenção ao sabor, nunca à propaganda.

Breve história da cerveja

2

"A boca de um homem totalmente feliz está cheia de cerveja."

Inscrição egípcia, 2200 a.C.

No princípio, a cerveja. Bem, infelizmente, é provável que não tenha sido assim. É quase certo que a primeira bebida alcoólica foi hidromel, ou mulso. Afinal, basta uma chuva forte e uma colmeia com teto avariado para se ter hidromel. Os ursos se deliciam com hidromel há no mínimo 100 mil anos, desde que há ursos. E, quando eles deixavam, os humanos primitivos também degustavam hidromel. A produção de hidromel entrou em declínio, enquanto a cerveja é hoje a bebida fermentada mais popular do mundo. Por quê? Bem, embora nosso objetivo principal seja desvendar a harmonização de comida e cerveja, é importante lembrar que cerveja *é* alimento. Na verdade, era um ingrediente importante na dieta dos primeiros humanos. A verdadeira cerveja está repleta de vitaminas, minerais, proteínas e antioxidantes. Ou seja, faz bem à saúde, fato conhecido há milhares de anos. Mas só há poucos anos o Ministério da Saúde descobriu isso. O hidromel não tem os nutrientes da cerveja e, para fazer uma quantidade significativa, é preciso coletar uma quantidade enorme de mel. Essa era a grande desvantagem, principalmente quando os criadores ainda não contavam com equipamento de proteção.

Para os humanos primitivos também era difícil coletar grãos em número suficiente para produzir uma quantidade significativa de cerveja. Hoje, a maioria dos antropólogos acredita que as sociedades antigas abandonaram o modo de vida caçador-coletor, em troca da agricultura, para cultivar cereais suficientes para fazer cerveja. Os registros arqueológicos mostram que, entre os primeiros cereais cultivados, havia vários tipos de cevada. Seria difícil fazer pão com essas cevadas, mas não cerveja. Havia variedades de trigo adequadas à produção de outros alimentos, mas não constituíam as lavouras principais. A cerveja era considerada um alimento mágico, que mantinha a população alegre e saudável. Para ter cerveja suficiente, era preciso cultivar cereais. O próprio surgimento da civilização deve muito à cerveja.

Ao contrário do vinho e do hidromel, a cerveja não ocorre na natureza. Foi descoberta por acaso, há mais de 10 mil anos, em algum lugar da África. Alguém usou grãos úmidos e germinados para fazer um mingau que, ao ser aquecido, ficou doce. Ativadas pelo calor, as enzimas dos grãos germinados converteram o amido em açúcar. Caso a fermentação do mingau não fosse interrompida, resultaria em cerveja – não muito saborosa, mas mesmo assim cerveja. Toda produção de cerveja na antiguidade começou com o fabrico de mingau ou pão. Em inglês, as palavras *brewing* (fabricação de cerveja) e *bread* (pão) têm raízes próximas no alto alemão antigo, derivadas de *Briuwan*, que significa "cozinhar", e *Brot*, cujo significado original não era "pão", mas "mingau" ou "pasta".

Já não deve surpreender que a mais antiga receita conhecida é a de cerveja. Há mais de 4 mil anos, os sumérios da Mesopotâmia adoravam Ninkasi, a deusa da cerveja. Um hino de louvor a Ninkasi foi registrado em tábuas de argila no século XVIII a.C., e essa tábuas chegaram até nós. O hino louva a deusa, descrevendo todos os seus feitos maravilhosos – e, por acaso, todos eles resultam em cerveja. O poema inteiro é uma receita em forma de poesia (ou canção). Ninkasi assa um pão chamado de *bappir*, aromatizado com tâmaras e ervas, e, em seguida, embebe o pão e o torce, despejando, através de uma esteira de palha, o líquido em um pote. Uma vez fermentado e transformado em cerveja, sorvia-se esse líquido com canudos de junco.

Tal método de fabricar de cerveja, praticamente inalterado, é utilizado até hoje em certas regiões da África, onde as cervejas

locais tradicionais são muito apreciadas. É comum encontrar os anciões das aldeias sentados em volta de grandes potes de barro, discutindo os assuntos do dia e bebendo cerveja caseira usando longos juncos. Os potes de barro são exatamente iguais aos encontrados em antigas ilustrações e selos sumérios. O selo de Pu-Abi, rainha da cidade de Ur em aproximadamente 2600 a.C., retrata-a bebendo, com um canudo, cerveja de uma xícara. Ela não se rebaixava a usar junco – seu canudo de cerveja era feito de ouro e lápis-lazúli, hoje se encontra exposto em Londres, no Museu Britânico. Por volta de 1720 a.C., durante o reino de Hammurabi, os códigos de leis sumérios eram impregnados de cerveja, que desempenhava um papel importante nos rituais, mitos e tratamentos médicos da Mesopotâmia. Todos bebiam cerveja, do rei ao indigente, e mantinha-se, sob penas severas, a honestidade dos taverneiros – cobrar demais pela cerveja, por exemplo, era punido com morte por afogamento. Evidentemente, para os sumérios, cerveja era assunto muito sério.

Já para os egípcios, fabricar cerveja era um grande negócio. O faraó Ramsés II tinha cervejarias enormes, capazes de produzir 5 milhões de litros por ano. Com dinheiro obtido de cerveja, foram financiadas suas guerras e construídas suas cidades. Até 40% do armazenamento de cereais nas cidades do Antigo Egito era

Todas as sociedades antigas fabricavam cerveja, muitas vezes bebidas de potes de barro com canudos de junco. Esta tábua de argila mostra consumo de cerveja na Suméria antiga.
Cortesia de University of Pennsylvania Museum.

reservado para cevada destinada à fabricação de cerveja. Cerveja, denominada *hekt*, era um produto alimentício básico no Antigo Egito. De tão importante, chegava a ser usada como dinheiro. Vários trabalhadores qualificados das pirâmides eram pagos em cerveja, a qual recebiam três vezes ao dia. Havia, no mínimo, cinco variedades à escolha. Nobres e plebeus apreciavam cervejas de "marcas" como Mensageiro da Alegria, Formosa e Celestial. Osíris e Ísis eram considerados os inventores da cerveja, e muitos outros deuses e deusas, convenientemente, exigiam o consumo de cerveja em seus rituais de adoração. No entanto, era preciso ter cuidado com a companhia – se uma mulher egípcia aceitasse um gole da cerveja de um cavalheiro, ficava comprometida a casar-se com ele. Por toda parte, a cerveja aparece em artefatos do Antigo Egito – escritos, prescrições médicas, cerâmicas, quadros, frisos, potes de armazenamento – enterrados com múmias. Ninguém

Os antigos egípcios eram prodigiosos fabricantes de cerveja e apaixonados por ela. Tinham até suas próprias marcas. Será esse um pote de Mensageiro da Alegria?

Cortesia de Bildarchiv Preussischer Kulturbesitz, Berlim.

queria encarar a vida após a morte sem um suprimento adequado de cerveja – afinal, que tipo de paraíso seria esse?

Desde o início, a fabricação de cerveja foi atividade feminina e não masculina. Do Antigo Egito até a Europa medieval, as mulheres administravam o lar, assavam pão, e faziam cerveja. Embora, nas sociedades europeias, não tivessem os mesmos direitos dos homens, havia várias leis medievais estipulando que os recipientes caseiros usados no fabrico da cerveja eram propriedade particular da dona de casa, frequentemente chamada, na Inglaterra, de *alewife* (esposa da cerveja) ou cervejeira. Aí, as mulheres não só fabricavam como vendiam cerveja, e ainda mantinham tavernas. Algumas eram locais bastante rústicos, frequentados por ambos os sexos, e as taverneiras podiam garantir sua independência financeira. Os homens tinham ciúmes desse comércio e, por meio de leis, passaram a restringi-lo. No ano de 1284, a Associação de Cervejeiros de Berwick decretou: "Não é permitido a nenhuma cervejeira vender uma garrafa de cerveja entre a Páscoa e o dia de São Miguel por mais de dois *pennies*, e de São Miguel à Páscoa por mais de um *penny*". Além disso, determinou também que "não é permitido a nenhuma mulher comprar, no mercado, mais de meia saca de cereal para fabricar cerveja destinada à venda. Caso compre mais, perderá tudo o que comprou, ficando um terço para os zeladores e dois terços para o magistrado, para o fabrico de cerveja a ser consumida em sua própria casa".

É evidente que os homens não gostavam de ver as mulheres operando negócios independentes, ainda mais que pareciam estar se dando tão bem. A ideia os incomodava tanto que cantavam canções de protesto. Eis uma canção clássica da Escócia, com o charmoso título de *A cervejeira e seu barril*:

Estou vexado e perplexo
Vou dizer o que me irrita:
Em casa, uma esposa bêbada
Que nunca para quieta

A cervejeira, a esposa bêbada,
A cervejeira me irrita;
Minha mulher e seu barril
Ainda serão minha ruína.

Nas costas, o barril
Na mão, a caneca de cerveja
Ao mercado lá vai ela
Montar sua barraca.

Dá para acreditar na ousadia dessa mulher?

Ao abraçar a vida monástica, os homens desistiam das mulheres, mas certamente não abriam mão da cerveja. É quase certo que as primeiras produções comerciais de cerveja ocorreram em mosteiros. Por toda a Europa, fabricavam-se cervejas Ale especiais para os feriados religiosos: Advento, Páscoa e Pentecostes. Em alguns casos, a situação se invertia: em vez de comprar cerveja dos monges, os fiéis tinham o dever de fornecer um dízimo em cerveja à sua igreja. No século VIII, São Bonifácio escreve ao arcebispo de Cantuária: "Há relatos de que o hábito da bebida é demasiado frequente em sua diocese, e que certos bispos não só não o coíbem, como consomem eles próprios cerveja em excesso e forçam outros a beber a ponto de intoxicar-se". Pouco surpreende que, em 1066, quando normandos e ingleses se engalfinharam na fatídica Batalha de Hastings, um contemporâneo tenha relatado que os ingleses "se apresentaram para a luta não menos que bêbados". Talvez seja verdade que o reino foi perdido por alguns copos de cerveja.

Ao conquistarem a Inglaterra, os normandos trouxeram com eles sua língua e seu vinho. A língua francesa fundiu-se com o inglês antigo para criar o inglês moderno, mas o vinho dos conquistadores e a cerveja dos conquistados não combinaram muito bem. Quatrocentos anos de domínio francês infundiram entre os povos de língua inglesa a ideia de que tudo que vinha da França era sofisticado, nobre e superior, uma ideia que persiste até hoje. Tal viés está impregnado até mesmo na língua inglesa, já que as palavras de origem latina são consideradas mais sofisticadas do que as de origem anglo-saxônica. *Strike* (golpear) é mais elegante do que *hit* (bater), e *dine* (jantar) é mais refinado do que simplesmente *eat* (comer). Quando palavras de origem latina e anglo-saxônica têm o mesmo significado, a latina é opção para diálogos elegantes, enquanto a anglo-saxônica é reservada para conversações mais coloquiais. Tal complexo de inferioridade cultural se estendeu ao relacionamento entre vinho e cerveja, amaldiçoando, desde então, os falantes da língua inglesa. Várias culturas europeias não envolvidas nessa história veem vinho e cerveja como bebidas iguais, especialmente em relação à comida.

Ironicamente, os normandos impressionaram-se com a cerveja inglesa. A Casa de Plantagenet assumiu o trono inglês em 1154 e plantou vinhedos no sul da Inglaterra, mas seus integrantes elogiavam a cerveja inglesa mais ainda do que os próprios ingleses. Um nobre normando do século XII opinou que a Ale inglesa "é saudável, clara, da cor de vinho, mas mais saborosa". Os france-

Na Idade Média, fabricar cerveja era uma atividade trabalhosa, porém rentável – para bons cervejeiros. Inevitavelmente, o coletor de impostos estava sempre por perto.

ses apreciavam tanto as cervejas inglesas, que, em 1158, quando Thomas Becket foi à França como embaixador, levou de presente barris de Ale, embora na época os franceses já tivessem uma significativa produção própria.

Por toda a Europa, a vida começava a mudar à medida que os cidadãos comuns se libertavam de antigas obrigações. A migração para centros urbanos e a abertura de novos negócios foram inevitavelmente acompanhados pela cobrança de impostos. As pessoas ainda presas a tênues relações de servidão eram chamadas *Biergelden*, significando que deviam pagar "obrigações de cerveja". Essas pessoas tinham de recolher impostos para ter direito a fabricar cerveja. A palavra *Gelden*, que significava "dívida a pagar", originou a palavra inglesa *guilt* (culpa). Para proteger seus interesses, os cervejeiros livres criaram associações, convenientemente administradas pelos bispos (os cobradores dos impostos). Contanto que os bispos tivessem sua cerveja, era possível contentar a todos. Até hoje, embora eu me considere razoavelmente livre, sou aparentemente um membro dos *Biergelden*, com a substituição dos bispos pelo Departamento de Álcool, Tabaco e Armas de Fogo. Não me sinto culpado, embora até hoje não entenda por que me misturaram com tabaco e armas de fogo.

Mesmo há 700 anos, principalmente na cidade francesa de Aix-la-Chapelle, não era aconselhável tentar sonegar impostos sobre cerveja. Em 30 de abril de 1272, foi decretado que qualquer um pego tentando esquivar-se do pagamento desse imposto "será punido e sua mão direita decepada, e será banido da cidade e jurisdição de Aix-la-Chapelle por cinco anos; a casa onde a cerveja foi fabricada ou vendida em excesso será destruída, e, se houve venda de cerveja importada de fora da jurisdição de Aix-la--Chapelle, a casa onde tal venda foi efetuada será destruída". Sem dúvida, a atual Receita Federal deve olhar aqueles tempos com uma ponta de inveja.

Se sonegar imposto sobre cerveja era desaconselhável, fabricar cerveja ruim também não era uma boa ideia. No ano de 1268, os cervejeiros de Paris estabeleceram estatutos industriais regulando todos os aspectos da comercialização de cerveja, incluindo penalidades para adulteração. Por mais desagradáveis que fossem, tais penas parecem leves, comparadas às possíveis consequências para um mau cervejeiro na Alemanha. Um decreto, da cidade de Danzig, era *Malam cerevisiam facieus in cathedram stercoris* – "Aquele que fabricar cerveja ruim será jogado no depósito de esterco da cidade". Até certo ponto, os cervejeiros não se incomodavam com esses decretos, que certamente desestimulavam o surgimento de concorrência. Os cervejeiros e suas associações monopolizavam o conhecimento sobre fabricação de cerveja, e quaisquer inovações técnicas eram segredos bem guardados. Por meio do sistema de aprendizes, a arte de fabricar cerveja era passada às novas gerações como herança de família. Para rivais fora desse sistema, era difícil adquirir técnicas modernas de fabrico de cerveja, e, sem elas, o destino certamente era o depósito de esterco.

Apesar dos esforços governamentais, a qualidade da cerveja variava bastante e havia muita trapaça e adulteração. Para proteger os cidadãos da cerveja ruim, os bávaros tomaram medidas cada vez mais rígidas. Em 1516, o duque Guilherme IV decretou a *Reinheitsgebot*, ou Lei da Pureza, segundo a qual só era permitido fabricar cerveja com malte de cevada, lúpulo e água. Mais tarde, foi aprovado o uso de trigo maltado para a produção de cerveja de trigo, assim como o uso de levedura. Ao banir a utilização de outros cereais crus e de aromatizantes que não o lúpulo, o *Reinheitsgebot* deu início à moderna fabricação de cerveja alemã. *Gruit*, a mistura de ervas outrora usada em cervejas bávaras, ficou restrita à produção de precursores de bebidas herbáceas como o Jägermeister. A cerveja tinha de ser pura. A Legislação Comercial da Baviera de 1539 proibiu fabricar cerveja no verão – todos sabiam que cerveja fermentada no calor tendia a estragar-se rapidamente. As caldeiras permaneciam seladas de 24 de abril a 29 de setembro. Os quatro inspetores de cerveja do duque fiscalizavam o cumprimento da lei.

A bordo dos navios dos primeiros colonos americanos, a cerveja era um suprimento importante. Os *pilgrims* (peregrinos) planejavam desembarcar na região de Nova York, mas tiveram de contentar-se com Massachusetts por não terem "mais tempo para procurar ou avaliar, pois nossos mantimentos estavam baixos, especialmente nossa cerveja". Há menções frequentes de mortes por falta de cerveja – isso os obrigava a beber água, que muitas vezes era impura e causava doenças. Os colonos puritanos talvez fossem bastante… bem, puritanos, mas não faziam objeção alguma à cerveja. Na América, passaram por dificuldades até a chegada, em 1628, de mil imigrantes bem abastecidos, trazendo 40 mil litros de cerveja inglesa a bordo do navio Arbella.

Nova York (na época, Nova Amsterdã) já era um centro comercial administrado, em grande parte, pela Companhia Holandesa das Índias Ocidentais. A cidade produzia cerveja suficiente não só para consumo interno, mas para exportar a outras colônias. Os holandeses apreciavam cerveja muito mais do que os ingleses. Em 1632, o diretor-geral de Nova Amsterdã Peter Minuit fundou, na baixa Manhattan, a primeira cervejaria comercial na América. Em meados da década de 1630, Nova Amsterdã já ostentava uma Brouwer Street, ou "rua dos Cervejeiros". A Companhia Holandesa das Índias Ocidentais fabricava cerveja, os proprietários de terras fabricavam cerveja, os taverneiros fabricavam cerveja, e muitos colonos fabricavam cerveja em seus próprios lares. Estima-se que, por volta de 1638, a quarta parte de Nova Amsterdã consistisse em casas onde se podia comprar cerveja. Aparentemente, havia dezessete tavernas licenciadas e pelos menos sete ilegais. E não demorou muito para o coletor de impostos aparecer: em 1644, o diretor-geral da cidade passou a cobrar, de cervejeiros e taverneiros, imposto sobre a venda da bebida. A recusa em pagar podia levar ao confisco da cerveja, que seria distribuída aos soldados da Nova Holanda, garantindo, sem dúvida, maior lealdade. Os cervejeiros de Nova Amsterdã resistiram. Figuravam entre os cidadãos mais importantes da

Página ao lado:
A *Reinheitsgebot*, ou Lei da Pureza, de 1516, tem protegido há séculos a qualidade da cerveja alemã, embora possivelmente também tenha tolhido a criatividade.

Wie das Pier summer vñ winter auf dem Land sol geschenckt vnd prauen werden

Item Wir ordnen/setzen/vnnd wöllen/mit Rathe vnnser Lanndeschafft/das füran allennthalben in dem Fürstenthumb Bayrn/auff dem lande/auch in vnsern Stettñ vñ Märckthen/da deßhalb hieuor kain sonndere ordnung ist/von Michaelis biß auff Georij/ain mass oder kopff piers über ainen pfenning Müncher werung/vñ von sant Jorgentag/biß auff Michaelis/die maß über zwen pfenning derselben werung/vnd derenden der kopff ist/über drey haller/bey nachgesetzter Pene/nicht gegeben noch außgeschenckht sol werden. Wo auch ainer nit Merrzñ/sonder annder Pier prawen/oder sonst haben würde/sol Er doch das/kains wegs höher/dann die maß vmb ainen pfenning schencken/vnd verkauffen. Wir wöllen auch sonderlichen/das füran allenthalben in vnsern Stetten/Märckthen/vñ auff dem Lannde/zu kainem Pier/merer stückh/dann allain Gersten/Hopffen/vñ wasser/genomen vñ gepraucht sölle werdñ. Welher aber dise vnsere Ordnung wissentlich überfaren vnnd nit hallten wurde/dem sol von seiner gerichtzöbrigkait/dasselbig vas Pier/zuistraff vnnachläßlich/so offt es geschicht/genomen werden. Jedoch wo ain Gäuwirt von ainem Pierprewen in vnnsern Stettñ/Märckten/oder aufm lande/yeztzizeitñ ainen Emer piers/zwen oder drey/kauffen/vnd wider vnnter den gemaynnen Pawrsvolck ausschenncken würde/dem selben allain/aber sonnst nyemandts/sol dye maß/oder der kopff piers/vmb ainen haller höher dann oben gesetzt ist/ze geben/vñ/außzeschencken erlaubt vnnd vnuerpotñ.

Gegeben zu Ingolstadt
am Georgitag 1516

cidade e reclamaram tanto que o diretor-geral foi chamado de volta à Holanda.

Quando os ingleses tomaram a área e Nova Amsterdã virou Nova York, o duque de York cuidou pessoalmente para que a cidade fabricasse apenas cerveja decente. As Leis do Duque, de 1664, declaravam: "De hoje em diante, ninguém exercerá a atividade de fabricar cerveja para venda senão pessoas reconhecidas como tendo habilidade e conhecimento suficientes da arte e mistério de um cervejeiro". O texto prossegue descrevendo as duras penas a serem impostas a quem fabricasse cerveja ruim, mas, pelo menos, não faz nenhuma referência a depósitos de esterco.

Enquanto nas colônias centrais brotavam cervejarias por toda a parte, no sul o crescimento foi mais lento. O clima mais quente dificultava a produção de cerveja, e os empreendedores viam oportunidades melhores no cultivo e venda de tabaco, arroz, algodão e árvores. As colônias do norte enfrentavam o problema oposto – o clima frio impedia boas safras de cevada, e a Colônia da Baía de Massachusetts e as outras colônias nortistas concentraram-se na caça à baleia e na pesca, preferindo importar cerveja da Inglaterra, de Nova York, da Pensilvânia ou de Nova Jersey. A Universidade Harvard, fundada em 1636, fabricava cerveja para seus alunos já em 1639. Aparentemente, a quantidade era pouca – Nathaniel Eaton, o primeiro presidente de Harvard, foi destituído do cargo por não fornecer aos alunos cerveja suficiente. Mais tarde, o problema foi resolvido: a partir de 1674, entrou em operação a primeira cervejaria completa de Harvard. Criou-se um sistema conveniente para todos os envolvidos, já que muitos alunos pagavam as despesas de alojamento com malte de cevada.

Ao começar a Guerra da Independência, todo o comércio com a Inglaterra foi interrompido. Os colonos, em sua maioria, pararam de beber cerveja britânica, e o mercado passou a ser suprido pelas cervejarias americanas. A prática comum de fabricar cerveja em casa durante a guerra levou ao estabelecimento de várias cervejarias pequenas. Os fundadores da nação viam a cerveja como uma bebida caseira saudável e nutritiva, distinta das bebidas destiladas, descritas na época como "ardentes". James Madison esperava "que a indústria cervejeira deitasse raízes profundas em cada estado da União", e confiava nisso. Benjamin Rush, médico renomado e um dos signatários da Declaração da Independência, publicou, em 1775, um panfleto censurando os efeitos nocivos dos destilados. Cerveja, no entanto, era algo totalmente diferente. Rush escreveu: "Comparada aos destilados, a cerveja é uma bebida saudável. É abundante em nutrientes; é por isso que muitos cidadãos britânicos comuns suportam trabalho árduo sem nenhum outro alimento além de dois ou três *pints* [1 *l* a 1,5 *l*] dessa bebida e algumas libras [cada libra dá cerca de meio quilo] de pão por dia".

George Washington gostava mesmo era de cerveja Porter, especialmente a fabricada por Robert Hare, da Filadélfia. Chegaram até nós várias cartas de Washington solicitando fartas quantidades da Porter de Hare. Em 20 de julho de 1788, ele escreveu a Clement Biddle, comerciante de cerveja: "Peço que me envie uma grosa da melhor Porter engarrafada do sr. Hare, caso o preço não

Notório apreciador de cerveja Porter, George Washington a fabricava em sua própria casa. Esta é sua receita original para "cerveja fraca".

Cortesia de Manuscripts and Archives Division, the New York Public Library.

tenha subido depois dos copiosos goles que você consumiu na última *Procession*", referindo-se à festa federal em comemoração à ratificação da Constituição. Na festa federal realizada na Filadélfia em 1788, foram banidas as bebidas destiladas e serviram aos participantes cerveja e sidra.

Embora tenha sido um grande colecionador de vinhos franceses, Thomas Jefferson falou várias vezes em público sobre a importância da cerveja. Ele mesmo fabricava cerveja esporadicamente, uma atividade que começou a levar mais a sério ao deixar a Presidência e retirar-se para Monticello. Em 1813, escreveu uma carta a um de seus vizinhos pedindo de volta um livro emprestado: "Há algum tempo lhe emprestei *London & Country Brewer* e o livro de Combrun sobre o mesmo assunto. Estamos hoje iniciando, sob a direção do capitão Miller, o fabrico de bebidas de malte e, se os livros não mais lhe forem de serventia, agradeço sua devolução, pois é possível que contenham informações úteis para nós". Nas cartas de Jefferson, há várias referências a cerveja, especialmente em relação à sua busca por livros práticos sobre fabricação.

Parece que a cerveja de Jefferson era forte e saborosa. Temos cartas elogiosas de seus vizinhos, incluindo James Madison, pedindo conselhos sobre fabricação e receitas de cerveja. Jefferson gentilmente recomendava que enviassem seus cervejeiros a Monticello para serem instruídos.

Samuel Adams, fundador da comunidade de Massachusetts, era um malteador eminente, embora não fosse cervejeiro, como se alega [no rótulo das cervejas que levam seu nome]. Formou-se em Harvard, em 1740, e, depois de uma breve temporada praticando advocacia, passou a trabalhar no negócio de maltagem do pai. Aparentemente não era muito hábil, o que talvez tenha sido melhor, já que mais tarde voltou sua atenção à conquista da independência dos Estados Unidos.

Por volta de 1810, havia 140 cervejarias nos Estados Unidos, produzindo 30 milhões de litros de cerveja por ano. Quarenta e oito estavam localizadas na Pensilvânia, 42 em Nova York, 13 em Ohio e o restante, espalhado pelo resto do país e seus territórios. Em 1814, saboreando alguns copos de Ale no Fountain Inn, em Baltimore, Francis Scott Key deu os retoques finais no *Star Spangled Banner*, o hino nacional americano. Talvez a cerveja o tenha inspirado – a melodia que escolheu foi a de *To Anacreon in Heaven*, uma antiga canção inglesa de bebedores de cerveja.

A década de 1830 trouxe para os Estados Unidos uma onda de imigração da Alemanha. Já havia no país muitos imigrantes alemães, fugidos da perseguição religiosa na Europa. Na década de 1830, muitos vieram devido à crise econômica na Alemanha ou para escapar do serviço militar e, na década seguinte, vários por motivos políticos. Tão logo pisaram em solo americano, começaram a montar suas cervejarias. Diariamente chegavam tantos alemães que os cervejeiros nem precisavam vender sua cerveja a americanos ou outros imigrantes – havia alemães de sobra para

A imigração alemã no século XIX trouxe um sabor europeu à cultura cervejeira americana.
Cortesia de Baltimore News-American.

consumi-la. Como todos novos imigrantes, eles tendiam a não se misturar e a preservar as tradições de sua pátria. Entre 1849 e 1860, mais de 1,3 milhão de alemães imigraram para os Estados Unidos.

A fabricação de cerveja Lager já estava bem estabelecida na Baviera e, assim que foi isolada, a levedura secreta rapidamente se espalhou pelos Estados Unidos. Em 1840, John Wagner fabricou na Filadélfia a primeira Lager americana, seguido pela cervejaria Engel & Wolf, em 1844. Segundo Wolf, sua cervejaria "foi por muitos anos um refúgio dos alemães da Filadélfia, que em várias ocasiões a secaram completamente... Não raro tínhamos que afixar um cartaz avisando a próxima data em que haveria cerveja disponível". David G. Yuengling nasceu na Alemanha, imigrou para os Estados Unidos em 1828, e em 1830 já fabricava cerveja em Pottsville, Pensilvânia. D. G. Yuengling & Sons, a mais antiga cervejaria americana em atividade, situa-se até hoje em Pottsville, operada por seus descendentes.

O estado de Nova York era um grande produtor de cerveja, mas a cidade de Nova York, sofrendo com um suprimento de água insalubre, ficava bem atrás da Filadélfia. Por volta de 1845, porém, os reservatórios ao norte finalmente abasteceram Nova York com água boa, e começou pra valer o fabrico de cerveja. Brooklyn, na época uma cidade separada, contava com um suprimento de água bem melhor do que o da ilha de Manhattan. Quando encampou as vizinhas Williamsburgh (sede atual da Brooklyn Brewery) e Bushwick, cidades de forte presença alemã, a fabricação de cerveja no Brooklyn tomou fôlego. Entre 1850 e 1880, a Brewer's Row, uma área de doze quadras em Bushwick, ostentava onze cervejarias. O Brooklyn tornou-se um grande centro de produção de cerveja e, no final do século, contava com quarenta e oito cervejarias. Várias fabricavam apenas Weissbier, várias outras fabricavam Ale, e mais de vinte fabricavam apenas Lager. Nesse período, uma em cada dez cervejas consumidas nos Estados Unidos era fabricada no Brooklyn. Milwaukee, cidade considerada por muitos a grande produtora de cerveja do país, não chegava aos pés do Brooklyn em seu período áureo, que durou de meados do século XIX aos dias negros da Lei Seca.

Na indústria cervejeira nos Estados Unidos havia tantos alemães empregados que a Master Brewers Association of the Americas (Associação Americana de Mestres-Cervejeiros), até a Primeira Guerra Mundial, realizava suas reuniões e redigia suas atas em alemão. A "germanidade" da indústria cervejeira americana acabou sendo um dos fatores de sua ruína em meio à tempestade cultural que se abateu sobre os cervejeiros.

Em 1893, os adeptos da Lei Seca começaram a organizar-se. A Liga Anti-Saloon foi criada como uma organização local em Oberlin, Ohio, mas em 1895 já era uma entidade nacional. Os proibicionistas começaram denunciando os males dos bares e tavernas, argumentando que afastavam os homens de suas famílias, sendo, portanto, contrários ao cristianismo e ao bem comum. Em poucos anos, ampliaram seus objetivos, buscando a abolição total das bebidas alcoólicas. Recebiam grandes doações de igrejas, e de proibicionistas milionários, incluindo John D. Rockefeller e S. S. Kresge, o magnata das lojas de departamento. Vários proprietários de grandes cervejarias – os "barões da cerveja" – eram homens ricos e influentes, respeitados em suas comunidades, não acreditavam na possibilidade de uma Lei Seca. Cerveja era, evidentemente, uma paixão dos americanos, que consumiram 53 milhões de hectolitros em 1895, um aumento de 530% em relação a 1869. Mas o movimento ganhava força. Teddy Roosevelt (na época comissário de polícia da cidade de Nova York) começou proibindo a venda de bebidas alcoólicas aos domingos, ao aplicar leis já existentes, mas até então ignoradas.

A população foi levada a acreditar que o álcool era a causa de todos os males da sociedade moderna. Bastava livrar-se das bebidas alcoólicas e todos os problemas sociais do país desapareceriam. Condados inteiros começaram a "secar" e, em 1907, Oklahoma integrou-se à União como o primeiro estado totalmente seco.

No final de dezembro daquele ano, a Associação de Cervejarias da cidade de Oklahoma foi forçada a despejar 230 barris de cerveja nas sarjetas. Uma grande multidão, equipada com conchas, xícaras e baldes, perseguiu a torrente de cerveja rua abaixo, desesperada por um último gole de bebida boa.

Em 1911, os Estados Unidos produziam mais cerveja do que qualquer outro país do mundo: 100 milhões de hectolitros, ou 80 litros *per capita*. (Não devia impressionar muito os bávaros, cujo consumo de cerveja *per capita* era de 290 litros). No entanto, depois de 1914, os adeptos da Lei Seca começaram a se impor, e um estado após outro aprovou leis banindo bebidas alcoólicas, somando, em 1916, um total de dezoito. A Anheuser-Busch, vendo que os cervejeiros estavam perdendo a batalha, lançou a Bevo, uma cerveja quase sem álcool. Logo em seguida, em 6 de abril de 1917, os Estados Unidos declararam guerra à Alemanha. Os proibicionistas rapidamente exploraram a crescente onda de sentimento antigermânico, acusando cervejeiros com nomes como Busch, Yuengling, Schlitsz, Schmidt, Pabst, Blatz e Schaeffer.

Pouco importava que vários deles tivessem feito contribuições significativas para o esforço de guerra americano. Fora inserido o último prego no caixão da indústria cervejeira americana. Em 17 de janeiro de 1920, a Lei Volstead, proibindo a venda, produção, consumo ou transporte de qualquer bebida contendo mais de 0,5% de álcool, passou a imperar no país. No dia seguinte, os bares clandestinos começaram seus negócios.

Muitas cervejarias americanas passaram a produzir "quase cerveja", uma bebida de malte praticamente sem álcool. Várias simplesmente fecharam. Outras buscaram criar novos produtos. A Cervejaria Adolph Coors começou a fabricar leite maltado, que vendia à Mars Candy Company – outrora destinado à produção de cerveja, o malte virou ingrediente de chocolates como Milky Way e Snickers. Stroh e Yuengling produziram sorvete, e a Anheuser-Busch produziu de tudo, desde levedura de pão a barcos. Várias cervejarias produziram extratos e xaropes de malte, supostamen-

Página ao lado: No final do século XIX, havia mais de 45 cervejarias no Brooklyn, em Nova York. A família Doelger tinha cervejarias no Brooklyn e em Manhattan.

JOS. DOELGER'S SONS

ESTABLISHED 1846.

TRADE MARK.

LAGER BEER

Brewery 54th to 55th St.

between 2nd & 3rd Ave.

NEW YORK.

te para cozinhar. Seu verdadeiro uso era óbvio – fabricar cerveja caseira. Surgiram várias lojas vendendo malte e lúpulo, e até mesmo as grandes cadeias, em suas vitrines, exibiam abertamente latas de xarope de malte. Em 1926 e 1927, a produção de extratos de malte chegou a 400 milhões de quilos.

A Lei Volstead foi ampla e flagrantemente desrespeitada. Em um concurso para criar um novo termo para denominar quem desrespeitava a Lei Seca, surgiu a palavra *scofflaw* (que zomba da lei). Era uma alcunha que muitos carregavam com orgulho. Soldados americanos retornando da Europa chegavam aos portos agitando bandeiras que proclamavam "Queremos nossa cerveja". As pessoas organizavam passeatas exigindo sua cerveja de volta. Mas teriam de esperar ainda treze anos. Ao longo desse período, o fracasso total da Lei Seca ficou evidente até mesmo para os seus antigos proponentes. Os prejuízos comerciais e a ascensão do crime organizado envenenaram gradativamente a economia do país. Em 1933, quase todos concordavam que era hora de encerrar a "nobre experiência".

Em 7 de abril de 1933, a manchete do *New York Times* anunciava: "Cerveja jorra em 19 estados à meia-noite". Todos estavam exultantes, principalmente os cervejeiros, que mal podiam esperar para de novo operar na legalidade. Mas seu mundo mudara, e logo eles perceberam que, para acompanhá-lo, também precisavam mudar. Tinham sido treze longos anos, e os consumidores não eram mais tão exigentes quanto ao sabor da cerveja que bebiam. A Lei Seca popularizara os refrigerantes, que agora representavam uma nova concorrência para os cervejeiros. Milhões de jovens haviam crescido sem nunca ter provado cerveja de verdade. Diante de novos consumidores acostumados a refrigerantes, os cervejeiros começaram a remover os sabores fortes da cerveja, para alcançar um público maior. Novas leis impuseram um limite de teor alcoólico para cerveja, de 3,2% por peso, ou cerca de 4% por volume. Isso contribuiu para atenuar ainda mais o sabor da cerveja. Os cervejeiros estavam desesperados para reconstruir a saúde financeira de suas empresas, mas o país estava em meio à Grande Depressão: exigia-se que, em nome do patriotismo, mantivessem o preço da cerveja em cinco centavos o copo.

Temendo a volta da Lei Seca, os cervejeiros concordaram. Para vender cerveja a um preço tão baixo e ainda ter lucro, teriam de usar mais ingredientes como arroz e milho, menos caros do que o malte de cevada. O envelhecimento teria de ser reduzido para cortar custos. A cerveja americana, vendida agora por meio de grandes campanhas publicitárias, afastou-se rapidamente de suas origens europeias. Muitas cervejarias enfrentaram dificuldades, falindo ou sendo absorvidas por outras maiores. No final da Segunda Guerra Mundial, a indústria cervejeira americana estava transformada. Era uma indústria com um número cada vez menor de cervejarias, que, por sua vez, se transformaram em gigantes nacionais. O produto, acompanhando as normas culturais da época, ficou tão inócuo e insípido que nem mesmo os cervejeiros conseguiam diferenciar as marcas. O objetivo principal das cervejarias americanas passou a ser um grande volume de vendas, alavancadas por propaganda. A moderna cerveja Lager americana do mercado de massa – uma bebida aguada e sem sabor, irreconhecível para qualquer visitante alemão – emergiu numa paisagem culinária pavimentada por restaurantes *fast-food*, queijo pasteurizado e verduras congeladas. Depois de 10 mil anos de produção de cerveja saborosa em todo o mundo, os cervejeiros americanos haviam, finalmente, reduzido a progenitora da civilização mundial a um espectro pálido, preso dentro de uma lata. Em 1974, restavam apenas quarenta cervejarias nos Estados Unidos, todas fabricando, basicamente, o mesmo produto. Alguns anos depois, quando essa idade das trevas estava prestes a erradicar a cerveja tradicional da memória americana, houve um despertar na Califórnia. Estava para começar uma nova era na fabricação de cerveja nos Estados Unidos.

3
Princípios da harmonização da cerveja com a comida

Apreciar cerveja e comida é costume que existe há milênios. Cabe, então, perguntar qual o objetivo de tentar formalizar um relacionamento que já é feliz.

Beber cerveja, e só beber, sem nenhum acompanhamento, pode ser uma experiência maravilhosa, reveladora até. Mas os grandes momentos envolvem comida, pois dependemos dela para viver. A maioria de nós costuma lembrar claramente algumas de nossas melhores refeições, aquelas que sobressaem como pontos altos em nossas vidas. Infelizmente, para grande parte dos americanos, a vida moderna oferece poucos momentos assim. Até aqueles que cozinham a sério (e me incluo entre eles) vivenciam períodos em que todas as refeições parecem apressadas e a comida não passa de combustível. Mesmo as refeições sendo boas, muitas vezes falta algo. É aí que entra a cerveja.

Se, para você, "cerveja" é aquela coisa gasosa, amarela, vendida em lata no supermercado, quero que apague por completo da mente que tal produto existe. Ele não nos interessa – estamos falando de cerveja autêntica. E eis o que a autêntica cerveja é capaz de fazer: transformar cada refeição decente que você faz em uma experiência gustativa interessante e memorável. Ela pode aguçar seus sentidos e fazê-lo prestar atenção no que está acontecendo em seu palato. Dar um pouco de atenção – tanto à sua comida quanto à sua cerveja – faz a diferença entre uma vida culinária meramente "satisfatória" e uma repleta de sabores ricos ilimitados. Aprenda um pouco sobre os sabores complexos e incrivelmente variados que a cerveja tradicional traz à mesa, e eu lhe *prometo* uma vida melhor. Não estou brincando – é simples assim. Você vai ter de

Gourmet

THE MAGAZINE OF GOOD LIVING

cozinhar, comprar ou encomendar boas refeições – a cerveja tradicional não vai fazer de um Big Mac um banquete. Mas é capaz de transformar uma *quesadilla* num espetáculo pirotécnico ou, um simples frango assado em uma refeição espetacular.

O vinho não é capaz de fazer o mesmo? Sim e não. Eu adoro vinho e, nas refeições, frequentemente o bebo. Mas nunca me foi possível apreciar vinho com todos os tipos de alimentos que como diariamente. *Carré* de cordeiro assado? Claro, uma garrafa de Borgonha vai muito bem (embora eu conheça cervejas que combinam igualmente bem). Mas, e quanto às culinárias mexicana, chinesa, japonesa, tailandesa, do Oriente Médio, indiana, cajun, e ao churrasco americano? Também adoro essas comidas, mas não quero desfrutá-las com vinho. Sim, já provei todos os vinhos que supostamente combinam com elas. Sabe o quê? Não substituem adequadamente a cerveja tradicional. Por quê? Porque os temperos distorcem os sabores do vinho, condimentando o vinho branco e amargando o vinho tinto. Porque vinho não refresca o palato, como ocorre com a cerveja. Porque vinho não tem sabores caramelizados ou torrados, que se associam a sabores equivalentes em nossos pratos favoritos. E porque, até mesmo segundo especialistas em vinho, vários alimentos simplesmente não vão bem com vinho.

Por exemplo, os adeptos do vinho prefaciam suas seleções com alertas sobre "ingredientes complicados", incluindo ovos, queijos, pimentas-malaguetas, carnes defumadas, peixe defumado, tomate, gengibre, *curry*, chocolate, abacate, alho, molho vinagrete, espinafre, alcachofra, aspargos, cominho e outras coisas saborosas. Mas, sendo tão versátil, a cerveja não tem problema com nenhum desses ingredientes. Cervejas de trigo são leves, efervescentes e ótimas para tomar com ovos. As Ale artesanais belgas, condimentadas, fazem maravilhas com pimenta-malagueta, cominho, gengibre e *curry*. As ricas Imperial Stout são repletas de sabores de café e achocolatados, e combinam perfeitamente com sobremesas de chocolate. Não há truque nenhum, apenas afinidades naturais e combinações extraordinárias.

PÁGINA AO LADO: Henry Stahlhut/ *Gourmet*. © The Condé Nast Publications Inc. *Gourmet*, 1º de julho de 1945.

Mesmo assim, ninguém quer ter "barriga de chope". E quanto às calorias? Na verdade, há tantas calorias na cerveja quanto no vinho, portanto cerveja não engorda mais do que ele: nesse quesito, uma taça de vinho equivale aproximadamente a uma garrafa de cerveja. Cerveja "light"? Além de ter gosto de Alka-Seltzer, em geral tem só 16 calorias a menos (em 350 mℓ) do que a versão normal. Trata-se de propaganda, não de calorias. Quer vinho "light"? Acho que não. Nem eu. Seja qual for a comida ou bebida, moderação e equilíbrio são a chave para sua apreciação.

E apreciação é comigo mesmo. Eis como foi o "cardápio da semana" lá em casa:

DOMINGO Frango caipira. Temperei o frango por fora, com sal marinho e alho; recheei-o com um *dressing* de pão, cebola, sálvia e tomilho; e o assei. Em seguida, assei algumas batatas com um pouco de gordura de pato, sal, pimenta e alecrim; depois, branqueei algumas ervilhas-tortas e joguei-as com manteiga e *fleur de sel*. A cerveja francesa Castelain, uma Farm Ale dourada e condimentada, tem qualidades herbáceas que realçam o sabor da sálvia, do alecrim e do tomilho.

SEGUNDA-FEIRA Fiz tacos de milho. Joguei alguns camarões em uma panela *wok* com azeite, cominho, suco de limão e molho de pimenta *habanero* (Tabasco). Recheei os tacos com o camarão, abacate, cebola, pimenta *jalapeño* picada, tomate e creme azedo. Bebemos nossa própria Brooklyn Pilsner, que atravessou os sabores ardentes e refrescou o palato. Admiravelmente revigorante, modéstia à parte.

TERÇA-FEIRA Com azeite, sal e pimenta esmagada, temperei bem um filé de costela com bastante gordura intramuscular; grelhei-o ao ponto; fiz purê de batata com manteiga de trufas; e comi o filé e a batata com uma salada de folhas e tomate, temperados com molho vinagrete. O acompanhamento perfeito foi a belga Saison

Dupont, uma Farm Ale, terrosa, condimentada, apimentada e explosivamente saborosa.

QUARTA-FEIRA Fiquei com preguiça e encomendei, do restaurante chinês local, pato crocante e macarrão oriental frio ao gergelim. Estava meio gorduroso, mas ficou ótimo com a Schneider Weisse, uma cerveja de trigo bávara, turva, refrescante e efervescente, repleta de sabores de cravo, fumaça e bananas.

QUINTA-FEIRA A consciência pesou, e comi uma salada. Bem, até se pode chamar assim: sufocando as folhas novas, havia tiras de peito de frango grelhado temperado, tomate, abacate, pepino, pimentão assado, queijo de cabra e vinagre balsâmico. Bebemos a belga Blanche de Bruges, uma cerveja de trigo ligeiramente ácida, de amargor leve e um aroma cítrico maravilhosamente condimentado pelo uso de casca de laranja de Curaçau e coentro. Não há nada melhor para tomar com uma substanciosa salada, mesmo que fique difícil enxergar a alface.

SEXTA-FEIRA Fui ao meu restaurante francês predileto, um estabelecimento pequeno, em Nova York, onde se come o melhor *cassoulet*, o clássico cozido de pato, feijão-branco e embutidos (a dor na consciência durou pouco, acho). Esse restaurante tem também uma bela carta de cervejas. A Samuel Smith's Nut Brown Ale estava deliciosa, com seus sabores maltados, ligeiramente achocolatados e abiscoitados, além do amargor suficiente para atravessar a riqueza daqueles feijões saturados de caldo. O *cassoulet* é enorme, e nunca consigo comer tudo – peço sempre para embrulhar. Acredite ou não, com sobras de *cassoulet* dá para fazer omeletes deliciosas. Pode confiar.

SÁBADO Hoje é sábado, e estou planejando jantar no Babbo, meu restaurante italiano predileto. Andei sonhando com o *beef cheek ravioli* (massa fresca com recheio de bochecha de boi e fígado de pombo) e risoto de cogumelo porcini e *foie gras,* do *chef* Mario Batali. Felizmente, Mario gosta da Brooklyn Ale com sua comida. E eu também. É feita com um antigo malte escocês, que lhe confere um gosto maltado e suculento de *toffee,* e simplesmente se funde com esses pratos terrosos. O Babbo obviamente tem uma carta de vinhos excepcional. Tem também, assim como muitos restaurantes ótimos, uma carta de cervejas séria, escolhida de acordo com a comida.

O melhor de tudo é que você pode desfrutar essas cervejas todos os dias. Uma boa garrafa de Barolo custa no mínimo US$ 60. O preço de uma garrafa de 750 m*l* de Saison Dupont – cerveja que faz uma Veuve Clicquot parecer o espumante de malte Champale – é um pouco mais razoável: US$ 5,99. Aqui estamos falando em luxo diário, para o resto de sua vida. Parece bom? Então vamos começar.

Aroma

Aroma é um dos atributos mais importantes de uma cerveja, e, para produzir aromas convidativos e provocantes, os mestres-cervejeiros trabalham duro. Em uma cerveja, o aroma é o cartão de visita e sinaliza o que aguarda o palato. As possibilidades aromáticas da boa cerveja são infinitas, um fato diretamente relacionado à admirável versatilidade da cerveja em relação a comidas. O leque de aromas é vasto e inclui: floral (as Pilsner), frutado maduro (Pale Ale inglesas), cítrico (Pale Ale americanas e cervejas belgas de trigo), lupulado (India Pale Ale), de banana ou de cravo (as Weissbier alemãs), defumado (Rauchbier alemãs), maltado (as Doppelbock e Barley Wine), de Jerez (Brown Ale flamengas e Barley Wine), herbáceo (Tripel belgas e as Bière de Garde francesas), de uva-passa (as Dubbel belgas), achocolatado (cervejas Brown Ale e Porter), de café (as Stout), de *toffee* (cervejas Amber Ale e Bock), terroso (as Lambic) e várias outros. Cientistas já identificaram, na cerveja, milhares de compostos de aroma naturais, e seu nariz é capaz de distinguir muitos mais.

Sabor começa com aroma. A língua só detecta quatro sensações – doce, azedo, salgado e amargo – e, portanto, o olfato é a chave para a percepção de sabor. Como algumas cervejas são mais aromáticas do que outras, vale a pena aproximar o nariz do copo. Gire a cerveja dentro do copo, mas... cuidado para não derramar na camisa. Inspire fundo – que cheiro tem? Alguns dos aromas descritos neste livro vão parecer maravilhosos, mas outros podem soar estranho e, até mesmo, ser desagradáveis. É preciso senti-los pessoalmente, entretanto convém saber que, mesmo entre as grandes comidas e bebidas do mundo, poucas têm descrições de sabor agradáveis. Para muitos, queijo Stilton tem sabor de "curral", outros dizem que o aroma dos vinhos Sauvignon Blanc é de "xixi de gato", e os Riesling são descritos como "petrolados", ou seja, têm notas de gasolina. Um ótimo uísque escocês, de malte único, pode ter sabor de "algas", com "forte fragrância de iodo". Ao explorar boa comida e bebida, é essencial manter a mente aberta.

De onde vêm os aromas? O malte é a base da cerveja e contribui substancialmente para eles, que podem ser de pão, mel, torrada, biscoito, *toffee*, nozes, caramelo, chocolate, café ou café expresso. Acrescente a isso os aromas complexos do lúpulo, que variam desde florais a frutados, de grama, limão, toranja, mofo (lamento, mas é verdade), hortelã, pinho, terra, e um vasto leque de aromas resinosos. Se a cerveja vai ser Lager, a contribuição aromática da levedura será mínima, talvez apenas um refrescante sopro sulfuroso. No caso de uma levedura Ale, há possibilidade de acrescentar camadas aromáticas mais complexas. Os aromas de levedura são praticamente ilimitados, mas geralmente tendem para frutas. Ao consumir os açúcares fornecidos pelo malte, a levedura libera extasiantes aromas de pêssego, pera, ameixa, banana, condimentos, uva-passa, laranja, pimenta, capim-limão, maçã, manteiga caramelizada (*butterscotch*), terra molhada e vários outros. Esses aromas podem ser combinados em variações praticamente infinitas.

Junte tudo isso e fica fácil ver que a cerveja é uma bebida admiravelmente complexa, com muito a contribuir para a comida. Mas não se preocupe, embora ela tenha muito a oferecer, isso não significa que você vai ter de prestar atenção o tempo todo. Grande parte do prazer está em apenas se deixar levar. Mas, se deseja casar harmonizações que vão além do simples deleite e aproximam-se de epifanias, terá de dar mais atenção ao seu nariz. A combinação dos aromas da cerveja e da comida é um dos princípios básicos da harmonização. Cerveja é bem mais do que apenas aroma, mas, em geral, seu nariz é um guia confiável. Por exemplo, se seu prato foi finalizado com uma redução balsâmica, uma boa opção de harmonização é a Dubbel belga, que contém alguma acidez e aromas apropriados de uva-passa. Como saber o que esperar de uma cerveja? Felizmente, é raro ela se esconder atrás de um véu pretensioso de sigilo. Muito do que você precisa saber estará, em linguagem clara, no rótulo. Para desvendar os prazeres da harmonização de cerveja e comida, basta conhecer os elementos de cada estilo.

Estilos de cerveja

Rótulos de cerveja são fáceis de entender, e isso evita adivinhação na hora de casar cerveja e comida. A cerveja, ao contrário do vinho, é classificada por estilo – qualificação que traz bastante informação sobre o conteúdo dentro da garrafa. Rótulos de vinho dizem muito pouco sobre o que está engarrafado – parecem mesmo zombar do consumidor. E, pelo privilégio de descobrir, você é obrigado a despender uma soma considerável. "Ah, você não conhece esta pequena colina neste cantinho específico do Vale do Loire? Vá embora, então." – essa parece ser a atitude generalizada de muitos rótulos de vinho. Tal atitude, muitas vezes, esconde o fato de que o conteúdo da garrafa não é lá muito bom. Se você não acredita, pergunte a qualquer especialista em vinho das dificuldades para achar uma garrafa de Borgonha decente. A cerveja não tem tais preocupações e complexos – é uma bebida confiante, que sabe de onde vem e tem prazer em falar de si mesma.

Em geral, a primeira coisa que uma cerveja revela é a informação mais importante – seu estilo. Esse estilo, seja de Pilsner alemã, seja Imperial Stout, revela dados sobre sabor, aroma, teor alcoólico, corpo, produção e até mesmo o histórico da cerveja. É bastante informação. A Tripel belga é um exemplo de estilo clássico de cerveja. Originalmente, era fabricada por monges, e ainda é feita em alguns mosteiros. Visualmente é belíssima – tem um tom dourado escuro, lustroso, com um colarinho branco firme. Seu aroma é uma interação complexa de ervas, condimentos, e notas florais de lúpulo. No primeiro gole, sente-se uma carbonatação

"Cola": estilos e sabores de cervejas

ABBEY – Forte, frutada, condimentada, aromática, complexa.

ALTBIER – Cor de bronze, amargor vigoroso, sabor maltado cheio.

AMBER – A indicação âmbar significa sabores caramelizados em cervejas Ale e Lager.

BARLEY WINE – Muito forte, escura, agridoce, maltada, complexa: uma cerveja para bebericar.

BIÈRE DE GARDE – Corpo cheio, herbácea, sabores de anis e terra.

BITTER – Frutada e saborosa, sutil, baixa carbonatação, lupulagem robusta.

BOCK – Escura (geralmente), forte, maltada, sabor de *toffee*, corpo cheio, amargor contido.

BROWN ALE – Escura, caramelizada, frutada, leve sabor achocolatado e de café.

DOPPELBOCK – Muito forte, escura, sabor de *toffee*, com certa doçura.

DORTMUNDER EXPORT – Dourada, seca, sabor de pão, amargor moderado.

DUBBEL – Escura, frutada, complexa, condimentada, sabor de uva-passa.

DUNKEL/DUNKLES – Escura, maltada, suculenta, sabor de pão, amargor moderado.

ESB (EXTRA SPECIAL BITTER) – Âmbar, frutada, ligeiramente forte, lupulada.

FRAMBOISE/FRAMBOZEN – Cerveja feita com framboesa; pode ser doce ou seca.

GUEUZE – Clara, seca, pungente, descontroladamente complexa, bastante ácida.

HEFEWEIZEN – Cerveja de trigo com levedura, corpo leve, efervescente, sabores de cravo e banana.

HELLES – Dourada, corpo leve, maltada, sabor de pão, amargor contido.

IMPERIAL STOUT – Muito forte, escura, robusta, torrada, sabor achocolatado e de café.

INDIA PALE ALE (IPA) – Âmbar, forte, seca, aroma e amargor de lúpulo robustos.

KÖLSCH – Dourada pálida, sabor de pão, levemente frutada, amargor contido.

KRIEK – Cerveja feita com cereja; pode ser doce ou seca.

LAMBIC – Fermentada com leveduras selvagens; base ácida para cervejas Gueuze e de frutas; pungente.

MÄRZENBIER – Âmbar, sabor de pão, redonda, maltada, caramelizada, suculenta, corpo médio.

MILD – Escura, ligeiramente lupulada, caramelizada, sabor de uva-passa, corpo leve.

OKTOBERFEST – O mesmo que Märzenbier, mas ocasionalmente mais clara.

OLD ALE – Uma tanto forte, escura, caramelizada, frutada, amargor equilibrado.

OUD BRUIN (OLD BROWN) – Escura, agridoce, frutada, suculenta, sabor de uva-passa, complexa.

PALE ALE – Âmbar, vigorosa, seca, frutada, lupulada, com algum sabor de caramelo.

PILSEN, PILSNER – Se for autêntica, dourada, seca, pronunciadamente amarga, floral, sabor de pão, vigorosa.

PORTER – Bem escura, lupulada, sabores de café, caramelo, e achocolatados.

RAUCHBIER (SMOKED BEER: CERVEJA DEFUMADA) – Sabores e aromas defumados, suculenta, caramelizada.

SAISON – Seca, pronunciada, condimentada, complexa, refrescante, lupulada, ligeiramente forte.

SCHWARZBIER (CERVEJA PRETA) – Escura, seca, caramelizada, sabor de pão e chocolate amargo.

SCOTCH ALE – Escura, ocasionalmente forte, maltada, corpo cheio, amargor contido.

STOUT – Preta, sabor de café e chocolate; pode ser seca ou doce, de teor forte ou modesto.

TRAPISTA – Fabricada por monges; forte, frutada, condimentada, complexa.

TRIPEL – Clara, forte, seca, frutada, complexa, condimentada, sabor de rum, alcoólica.

VIENNA – Bronze, adocicada, maltada, sabor de pão, caramelizada, amargor leve.

WEISSE/WEISSBIER – Cerveja de trigo, geralmente com levedura. Ver Hefeweizen.

WITBIER – Cerveja belga de trigo, amarelo turva, corpo leve, cítrica, efervescente, gosto ligeiramente acentuado.

natural e um amargor firme na ponta da língua, que dão lugar a um paladar redondo, de corpo médio, suave, seco e alcoólico, que ressalta notas de pêssego e pera. A cerveja se expande no palato e preenche os sentidos. Ao descer pela garganta, seu teor forte, inicialmente disfarçado pela elegância, torna-se evidente. Com cerca de 9%, seu teor alcóolico é quase duas vezes mais forte do que o da maioria dos estilos de cerveja. O final é limpo e cortado, com uma "beliscada" de lúpulo. O sabor residual é caloroso (*warm*) e herbáceo, deixando uma agradável sensação de aquecimento na língua. Cada Tripel tem sua personalidade, ênfases e diferenças particulares, mas, de maneira geral, todas se encaixam nessa descrição básica.

Agora que conhecemos os sabores da Tripel, podemos harmonizá-la com comidas. Sabemos que seus aromas herbáceos complementam pratos com ervas, especialmente receitas provençais, fartas em tomilho e alecrim, como frango assado com recheio de ervas. Além disso, seu amargor firme atravessa gordura e sabores fortes. Fica uma maravilha com embutidos – há certo amargor para atravessar a gordura, e os componentes herbáceos da cerveja e do embutido se harmonizam. Novamente pensando em ervas – *pesto*! Essa Tripel vai muito bem com qualquer massa com molho *pesto*, e seu *gusto* encara com prazer as "investidas" do alho.

Conhecendo o estilo da cerveja, você tem uma boa ideia do que ela é capaz de fazer com a comida. Caso o rótulo não o informe, não se preocupe. Algumas cervejas não se encaixam exatamente em um estilo específico, ou ele pode estar mencionado no pescoço da garrafa, o que não é incomum.

Se o rótulo diz IPA, ou India Pale Ale, isso indica uma cerveja âmbar-clara, de paladar relativamente seco, amargor pronunciado e abundante sabor de lúpulo. Fica ótima com comida mexicana. O nome Doppelbock indica que a cerveja é forte e escura, com um sabor maltado de *toffee*, levemente doce, equilibrando um amargor moderado. Não há nada melhor para acompanhar carne de porco. Hefeweizen é geralmente uma cerveja alaranjada,

turva, de corpo leve, alta carbonatação, colarinho grande macio, e aromas de banana e cravo. Na Alemanha é consumida no café da manhã, mas, geralmente, eu a prefiro no *brunch*. A Gueuze é pálida, seca, pungente, complexa e ácida. É acompanhamento perfeito para um *ceviche* bem condimentado.

Cada cerveja é diferente, mas o estilo fornece toda a informação inicial necessária. Os cervejeiros são pessoas orgulhosas – falam abertamente e não são dados a esconder nada. Deixamos isso para a turma do vinho.

Impacto

Ao harmonizar cerveja e comida, o importante é buscar *equilíbrio*. Queremos que a relação entre elas seja uma dança animada, não uma marcação cerrada. Para atingir tal equilíbrio, precisamos pensar no impacto sensorial tanto da cerveja quanto da comida que vai acompanhá-la. Ao falar em "impacto", estamos nos referindo ao peso e à intensidade da comida no palato. Imagine que fazemos um churrasco. Temos hambúrgueres grandes e grossos, costelas de porco ao molho, e alguns espetos de camarão, tomate e pimentão. Na grelha, o camarão desenvolve uma doçura agradável, assim como os vegetais. São sabores delicados, que queremos complementar e não subjugar. Abrindo o isopor, pego uma cerveja belga de trigo para servir com o camarão. As cervejas de trigo belgas são bastante leves, estimulantes e efervescentes no palato, com baixo amargor e um gostoso aroma cítrico. A cerveja e o camarão associam-se no palato, o resultado é delicioso. A cerveja escolhida vai muito bem com o camarão; mas, e quanto ao hambúrguer?

A carne moída é alcatra (só sirvo o melhor aos meus convidados) e os hambúrgueres são grandes e suculentos. Cubro cada um deles com cebola, *ketchup*, mostarda, tomate e queijo. Agora, a cerveja de trigo ficou leve demais, pois o hambúrguer vai suplantá-la. Minha cerveja da vez, portanto, é uma American Amber Lager. Moderadamente encorpada e refrescante, tem amargor vigoroso (para atravessar as coberturas apetitosas) e doçura caramelada (para combinar com a doçura da carne). É um casamento perfeito. O amargor é pronunciado o suficiente para limpar o palato após cada bocado, acentuando o prazer do hambúrguer. Cebola crua, mostarda… – sem problemas, a cerveja está adorando cada mordida.

Agora, finalmente as costelas estão prontas! Do jeito que gostamos: grelhadas, com camadas de molho à base de tomate (doce e condimentado), e com aquelas beiradas crocantes bem torradas. Seu sabor é intenso – provavelmente intenso demais para a Amber Lager, que ficaria com um gosto meio fraco. E o molho é bastante doce, faria a cerveja parecer seca demais. É hora de trazer a artilharia pesada – uma American Brown Ale. É mais forte que a Amber Lager, bem encorpada e rica, com um amargor pronunciado e refrescante na ponta da língua, seguido de sabores maltados torrados, de caramelo, e, no centro, café e chocolate. Os sabores torrados caramelizados combinam perfeitamente com a doçura caramelizada da carne e do molho, especialmente os pedaços crocantes. (Como é que você conseguiu só pedaços crocantes?)

A Brown Ale fica ótima com as costelas, mas não acompanharia tão bem o camarão. Seus sabores são tão intensos que mal sentiríamos o gosto do camarão, algo que queremos evitar. Essa é a importância do impacto – estamos buscando um equilíbrio entre nossa comida e nossa cerveja. Se você acha que há possibilidade de um algum elemento dominar outro, é bem provável que isso ocorra. Com comidas delicadas, tente combinar cervejas de corpo e lupulagem leve, com sabores brilhantes. Conforme aumenta o impacto da comida, opte por cervejas de amargor mais acentuado. Use o estilo da cerveja como referência para avaliar seu impacto no céu da boca. Por exemplo, o da cerveja de trigo belga será sempre relativamente leve, enquanto o da American Brown americana será sempre consideravelmente mais pesado.

Se, para cada prato de uma refeição, você pretende servir uma cerveja diferente, terá um motivo a mais para levar em conta o impacto do sabor das cervejas escolhidas. Procure servir as de sabores leves antes daquelas de sabores fortes, e cervejas secas antes das doces. O motivo é simples – tudo que vier depois de algo forte parecerá leve. Se, com o antepasto, você servir uma Stout forte, com sabor intenso de café torrado, e uma alemã leve, de trigo, com o prato principal, certamente, por mais saborosa que seja, a cerveja de trigo vai parecer aguada. Não há grandes dificuldades – também servimos comida de acordo com o impacto do sabor, portanto é fácil acertar a mão.

Carbonatação

Para a maioria dos americanos, cerveja é uma bebida gasosa, amarelo pálida, de pouco sabor. Mas, no mundo da cerveja tradicional, além dos sabores variados, há diferentes níveis e tipos de carbonatação, característicos de cada estilo. A carbonatação é um subproduto natural da fermentação. Ao consumir açúcar durante sua nobre tarefa de fabricar cerveja, a levedura cria gás carbônico. Na cerveja pronta, a carbonatação gera uma sensação refrescante, concentra o amargor e a acidez, e limpa o palato. Além disso, também é responsável por trazer os aromas da cerveja do copo para o seu olfato. Com vários pratos, a carbonatação confere à cerveja uma clara vantagem sobre o vinho. Ela se esfrega no palato, limpando-o de sabores fortes e permitindo que você deguste cada mordida como se fosse a primeira. É isso mesmo – bolhas que esfregam! Não é à toa que, no mundo do vinho, apenas o champanhe é capaz de ser tão versátil quanto uma Pilsner ou uma Weissbier. Graças à carbonatação, cerveja vai bem com alimentos que envolvem a boca inteira, como ovos, queijo e chocolate, casos em que o vinho tropeça. Pratos pesados – como os cozidos ou um de meus favoritos, o *cassoulet* – parecem infinitamente mais leves graças ao poder de limpeza da carbonatação. Com comida,

cerveja é *refrescante*, no melhor sentido da palavra: o de renovar o palato. Nunca se deve subestimar o poder da carbonatação.

Na parte inferior da escala de carbonatação encontram-se as Ale inglesas tradicionais, condicionadas em barril, que, ao contrário de sua reputação entre americanos, não devem servir-se tépidas e chocas, mas levemente resfriadas e carbonatadas. Essas cervejas passam por uma segunda fermentação no barril, captando uma leve carbonatação natural. No palato, é apenas um formigamento, mas permite que as sutilezas desse estilo de cerveja sejam apreciadas sem interferências gasosas. Para tomar com pratos mais simples, como rosbife, não há cerveja melhor. Na outra ponta do espectro da carbonatação estão as Ale belgas e alemãs, condicionadas na garrafa, especialmente as cervejas de trigo. Elas passam por uma segunda carbonatação na garrafa (como ocorre no champanhe), alcançando uma carbonatação natural bastante alta e cremosa. Além de criar um belo colarinho, ela confere à cerveja uma vivacidade magnífica. Em algumas, como as Saison belgas, a carbonatação chega a ser vulcânica, realçando o amargor seco e requintado da cerveja. A acidez e os aromas dessas cervejas são acentuados e compõem a base de suas afinidades com comida.

Poucos vinhos lidam bem com comida muito condimentada, mas a cerveja certa proporciona uma harmonização perfeita.

Brilhante e opaco

Já consideramos a intensidade da cerveja que pretendemos servir. Agora é hora de verificar como a comida foi preparada. É aqui, no ajuste fino, que começa a verdadeira diversão. O pargo-vermelho pede uma cerveja de corpo relativamente leve. Mas, preparado com uma receita tailandesa, à base de leite de coco, suco de limão e pimenta-malagueta, exige cerveja de sabor brilhante, enquanto o mesmo peixe feito com uma receita da Ligúria, com alho, ervas e azeitonas, pede algo com sabores opacos, para harmonizar com esses paladares pungentes e terrosos. O que queremos dizer com sabores "brilhantes" e sabores "opacos"?

Sabor brilhante refere-se a um efeito seco e revigorante no palato, às vezes com um toque refrescante de acidez. E também a aromas cítricos ou de casca de maçã, às vezes resultantes do tipo de levedura, mas também de algumas variedades de lúpulo. O lúpulo Cascade, por exemplo, é célebre por seus aromas de toranja e pinhão. A American Pale Ale, por exemplo, tem um amargor estimulante e concentrado, que consegue passar pela gordura do leite de coco, e seus fortes aromas de Cascade fundem-se com o suco de limão e encaram de frente a pimenta-malagueta. Vai muito bem com o pargo-vermelho à moda tailandesa, pois os sabores se harmonizam.

Sabor opaco refere-se a sabores torrados – como chocolate, *toffee*, caramelo e café –, e também a sabores e aromas de frutas escuras, como ameixa e uva-passa, além do sabor da azeitona. Também entram, aqui, condimentos doces, como canela e noz-moscada – por isso é que são muito usados para temperar cozidos. Cogumelos têm sabor opaco e ficam deliciosos combinados com a cerveja certa. Trufas também têm sabor opaco e, se você tiver a sorte de conseguir algumas, escolha uma cerveja bastante terrosa. O pargo, feito pela receita da Ligúria, pede uma cerveja de sabor opaco, que combine com seu caráter terroso, mas sem encobri-lo. Uma Dubbel belga pode ser uma boa opção. É uma cerveja de coloração escura, mas de paladar leve e baixo amargor, um toque adocicado e uma complexa interação entre sabores terrosos, apimentados, de noz--moscada e uva-passa, que combinam bem com os sabores terrosos do pargo-vermelho à moda liguriana. Mais uma vez, estamos buscando harmonia, e a cerveja tradicional tem um leque de sabores tão amplo que é sempre possível achar a harmonização desejada.

Não se deve, confundir, no entanto, *sabores* brilhantes e opacos com *colorações* claras e escuras. Embora a maioria das cervejas escuras tenha sabores opacos, e a maioria das cervejas claras tenha sabores brilhantes, nem sempre é o caso. Por exemplo, a Bière de Garde, uma Ale francesa de fazenda, geralmente tem uma cor dourada, mas é também bastante terrosa, com aromas de ervas, solo úmido e sementes de anis. Novamente, um pouco de familiaridade com os estilos de cerveja vai lhe dar a informação necessária. Por exemplo, sabendo que as American Pale Ale têm aromas brilhantes e cítricos, e amargor pronunciado e vigoroso, você entende por que combinam melhor com tacos do que a Bière de Garde francesa. Sabores cítricos harmonizam-se maravilhosamente bem com temperos mexicanos picantes, que muitas vezes incluem suco de limão. Por outro lado, se sua refeição é frango assado recheado, a cerveja francesa terrosa e herbácea combinará melhor com as ervas do tempero do recheio.

Vários estilos de cerveja lidam bem com ervas, mas alguns se sobressaem. As American Amber Lager têm aromas de lúpulo com toques herbáceos que casam bem com ervas, principalmente com tomilho. Melhor ainda são as Saison, Tripel e Golden Ale belgas, ou as Bière de Garde francesas, todas com aromas distintamente herbáceos, que complementam maravilhosamente bem temperos de ervas fortes, como o molho *pesto*. Apesar de suas origens italianas, o *pesto* arruína o sabor de vários vinhos, pois poucos conseguem uma harmonização igual à das cervejas certas. Elas não só têm componentes herbáceos que combinam com as próprias ervas como sua carbonatação ajuda a absorver o azeite do palato e suavizar a ardência do alho.

Embora eu respeite a postura confiante dos jovens *sommeliers* famosos da atualidade, trago más notícias para eles (que, infelizmente, serão obrigados a aceitar): vinho simplesmente não combina com comida condimentada e picante. É claro que você pode tentar, e exercício intelectual é sempre estimulante. Você pode se animar com a perspectiva de um Sauvignon Blanc neozelandês (com seus sabores brilhantes de limão e manga) casar bem com um prato picante. No entanto, a ilusão acaba assim que ambos se encontram na boca e a língua informa ao cérebro o que já se sabia: "Temos um problema". Temperos picantes distorcem e exageram os sabores do vinho – os taninos ficam duros e granulados, o álcool arde, o carvalho vira mobília envernizada. Sem falar na falta de afinidade quase total do vinho com coentro, cominho, gengibre, mostarda, canela, cardamomo e outros condimentos comumente usados em várias de nossas receitas prediletas. Não digo que seja impossível obter uma harmonização decente com vinho, mas certamente é difícil. E é fácil combinar tais pratos com cerveja, pois ela se aventura onde o vinho teme pisar. Cerveja não só tem doçura para contrabalançar ardência, mas bem menos álcool, e também carbonatação para aliviar o palato e absorver óleos picantes. Além dos aromas de lúpulo, existe a fermentação, para fazer maravilhas com os condimentos antes mencionados, e a combinação certa é extasiante. Weissbier, Witbier, Pilsner, American Pale Ale e Saison belga são, todas elas, cervejas que conhecem bem o caminho das pedras.

Amargor

Ah, esse é "o" palavrão! Para as mentes das Américas, sugere algo a ser evitado – aspereza ou acridez. Já os italianos, que têm um senso gustativo altamente desenvolvido, adoram "amargores" e sabem que podem ser refrescantes e estimular o apetite. Verifique o estoque de qualquer bar italiano e verá ao menos uma fileira de *amari*, ou amargos. Aperitivos como Campari, Chinotto e seus confrades abrem várias refeições italianas, finalizadas mais tarde com um forte café expresso. Talvez devêssemos dar mais atenção ao amargor. Os italianos entendem bastante de sabor.

Bem equilibrado, o amargor de um lúpulo confere à cerveja seu caráter saboroso e refrescante. Tal qual o tanino ou a acidez no vinho, esse amargor se contrapõe à doçura do malte e é a espinha dorsal do sabor da cerveja. Assim como não queremos um vinho com demasiado tanino ou acidez, não queremos uma cerveja extremamente lupulada; ao menos, não o tempo todo. Amargor excessivo pode subjugar uma comida de sabor suave. Sem ele, porém, a cerveja não teria paladar algum e, no máximo, faria o mesmo efeito de um refrigerante. O amargor das cervejas massificadas é quase imperceptível, um dos motivos de sua extrema insipidez.

Cervejas bem lupuladas têm a capacidade de atravessar molhos pesados, gorduras e óleos, deixando o palato refrescado e limpo, em vez de atordoado. Um filé ao ponto não pede uma cerveja doce e untuosa, mas algo mais amargo, para atravessar os sabores fortes entre uma garfada e outra. O mesmo vale para embutidos, peixe defumado, carnes defumadas ou peixes oleosos. Antes do século XV, as Ale inglesas não tinham lúpulo e frequentemente eram doces. Com o advento do lúpulo, a versão em que ele estava ausente saiu – por motivos bastante óbvios – rapidamente de cena.

O lúpulo não é o único ingrediente capaz de conferir amargor à cerveja. Também os maltes torrados podem contribuir com sua dose de amargor: não vem apenas do lúpulo o amargor torrado, semelhante ao do café expresso, da Irish Stout. Temperatura de consumo baixa, alta carbonatação e pouco açúcar residual intensificam o amargor da cerveja. Por outro lado, ele se atenua com maior doçura de malte, temperatura de consumo mais alta e baixa carbonatação.

Assim como é possível medir o nível de ardência de uma pimenta-malagueta por meio da Escala de Scoville, que determina sua quantidade de capsaicina, é possível medir o nível de amargor de uma cerveja. Os lúpulos contêm vários componentes de amargor, que podem ser medidos por unidades da escala IBU (International Bitterness Units). Alguns rótulos, especialmente os de cervejas altamente lupuladas do Noroeste Pacífico norte-americano, trazem essa informação, por exemplo, indicando que o nível de amargor de uma India Pale Ale é de 50 IBUs.

É importante saber essa informação? Não exatamente, a menos que você seja cervejeiro ou fanático por cerveja. Assim como, para saber que a pimenta *habanero* é *extremamente* ardida, não preciso da informação de que ela atinge 20 mil unidades na escala de Scoville, também não estou muito interessado, quando se trata de cerveja, em explicações que envolvam números. Algumas pimentas são ardidas no começo e vão ficando mais suaves ao longo da refeição, enquanto outras liberam a ardência aos poucos até sua boca pegar fogo na última garfada. A escala de Scoville não mede essa informação. As variedades de lúpulos também têm personalidade própria. O amargor de algumas é rápido e agudo, como um estalo de chicote, e dissipa-se em alguns segundos, enquanto, em outras, o amargor espalha-se sobre a língua feito um carpete. Na vida real, não se pode descrever sabor com números. Para quem se interessa por sabor, lúpulo pode ser um assunto fascinante e inesgotável. Mas, em relação a números, basta saber que, acima de 40 IBUs, qualquer coisa é bastante amarga.

Na tentativa de agradar o maior número possível de consumidores, as megacervejarias americanas removeram quase todo o amargor de seus produtos. Para lhes dar vida, restou apenas um "surto" vazio de carbonatação sem sabor. Algumas delas chegam a anunciar que suas cervejas "nunca são amargas", tentando afastar as pessoas da verdadeira cerveja. É lamentável. Imagine uma churrascaria anunciando que suas carnes "nunca são suculentas".

Malte, doçura e caramelização

Cevada e trigo são os ingredientes principais da maioria das cervejas tradicionais. Ambos são abundantes em sabores agradáveis "de frutos secos", que remetem a noções de lar, conforto e pureza. O saboroso gosto de pão, dos grãos, é mais acentuado em certos estilos de cerveja do que em outros, fazendo com que harmonizem melhor com certas comidas. Cervejas maltadas tendem para um paladar bem encorpado e redondo.

A doçura é consequência natural do malte. A doçura perceptível na cerveja resulta de quatro fatores básicos. O primeiro deles é o açúcar residual, daqueles açúcares de malte que a levedura não consumiu. Alguns desses açúcares apenas dão corpo à cerveja, mas outros conferem doçura, e podem combinar bem com a doçura de um prato. O segundo é o amargor – quanto mais amarga a cerveja, mais seco será seu gosto. Amargor e doçura se equilibram – quanto mais houver de um, menos se sentirá o gosto do outro. Uma cerveja com pouco açúcar residual será ligeiramente mais doce se o amargor for baixo. Nesse caso, a cerveja terá um gosto adocicado no centro, mas seco no final. Até mesmo cervejas secas e amargas podem ter bastante aroma e sabor de malte – as Pilsner do norte da Alemanha são um bom exemplo. Nesse caso, temos aroma e sabor de pão, mas pouca doçura. Esse tipo de cerveja é bem refrescante e dá um ótimo aperitivo. O terceiro fator é a carbonatação. Na língua, a carbonatação é percebida como ácido carbônico, intensidade de acidez e concentração de amargor. Quanto maior a carbonatação da cerveja, mais seco e ácido será seu sabor. De modo inverso, quanto menos carbonatação, mais doce parecerá a cerveja. Quarto fator: a temperatura afeta nossa percepção de doçura. Quanto mais fria a cerveja, mais seco (ou mais amargo) será seu sabor. Devido a esse efeito, a temperatura de consumo da cerveja é tão importante quanto a do vinho.

Alimentos grelhados e assados desenvolvem sabores doces, caramelizados, que todos nós adoramos. Nosso desejo por esses sabores está provavelmente impresso em nosso código genético, pois não é difícil imaginar que os primeiros humanos que aprenderam a não ingerir comidas cruas aumentaram suas chances de viver mais e com mais saúde. Os sabores caramelizados de nossos pratos prediletos procuram um parceiro. A doçura do malte é um parceiro ideal, especialmente quando também o malte é caramelizado. O vinho não tem qualidades que possam fazer companhia aos sabores caramelizados que adoramos, limita-se apenas a fornecer um contraste. Os maltes caramelo e cristal conferem à cerveja sabores que se vinculam diretamente à superfície dourada de um filé, um frango assado, um pato crocante ou até mesmo vegetais assados. De modo inverso, você pode realçar os sabores caramelizados da comida para obter melhor harmonização com a cerveja.

Muitas cervejas têm um paladar moderadamente doce e podem ser combinadas com alimentos que contêm seus próprios elementos de doçura. Açúcar é um ingrediente importante de vários pratos tailandeses, incluindo o famoso Pad Thai, feito com *vermicelli* de arroz. Nesse caso, a cerveja Weissbier alemã é uma ótima opção; e por vários motivos: entre eles, sua ligeira doçura, que harmoniza com o açúcar do prato. Clássicas receitas francesas de pato e vários pratos com porco são adoçadas com frutas. Vinhos tintos secos raramente combinam bem nessas ocasiões, pois a doçura da comida deixa o vinho ralo e duro. Uma Doppelbock alemã pode trazer sua própria doçura à festa, fundindo magnificamente seus sabores de malte com a carne adocicada de pato ou de porco.

Os americanos, desde pequenos traumatizados por "xaropes" horrorosos como os Thunderbird e Manischewitz, saem correndo à simples menção de doçura no vinho. Isso é um erro, tanto em relação ao vinho quanto à cerveja. Na falta de comida, a doçura residual na cerveja pode ser enjoativa, mas, com sobremesas, compotas e queijos, pode ser sua melhor qualidade. A maioria das cervejas tem açúcar residual suficiente para harmonizar com a doçura de vários pratos. Quando o prato tiver mais do que uma pitada de açúcar, assegure-se de que sua cerveja também tenha.

Torrefação

Cervejas fabricadas com maltes torrados desenvolvem sabores de chocolate e café e, assim como esses, tais maltes oferecem uma admirável variedade de sabores. Uma cerveja pode ter sabor de chocolate ao leite americano ou chocolate amargo francês. Uma Stout pode ter o sabor forte de um café expresso, ou as características de um *latte* adoçado. O caráter desses sabores torrados da cerveja combina perfeitamente com o sabor torrado da comida grelhada. Os mesmos sabores oferecem um contraponto excelente ao sal de um bom presunto ou *prosciutto*. Com sobremesas, os sabores torrados intensos da cerveja Stout são verdadeiramente admiráveis, oferecendo combinações perfeitas com chocolate e contrastes maravilhosos com sorvete e frutas. O vinho, com sua total ausência de sabores torrados, não chega nem perto.

Harmonizando com sobremesas e queijos

SOBREMESAS

Pare de rir e preste atenção, pois eu tenho um segredo para você – cerveja combina magnificamente bem com sobremesa. Na verdade, é imbatível. Certa vez organizei um almoço com cerveja, do qual participaram os mais notáveis *sommeliers* de Nova York. Foi no famoso restaurante Gramercy Tavern, e, para a sobremesa, servimos o maravilhoso "trio de sobremesas de chocolate", da *chef* pasteleira Claudia Fleming. Uma *tarte* de chocolate e caramelo dividia o prato com um bolo de chocolate com rico recheio molhado e um pequeno *milk shake* de chocolate maltado. Ao ser servida a sobremesa, lancei um desafio aos convidados – nenhum deles seria capaz de sugerir um único vinho que combinasse tão bem com a sobremesa quanto qualquer uma das duas cervejas que eu estava servindo. O desafio atordoou os *sommeliers*, mas não tanto quanto a combinação das sobremesas com as cervejas. Alguns deles mais tarde me confessaram ter vivenciado uma epifania.

Meu desafio foi um tanto injusto, pois o vinho não tinha chance nenhuma. Servi nossa Brooklyn Black Chocolate Stout – uma Imperial Stout com sabor forte e complexo, de chocolate escuro e de café – e Lindemans Framboise, uma Lambic belga doce, fermentada com framboesas absurdamente aromáticas. Há ótimos vinhos de sobremesa, mas conseguem harmonizar só com a doçura do chocolate; já a cerveja certa é capaz de harmonizar com os próprios sabores, possibilitando uma experiência gustativa bem mais profunda. E é igualmente difícil superar a combinação de sabores de framboesa e chocolate. A verdade é que vinhos doces devem ser degustados sozinhos ou com queijos – em geral, combinam muito mal com sobremesas. Os *sommeliers* entregaram os pontos antes mesmo de provar meu *ice cream float*, feito com

Black Chocolate Stout e uma generosa "ilha" de sorvete de creme com baunilha. Mesmo com sobremesas que não levam chocolate, cervejas Stout são um bom substituto para o café, atravessando a doçura, em vez de complementá-la, e criando dimensões de sabor totalmente novas. Bem-feitas, as cervejas de fruta harmonizam--se com essas sobremesas de uma maneira totalmente diferente, abrindo possibilidades fantásticas. Por exemplo, podemos servir um *float* de Kriek belga, fermentada com cerejas ácidas de Schaarbeek, e um rico sorvete de creme com baunilha. Melhor ainda seria servi-la com uma "ilha" de *cheescake*, com ou sem cerejas no topo. E agora, quem está rindo?

QUEIJOS

Você deve estar pensando que agora estou bem atrás das linhas inimigas, em uma área exclusiva do vinho. De jeito nenhum — queijo, especialmente queijo artesanal de qualidade, é um território bastante familiar da cerveja tradicional. O segredinho "safado" do mundo do vinho é que a maioria deles, especialmente os tintos, não combinam bem com queijo. Não acredita? Pergunte a um *sommelier* honesto. O renomado Brian St. Pierre, autor de livros sobre vinho, diz em *The Perfect Match*: "fui forçado a concluir que, basicamente, na maioria das vezes, a ideia de harmonizar vinho tinto com queijo não funciona bem". E prossegue dizendo que a relação entre queijo e vinho "está mais para um relacionamento cordialmente cauteloso do que para um verdadeiro casamento". Joanna Simon, outra autora especializada em vinhos, na seção sobre queijos de seu *Wine with Food*, logo de início lamenta que "A combinação de queijo e vinho é dominada por confrontos [...] A ideia de que vinho e queijo são parceiros perfeitos é, sinto dizer, um dos grandes mitos". Outro diz que "mesmo com queijos aparentemente suaves, como Brie, o choque pode ser grande, especialmente quando o queijo está maduro e mole demais". Aqui parece existir um padrão, não é mesmo?

Muita gente gosta de terminar a refeição com um bom queijo, geralmente acompanhado por uma garrafa de vinho; o vínculo entre ambos muitas vezes é acidental e inadequado. Vinhos de sobremesa doces podem combinar bem com queijo, mas o mais comum é escolher vinhos tintos ou brancos secos, que não funcionam bem. Pense – geralmente em que ocasiões servem vinho e queijo? Isso mesmo: festas, casamentos e inaugurações de exposições de arte. O motivo para servir queijo e vinho é que, especialmente em festas, o queijo domina o palato, embotando o gosto do vinho. Assim, os vinhos mais duros ficam mais palatáveis, o que não é de todo ruim. Queijo é ótimo para equilibrar o sabor de vinhos de menor qualidade, um fato bem conhecido por comerciantes de vinho. Já a cerveja consegue resultados bem melhores – é capaz de harmonizar tão bem com queijo, que não se sabe onde acaba a cerveja e começa o queijo. Cerveja tradicional e queijo fazem uma combinação absolutamente perfeita.

Pensando bem, não há nenhuma surpresa nisso. Queijo e cerveja são ambos produtos tradicionais de fazenda, muitas vezes produzidos pela mesma pessoa. (Você já viu alguma vaca num vinhedo? Nem eu.) Até certo ponto, ambos têm origem nas gramíneas, embora se possa argumentar que a vaca as afeta bem mais do que a cervejaria. Ambos são fermentados e envelhecidos, e o tipo de miniflora responsável pela fermentação tem grande influência no resultado final. Ambos equilibram doçura e acidez com sabores frutados e de fermentação. Muitos fabricantes de queijo acabaram virando cervejeiros e vice-versa, e não é difícil entender o motivo.

Estamos falando de queijos de qualidade, com sabores e aromas complexos e pungentes. O segredo da combinação é poder tanto harmonizar quanto contrastar. Por exemplo, queijos Cheddar tradicionais envelhecidos, como Grafton Village (Vermont) e Montgomery (Inglaterra), têm uma acidez bem nítida e refinada, que se equilibra com sabores frutados e de frutos secos (nozes, amêndoas, avelãs, etc.). Queremos uma cerveja com amargor forte, que se harmonize com a acidez do queijo e bons sabores frutados; e com sabores de malte abiscoitados, para combinar com os sabores de frutos secos. A India Pale Ale se encaixa feito uma luva – todos os elementos se harmonizam, e a combinação leva o paladar ao êxtase. Não é à toa que esse tipo de combinação é a base do tradicional "almoço de lavrador" britânico, composto de bom queijo, carne fria e pão. Na mesma linha, outra combinação excelente é cerveja Saison belga e queijo Gouda envelhecido.

A maioria dos "queijos suíços" americanos é bastante insípida, mas o autêntico Gruyère tem uma intensidade admirável. Um de meus favoritos é uma versão envelhecida em cavernas, da marca Emmi, um excelente produtor suíço. Combina um forte sabor de frutos secos, com acidez latente, e sabores alpinos concentrados e pungentes de leite e capim. Outra versão ótima é o Roth Käse, de Wisconsin. A cerveja Doppelbock – forte, sedosa, com sabor levemente adocicado de *toffee* – combina tão bem, que parece que a cerveja é um dos ingredientes do queijo. O dominante sabor de malte da cerveja associa-se firmemente aos sabores de frutos secos do queijo.

Na escola de Peter Kump, a New York Cooking School (o atual Instituto de Educação Culinária), certa vez organizei uma degustação chamada "A Guerra dos Queijos – Cerveja *versus* Vinho com Queijo". Num canto, eu empunhava minhas cervejas, enquanto no canto oposto meu amigo Paul Grieco, o brillhante ex-*sommelier* do Grammercy Tavern, brandia seus vinhos. Servimos sete queijos de qualidade, cada qual acompanhado por uma cerveja e um vinho. Quando chegamos ao queijo mais pungente – Não! sejamos honestos: o mais fedido – todos acharam que Paul levaria a melhor. O queijo era Livarot, conhecido em seu país de origem, a França, como *les pieds de Dieu*, "os pés de Deus" (tão honestos culinariamente, sem necessidade, só mesmo franceses). Com certeza, o vinho combinaria melhor com o mais francês dos queijos. Eu saquei minha arma secreta – Castelain, uma Bière de Garde francesa, com uma complexa interação aromática de terra úmida, ervas e semente de anis, envolvendo essa cerveja de um dourado suave com um agradável centro maltado. Houve olhares de admiração. A combinação ficou perfeita. O vinho foi derrotado. Paul é um *sommelier* genial e obteve algumas combinações ótimas ao longo da noite, mas eu desferi o golpe de misericórdia com o derradeiro queijo, o maravilhosamente pungente Colston-Bassett Stilton. Paul perfilou um vinho de sobremesa bastante saboroso – mas eu tinha outra arma secreta: J. W. Lees Harvest Ale 1988, uma Barley Wine maravilhosamente envelhecida, de Manchester, Inglaterra. A cerveja era doce e abundante em sabores de frutos secos, além dos de frutas escuras e de terra, tendo abraçado o queijo feito uma velha amiga. A cerveja venceu. A propósito, Paul nem trouxe vinhos tintos, apenas vinhos brancos *demi-sec*.

Eu adoro queijo de cabra, principalmente envelhecido. O Cypress Grove Humboldt Fog, da Califórnia é um dos meus favoritos. Tem duas camadas, separadas por um recheio de cinzas. Com o tempo, vai ficando mais pastoso sob a casca e cada vez melhor. Assim como a maioria dos queijos de cabra, esse, para equilibrar o forte sabor, requer alguma doçura no palato. Iria bem uma cerveja belga condimentada, com certa doçura residual, mas, já que o queijo é americano, prefiro Hennepin, uma cerveja Saison, de estilo belga, fabricada em Cooperstown, Nova York. A Hennepin é suave, redonda e ligeiramente doce, com um sabor terroso de levedura, e leve condimentação. Leva casca de laranja (tanto doce quanto ácida) e tem um aroma pronunciado de laranja. Harmonizada com o queijo Humboldt Fog, há um notável entrelaçamento de sabores.

Minha combinação predileta de cerveja e queijo provavelmente existe há centenas de anos: Barley Wine e queijo Stilton harmonizam tão bem que a aristocracia britânica fez segredo disso durante várias gerações. É claro que o Stilton foi originalmente criado para ser consumido com cerveja, fato que se torna imediatamente óbvio quando se encontram no palato. Sou um grande fã de vinho do Porto, e admito que combina muito bem com Stilton. No entanto, é um casamento baseado em um simples contraste entre a doçura frutada do vinho e a pungência salgada do queijo; não há verdadeira harmonia. Quando o Stilton encontra uma Barley Wine, especialmente uma envelhecida, de boa marca inglesa, a harmonia dos sabores é simplesmente espantosa. Minha marca predileta de Stilton é Colston-Basset, uma versão amanteigada e terrosa, com uma profusão de aromas de fazenda. Uma Barley Wine de qualidade envolve esses sabores, acaricia-os com sua doçura, incorporando-os aos seus sabores maltados intensos, uma mescla de fruta, Jerez, pão assado e terra. Absolutamente estonteante – o final perfeito para uma ótima refeição.

Cervejas de fruta tradicionais abrem um leque de possibilidades totalmente diferente, especialmente com queijos doces, como Marscapone, Stracchino, Teleme, Burrata ou queijo de cabra fresco. Aqui, as versões doces funcionam bem. A New Glarus Brewing Company, cervejaria de Wisconsin, fabrica duas Fruit Beer excelentes: Raspberry Tart e Wisconsin Belgian Red, a última fermentada com cerejas de Wisconsin. A combinação de qualquer uma delas com Peluso Teleme (um queijo californiano doce e mole, feito de leite de vaca) revela o delicioso potencial da harmonização das Fruit Beer com queijos doces. Uma vez que você começa, é difícil parar. E por que deveria?

Parte 2
Tradições cervejeiras

Pinturas de Pieter Brueghel, de meados do século XVI, revelam um tema: cerveja em abundância, alegremente servida em jarros de cerâmica.

Até hoje é a mesma cerveja. O distrito de Pajottenland, a oeste de Bruxelas, é o lar da cerveja Lambic, o mais antigo estilo de cerveja do mundo. "Lambic" provavelmente deriva de Lembeek, cidadezinha do Pajottenland, que outrora constituía uma pequena cidade-Estado e um baluarte dos fabricantes de Lambic. Enquanto a maioria dos cervejeiros modernos toma grandes cuidados para excluir de sua cerveja as leveduras e variedades de bactérias selvagens, os de Lambic fazem o contrário. Literalmente, escancaram as janelas e convidam a natureza a entrar. Esse era o processo de fermentação de cerveja há centenas ou milhares de anos, quando até mesmo os cervejeiros mais capazes ainda não sabiam o que era levedura. Naquela época, todas as cervejas passavam por "fermentação espontânea", provocada por leveduras e bactérias selvagens. Se eu tentasse isso na Brooklyn, o resultado provavelmente seria um desastre, mas a microflora suspensa de Pajottenland produz algumas das cervejas mais complexas e fascinantes do mundo. Algumas dessas mesmas leveduras selvagens compõem a famosa "flor" do vinho Jerez Fino, e ajudam a desenvolver um caráter semelhante na cerveja Lambic. Esse processo antigo confere às cervejas Lambic sabores frutados e pungentes, e paladares pronunciados e ácidos. Por trás do caráter ácido, há uma profusão de sabores e aromas, terrosos e torrados, comparáveis aos dos melhores queijos azuis.

As cervejas Lambic sempre foram fabricadas com uma parte de trigo não maltado que, segundo recentes decretos reais belgas, deve constituir no mínimo 30% do macerado. Os mesmos decretos determinam a concentração mínima do mosto, a acidez mínima final da cerveja, e que a fermentação deve ser espontânea. O macerado é, na maior parte, constituído por cevada maltada, que contém enzimas suficientes para fazer com que o trigo não maltado libere seus açúcares. Enquanto a maioria dos cervejeiros quer que o lúpulo seja o mais fresco possível, os fabricantes de Lambic preferem lúpulos envelhecidos, que perdem seu potencial de amargor, mas mantêm suas propriedades preservativas; isso gera, durante a fermentação, um equilíbrio entre leveduras e bactérias. O fabricante de Lambic praticamente não precisa do amargor de lúpulo, já que a acidez garante a espinha dorsal de sua cerveja.

Até aí, o processo é meramente "excêntrico". Mas, ao final da fervura, as coisas ficam ainda mais estranhas, e o processo é bruscamente desviado rumo ao passado. O mosto é despejado em uma "nave de resfriamento", um tacho retangular, amplo e raso, que ocupa a maior parte de um salão no sótão da cervejaria. Antigamente, grande parte das cervejarias tinha tais tachos de resfriamento: a ampla área de superfície resfriava o líquido de um dia para outro, e, assim que a temperatura estava adequada, o cervejeiro corria para introduzir a sua levedura, rezando para que nenhum penetra chegasse antes da hora desejada, pois, na fabricação das Lambic, penetras são convidados de honra. Na região, não se mexe em telhas quebradas, tetos esburacados e teias de aranha, para que a natureza possa seguir seu curso. Aberturas laterais no teto direcionam o vento para a superfície do tacho, esfriando o mosto e trazendo, ao mesmo tempo, a microflora presente no ar da região. Pela manhã, há intensa atividade no líquido, que é então transferido para tonéis de madeira.

Antigamente, toda e qualquer cerveja era fermentada em recipientes de madeira, mas a Lambic é a única em que até hoje se mantém tal padrão. Geralmente, são antigos tonéis de madeira de vinho do Porto e Jerez, repassados aos fabricantes de Lambic. Além de uma segunda carreira, alguns já estão atingindo seu segundo século de atividade. São enormes, cada um com capacidade para 11.220 litros de cerveja, medindo quase três metros de altura. Vários são ovais, otimizando o espaço de armazenamento. É impossível esterilizar madeira, mas matar microrganismos é a última coisa que passa pela cabeça de um fabricante de Lambic. No mosto em fermentação, dezenas de diferentes organismos presentes recebem a companhia de vários outros, à medida que a cerveja fermentada é passada para os tonéis, onde vai descansar de quatro a cinco meses (apenas) até, talvez, anos. Os tonéis, muitos mais altos do que um homem, ficam deitados em longas fileiras, cobertos de bolor e pó. Uma complexa cadeia de reações e fermentações é compartilhada pelos microscópicos ocupantes dos tonéis. Comunidades tão complexas levam vidas diferentes e tomam decisões diferentes. Enquanto um tonel pode ficar um tanto ácido, o tonel ao lado pode maturar uma qualidade suave e torrada. Já outro pode tender para um rico sabor frutado. Em todos eles, está presente a cepa de leveduras *Brettanomyces*, criando seu típico aroma bolorento de couro e "capa de cavalo". Nenhum tonel é previsível – o que seria um pesadelo para um cervejeiro convencional, mas, para o fabricante de Lambic, é um tesouro.

Garrafas e tonéis de carvalho de cerveja Lambic de fermentação espontânea descansam tranquilamente na Brouwerij Boon, em Lembeek, Bélgica.

Alguns tonéis vão ser vendidos como Lambic pura, não misturada, mas hoje em dia isso é bem raro. A Lambic pura é bastante seca, admiravelmente complexa e quase não tem carbonatação. As cervejas jovens tendem para uma cor de mel e acidez impetuosa, lembrando algumas sidras caseiras tradicionais. A Lambic envelhecida tende a ser mais suave, trocando a acidez da juventude por maior intensidade. Há forte presença de sabores frutados, mas, de fato, nenhuma fruta: é tudo trabalho das leveduras. Tradicionalmente, a cerveja Lambic pura era vendida em tonéis, para cafés ou para negociantes (empresas misturadoras). Nas misturadoras, processava-se um sistema muito parecido com o que ainda ocorre na França na produção de champanhe. Depois de misturar cervejas Lambic de várias fontes diferentes para criar um estilo próprio, o negociante vendia a cerveja sob seu próprio nome. Antigamente era uma prática muito comum, mas hoje em dia restam poucos desses negociantes. Outra prática comum era uma cervejaria vender mosto a outra, que então o fermentava em seu próprio sótão e criava suas misturas para vender. Hoje em dia, apenas a belga Hanssens, de Dworp, mantém essa tradição de fermentar e misturar.

Gueuze

Se, quando jovem, a Lambic é ácida e exuberante, e, quando maturada, é suave e intensa, o que acontece quando casamos as duas? A resposta é a Gueuze, que, bem-feita, reúne, em uma cerveja notavelmente complexa e refrescante, as qualidades mais atraentes da Lambic nova e da envelhecida. Há várias teorias sobre a origem do nome, nenhuma inteiramente convincente. Mas diga "GIÊR-ze" ao mesmo tempo em que pigarreia e, ao menos, acertará a pronúncia.

A Gueuze é um composto (*blend*) de Lambic já maturada com uma que ainda está em fermentação. Feito isso, os açúcares residuais trazidos pela cerveja jovem continuam a fermentar, dando à

Gueuze uma carbonatação vigorosa, semelhante à do champanhe. Seu *blend* é, assim como o de vinhos ou o de uísques escoceses, uma forma de arte. Cada tonel de Lambic é diferente, em constante mutação. O profissional responsável pela mistura vai procurar descobrir e utilizar as qualidades específicas de cada tonel. Se há um tonel que está se desenvolvendo particularmente bem, ele pode decidir envelhecê-lo durante vários anos e talvez vendê-lo como Lambic pura. Ou então pode usá-lo para enriquecer uma Gueuze especialmente fina. Outros tonéis são mais apropriados para a adição de frutas, resultando em uma Kriek ou Framboise. As decisões são complexas e difíceis.

Em cada mistura, a proporção entre cerveja nova e envelhecida é crucial. A Lambic nova pode ter apenas cinco ou seis meses, sendo pouco intensa e muito ácida. A maturada é suave, aromática, intensa e, naturalmente, mais cara. Depois de provados todos os tonéis e tomadas as decisões, a proporção de cerveja jovem pode variar de 70% a 15%. Uma proporção mais baixa de Lambic nova tende a produzir uma Gueuze sofisticada, refrescada devido à carbonatação e à acidez, mas preservando o aroma, a complexidade e a intensidade. Após a mistura, uma Gueuze tradicional será engarrafada e armazenada na cervejaria por seis meses no mínimo; às vezes, por muito mais tempo. As garrafas são estocadas deitadas em prateleiras de madeira, como garrafas de vinho. Nos corredores longos e úmidos, prateleiras de garrafas dividem o espaço com tonéis de envelhecimento.

Tradicionalmente, toda cerveja Gueuze era condicionada (refermentada) na garrafa e extremamente seca, mas agora vários cervejeiros adicionam açúcar à cerveja para satisfazer o gosto dos consumidores por sabores doces. Tais versões – antes de adoçadas, filtradas, engarrafadas e pasteurizadas – são envelhecidas em tanques de aço inoxidável. Em geral, não passam de sombras de suas precursoras. Por um tempo, parecia que a Gueuze tradicional seria varrida do mercado por versões comerciais mais simples; mas, recentemente, houve um renascimento da cerveja tradicional.

Em alguns casos, fabricantes comerciais, incomodados pelas críticas, criaram excelentes versões artesanais de suas cervejas. Quando as duas versões estão lado a lado na prateleira, a verdadeira cerveja é identificada pela informação "refermentação na garrafa" no rótulo. Outra maneira é procurar por sedimentos de levedura na garrafa. Ao servir uma cerveja dessas, decante cuidadosamente, deixando os sedimentos na garrafa. O sedimento é inofensivo mas não acrescenta nada à cerveja, que deve ser servida totalmente cristalina. Assim como um bom champanhe, a cerveja Gueuze deve estar, ao beber, moderadamente resfriada – e não gelada –, pois isso permite que ela libere todo seu conjunto de sabores e aromas.

Fabricantes e negociantes de cerveja Lambic tradicional são artesãos extremamente dedicados escalando uma cachoeira de comercialismo, dinheiro e história. Vale a pena conhecer seus produtos. Serei honesto – cerveja Lambic não é para qualquer um. Eu a acho deliciosa se for inegavelmente pungente (*funky*), como a maioria dos meus queijos prediletos. Mas contém uma abundância de sabores brilhantes, complexos e elegantes, e ninguém realmente interessado em comida e bebida resiste a seu fascínio. Se você gosta de sidras tradicionais artesanais ou de champanhes clássicos bem secos, é bem possível que goste de Gueuze. Assim como muitos vinhos e jerezes de qualidade, o verdadeiro potencial dessas cervejas aparece na harmonização com a comida.

Lambic frutada

A maioria dos americanos tem seu primeiro contato com cerveja Lambic nas versões Kriek ou Framboise. Em flamengo, *Kriek* significa "cereja-azeda (ginja)"; e *framboise* é "framboesa" em francês (*Frambozen,* em flamengo). Cerveja de cereja e framboesa? É alguma piada? Certamente que não. Um truque? Se for, está funcionando há séculos. A fronteira entre as regiões do vinho e da cerveja atravessa a Bélgica e também sua cultura alimentar. Antes da descoberta do lúpulo, os cervejeiros temperavam cerveja de várias maneiras, e os belgas são os maiores depositários dessa história. Não estão totalmente sozinhos. Até os alemães, que são conservadores em relação à cerveja, há tempos vêm acrescentando xaropes de fruta à sua acidíssima Berliner Weisse; e misturaram limonada, soda ou soda limonada e Pilsen, para criar o popular Radlermass (que hoje já existe pronto, em garrafa ou lata).

Cerejas e framboesas são frutas silvestres e, no tempo em que ainda não se enlatava ou congelava comida, qualquer coisa não consumida até o final da estação estava destinada a estragar. Alheios a qualquer divisão clara entre vinho e cerveja, os cervejeiros colhiam as últimas frutas, muitas vezes já secando no pé. Adicionavam a fruta aos tonéis de cerveja Lambic, e a levedura existente iniciava um novo ciclo de fermentação, consumindo os açúcares na polpa das frutas. Posto na boca do tonel, um punhado de galhos evitava que as frutas pulassem para fora antes do término da fermentação. O resultado era uma bebida transformada, mais forte, enquadrada no limite entre vinho e cerveja.

Nas cervejarias mais tradicionais, a técnica ainda é praticamente a mesma. Em geral, a cerveja-base é uma mistura de cervejas Lambic maturadas e novas, mas seu destino não é ser uma Gueuze. Em vez disso, adiciona-se a fruta, recomeçando a fermentação. Os exemplos mais robustos de Kriek podem exigir a adição de meio quilo de cereja para poucos litros de cerveja. A cereja local de Bruxelas, a ginja *Schaarbeek*, é a preferida para a produção de Kriek, especialmente quando a fruta secar no pé, concentrando o açúcar. À medida que a levedura consome a polpa das cerejas, os caroços se soltam e começam a conferir sabores amargos e de frutos secos à cerveja. Permanecendo com frutas durante seis ou oito semanas, a cerveja retém bastante sabor e cor de fruta fresca. Acima disso, a cerveja fica mais seca, os sabores de fruta se intensificam e os caroços conferem certa adstringência. Assim como a base da cerveja, os diferentes tonéis de Kriek também podem ser misturados, em busca da complexidade desejada e de maior

equilíbrio entre aroma, sabor e acidez. Às vezes adiciona-se uma Lambic mais nova antes do engarrafamento, para garantir açúcar residual suficiente para a refermentação. Em seguida, a cerveja é armazenada antes de ser liberada para consumo.

Ao ser liberada para consumo, uma Kriek ou Framboise pode conter partes de cerveja de apenas três meses e partes de cerveja envelhecida até dois anos. Terá passado por, no mínimo, três fermentações – uma da cerveja, outra da fruta e a fermentação final na garrafa. Cada fermentação reforça o teor alcoólico, que fica, por fim, entre 5% e 7%. A produção envolve a contribuição de dezenas de leveduras, cada qual com sua influência. Uma mistura de cervejas Lambic pode ser combinada com uma mistura de frutas, e o resultado pode passar por nova mistura antes do engarrafamento. Não é à toa que essas cervejas podem ser impressionantemente complexas.

A Kriek e Framboise tradicionais têm um paladar pronunciado e seco, intenso e prolongado. As versões menos tradicionais são filtradas e/ou adoçadas, o que embota sua complexidade e acidez. Às vezes, a fruta inteira é substituída por sucos ou polpa de fruta. Os aficionados por Lambic espumam de raiva à simples menção dessas versões, mas eu acho que há espaço para ambas. Não se esqueça de que adoçar cerveja é uma prática antiga, adotada sempre que possível, pois, no passado, açúcar era um luxo. Enquanto as versões tradicionais dão excelentes aperitivos e vão muito bem com pratos salgados, na hora dos doces nenhum vinho de sobremesa sonha rivalizar com uma Kriek ou Framboise adoçada.

LAMBIC E COMIDA

A cerveja Lambic tem baixo amargor, mas isso é compensado por bastante acidez, que é o que determina sua harmonização com a comida. Só em cafés especializados, na Bélgica, é possível achar cerveja Lambic pura, sem mistura, portanto vamos começar com a Gueuze. Embora seja inegavelmente ácida, raramente

AO LADO:
Cervejeiros modernos ficariam horrorizados com essas teias de aranha, mas os fabricantes de Lambic tomam cuidado para não perturbar os miniecossistemas que produzem suas cervejas singulares.

há exagero – muitos champanhes têm acidez semelhante. Dela, apenas os melhores champanhes se aproximam em complexidade. A Gueuze dá um ótimo aperitivo, mas isso não limita suas possibilidades à mesa.

Uma harmonização evidente para a acidez da Gueuze é com frutos do mar. Um prato típico da Bélgica é *Moules Frites* (mexilhões com fritas), e é frequente os mexilhões serem feitos ao vapor da cerveja. A mesma Gueuze proporciona um ótimo acompanhamento, contrapondo a doçura do mar ao gosto ácido da cerveja. Na mesma linha, ela é perfeita para consumir com *escargots* – uma palavra que soa bem melhor do que caramujos, especialmente quando imersos em manteiga e alho. A Gueuze vai muito bem inclusive com ostras, realçando, como limão espremido, seu sabor. Um bom bolinho de caranguejo – eu gosto picante – é uma ótima companhia para a Gueuze, que é capaz de enfrentar a ardência da pimenta-malagueta e funciona bem com ingredientes vivos, como o suco de limão-galego.

A acidez da Gueuze é perfeita para peixes oleosos – salmão, anchova, sardinha e cavala. Mesmo defumado, o salmão é um bom parceiro. Mas fica melhor ainda com *ceviche*, um prato espanhol de frutos do mar "cozidos" pela acidez do suco de limão, siciliano ou galego. Os espanhóis divulgaram o *ceviche* no Caribe, no México e também na Bélgica, região que já dominaram. Na cidade de Nova York, no La Palapa, um excelente restaurante mexicano tradicional, degustei uma Boon Gueuze com um *ceviche* sensacional, repleto de camarão, abacate e pimenta-malagueta. A combinação ficou absolutamente perfeita – naquele momento, era difícil imaginar outro acompanhamento para o prato.

Os belgas não restringem a Gueuze a frutos do mar. Também a consomem com queijos picantes de cabra, *terrines* artesanais, embutidos e saladas. Uma combinação inesperada da Gueuze é com queijo Stilton – quando ambos são de qualidade, seus aromas de fazenda se harmonizam perfeitamente. A acidez da cerveja atravessa a gordura do queijo. Com um pouco de pão ou algumas bolachas, tem-se um apetitoso lanche da tarde.

Além da Gueuze, o único outro tipo de Lambic encontrado nos Estados Unidos é o de fruta. Há dois tipos básicos de Lambic frutada. Fora da Bélgica é mais fácil encontrar a variante moderna, que mistura cerveja Lambic com polpa ou suco de fruta para fazer uma Kriek ou Framboise doce. Com maior esforço, é possível encontrar as versões tradicionais dessas cervejas, feitas com frutas inteiras que fermentam totalmente, sobrando apenas o caroço. Tais versões não são filtradas e geralmente são bastante secas. Tendem a ser ácidas e austeras, mas são extremamente complexas.

Apesar de fabricadas com frutas, as versões tradicionais, pela ausência de doçura, geralmente não vão bem com sobremesas, mas podem ser ótimas com pratos salgados. Uma Kriek tradicional harmoniza magnificamente bem com pato ou ganso – a acidez quebra a gordura da ave, enquanto os sabores frutados sutis fornecem um contraponto admirável. Outro bom parceiro para a Kriek tradicional é carne de cervo, geralmente servida com molho de ginja. No In t'Spinnekopke [Albergue da Aranhazinha], um restaurante de Bruxelas famoso por sua *cuisine à la bière*, certa vez comi frango preparado em um molho cremoso à base de framboesa. Estava delicioso, apesar do tom desconcertante do prato, um lavanda brilhante. Essas cervejas também são deliciosas com queijos de cabra frescos de sabor pronunciado.

Ao combinar uma Kriek ou Framboise seca com os tradicionais molhos mexicanos *mole*, à base de chocolate, prepare-se para uma sensacional interação de sabores. O verdadeiro *mole negro* é austero, complexo e condimentado, mas não doce. Um dos melhores molhos do mundo, tradicionalmente servido em dias festivos, o *mole* mistura chocolate amargo com pimentas muito ardidas, frutos secos, sementes e condimentos moídos. Degustado com uma Lambic frutada seca, é um espetáculo pirotécnico. Tanto a acidez quanto o frutado da cerveja combinam perfeitamente com o *mole*, e a complexidade da interação é de tirar o fôlego. Tanto a cerveja Lambic quanto o *mole negro* existem há séculos, mas estou quase certo de que só recentemente se encontraram, e apenas nos Estados Unidos.

Embora as Lambic frutadas adoçadas sejam uma maldição para tradicionalistas obstinados, são grandes amigas de *chefs* pasteleiros e *sommeliers*. Por mais que tentem nos convencer do contrário, o fato é que vinho raramente vai bem com sobremesa. Não, nem mesmo os vinhos de sobremesa, que ficam melhores sozinhos ou com queijo. É triste ver alguém tentando desesperadamente provar que Zinfandel combina com chocolate (Não combina!), esquecendo que uma Kriek ou uma Framboise doce proporcionam uma harmonização perfeita. A verdade é que não requer muito esforço: com qualquer sobremesa de chocolate, há harmonização entre a doçura da cerveja e a da sobremesa. E a combinação dos sabores de chocolate e frutas, realçados pela carbonatação, leva as papilas gustativas ao êxtase. Fim de conversa. Não tem erro. O que mais é preciso saber? Fica *perfeito*. Porto, Sauternes, Banyuls – nenhum vinho chega perto disso. Entre as cervejas, somente uma Stout forte é capaz de rivalizar com tal desempenho. Na minha opinião, todo restaurante que serve sobremesas de chocolate tem o dever de servir essas cervejas. Em *flûtes* de champanhe, elas têm uma cor avermelhada escura e um colarinho rosa espumoso, o próprio retrato da elegância. Além disso, são ótimas para limpar o palato entre os pratos, em substituição ao *sorbet*.

Estranhamente, as Lambic frutadas e doces raramente vão bem com sobremesas de frutas. Era de se esperar que combinassem perfeitamente, mas a acidez e o frutado – da cerveja e da sobremesa – são tão parecidos que se anulam, neutralizando os sabores distintos de cada uma. É um caso estranho de sabores quase complementares demais. Mas outras sobremesas funcionam bem. *Cheesecake*, por exemplo, é uma total revelação. Com ou sem fruta, a combinação é maravilhosa. Outra parceria admirável é com *panna cotta* (pudim de nata): os sabores frutados agridoces, realçados pelas complexidades da cerveja, são envolvidos pelo gosto doce e puro do creme de leite. Uma total maravilha.

Na mesma linha, é possível combinar essas cervejas com uma ampla variedade de queijos doces e frescos – Mascarpone, Teleme e Stracchino são todos ótimos parceiros. Seja na variedade tradicional, seja na adoçada, a cerveja Lambic frutada vai muito bem com comida e é uma adição valiosa para qualquer adega. Seja criativo e terá muito prazer com ela.

LAMBIC: FABRICANTES NOTÁVEIS

BROUWERIJ BOON Visitar a cervejaria de Frank Boon em Lembeek é uma viagem no tempo ao século XIX, época em que as cervejas eram genuinamente artesanais. O equipamento é constituído de peças antigas – dá para imaginar o barulho de máquinas a vapor em ação. Atrás da sala de fermentação fica a "adega", onde fileiras intermináveis de gigantescos tonéis de carvalho, os *foudres*, descansam deitados, esperando pacientemente a cerveja Lambic maturar. Teias de aranha flutuam suavemente entre os tonéis, cujas tampas trazem símbolos de aparência alquímica indecifráveis, conhecidos apenas por Frank e seus cervejeiros. Os próprios tonéis são antigos. Muitos foram fabricados na Alemanha há quase cem anos e doados à Bélgica como reparação de guerra após a Primeira Guerra Mundial. Na madeira, ainda se veem gravados em letras profundas os nomes de cervejarias alemãs há muito extintas.

Frank Boon tem cerveja nas veias. Quando ainda era criança, sua avó e os irmãos dela fabricavam cerveja Lager. Mas passaram por dificuldades e, em 1970, a cervejaria acabou sendo fechada. Frank prometeu aos pais que nunca seria cervejeiro – era uma ocupação sem futuro, segundo eles. Mesmo assim, a família fazia cerveja e sidra em casa, e o processo o fascinava. Em 1972, a família mudou-se para a região de Pajottenland, e a única pessoa que

Frank conhecia ali era o sr. De Vits, o fabricante local de Lambic. Frank e os amigos gostavam de passar o tempo na cervejaria bebendo Lambic e contando histórias. Boon tinha 19 anos e De Vits, 68, e estava prestes a se aposentar. De Vits não tinha herdeiros e planejava fechar a cervejaria. Quando Boon perguntou por que ele não a vendia, respondeu com indiferença: "Quem iria querer assumir um negócio tão difícil?"

Frank sentiu um impulso – decidiu quebrar a promessa aos pais e virar cervejeiro. Deixando de lado o diploma em ciências sociais, montou uma distribuidora que vendia cervejas belgas de qualidade a cafés de Bruxelas. O negócio prosperou e, em 1977, já acumulara o suficiente para comprar a cervejaria de De Vits. Queria fabricar cerveja Lambic tradicional de excelente qualidade, sabendo que nenhuma cervejaria grande estaria disposta a arcar com os altos custos de investimento e mão de obra envolvidos na feitura desse estilo antigo. A cerveja Lambic ainda é uma especialidade com mercado restrito, mas Frank Boon tem tido sucesso como cervejeiro e empresário. E deseja crescer, o que agora vai ser possível graças a uma associação com a cervejaria Palm.

A Geuze Boon (outra grafia possível de Gueuze) é uma cerveja de intensa cor laranja, que abre com um estouro animado da rolha. Sua carbonatação é semelhante à do champanhe. O aroma é de pura Lambic – maçãs francesas, do tipo usado em sidra, lã molhada, pétalas de rosa, Brie maduro, casca de laranja e um toque mofado tipo Riesling. O paladar é seco, com um equilíbrio inicial perfeito entre amargor e acidez, que se retrai para revelar sabores entrelaçados de maçã, feno, ferro e carvalho. Um exemplo exuberante de cerveja Gueuze tradicional. Fica ótima com mexilhões, camarão, *escargot*, salmão defumado, *ceviche*, queijo de cabra, ostra e patê campestre.

Por trás de um véu marrom, a Framboise Boon esconde seus tons de vermelho. Aromas de terra, framboesa e manteiga caramelizada (*butterscotch*) dominam o olfato. Na ponta da língua, seu paladar é ligeiramente adocicado, seguido de leve acidez e um final frutado. É uma cerveja muito agradável, mas não forte o suficiente para combinar com chocolate intenso – fica melhor com delicadas *mousses* de chocolate. Também vai bem com salada de queijo de cabra.

Boon reserva algumas de suas melhores cervejas para a BOON MARIAGE PARFAIT (casamento perfeito) FRAMBOISE, uma cerveja especial, que traz no rótulo a data da "safra". Aqui a framboesa não se esconde – a cerveja parece um vinho Borgonha vestindo uma touca de espuma. O aroma é escandaloso – framboesas, manteiga, dentes-de-leão, rosas, lã molhada, baunilha, madeira e uma tênue nota pungente de Brie maduro. A acidez combinada da framboesa e da cerveja toma a dianteira, sendo logo equilibrada por certa doçura. Sabores de framboesa concentrados no centro dão lugar a um rápido final ácido. Verdadeiramente magnífica. Pato, ganso, cervo, embutido de cervo, *foie gras* e patês campestres são todos parceiros em potencial. Ravióli de queijo de cabra também harmoniza muito bem. Tem doçura suficiente para sobremesas – experimente com bolos e tortas de chocolate escuro, sorvete de creme ou de chocolate, e *cheesecake*. Também é boa companhia para os queijos de cabra e os de sobremesas como Mascarpone, Stracchino ou Teleme.

A KRIEK BOON é uma cerveja de coloração vermelha brilhante com um surpreendente colarinho rosa-rubro. O aroma é pura cereja com terra e uma sugestão de manteiga. O paladar tem o equilíbrio preciso entre doce e ácido, com sabores de cereja persistentes até o final. Eu considero essa uma cerveja mais requintada do que sua Framboise padrão. Fica ótima com qualquer sobremesa de chocolate, *panna cotta*, massas e molhos à base de chocolate, *magret* de pato e carne de cervo em molho de ginja.

BRASSERIE CANTILLON Bem no centro de Bruxelas, ao lado da estação de trem, está a Brasserie Cantillon. Do lado de fora, a moderna Bruxelas precipita-se rumo ao futuro, mas lá dentro o tempo parou. As garrafas de Gueuze da Cantillon anunciam orgulhosamente conter "a Lambic mais autêntica da Bélgica", uma declaração típica de Jean-Pierre Van Roy, seu extremamente orgulhoso proprietário. As Lambic da Cantillon são conhecidas por, inflexivelmente, serem secas – Van Roy se recusa terminantemente a adoçá-las. Esse enfoque dogmático resulta em cervejas que fazem jus ao nome, e a Cantillon é reverenciada pelos puristas.

A CANTILLON GUEUZE LAMBIC é uma cerveja laranja-escura e tem cremosidade insistente. O aroma é repleto de notas de carvalho torrado, maçã, pera e "capa de cavalo". Pode não soar apetitoso, mas na verdade traz à lembrança um champanhe clássico. O paladar é finamente ácido e totalmente seco, com um amargor lupulado de ferro. No centro, turbilhona um redemoinho de sabores cítricos, combinados com capa de cavalo, feno, terra úmida, queijo Stilton e flores silvestres. É tão complexa que levaria dias para identificar todos os sabores. Fica ótima com camarão, bolinhos de caranguejo, peixe, ostra e queijo, especialmente o Stilton.

Se a garrafa de Gueuze é presunçosa, o rótulo da CANTILLON ROSÉ DE GAMBRINUS é lascivo: uma aquarela retrata uma exube-

rante loira nua, com uma taça de cerveja na mão, sentada no colo de um homem. A mão dele também está ocupada, envolvendo libidinosamente o corpo da moça. A rolha de minha garrafa informa que a cerveja foi envasada em 1996, envelhecida seis anos. Um pálido rubor rosado é a única indicação da presença das framboesas e cerejas que, tantos anos atrás, foram acrescentadas à cerveja. É no olfato que as frutas se mostram mais, misturadas a aromas terrosos intensos de turfa molhada, úmidas folhas caídas, queijo maduro, cerejas e fava de baunilha. O sabor de base da Lambic domina o palato, produzindo um centro extremamente seco, envolto em aromas frutados. O final é pronunciado e seco, com sabor residual de fruta. Trata-se de uma versão austera, de admirável complexidade. Experimente com embutido de cervo ou javali, patê campestre ou salada de queijo de cabra.

A cor da cereja aparece nitidamente na CANTILLON KRIEK LAMBIC: um reluzente vermelho-rosado pendendo, nas bordas, para o ocre. Do copo emergem aromas de cavalos, ginja e Camembert. O sabor ácido da fruta combina com o da cerveja e atravessa o centro do paladar com uma estocada maciçamente frutada. O cérebro diz "doce", mas a língua diz "ácido". Uma versão de Kriek brilhante e inflexível. Prove com *magret* de pato.

HANSSENS ARTISANAAL A Hanssens, de Dworp, é um dos últimos negociantes independentes da Bélgica. A Hanssens não fabrica a cerveja propriamente dita, apenas fermenta, envelhece e mistura o mosto de cerveja Lambic, resfriado e inoculado, que compra das cervejarias. Isso em si já é uma arte, assim como maturar queijo ou misturar uísque. Muitos fabricantes de champanhe adotam processos semelhantes ao comprar, de outros produtores, uvas, mosto ou vinho pronto. Grande parte do caráter de uma Lambic é determinado na mistura e no envelhecimento, portanto as cervejas resultantes são criações próprias da Hanssens. Assim como a Cantillon, a Hanssens é particularmente apreciada pelos puristas.

A Hanssens Oude Gueuze é uma cerveja de cor dourada, turva, com aroma de lã molhada, limões-sicilianos em conserva, baunilha e terra. O paladar é particularmente acentuado e seco, progredindo para um centro maravilhosamente complexo de cítricos e terra úmida. O final é bastante prolongado e suculentamente ácido, terminando numa ostentação de frutas. Ficaria brilhante com um bom *ceviche*, repleto de camarão e abacate.

A Hanssens Artisanaal Oudbeitje mistura morangos à cerveja Lambic. Isso gera certa surpresa, já que tradicionalmente não se usam morangos, e a Hanssens é um produtor bastante tradicional. A cerveja é levemente carbonatada e de um dourado vivo, embora na contraluz se note uma tonalidade rosada. Os morangos anunciam sua presença no olfato, misturados com aromas de terra, queijo Cheddar forte, baunilha, iogurte e uma nota de petróleo que lembra Riesling. Os sabores revelam-se surpreendentes – doçura suave, seguida de refinada acidez, e um maravilhoso gosto frutado dominando o centro. Não é tão doce quanto algumas Lambic frutadas, mas tem doçura suficiente para combinar com a sobremesa certa. *Panna cotta* faz uma boa harmonização, assim como *cheesecake*, queijo de cabra fresco, Teleme, Mascarpone ou Stilton.

Várias cervejas Kriek tradicionais são feitas com cerveja já envelhecida um ou dois anos antes da adição da fruta. A Hanssens deixa a cereja na cerveja até restar apenas o caroço, resultando na Hanssens Oude Kriek. Depois disso, antes de chegar ao mercado, a cerveja ainda é envelhecida mais três anos na garrafa. A cor é de chorar de tão estonteante: tons ao mesmo tempo avermelhados, rosados e alaranjados, feito um belíssimo pôr do sol. O aroma abre com uma fragrância de celeiro, que logo se dissipa permitindo a emergência de aromas complexos de cereja, madeira, terra, baunilha e bolor. Logo no início, o paladar abre com um sabor pronunciado, concentrado, de ginjas, revelando casca, talo, caroço – a fruta inteira. A acidez, e atrás dela uma leve sugestão de doçura frutada, é deslumbrantemente vibrante e suculenta. O final é prolongado, ácido, frutado e, finalmente, secante. Uma verdadeira obra-prima. Sirva com *magret* de pato, ganso assado, *foie gras poêlé*, *terrine de foie gras*, patê de carne de caça, queijo de cabra maturado, e queijos de sobremesa doces. A cerveja é quase boa demais para acompanhar doces, mas, se você optar por tomá-la com a sobremesa, vá fundo. Sirva com chocolate muito escuro (do melhor), *cheesecake* extremamente rico ou excelente *panna cotta*.

BROUWERIJ LINDEMANS A tranquila aldeia de Vlezenbeek está a apenas quinze minutos de carro de Bruxelas, mas parece um mundo totalmente diferente. Aqui ficam as ricas terras da região do Brabante, outrora cultivadas pela família Lindemans, que agora se dedica totalmente à produção de cerveja. A elegante sede da fazenda abriga hoje o escritório da cervejaria, por trás do qual se estende um conjunto mal enjambrado de edificações antigas e novas. Ao lado, em uma pequena construção moderna, tanques de cobre lançam seu brilho incongruente sobre os pastos da paisagem rural de Pajottenland. Lá dentro, a atividade é frenética – os Lindemans estão muito atarefados e pretendem expandir-se. A nova geração, através de suas Lambic frutadas – doces e agradáveis –, teve contato com essa cerveja, e agora eles têm de desdobrar-se para atender à demanda. Com a região pontilhada de restos mortais de cervejarias de Lambic falidas, é um bom problema para se ter. A cervejaria é uma empresa familiar em que René (o pai) supervisiona o trabalho de Geert e Dick (os filhos). Quando construíram as novas instalações, mantiveram em atividade as antigas. O sol brilha através dos buracos da velha fábrica, mas ninguém está preocupado, pois aqui a natureza é bem-vinda ao entrar. E instalaram vigas dessa construção antiga sobre o tacho de resfriamento da nova, na esperança de transferir alguns dos preciosos micróbios da antiga sala de fermentação para a nova.

A LINDEMANS GUEUZE LAMBIC é uma cerveja de um tom laranja profundo, quase âmbar. O aroma é de casca de maçã-verde e baunilha, com um fundo terroso. No palato, a cerveja começa ácida, mas adoça rapidamente. Mas é filtrada e tem pouca intensidade – para mim, é demasiado doce –, prefiro a Gueuze tradicional. E bem que pode servir para limpar o palato entre pratos. Sob forma da LINDEMANS CUVÉE RENÉ, a única Lambic tradicional da Lindemans, revela-se o verdadeiro talento da cervejaria. Essa cerveja tem um tom dourado turvo e profundo, com realces alaranjados. O aroma é uma mistura complexa de fragrâncias brilhantes e austeras – maçã-verde, laranja-azeda, raspas de limão, folhas úmidas, lã molhada e Jerez fino. O sabor da cerveja é azedo e brilhante, feito limonada fresca, totalmente seco e intransigentemente frutado, com um final ácido semelhante ao do Jerez pálido. Outras cervejas podem pagar as contas, mas essa é a predileta de René Lindemans, que deu a ela seu próprio nome. Experimente com camarão, bolinhos de caranguejo ou *ceviche*.

A cerveja que trouxe fama e sucesso à Lindemans é a LINDEMANS FRAMBOISE. Fica ótima numa *flûte* de champanhe – tem um tom vermelho-rosado brilhante e um reluzente colarinho rosa. A framboesa, adicionada sob forma de suco puro à cerveja, é sentida antes mesmo de se levar a cerveja ao nariz. O aroma é quase pura framboesa, com apenas uma sugestão de pungência no fundo. O paladar abre com uma estocada de acidez, mas instantaneamente passa a exibir, em toda sua plenitude, o sabor e a doçura da framboesa. A intensidade espetacular da framboesa é controlada pela acidez, levando a um final doce e frutado. Os tradicionalistas têm arrepios com essa cerveja, mas eu a acho brilhante. Não conheço ninguém que não tenha gostado da Lindemans Framboise. A Framboise tradicional tem seu lugar, mas essa cerveja também tem. Além disso, muita gente adoça a Lambic antes de bebê-la e, até mesmo nas mesas dos cafés mais tradicionalistas, há açúcar disponível. E não é para o café. Ela fica espetacular com qualquer tipo de sobremesa de chocolate, além de ser praticamente imbatível com *cheesecake*. É também um bom substituto de *sorbet* para limpar o palato – sirva entre cada prato, em *flûtes* de champanhe.

A Lindemans também produz uma cerveja de tom laranja brilhante, a LINDEMANS PÊCHE, que faz, com pêssego, o que a Framboise faz com framboesa. Não é extremamente complexa, mas é muito saborosa com sobremesas de pêssego, sorvete de creme com baunilha e qualquer coisa com chocolate. Além disso, é uma maneira muito agradável de começar um *brunch*.

5
Cerveja de trigo

É muito comum chamar cerveja de "pão líquido", uma descrição particularmente apropriada para cervejas feitas com trigo.

Ao longo da história, vários cereais foram utilizados na feitura de cerveja – *emmer*, espelta, aveia, centeio, painço e sorgo –, e até hoje continua sendo assim em várias partes do mundo. Devido ao índice relativamente baixo de gomas e proteínas – que podem entupir os tanques de maceração, dificultando a drenagem do mosto –, os cervejeiros elegeram a cevada como o melhor cereal. Outros cereais, inclusive trigo, tendem a ser ricos nesses componentes. A cevada tem também uma casca dura, o que é útil para o cervejeiro, pois forma, no fundo da tina de mostura, um leito de filtragem, facilitando a drenagem do mosto. O trigo, por outro lado, não tem casca, sendo por isso um cereal mais trabalhoso: é muito difícil fazer uma cerveja só de trigo.

Na cevada, as mesmas qualidades que ajudam na feitura da cerveja dificultam a produção de pão. Ausentes na cevada, as gomas e glútens são necessários para dar elasticidade ao pão. O pão de cevada tende a ser seco e duro, esfarelando facilmente. Os padeiros também teriam de se livrar da casca da cevada, a menos que quisessem fazer *muffins* de farelo.

Assim, o cervejeiro optou por cevada, e o padeiro, por trigo, mas nem sempre foi possível ser seletivo. Ambos sempre usaram misturas de cereais e, com o tempo, os cervejeiros descobriram que o malte de trigo, misturado ao malte de cevada, tem algumas qualidades agradáveis. Cervejas fabricadas com uma proporção adequada de trigo tendem a ser mais leves e refrescantes no palato, com uma acidez que rapidamente sacia a sede. As proteínas

do trigo produzem uma inevitável turvação, conferindo um brilho característico, que deu origem ao termo "cerveja branca". Em geral, as cervejas de trigo são melhores quando novas e, tradicionalmente, são produzidas sem alteração da "opacidade" conferida pelas leveduras e proteínas. A maioria dessas cervejas é pálida, embora não seja exatamente branca; "cerveja branca", assim como "vinho branco", é um termo relativo.

Na Baviera, os cervejeiros desenvolveram um estilo de cerveja de trigo combinado com uma variedade específica de levedura Ale, de alta fermentação. O trigo confere à cerveja um poder saciante, enquanto a levedura especial fornece sabores e aromas de cravo, banana, fumaça e goma de mascar (*tutti-frutti*). Essas cervejas, chamadas de Weissbier (cerveja branca) ou Weizenbier (cerveja de trigo), são extremamente refrescantes e sensacionais para acompanhar comida. Na região de Berlim, há uma variação chamada Berliner Weisse, cuja acidez pronunciada resulta de fermentação láctica. Os berlinenses a adoçam com xaropes de frutas e ervas, fazendo uma espécie de coquetel de cerveja.

Na Bélgica, há um estilo singular de cerveja branca chamada de Witbier (em flamengo) ou Bière Blanche (em francês), fabricada com uma proporção de trigo não maltado e condimentada com riquezas do antigo comércio de especiarias da Bélgica, principalmente casca de laranja-azeda da ilha de Curaçau e coentro. Essas cervejas são extremamente pálidas e ocasionalmente passam por uma rápida fermentação láctica, o que realça sua requintada acidez. Com seus sabores cítricos vivos, no mínimo, são ainda mais refrescantes do que as cervejas de trigo alemãs.

Obviamente, os americanos fabricam de tudo: estilo alemão, estilo belga, e o novo estilo americano, que tende a substituir os aromas de levedura e a condimentação por um caráter lupulado mais agressivo. O trigo – leve, fresco, ligeiramente ácido, refrescante e tradicionalmente turvo – é o denominador comum desses estilos de cerveja.

AO LADO:

Os copos da cerveja de trigo da Baviera são altos e têm um bojo mais largo no topo, para acomodar o colarinho volumoso e macio. A forte Aventinus, da cervejaria Schneider, merece um copo especialmente atraente.

Cerveja de trigo bávara

A primeira vez que provei cerveja de trigo bávara foi na primavera de 1984, num *Biergarten* (literalmente, jardim de cerveja) de Munique gloriosamente ensolarado. O local era tão agradável que eu parecia estar num sonho, ou ao menos num bom filme. Ali estava eu, cercado de construções antigas, parcialmente feitas com madeira, e de pessoas contentes bebendo uma cerveja dourada e turva em copos que pareciam vasos de flores. O que era aquilo? Eu tinha de provar. Depois de uma breve gesticulação, acompanhada por meu péssimo alemão, a cerveja chegou à minha mesa. O copo tinha 30 cm de altura, e o espumoso colarinho branco da cerveja, 8 cm. Ela parecia ótima, mas estranhei o sabor ao prová-la. Algo estava errado – a cerveja tinha gosto de cravo e banana. Eu ainda não sabia ao certo se gostava dela, mas vi que a Alemanha seria um lugar mais interessante do que eu imaginara. Durante minha estadia em Munique, vi cerveja de trigo por toda a parte, até mesmo no café da manhã.

Fazer cerveja de trigo é tradição muito antiga, que remonta aos babilônios. Mas, ao contrário da cevada, o trigo é excelente para fazer pão e, com o tempo, cada cereal gravitou para seu talento natural. Na Idade Média, a cevada já era o principal ingrediente da cerveja europeia, embora o uso de trigo não fosse incomum. A casa de Degenberg, uma família nobre da Baviera, é considerada a pioneira (século XV) na fabricação da moderna cerveja Weissbier. *Weisse* significa "branco", embora provavelmente a cerveja que faziam fosse apenas mais clara do que as outras da época, que eram todas de uma coloração marrom-escura. A cerveja de trigo popularizou-se, gerando muito lucro para o clã Degenberg, mas, ao mesmo tempo, provocando a inveja dos duques locais. Após alguns anos de embate, os direitos de fabricação da Weissbier ficaram com os duques, e a família real Wittelsbach começou a fabricá-la na cervejaria Hofbräuhaus, em Munique. Amparados no seu poder, os Wittelsbach alegavam ter direitos exclusivos sobre a fabricação de cerveja de trigo.

Por volta do início do século XIX, os gostos haviam mudado, e a Weissbier perdeu popularidade. A fabricação de cerveja em mosteiros e os avanços científicos tinham melhorado a qualidade da concorrência, provocando uma queda nas vendas de cerveja de trigo. Em 1855, o cervejeiro Georg Schneider arrendou a Weisses Bräuhaus, em Munique; e, em 1872, negociou o fim da patente real da Weissbier. Schneider montou uma cervejaria nova, a várias quadras da antiga, e concentrou-se em aperfeiçoar a Weissbier. Na Segunda Guerra Mundial, a cervejaria Schneider de Munique foi destruída, mas a família seguiu fabricando uma das melhores cervejas Weissbier do mundo na vizinha Kelheim. Por volta da década de 1950, a produção de Weissbier declinou; era considerada uma bebida de pessoas idosas, assim como até pouco tempo dizia-se do uísque escocês. No início dos anos 1970, porém, os jovens redescobriram a Weissbier, e esse estilo antigo vem se recuperando gradativamente, alcançando hoje 30% do mercado de cerveja da Baviera, um feito e tanto. Agora, todas as grandes cervejarias da Baviera produzem Weissbier.

O que torna a Weissbier tão especial? Vamos começar com os cereais. A maioria é feita com mais de 50% de malte de trigo, o restante sendo malte de cevada. O trigo confere à cerveja uma acidez requintada e uma delicadeza suave. Além disso, é abundante em proteína, ajudando a criar o colarinho espumoso característico da cerveja. O mosto é complexo e, durante a fermentação, busca-se maximizar a produção de sabores e aromas frutados. O uso de lúpulo é discreto, conferindo um amargor contido, para contrabalançar a doçura e os sabores frutados do malte.

A levedura, no entanto, é a estrela do espetáculo. Em geral, a cerveja de trigo bávara não é filtrada, e a levedura realmente merece permanecer na garrafa depois de seu trabalho excepcional. A palavra alemã para levedura é *Hefe*, e *Weizen* significa "trigo", portanto essas cervejas são frequentemente chamadas de Hefeweizen.

As leveduras de Weissbier – de fermentação de superfície – são de linhagens antigas e, assim, entre as cervejas alemãs, a Weissbier representa uma volta ao passado. Todas as leveduras de Weissbier produzem, em diferentes intensidades e combinações, sabores e aromas de cravo, banana, goma de mascar, fumaça, maçã-verde e, ocasionalmente, baunilha. A maioria das Weissbier tem teor alcoólico padrão, em torno de 5%.

Terminada a fermentação principal, a cerveja é misturada com açúcares de malte adicionais e engarrafada. A levedura consome o açúcar adicional, carbonatando ao mesmo tempo a cerveja, levando-a a uma exuberância explosiva que lembra o champanhe. A levedura permanece na garrafa, dando corpo e sabores de terra e de frutos secos à cerveja. Como se isso não bastasse, ela ainda faz bem à saúde. Tem vitaminas em abundância, especialmente as do complexo B. Por isso, há muito os médicos alemães recomendam o consumo de Weissbier, e até receitam a cerveja para ajudar no tratamento de problemas de pele. Já os americanos têm de comprar sua levedura de cerveja em pílulas pequenas e caras (de gosto horrível) em lojas de produtos naturais – uma situação triste, comparada aos prazeres de um copo de Weissbier.

O copo de Weissbier chama imediatamente a atenção, como ocorreu comigo, anos atrás, em Munique. O copo Weizen clássico mede quase 30 cm de altura e é bojudo no topo. Experimente servir uma Weissbier e entenderá o motivo. É tão carbonatada que pode transbordar. Uma Weissbier bem servida tem quase 8 cm de colarinho. Há um truque para servir Weissbier. O consumidor experiente desliza a cerveja suavemente pela lateral do copo até que esteja quase cheio e, depois, gira o resto da cerveja no fundo da garrafa. Isso levanta a levedura, que é então despejada no centro do copo. O colarinho sobe até a borda do copo. Na Alemanha, alguns *barmen* se exibem virando a garrafa de uma só vez e despejando a cerveja bem no meio do copo. Experimente fazer isso, e provavelmente vai derramar cerveja pela mesa toda. Mesmo que consiga, parecerá Tom Cruise no filme *Cocktail*. Pode até agradar, nos Estados Unidos, mas seus anfitriões alemães não vão achar graça nenhuma.

Na coloração, a maioria das Weissbier varia do tom dourado pleno a um laranja turvo profundo. Ao beber, a alta carbonatação faz cócegas no palato. O amargor é bastante leve e revigorante, seguido de uma tênue doçura maltada, quase confeitada pelos aromas frutados. A cerveja finaliza com uma sugestão de acidez pura. É super-refrescante. As versões mais escuras, que levam a especificações um tanto confusas – *Dunkelweisse* (branco escuro) ou *Dunkelweizen* (trigo escuro) –, são marrom-ferrugem e sua tendência é mais para um sabor doce e frutado. Em seguida vêm as Weissbock, cervejas escuras, que, sob aromas frutados vivos e sabores de pão intensos, escondem um teor de 8% de álcool.

WEISSBIER E COMIDA

Quando organizo um jantar com cerveja, geralmente tenho dificuldade para decidir onde encaixá-la. É tão versátil que muitas vezes pode acompanhar qualquer um dos pratos, ou todos. Se você gosta dos sabores da Weissbier, então é uma ótima cerveja para ter sempre na geladeira. Seja qual for a comida servida no *brunch*, almoço ou jantar, a probabilidade de combinar com Weissbier é grande. É uma cerveja com paladar levíssimo, mas repleta de sabor e aroma, muito efervescente, e com amargor baixo, porém revigorante. É admiravelmente refrescante num dia quente de verão.

Com pratos mexicanos, a Weissbier mostra o poder de limpeza de sua carbonatação. Absorve as gorduras do queijo e do abacate, atravessa o amido dos feijões e do arroz; com sua doçura maltada, equilibra temperos fortes, e depois se funde com os sabores do prato. Cominho, coentro, suco de limão-galego, sementes de abóbora, pimenta-malagueta, urucum e outros componentes clássicos mexicanos casam-se perfeitamente com Weissbier. *Mole poblano*, com sua densa interação de frutos secos, pimentas defumadas, condimentos e chocolate, harmoniza com os sabores defumados da Weissbier. A Dunkelweisse pode ser uma opção ainda melhor, porque os sabores achocolatados dos maltes escuros se unem ao chocolate do molho. Pratos que transformariam vinhos tintos em aguarrás – e botariam vinhos brancos para correr – encontram na Weissbier uma companheira perfeita. Um bom exemplo é a comida tailandesa, que tende a ser leve e bem temperada, cuja essência está no frescor e no equilíbrio entre doce, ácido, salgado e ardente. O malte e a adstringência da Weissbier combinam com os sabores doces e ácidos, ao mesmo tempo em que absorvem o sal e suavizam a ardência. É uma combinação irresistível.

A comida indiana tem afinidades semelhantes, além de outras próprias. Vários temperos usados na culinária indiana encontram paralelos na condimentação da Weissbier. Os sabores de banana e de cravo, que são o cartão de visita da Weissbier, geralmente se encontram no próprio prato, e os sabores defumados harmonizam com carnes assadas no *tandoor*. A acidez da cerveja também combina bem com molhos à base de iogurte. Um parceiro excelente é o *dahl* – uma receita terrosa de lentilha, muitas vezes servida como acompanhamento. Temos frango *tikka masala* de novo? Quando bem-feito, é muito difícil de resistir a esse prato. A Weissbier tem acidez suficiente para lidar com o tomate, e a carbonatação adicional quebra a gordura do molho, que é delicioso, mas pesado. Com pratos mais picantes, como *vindaloo*, é melhor recorrer a uma Weissbock, que é capaz de controlar a ardência e, ao mesmo tempo, harmonizar com o cordeiro. A Weissbock também é a melhor opção com cordeiro *rogan josh*.

Perdi a conta de quantas vezes vi garrafas de vinho quase cheias, especialmente vinho tinto, abandonadas em mesas de restaurantes indianos finos. A comida arruinara o vinho, e o vinho arruinara a comida. Algum cliente teve a ilusão de que um Barolo poderia encarar um *vindaloo*, ou então sacrificou um Chardonnay californiano diante de um *chutney* forte. Que pena! A Weissbier teria salvado aquela comida; mais ainda, faria dela uma refeição espetacular.

Georg Schneider I e sua receita original de Weissbier. Hoje a cervejaria é dirigida por Georg Schneider VI.

Pratos mediterrâneos vivos e ensolarados também são bons candidatos para a Weissbier. Todo país mediterrâneo tem sua versão de *baccalà* ou *brandade de morue*, o clássico prato de pasta de bacalhau salgado. Não soa muito apetitoso, mas, nas mãos certas, pode ser uma revelação. O bacalhau desfiado é muito bem batido, muitas vezes com batata, alho-poró, azeite e alho, numa musse tão leve quanto rica em sabor. A Weissbier é perfeita para esse prato – ela separa os sabores, realçando-os com sua acidez, mas sem abafar nenhum deles. Essas cervejas também ressaltam os sabores delicados de polvo, seja grelhado, seja cozido, seja num *ceviche* leve.

A Weissbier harmoniza perfeitamente com os sabores de cogumelo defumado, tão comuns na culinária chinesa. Muitos chás chineses são defumados, e imagino que façam o mesmo com a comida. Sejamos honestos – pouca gente faz comida chinesa tradicional em casa. Se você faz, parabéns – e a cerveja vai ficar maravilhosa com a sua comida. Já com a comida chinesa comum, "para viagem", você realmente precisa de Weissbier. A carbonatação vulcânica quebra os molhos à base de amido e permite que você realmente aprecie a comida, enquanto a doçura do malte se funde ao prato. Com o crocante pato laqueado, é um verdadeiro escândalo. Sinto muito, mas, para mim, aqui, não cabe vinho. Ora, vamos – comida chinesa com vinho? Eca! A Weissbier, além de combinar bem com comida chinesa, neutraliza alguns dos sabores mais fortes, deixando o palato refrescado após a refeição. Você sabe do que estou falando. Porco *mu shu* e frango General Tso são uma delícia durante a refeição, mas depois... sem comentários. Você precisa é de Weissbier. Se o restaurante permitir, leve sua própria garrafa. Se preciso, pague a taxa de rolha.

Esta cerveja é o *brunch* dos campeões, ou pelo menos a campeã do *brunch*. Esqueça a Mimosa (suco de laranja com espumante seco) – a Weissbier faz o mesmo com muito mais ousadia e estilo. É leve e refrescante, especialmente numa manhã de primavera ou verão. É praticamente prima de iogurtes e frutas, fazendo uma combinação perfeita. Vai comer algo mais substancial? A típica refeição bávara do meio da manhã (*Brotzeit*, significa "hora do pão") é Weissbier e *Weisswurst*, uma salsicha de vitela, pálida e meio sem gosto, num caldo leve, servida com mostarda doce. E, apesar de eu mesmo estar evitando comer ovos, uma omelete de queijo tem dois ingredientes que dominam o palato – ovos e queijo –, mas a carbonatação e o toque de acidez atravessam esses sabores, abrindo caminho para os sabores frutados. Outras receitas com ovos (em especial, ovos Benedict) são igualmente beneficiadas pela Weissbier, que aceita bem gema mole e molho holandês. Embutidos, *boudin noir*, *bacon*, batata *sauté* – sem problemas. Bebida depois, a cerveja é tão refrescante que você mal lembra o quanto comeu.

Se você está com a consciência pesada, então deu sorte. A Weissbier fica ótima com saladas. É suficientemente leve para não se sobrepor aos sabores delicados de boas folhas e empresta à salada sua leve doçura e sabores frutados. O amargor é bastante contido, portanto não se choca com endívia ou outras folhas verdes amargas. A cerveja tem acidez suficiente para harmonizar com molhos de salada, até mesmo vinagrete, e aceita bem rabanetes e outras raízes de sabor forte, tomates maduros, anchovas, e até mesmo cebola crua. Se sua consciência começar a pesar menos e você resolver adicionar queijo de cabra, tanto melhor. Lembre-se de que a Weissbier é abundante em vitaminas – isso é comida natural!

Como era de se esperar, ela vai muito bem também com comida alemã. Porco é o rei da cozinha alemã, e a Weissbier é uma excelente combinação para lombo assado, pernil, embutidos de porco, *Eisbein*, leitão assado e dezenas de outras receitas populares na Alemanha. Também vai muito bem com presunto. A doçura da cerveja contrapõe-se elegantemente ao salgado da carne, e os aromas de cravo são exatamente o que se procura. *Prosciutto*, então, nem se fala.

Frutos do mar, escaldados ou no vapor, pedem algo ainda mais delicado do que Weissbier, mas peixe e mariscos fritos funcionam bem. A fritura desenvolve sabores caramelizados que se fundem com o malte, enquanto a carbonatação e a acidez absorvem e atravessam a gordura. A cerveja é suficientemente leve para não subjugar os sabores da comida. Caranguejo ou siri-mole *sauté*, bolinhos de caranguejo, e vieiras *poêlées* bem tostadas (*seared scallops*) vão particularmente bem com Weissbier. Lagosta é outra combinação ótima – a cerveja tem o grau de açúcar residual perfeito para combinar com a carne e realçar seus sabores. Peixes mais fortes e oleosos, como o salmão, vão bem até mesmo escaldados e, melhor ainda, grelhados ou defumados. E embora um *pint* da Bitter inglesa seja o acompanhamento "oficial" para o tradicional *fish and chips* (filé de peixe com fritas), ele fica melhor ainda com Weissbier (mas não diga isso aos ingleses, ou será jogado para fora do *pub*). Na verdade, nem mesmo é preciso cozinhar o peixe – a Weissbier fica excelente com *sushi*. Não é à toa que no Japão, onde a fabricação de cerveja artesanal é recente, a Weissbier seja um dos "novos" estilos mais populares. Hoje em dia há cervejarias japonesas que só fabricam Weissbier. Com certeza, esse é um dos lados bons da globalização.

Há receitas de carne de cervo e de cordeiro com tempero mais delicado do que se imagina. Cervejas Weissbock, mais fortes, podem ser uma ótima opção para tais pratos, especialmente com acompanhamento, ou molho, de frutas (em compota ou *sautées*). A Weissbock contribui com seus próprios frutados, e é forte o suficiente para encarar o sabor da carne. Seus sabores de chocolate e caramelo ecoam na própria carne. Da mesma maneira, os sabores opacos da Weissbock vão bem com cogumelos. Certa vez comi um prato de rodovalho *pôelé* bem tostado, com um molho leve de cogumelos *porcini*, e fiquei surpreso ao ver que a Weissbock Aventinus combinava tão bem. Os maltes escuros casaram bem com o cogumelo, e os maltes de caramelo associaram-se à superfície tostada do peixe. Embora seja uma cerveja forte, a Weissbock tem paladar leve, que não se sobrepõe ao peixe.

Na Baviera, se não quiser ser expulso do salão da cervejaria, não jogue fatias de limão dentro de sua Weissbier. Houve época em que a Kristalweizen, a expurgada versão filtrada da Weissbier, era maculada com fatias de limão, na tentativa de torná-la mais interessante ou refrescante. Em geral, isso era feito por pessoas mais velhas, provavelmente remetendo aos dias em que, para torná-las mais palatáveis, misturava-se xarope de fruta a cervejas instáveis, com altos e baixos. A certa altura, turistas americanos, vendo idosos bávaros atirando rodelas de limão em suas cervejas Kristalweizen, começaram a jogar limão em cervejas Weissbier perfeitamente boas. Se você fizer isso na Alemanha, além de estragar sua cerveja, escreverá a palavra "turista" na testa. Por favor, não sente perto de mim.

FABRICANTES NOTÁVEIS DE WEISSBIER

PAULANER-SALVATOR-BRÄU A maioria dos americanos aficionados por Weissbier teve seu primeiro contato com esse estilo por meio da PAULANER HEFE-WEIZEN. A cervejaria foi fundada por monges da Ordem dos Mínimos (em alemão, *Paulaner*), mas faz muito tempo que não há mais monges na Paulaner. Hoje em dia, é uma grande cervejaria de Munique, recentemente encampada pela gigante holandesa Heineken. A coloração da Paulaner Hefe-Weizen é de um tom laranja profundo, e seu colarinho branco é impressionantemente firme. Há um bom equilíbrio de aromas de cravo e banana, além de uma sugestão *tutti-frutti*. O paladar é leve e efervescente, com um toque passageiro de doçura e acidez refrescante. O amargor é contido, mas um pouco duro. É uma boa Weissbier e um ótimo ponto de partida para explorar o estilo. A Paulaner é uma cervejaria grande, e sua Weissbier segue o padrão convencional da indústria. É perfeitamente correta, mas carece de alguma originalidade. Isso é compensado por sua ampla disponibilidade. Com seu sabor frutado bem estruturado, é acompanhamento perfeito no *brunch*.

ERDINGER WEISSBRAU A Erdinger, localizada na cidade de Erding, a nordeste de Munique, é a maior produtora alemã de Weissbier, o único tipo de cerveja que fabrica. A cervejaria lucrou com a retomada da popularidade da cerveja Weissbier nos últimos trinta anos. Seu estilo de Weissbier é voltado para o mercado de massa – a cerveja é bem-feita, mas um tanto neutra em relação a várias outras. A ERDINGER WEISSBIER tem cor laranja pálida e um cremoso colarinho branco. O aroma é bastante brando – há notas tênues de malte e lúpulo, e um sopro mínimo de casca de maçã e de laranja. O paladar é extremamente limpo, com ótima acidez, mas pouca fruta. O final é adequadamente fresco. É boa opção para peixes bastante delicados, que não combinariam bem com algo mais exuberante. A ERDINGER DUNKEL WEISSE, uma versão mais escura, é bastante semelhante, com uma leve sugestão de chocolate e um pouco mais de açúcar residual. A Erdinger reserva sua exuberância para a PIKANTUS DUNKLER WEIZENBOCK, uma clássica Weizenbier forte, com teor alcoólico de 7,3%. Essa cerveja tem aroma de malte e uvas-passas. O paladar é ligeiramente adoçado e alcoólico, com sabores agradáveis de uva-passa e tâmara.

Vai muito bem com pato, *foie gras poêlé* tostado, carne de porco ou de cervo.

WEIHENSTEPHANER A nordeste de Munique, não muito longe de Erding, fica a bonita cidade universitária de Freising, que abriga a mais famosa escola de cervejaria da Alemanha e suas várias cervejarias. A Weihenstephaner, fundada em 1040, alega ser a mais antiga cervejaria do mundo. Faz parte da Universidade Técnica de Munique, que pertence ao estado da Baviera. É de se esperar que uma cervejaria controlada por uma escola de prestígio e exibindo o timbre do estado da Baviera fabrique uma Weissbier muito boa. E fabrica mesmo. A WEIHENSTEPHANER HEFE WEISSBIER é turva, com coloração alaranjada reluzente, tem aromas agradáveis de cravo, banana e lúpulo, entrelaçados com uma intrigante nota de noz-moscada. Seu paladar é bastante seco, com amargor puro e amplos sabores frutados. O caráter de malte é mínimo, mas isso não a prejudica – é muito refrescante, e o perfil aromático é sensacional. É uma excelente Weissbier, particularmente boa com saladas, comida tailandesa e pratos de *brunch*.

AYINGER BRAUEREI INSELKAMMER A cervejaria familiar Ayinger, aninhada no bonito vilarejo de Aying, a poucos quilômetros ao sul de Munique, é mais conhecida por suas Lager maltadas, mas também fabrica duas cervejas de trigo muito boas. Uma é a AYINGER BRAU-WEISSE, turva, de coloração meio dourada com realces alaranjados. O aroma é agradavelmente vivo, repleto de banana e laranja. O amargor é extremamente leve, e o paladar revela uma gostosa doçura de malte e boas frutas. O final é limpo e seco. Tomei essa cerveja no *Brotzeit*, o "segundo café da manhã", numa visita a um dos dois belos restaurantes da cervejaria. Ficou sensacional com *Weisswurst* – até então eu não era muito fã desse embutido, mas me converti naquela manhã. É uma ótima opção para o *brunch* – na falta de *Weisswurst*, vá de omelete de queijo de cabra. Vai muito bem também com saladas. A outra Weissbier da

Ayinger é bem diferente. A AYINGER UR-WEISSE (*Ur* significa "original") é uma cerveja âmbar, com espuma insistente e um aroma maltado notavelmente intenso de *toffee*, além de banana no fundo. O paladar é ligeiramente doce, mas equilibrado com notas de caramelo e um centro maltado suculento. As cervejas Ayinger são célebres por seu caráter maltado profundo, mas são raras as cervejas Weissbier verdadeiramente maltadas. É uma ótima combinação para pratos asiáticos condimentados, para embutidos ou um bom presunto.

G. SCHNEIDER & SOHN O estilo de cerveja Weissbier havia quase desaparecido quando, em 1872, o primeiro Georg Schneider arriscou tudo para novamente fabricar Weissbier em Munique. Praticamente sozinho, ele ressuscitou esse estilo, que vai gozar de renovada popularidade pelo século XX adentro. Na Segunda Guerra Mundial, a cervejaria de Munique foi destruída, e os Schneiders voltaram para sua cervejaria em Kelheim, na região produtora de lúpulo de Hallertauer, ao norte de Munique. Ali, a produção de Weissbier remontava a 1607, e a cervejaria atual ainda se encontra no mesmo local, ocupando um conjunto de belas edificações antigas, parcialmente rodeado por um riacho, à maneira de um fosso. Hoje em dia, Georg Schneider VI e Hans Peter Drexler, seu orgulhoso e talentoso mestre-cervejeiro, fabricam o que talvez seja a melhor cerveja Weissbier do mundo.

A SCHNEIDER WEISSE tem cor âmbar avermelhada, muito mais escura do que a maioria das cervejas de trigo. Sua carbonatação é exuberante, criando um colarinho bem firme e espumoso. O perfil aromático é sedutoramente complexo, de banana, *tutti-frutti* e cravo, com um pronunciado fundo defumado e um sopro de caramelo. O amargor é moderado, equilibrando um paladar suculento de malte ligeiramente caramelizado, acidez leve revigorante, e sabores de uva-passa, banana e noz-de-cola (a mesma dos refrigerantes tipo cola). Apesar da complexidade, a cerveja ainda consegue ser refrescante, com um final prolongado e saciante.

É uma cerveja de intensidade verdadeiramente majestosa – um clássico mundial. Combina bem com receitas de peixe mais fortes e é imbatível com comida mexicana, indiana, chinesa e tailandesa. Essa cerveja é extremamente versátil, e considero imprescindível ter sempre uma caixa em minha adega.

Como se um só clássico mundial não bastasse, a cervejaria fabrica também um segundo, uma Weizen Doppelbock chamada Aventinus. Com 8% de graduação alcoólica, essa cerveja carrega com notável elegância seu teor forte. Sua cor é de um vermelho--ferrugem profundo, e a cerveja tem aroma de uva-passa, tâmara, ameixa-preta, banana e cravo que lembra o do vinho do Porto. O paladar mostra alguma doçura, mas, para uma cerveja desse peso, ela é notavelmente seca. Isso permite que, no palato, ela se mantenha leve e quase perigosamente refrescante. Com a devida atenção, percebe-se uma qualidade levemente alcoólica no final. Essa cerveja fica excelente com pato, veado, carne (de qualidade) de porco ou javali, e *carbonnade flamande*, o tradicional cozido belga.

THE BROOKLYN BREWERY No final do inverno de 1996, eu me vi com uma cervejaria novinha em folha em Williamsburg, Brooklyn. Não lembro mais o motivo, mas nunca houve dúvida nenhuma sobre qual seria a primeira cerveja a ser fabricada. Na Manhattan Brewing Company, durante vários anos, eu fabricara Weissbier, e ela provara ser uma especialidade popular. Era uma versão impetuosamente lupulada – agora eu queria uma Weissbier mais suave e clássica. Em março de 1996, inauguramos nossa nova cervejaria com o primeiro lote de Brooklyner Weisse. O sucesso foi imediato, impulsionando nosso começo. Trouxe, comigo, um assistente da Manhattan Brewing Company – a levedura. Há vários anos, o mestre-cervejeiro original da Manhattan Brewing Company, o inglês Mark Witty, trouxera a levedura da Alemanha. Agora a levedura viajou para Brooklyn e começou a fermentar a Brooklyner Weisse, uma cerveja alaranjada, turva, com volumoso colarinho branco, e um aroma de banana, cravo e *tutti-frutti*, com leve sugestão de fumaça ao fundo. O amargor proveniente do lúpulo alemão Perle, associado à alta carbonatação, produz um vigor acentuado, seguido por uma onda de doçura maltada. Sabores de banana reúnem-se no centro, vivaz e suculento, de onde a cerveja salta para um final seco e frutado, com um ácido toque de trigo. Temos planos para engarrafar a Brooklyner Weisse, mas no momento em que escrevo este livro ela só está disponível em barris, nos melhores bares e restaurantes da região Nordeste norte-americana. Prove com pratos de *brunch*, saladas, bolinhos de caranguejo, receitas de peixe e cozinha chinesa, tailandesa, vietnamita e indiana.

Cerveja belga de trigo

Atualmente, lúpulo é o único condimento normalmente usado em cerveja, mas nem sempre foi assim. No século XVI, por meio de comércio ou de suas bases coloniais, os europeus começaram a ter acesso a especiarias de terras longínquas. Essas rapidamente invadiram a culinária europeia, inclusive a fabricação de cerveja. Na época, a produção era bastante inconstante, e os condimentos não só introduziam novos sabores, como mascaravam gostos ruins.

Fabricada com malte de cevada e trigo cru, e condimentada com coentro e casca de laranja-azeda da ilha de Curaçau, a cerveja de trigo de estilo belga é um dos poucos sobreviventes daquela época. Turva devido à levedura e bem pálida, é chamada em flamengo de Witbier (cerveja branca), e Bière Blanche, em francês. Embora esse estilo de cerveja seja bastante popular hoje em dia, há apenas poucas décadas quase chegou a desaparecer por completo.

A região do Brabante, a leste de Bruxelas, fabrica cerveja há centenas de anos, tendo atingindo seu auge no século XIX. A cidade de Leuven (Lovaina) e o vilarejo provinciano de Hoegaarden competem pelo domínio do mercado de Witbier. Os anos 1950 quase testemunharam a extinção da Witbier, vítima das Grandes Guerras, da moda das Lager e de fusões de cervejarias. Em 1966, o leiteiro Pierre Celis, no local de uma cervejaria falida ao lado de sua casa, em Hoegaarden, montou a cervejaria De Kluis. Ali fabricou o antigo estilo de cerveja de trigo que dera fama à vila, e, de braços abertos, os habitantes retornaram à sua cerveja nativa. A cervejaria cresceu, mas, em 1985, um incêndio devastador trouxe dificuldades financeiras, forçando sua venda ao gigante conglomerado internacional Interbrew [que depois teve a razão social mudada para AB – Anhauser-Bush – InBev]. Pierre Celis mudou-se para o Texas e fundou, em Austin, a Celis Brewery, onde começou a fabricar a original Celis White. A Celis Brewery não resistiu à investida da Miller Brewing e acabou vendida, mas o renascimento iniciado por Pierre Celis segue firme e forte. Hoje em dia, dezenas de cervejarias na Bélgica e na Holanda produzem Witbier: o estilo popularizou-se entre os jovens por toda a região dos Países Baixos e além.

O encanto da Witbier é fácil de perceber: atraente, de um tom dourado pálido, reluzente e turvo, coroado por um colarinho branco firme, formado por proteínas de trigo e alta carbonatação. O aroma é vivo, cítrico e levemente condimentado, com ocasionais notas de maçã e um refrescante sopro mineral sulfuroso. Tem cheiro e sabor de uma brisa de verão, num dia feliz e preguiçoso.

No palato, o amargor contido dá lugar a um centro levemente encorpado, combinando a doçura da laranja com uma acidez refinada e seca, além dos sabores suaves de grãos do trigo. O final é ligeiramente ácido, puro e cortado. A cerveja é quase absurdamente refrescante, com um teor leve de álcool que raramente passa de 5%. Ah, o limão-siciliano novamente. Ele voltou, e desta vez com mais credenciais. Os belgas raramente acrescentam uma rodela de limão a um copo de Witbier, mas isso é comum entre os holandeses: alguns bares e restaurantes até fornecem elegantes mexedores de plástico coloridos. Ao contrário da Weissbier, a Witbier é efetivamente fabricada com cítricos, portanto a combinação é menos dissonante. Uma boa Witbier não precisa de limão, mas uma rodela de limão-siciliano pode dar um toque adicional agradável.

A Witbier é tradicionalmente fermentada na garrafa, e nunca é filtrada. É geralmente fabricada com partes iguais de malte de cevada bem claro e trigo cru. As proteínas do trigo cru contribuem para a cor turva e para um sabor de trigo que lembra macarrão (o mosto da Witbier cheira a espaguete cozido). O coentro e as raspas de casca de laranja são adicionados à caldeira, muitas vezes com um ou dois "condimentos secretos", de escolha do mestre-cervejeiro. Grãos-do-paraíso (sementes de malagueta), camomila e pimenta-branca são provavelmente os mais comuns, mas ninguém sabe ao certo as receitas dos cervejeiros – quando os belgas dizem "secreto", é pra valer. A fermentação morna por leveduras Ale confere à Witbier um sabor frutado agradável, mas sem as notas de cravo ou banana da Weissbier alemã. A notável afinidade da Witbier com comida se dá por sua acidez viva e refrescante e seus sabores cítricos e condimentados.

WITBIER E COMIDA

Por mais que outras cervejas sejam saborosas com salada, nessa categoria a Witbier é campeã. Basicamente, ela combina de maneira brilhante com qualquer salada, contanto que o *dressing* não seja doce demais (Alguém ainda gosta de salada com aqueles temperos "French" açucarados? Eu nunca os vi na França!). Mas se você não encharcar a salada, a cerveja até encara um *dressing* doce. A Witbier fica ótima com molho vinagrete e aceita tudo que você misturar na salada – queijo, presunto, ovos, anchovas –, não tenha medo.

De férias na Provença, há alguns anos, aluguei uma casa de campo, toda de pedra, com um quintal sombreado e uma piscina grande. Fazíamos saladas todos os dias, com ótimos ingredientes locais. Se você já viu um mercado no interior da França durante o verão, sabe que os produtos são todos maravilhosos. Só íamos ao supermercado para comprar cerveja. Nossa favorita era a Brugse Tarwebier, conhecida nos Estados Unidos como Blanche de Bruges. Estávamos rodeados por vinícolas, e, embora algumas fabricassem vinhos rosés decentes, no sol quente da Provença as cervejas de trigo eram infinitamente mais refrescantes e elegantes. O ar tinha perfume de lavanda, e a cerveja tinha fragrância de casca de laranja e coentro. Tudo parecia se encaixar perfeitamente.

A Witbier acompanha um *brunch* melhor do que o mais fabuloso suco de laranja que você já provou. Os aromas de laranja despertam os sentidos, fornecendo em seguida um belíssimo contraponto para pratos com ovos, especialmente o meu favorito no verão: omelete de queijo de cabra. *Bacon* e embutidos se curvam diante de sua acidez saciante. O ótimo sanduíche francês *croque monsieur* – queijo suíço grelhado e presunto (com fritas e maionese, por favor) – encontra aqui um parceiro perfeito. Em Amsterdã, sentado à beira de um canal, com um claro sol de verão entremeando-se pelas árvores, comi certa vez, num pão *ciabatta*, um sanduíche aberto feito de salmão grelhado e queijo Gouda, temperado com gotas de limão espremido na hora. A Witbier reluziu ao sol e, em seguida, fundiu sua casca de laranja com o limão, atravessou o queijo e abraçou o salmão. Uma leve brisa roçava nas folhas. É um daqueles momentos com os quais ainda sonho, uma combinação belíssima. Por um breve instante, pensei

em mudar-me para Amsterdã. Depois descobri que aqueles barcos no canal são extremamente caros.

Com peixe, a Witbier é uma verdadeira sensação. É leve o suficiente para complementar até mesmo os peixes mais delicados da família dos linguados e rodovalhos, enquanto suas notas cítricas e o caráter ácido realçam os sabores naturais dos pratos. Lagosta, camarão e caranguejo casam-se igualmente bem, mesmo em receitas bastante condimentadas. A expressão máxima de *sushis*, *sashimis* e do salmão defumado é encontrada ao combiná-los com Witbier, que absorve óleos e realça sabores sem interferir com as qualidades essenciais dos peixes. Os ataques picantes do gengibre e do *wasabi* são enfrentados. Esse é outro estilo de cerveja de trigo que tem adeptos entusiastas entre cervejeiros artesanais japoneses. Também pratos de peixe preparados com cítricos proporcionam combinações celestiais. Certa vez organizei um jantar com cerveja em que o *chef* preparou robalo-riscado (*Morone saxatilis*) com molho de tangerina, realçado com tirinhas bem finas da casca. O prato ficou ótimo, e combinou perfeitamente com a cerveja. Os ingredientes cítricos da cerveja e do molho casaram-se de maneira verdadeiramente brilhante.

Com saladas, a cerveja de trigo belga é um acompanhamento quase imbatível.

Pratos mexicanos e tailandeses em que é comum haver notas cítricas fazem eco às cascas de laranja da Witber, enquanto o cominho e o coentro associam-se ao coentro da cerveja. Um bom exemplo de prato mexicano clássico que fica ótimo com Witbier é o *poc-suc* (grelhado feito com carne de porco marinada em laranja-azeda e urucum). A comida indiana, com sua interação complexa de condimentos realçados por tamarindo e limão, faz boa combinação. Em todas essas culinárias, evite qualquer tempero com pimentas-malaguetas extremamente ardidas – a Witbier é versátil, mas não é capaz de lidar com ardências intensas. De modo geral, qualquer prato bem temperado, de frango ou porco, combina muito bem, especialmente se tiver sabores cítricos.

FABRICANTES NOTÁVEIS DE WITBIER

HOEGAARDEN Há alguns anos, ao encontrar Pierre Celis em uma conferência de cervejeiros, tive esperança de que talvez se decidisse a voltar à fabricação de cerveja. Infelizmente eu estava enganado, mas ao menos fiquei feliz em ver que, com mais de setenta anos na época, ainda não perdera aquele brilho nos olhos. Deve ser a levedura, pensei. Pertencente ao conglomerado gigante Interbrew [agora AB InBev], sediado na Bélgica, a Brouwerij De Kluis é um sucesso estrondoso, vendendo sua cerveja de trigo desde os cafés da moda da Europa até as praias da Martinica.

A HOEGAARDEN ORIGINAL WHITE tem, de fato, uma cor amarelo pálida, turva e ao mesmo tempo translúcida, com um tom quase esverdeado. O aroma é belíssimo – laranjas, limões-sicilianos e um sopro de coentro. O paladar abre com uma carbonatação cremosa; é levemente encorpada e efervescente, e o amargor brando se funde com a acidez refinada para sustentar um centro seco com resquícios da laranja. O final é vigoroso e puro, deixando impressões cítricas, de condimentos doces e de massa. A Hoegaarden consegue ter ao mesmo tempo um paladar superleve e sabores cítricos vivos. Parece não ser mais tão saborosa e suave quanto na época de Pierre Celis, mas ainda é um clássico. Com sua combinação de lúpulos, acidez e alta carbonatação, é capaz de harmonizar com peixes oleosos como salmão e sardinha. No entanto, o peixe não precisa ser oleoso: peixes delicados, como os linguados e família, revelam o que têm de melhor quando acompanhados de tamanha elegância. Essa cerveja é um ótimo aperitivo e uma combinação perfeita para saladas leves.

DE RIDDER Cervejas de trigo são quase tão populares na Holanda quanto na Bélgica. A De Ridder de Maastricht, uma divisão da Heineken, produz uma boa versão holandesa chamada WIECKSE WITTE. Tem aroma terroso, de casca de laranja, coentro, levedura e espaguete cozido. Um breve toque de amargor inicial dá lugar a um painel de leveduras terrosas, saborosas laranjas e condimentos leves e doces. O centro – seco, mas frutado – conduz a um final limpo e pronunciado. O sabor residual é de massa de trigo. A Wieckse Witte é particularmente admirável num ensolarado dia de verão em Amsterdã, sentado sob as árvores à beira do canal. Recriei essa atmosfera na minha cobertura ajardinada no Brooklyn, grelhando filés de salmão e servindo-os com salada e um copo de Wieckse. Juro que a sensação foi quase igual, embora sentisse falta dos barcos deslizando pelo canal. A cerveja vai muito bem também com cozinha indonésia, onipresente em Amsterdã. Pratos tailandeses e vietnamitas também são bons parceiros, contanto que não sejam picantes demais.

DE GOUDEN BOOM Na bela cidade medieval de Bruges, a cervejaria Gouden Boom (Árvore Dourada), de Paul Vanneste, produz uma de minhas versões favoritas do estilo Witbier. Na Europa, é mais conhecida como Brugse Tarwebier (*Tarwe* é "trigo", em flamengo), mas nos Estados Unidos é vendida como Blanche de Bruges. É de cor amarelada, bem pálida, com um leve brilho esverdeado. O aroma apresenta um sopro sulfuroso com uma fragrância sedutora de mel e casca de laranja, contrabalançada por notas pungentes de coentro. O paladar inicial é leve e doce, com o malte equilibrado por leve amargor e acidez refinada. Conserva-se frutada no centro, e o final é curto e limpo. É uma cerveja notavelmente refrescante, opção perfeita para peixes delicados e saladas. Também é acompanhamento excelente para meu prato predileto de *brunch* no verão: omelete de queijo de cabra com maçã Granny Smith *sautée*.

BRASSERIE LEFÈBRE A família Lefèbre fabrica cerveja no mínimo desde a década de 1870, e segue firme seis gerações depois. A cervejaria fica em Quenast, a sudoeste de Bruxelas, uma cidade cujas pedreiras, no passado, forneciam pedras para a fabricação dos lendários paralelepípedos belgas. Sua BLANCHE DE BRUXELLES, de cor amarelada plena, turva, tem aroma de laranja, com notas de casca de maçã-verde. O amargor é leve e vivo, rapidamente seguido por malte doce, que atravessa um centro frutado. O final, prolongado e doce, revela alguma acidez equilibrada. Por algum motivo, ocasionalmente a cerveja é comercializada nos Estados Unidos como MANNEKEN PIS, o nome da famosa fonte em Bruxelas, com a estátua de um garoto urinando na água. Os belgas parecem achar isso atraente – eu não. Mas a cerveja é muito boa e acompanhamento excelente para saladas de queijo de cabra, especialmente com gomos de laranja e *pignoli*. Também vai muito bem com peixes brancos e mariscos.

THE BROOKLYN BREWERY Devo admitir: não fiquei muito animado quando me pediram para fabricar uma Witbier de estilo belga. Eu adorava Witbier, contanto que não precisasse fabricá-la. Só aceitaria fazê-lo da maneira tradicional, e isso significava trabalhar com trigo não maltado. O trigo não maltado é duro feito pedra e repleto de proteínas que entulham o macerado. Eu tinha visões horríveis, de frustrantes jornadas de doze horas tentando arrancar mosto de macerados teimosos. Não é fácil trabalhar com especiarias, e como faria para retirar da caldeira a casca de laranja? Quando comecei, no entanto, fiquei seduzido pela natureza medieval do processo. Descobri técnicas de maceração para trabalhar com o trigo cru e adorei o aroma trigueiro de macarrão cozido que tomou conta da fábrica durante a brassagem. Para a casca de laranja, consegui grandes sacos com malha em rede, que mergulhamos e tiramos da caldeira, como saquinhos de chá gigantes. Agora, quando fabricamos Witbier, tenho visões de Bruges ou Amsterdã na primavera.

Nossa Witbier, chamada Blanche de Brooklyn, tem cor amarelo pálida, turva, e um colarinho perfeitamente branco. O perfil aromático é vivo e cítrico, com notas de mel, ao lado da laranja-azeda da ilha de Curaçau e do coentro leve. Usamos bem pouco lúpulo, o que deixa leve o amargor; no entanto, a alta carbonatação garante um paladar vigoroso, refrescante e seco, tendo, no centro, leves sabores maltados frutados misturados ao de laranja. O final é limpo e vivo, com uma centelha de acidez. Sabores residuais frescos de trigo e pão prolongam-se no paladar misturados com o de geleia de laranja-azeda. Essa cerveja só está disponível em barril e é bastante popular em restaurantes. Gosto dela particularmente com salmão, seja assado, seja grelhado, seja defumado. Também acompanha muito bem ovos Benedict e, curiosamente, porco assado desfiado, com os sabores de laranja da cerveja combinando maravilhosamente bem com os sabores de frutos secos do porco. Na nossa linha, é uma de minhas cervejas prediletas e ganhou, em 2000, o prêmio internacional World Beer Cup como a melhor Witbier do mundo. Não sei se concordo, mas você provavelmente me convenceria se compartilhássemos um *brunch*.

ALLAGASH Fundada em Portland, Maine, em 1995, pelo cervejeiro Rob Tod, a Allagash Brewing Company é especializada em cervejas Ale de estilo belga, todas condicionadas em garrafa. A ALLAGASH WHITE tem uma cor dourada, turva e reluzente, e um intenso aroma de laranja fresca com leve toque de condimentação. O amargor vigoroso e pronunciado denuncia as origens americanas da cerveja e, em seguida, dá lugar a um paladar trigueiro, vivo e bem seco. Finaliza com um floreio de amargor, deixando o palato totalmente limpo. Essa interpretação, distintamente americana, é uma boa opção quando se requer amargor mais intenso. Vai muito bem com peixe frito, sardinha, salmão e salvelino-ártico (*Salvelinus alpinus*). O lúpulo também fornece à cerveja a potência necessária para encarar os condimentados pratos tailandeses e mexicanos.

BERLINER WEISSE

Quando as tropas de Napoleão entraram em Berlim (1806), ficaram contentes em descobrir uma bebida semelhante a seu champanhe nativo. Mas o que apelidaram de "champanhe do norte" não tinha nada de vinho; era uma cerveja local chamada BERLINER WEISSE, feita de trigo, com fermentação de superfície, bem pálida e de um sutil aroma frutado. Seu paladar é efervescente, ralo e seco, e traz um estalo de acidez, que o amargor lupulado virtualmente não contesta. Assim como os dias curtos e frios extraem acidez refrescante das uvas de Rheims e Epernay, a fermentação láctica faz o mesmo para essa cerveja. Embora a fermentação bacteriana láctica não seja mais comum em cerveja, é muito usada por produtores de vinho branco para transformar o duro ácido málico em ácido láctico, mais suave (mais frouxo, diriam alguns). Seja qual for sua função no vinho branco, seu efeito nessa cerveja é dramático. Após meses ou até anos de envelhecimento, a cerveja emerge com um sabor floral e frutado de limão, e uma acidez refinada e cortante.

A comparação com champanhe se aprofunda quando se considera que quase todo champanhe começa ácido demais para o paladar comum – uma dose de açúcar antes do engarrafamento abranda todas as variedades, com exceção das raras *brut sauvage*. O mesmo vale para a Berliner Weisse – a acidez é forte demais para a maioria das pessoas, que a suavizam com xaropes herbáceos ou frutados. Isso provavelmente remete à época em que muitas cervejas eram aromatizadas com uma mistura de frutas ou ervas chamada *gruit*. Os mais comuns são xaropes de framboesa (*Himbeersaft*) e de aspérula (*Waldmeistersaft*), este último uma preparação verde brilhante, derivada de uma erva local (a aspérula – *Galium odoratum* – em alemão, *Waldmeister*). Framboesa é uma coisa, mas aspérula? Pense na lata de pastilhas para garganta, aquelas da vovó, com sabor de limão, feno recém-cortado e uma surpreendente mistura do xarope para tosse Robitussin e do digestivo Jägermeister. O *Waldmeistersaft* é mais agradável do que parece, mas não menos esquisito. Adoçada dessa maneira, a Berliner Weisse é bem refrescante, sendo normalmente servida em taças enormes e bebida com canudo. Mas como tem uma graduação modesta (cerca de 3% por volume) dá para tomar tudo.

Houve época em que Berlim ostentava mais de 700 cervejarias de Weissbier, algumas bastante grandes. Entre 1870 e 1900, a produção de Berliner Weisse praticamente dobrou, mesmo com a entrada, no mercado, de cervejas da Baviera de estilos mais modernos. Berlim resguardava cuidadosamente sua reputação, e Berliner Weisse é até hoje uma *appelation controlée* – nenhuma cerveja produzida fora de Berlim pode carregar esse nome. Para Berlim, a combinação de duas devastadoras guerras mundiais e a emergência de novos gostos praticamente nocauteou sua famosa cerveja de trigo. Restam hoje poucos fabricantes de Berliner Weisse, embora em outras cidades, com outros nomes, surjam versões ocasionais.

BERLINER WEISSE E COMIDA

Essa é difícil, pois quase ninguém toma Berliner Weisse pura – para equilibrar sua acidez láctica, ela sempre é misturada com um xarope aromatizante. As afinidades dessa cerveja com a comida vão depender quase totalmente do tipo e da quantidade de xarope usado. Doses leves de xarope de framboesa ou limão fazem uma ótima bebida refrescante para servir com saladas. Acrescente algumas gotas de limão e terá um bom acompanhamento para pratos de peixe à base de cítricos, e para ovos no *brunch*. Com um toque de xarope de limão, fica excelente com comida tailandesa – é possível adequar a doçura da cerveja à doçura do prato. Finalmente, eis algo para combinar com *mee krob*, o viciante prato de macarrão doce frito.

Se o prato for preparado com framboesas ou cerejas, um toque de xarope de framboesa pode cair bem. Para acompanhar pratos com *curry*, muitos berlinenses gostam de acrescentar xarope de aspérula à cerveja, mas não sei se encaro essa. Ainda não entendi bem essa beberagem verde – você vai ter de decidir por conta própria.

Doses maiores de xaropes frutados fazem da Berliner Weisse uma cerveja de sobremesa semidoce, apropriada para servir com qualquer prato de chocolate. Um pouco menos, e terá um bom limpador de palato comparável a *sorbet*. A melhor coisa com a Berliner Weisse é escolher (ou fazer) seus próprios xaropes e divertir-se experimentando.

Um coquetel de cerveja – a Berliner Weisse sempre é servida com xaropes à base de ervas e frutas, que suavizam sua acidez.

FABRICANTES NOTÁVEIS DE BERLINER WEISSE

BERLINER KINDL BRAUEREI A Kindl foi fundada em 1872 como uma cervejaria independente, mas hoje faz parte de um grande grupo nacional. Fabrica grande variedade de estilos, sendo mais conhecida, porém, como uma das duas últimas grandes produtoras de Berliner Weisse. A BERLINER KINDL WEISSE vem em uma garrafa gorda e grossa, do tipo que era usada antigamente nos Estados Unidos, o que, de certa maneira, parece contribuir para realçar o anacronismo que envolve essa cerveja. Tem cor amarelo pálida e turva, com um fulgor quase esverdeado. O aroma é estranhamente bizarro, mescla peculiar de limão-siciliano em conserva, melão maduro, flores, e um leve sopro de cera de vela. O paladar efervescente, meio encorpado, é extremamente ácido, com um pronunciado tom cítrico, feito limonada sem açúcar. Não há traços do amargor do lúpulo – o final é rápido, com uma acidez purificante, deixando o palato refrescado. É interessante, mas nem os berlinenses conseguem encará-la pura. Um toque do tradicional xarope de aspérula dá à cerveja um tom verde fluorescente, acompanhado de sabores de pastilhas para garganta e bala caseira, cuja doçura atenua a acidez. O xarope de framboesa cria um coquetel saboroso, vigoroso e refrescante, cujo gosto é mais familiar. É difícil sugerir harmonizações, pois as possibilidades dependem do que é adicionado à cerveja e quanto. Um toque de suco de laranja prepara a cerveja para um prato de ovos Benedict no *brunch*. Uma boa dose de xarope de framboesa cria uma gostosa combinação para *panna cotta*. Alguns puristas, falhos de perspectiva histórica, ofendem-se com esses coquetéis de cerveja. Cerveja, tal qual vinho, sempre foi usada como ingrediente em bebidas misturadas. Quando foi a última vez que você tomou vermute puro?

6

A tradição britânica da cerveja Ale

Ao terminar a faculdade em 1983, fui morar um ano em Londres. Esse ano revelou-se como aquele que iria mudar a minha vida.

Foi em Londres que realmente me apaixonei por cerveja. Sim, bebi cerveja durante os anos de faculdade – muita cerveja. Mas havia um problema – eu bebia, mas não gostava. O que havia ali para gostar? Só tinha acesso a cervejas americanas massificadas, misturas insípidas, idealizadas por químicos e financistas burocratas. Basicamente, meus colegas e eu comprávamos a cerveja "menos ruim" que se encaixava em nosso orçamento. Quando estávamos muito duros, era Haffenreffer, acertadamente apelidada de "morte verde". Senão, era Knickerbocker, uma cerveja horrorosa, com o nome de uma marca famosa que Jacob Ruppert fabricava antigamente em Nova York. Ruppert também era dono de um dos times de basquete da cidade, batizado com o mesmo nome de sua cerveja. Quando tínhamos um pouco mais de dinheiro, comprávamos Budweiser, que pelo menos tinha a vantagem de ter gosto de água, e não de produtos químicos. E comprávamos uma garrafa de Guinness Stout para misturar na cerveja e dar um pouco de sabor. Gostei muito da faculdade, mas, em termos de cerveja, foram anos negros. Para mim, a Inglaterra mudou tudo.

Conforme fui conhecendo gente em Londres e expandindo meu grupo de amigos, comecei a passar bastante tempo nos *pubs*. Uma das primeiras coisas que reparei foi que, ao nos reunirmos, o primeiro assunto da conversa era geralmente cerveja. "Boa cerveja hoje". "Está no ponto". "Magnífica". Ou então, num tom mais fúnebre, "cerveja morta", que era o sinal para cairmos fora. De um *pub* para outro, mesmo que o fabricante fosse o mesmo, a cerveja sempre mudava. E não só isso: mudava de um dia para outro, mesmo que o *pub* fosse o mesmo. Isso tornava a cerveja interessante e misteriosa. Não era apenas cerveja – tinha um caráter meio "climático". Se a cerveja estivesse "no ponto", o tempo estava maravilhoso e ficávamos nos aquecendo ao sol. Se ela estivesse ruim, fugíamos como se viesse uma tempestade. Meus amigos não se consideravam aficionados por cerveja – para quase todo mundo, aquele era um assunto normal de conversa. As cervejas americanas massificadas eram todas iguais; o que acontecia com a cerveja inglesa? A resposta de meus colegas foi surpreendente. A cerveja mudava a cada dia porque estava *viva*.

O último grande baluarte dos dias em que o processo de fabricação era finalizado no *pub* ou taverna onde a cerveja era consumida é a Grã-Bretanha. Esse tipo de cerveja, a chamada cerveja "condicionada em barril" (*cask conditioning*) – e em barril de madeira – é a base de toda a tradição cervejeira britânica. Embora os estilos e recipientes possam ter mudado, os métodos básicos de produção de cerveja de barril são os mesmos de séculos atrás. As cervejas tradicionais britânicas são todas Ale, e passam por uma fermentação rápida e morna, muitas vezes em tanques abertos. Quando a fermentação termina, a levedura sobe para a superfície do líquido formando uma camada viscosa espessa, que em seguida é escumada. A mesma levedura é usada para fermentar o lote seguinte, e a cerveja é transferida para barris ou tonéis. Apesar da escumação, ainda resta muita levedura na cerveja, com mais trabalho pela frente. Se ainda houver açúcar residual na cerveja, a levedura trabalha com isso; caso contrário, adiciona-se um pouco de açúcar. *Finings* – ingredientes como gelatina ou *isinglass* (cola de peixe) – são adicionados para ajudar a levedura a flocular. Em seguida, o barril é selado com um tampão de madeira ou plástico. A levedura segue trabalhando, mordiscando o açúcar e produzindo uma nova e suave fermentação (*conditioning*), que gera gás carbônico na cerveja. Sabores ásperos começam a se suavizar. A cerveja agora segue viagem.

PÁGINA AO LADO: A Fuller's é uma das duas grandes cervejarias familiares de Londres, e sua London Pride, uma das melhores Ale da Inglaterra.

A qualidade dos lúpulos é muito importante. O cervejeiro-chefe Miles Jenner inspeciona seus lúpulos na cervejaria Harveys, em Lewes, Inglaterra.

NO ALTO: Rastelos mecanizados movem-se pelo malte para separar os grãos. Thomas Kraus-Weyerman verifica o progresso da cevada na Weyermann Maltings, Alemanha. EMBAIXO: Isto é "malte verde", germinado e pronto para a secagem.

NO ALTO: Malte recém-seco é retirado das estufas na Weyermann Maltings. Um aroma maravilhoso toma conta da sala. EMBAIXO: O malte é processado e seco para obter várias cores e sabores diferentes. Estes são alguns dos maltes produzidos pela Briess Maltings, de Wisconsin. (Cortesia da Briess Malting Company.)

NO ALTO: O malte em ação – fabricação do macerado na Brooklyn Brewery. EMBAIXO: Dentro de um *lauter tun* tradicional, as telas filtram o mosto doce e um conjunto de hastes revolvedoras (*rake assembly*) agrega os grãos restantes.

NO ALTO: Brouwerij Boon, Lembeek, Bélgica. Uma nuvem de vapor se ergue à medida que os grãos são borrifados com água quente para a extração dos açúcares. EMBAIXO: Um arco-íris de cervejeiro, na Fuller's, em Londres. O mosto passa por análise de cor, concentração e claridade.

NO ALTO: As resinas amargas da flor de lúpulo formam a espinha dorsal do sabor da maioria das cervejas tradicionais. (Cortesia da HopUnion.) EMBAIXO: Lúpulos inteiros são adicionados à caldeira na cervejaria trapista belga Westmalle. AO LADO: Um cérebro alienígena? Não, mas a levedura às vezes parece ter ideias próprias. Esta levedura está feliz, fermentando cerveja Ale tradicional na J. W. Lees, de Manchester, na Inglaterra.

As garrafas, na corrida para encontrar a cerveja na linha de engarrafamento da cervejaria trapista Rochefort. A cerveja ainda vai levar semanas para ficar pronta. As cervejas da Rochefort são refermentadas na garrafa. AO LADO: A análise é importante, mas nada substitui a degustação. O mestre-cervejeiro Martin Knab verifica o resultado de seu trabalho na cervejaria Schlenkerla, em Bamberg.

Frank Boon, produtor de Lambic tradicional, fica pequeno ao lado de seus enormes tonéis de carvalho na Brouwerij Boon. AO LADO: A acidez pronunciada da Lambic Gueuze faz maravilhas com um *ceviche* mexicano picante.

NO ALTO: O mosto quente é peneirado e enviado a um tanque raso na cervejaria Lindemans. Depois de resfriado, as leveduras e bactérias silvestres vão iniciar a fermentação de cerveja Lambic. EMBAIXO: O patriarca René Lindemans e seus filhos fabricam cervejas Lambic populares em seus tanques de cobre, em Vlezenbeek, na Bélgica. AO LADO: Há um buraco no teto, mas ninguém se importa – as leveduras selvagens são bem-vindas. O velho tanque de maceração da Lindemans foi aposentado, mas o mosto fresco resfria ao lado.

Uma Framboise doce é o acompanhamento perfeito para o suflê de chocolate de Waldy Malouf, no Beacon, em Nova York. AO LADO: *Moules frites* é o prato nacional da Bélgica, e uma Gueuze, seu acompanhamento tradicional. PÁGINA SEGUINTE: A Hanssens, de Dworp, fabrica a admiravelmente complexa cerveja Oude Kriek.

GRIFFIN BREWERY

FULLER'S
CHISWICK

LONDON PRIDE

Outstanding

BEST BITTER

Alc. 4.1% Vol.

Chegando ao *pub*, o barril é escorado em um berço chamado *stillage*. Após um ou dois dias, o adegueiro, com um pino de madeira, abre um furo no centro do tampão. O excesso de gás é liberado, seguido por espuma. No furo, é então colocado um pino poroso, permitindo que o gás escape e a cerveja "trabalhe" até o adegueiro ficar satisfeito com o nível de carbonatação. Então, para reter o gás remanescente, põe-se um pino não poroso. No outro batoque pequeno, localizado na tampa do barril, com uma marreta, instala-se uma torneira. Enquanto a levedura sedimenta, clareando a cerveja, o barril descansa deitado.

Acima da adega, no *pub*, os clientes não têm conhecimento do trabalho magistral desenvolvido bem abaixo de seus pés. Com uma bomba elétrica ou manual, a cerveja pronta é puxada até as torneiras e lançada diretamente para dentro dos copos. Ao ser despejada no copo, a cerveja se mistura com ar e perde um pouco de sua já leve carbonatação. Em alguns *pubs* do interior, a cerveja ainda é transvasada por gravidade diretamente do barril para o copo. Ao se assentar, a cerveja deve ficar transparente, como se tivesse sido filtrada. Mas essa cerveja está "viva", e as sutilezas – que a filtração tende a remover – permanecem intactas. Se o barril fica fechado mais alguns dias, a cerveja vai se transformando, à medida que a levedura segue exercendo influência e a cerveja entra em contato com o ar sugado para dentro do barril. A cerveja Ale de barril deve ser consumida rapidamente: após poucos dias de contato com ar, a carbonatação e o sabor se degradam. É comum os americanos se referirem a essas cervejas como "mornas e chocas", mas na verdade são servidas de maneira correta, à temperatura ambiente da adega, ligeiramente resfriadas, retendo uma carbonatação natural, leve mas importante. O resfriamento excessivo mata essa cerveja, deixando-a rala, vazia e dura. Na temperatura certa, o palato é acariciado por ondas de sabores de malte, frutas e lúpulo dançando sedutoramente numa interação maravilhosa. A cerveja requer um mínimo de atenção, ou você acaba perdendo tudo que o cervejeiro trabalhou tão duro para alcançar. Num

Um cervejeiro visitando a sala de degustação da cervejaria Greene King. A "verdadeira Ale" condicionada em barril é capaz de nuances admiráveis.

mundo veloz, permanece ainda como uma bebida lenta, que evoca uma época mais civilizada.

Até a Segunda Guerra Mundial, a cerveja de barril era a bebida nacional do Reino Unido, mas em seguida se sentiu uma mudança no ar. No final da década de 1960, a cerveja Ale condicionada em barril começou a ser atropelada por esse mundo veloz. Era preciso dedicação para fabricá-la e servi-la da maneira correta, e as grandes cervejarias começaram a achar tal dedicação onerosa demais. A cerveja condicionada em barril é frágil, e feita para ser consumida poucas semanas após a fabricação. Não é fácil controlar o estoque de um produto tão perecível. O trabalho do adegueiro é artesanal e, para aprendê-lo, leva tempo. Os burocratas das finanças palpitaram: não seria bem mais fácil e barato filtrar e carbonatar a cerveja, e vendê-la resfriada, como faziam os americanos? Quem iria reparar? Quem iria se importar?

Bem, descobriram que milhares de pessoas se importavam. E, por um bom motivo, elas começaram a se irritar. Já no início da década de 1970, as grandes cervejarias britânicas, que também controlavam os *pubs*, haviam retirado do mercado a cerveja de barril tradicional, substituindo-a por sombras filtradas, insípidas, dos produtos originais. Essas cervejas não se modificavam de um dia para outro e não exigiam treinamento de serviço. Eram consistentes, estáveis, entediantes e muito lucrativas. Muitos consumidores lamentaram a perda da cerveja que tanto adoravam, mas o que poderiam fazer? A resposta veio em 20 de novembro de 1972, na forma da primeira reunião da CAMRA (Campaign for Real Ale; Campanha pela Verdadeira Ale). Essa campanha codificou os métodos tradicionais de fabricação e serviço da cerveja de barril e denominou-a *"real Ale"* (verdadeira Ale). Em seguida, os ativistas tomaram as ruas, encenando enterros diante das cervejarias que haviam matado suas cervejas favoritas, e boicotando cervejarias e *pubs* que haviam parado de produzi-las e comercializá-las.

Em 1979, a CAMRA tinha mais de 28 mil associados e tornara-se uma organização sofisticada, exercendo considerável pressão econômica, política e social sobre as cervejarias denunciadas. Já no início da década de 1980, foi capaz de reverter de maneira impressionante a sorte da cerveja britânica tradicional, que voltou a ser amplamente comercializada. Atualmente, a Campanha pela Verdadeira Ale conta com mais de 50 mil associados, sendo, possivelmente, a mais bem-sucedida organização de consumidores do mundo. A Ale condicionada em barril continua sob ataque de grandes empresas pelos mesmos motivos que quase provocaram sua extinção na década de 1960. Graças a altos investimentos publicitários, até mesmo os menores *pubs* do interior vendem hoje cervejas Lager massificadas. Mas a "verdadeira Ale" resiste, devido à sua história e à singular intensidade de seu sabor. Desde 1971, abriram-se mais de 300 cervejarias pequenas na Grã-Bretanha, todas fabricando Ale tradicionais, condicionadas em barril. A cerveja tradicional está no sangue dos britânicos, e não surpreende que tenham resistido tanto à sua extinção. Seria mais fácil tirar o champanhe dos franceses.

British Bitter

Houve um tempo em que se considerava a palavra *bitter* (amargo) mais atraente do que alarmante. Ainda é assim entre os italianos: seus bares são abastecidos com Campari e vários tipos de bebidas amargas feitas de ervas e plantas que abrem o apetite. Também o café expresso é amargo, e amplamente apreciado. Os povos de língua inglesa parecem ter maior dificuldade com a palavra – ninguém quer saber a "verdade amarga" ou sofrer uma "derrota amarga". Mas, se você passar algum tempo em um *pub* britânico, alguma hora vão lhe servir um *pint* de Bitter, e você deve ficar agradecido por isso: é uma bebida de alta qualidade. Além de constituir a espinha dorsal desse estilo de cerveja, o amargor tem várias outras qualidades a oferecer.

Apesar da comercialização maciça de marcas de Lager insípidas, a Bitter ainda é a bebida nacional da Inglaterra. Toda cervejaria inglesa fabrica pelo menos uma Bitter; muitas vezes, várias. A verdadeira Bitter é sempre condicionada em barril; quando filtrada e engarrafada, vira Pale Ale e assume um caráter diferente. As Bitter são altamente individualizadas – na coloração, variam de dourado a mogno; no teor alcoólico, de 3,5% a 5,5%; e no sabor, de levemente lupuladas a intensamente amargas. A base é formada por maltes claros levemente torrados, ocasionalmente combinados com maltes caramelizados, para dar cor e sabor adicional. Alguns cervejeiros também usam açúcar invertido, que tem um sabor suave de *toffee*. O açúcar invertido é, na verdade, mais caro do que os maltes, e é usado pelo sabor característico que confere à cerveja.

As espécies britânicas de lúpulo tradicionais Fuggle e Golding, célebres por seu amargor brando e aromas de pinho, fruta e terra, ainda são as predominantes. A maioria das Bitter é bastante seca, embora permaneça uma tradição de doçura residual nas regiões de Yorkshire, Midlands Ocidental e Escócia. A variedade especial de levedura de cada cervejaria tem grande influência sobre a cerveja fabricada. Em uma, ela pode criar um caráter cítrico, de geleia de laranja-azeda (a levedura da Fuller, de Londres), enquanto outra vai impregnar a cerveja com um leve aroma de banana (a da Bateman, de Lincolnshire). No sul da Inglaterra, a Bitter é geralmente servida praticamente sem colarinho: apenas uma fina camada de espuma, com o líquido quase até a borda do copo. No norte, as pessoas preferem um colarinho mais substancial, produzido na torneira, com uma espécie de esguicho de espuma. Obviamente, os nortistas desdenham os hábitos dos sulistas, e vice-versa. É melhor não se meter nessa polêmica.

Toda boa Bitter tem um nítido sabor de grãos envolto por fruta e sustentado por um amargor lupulado relativamente robusto. Alguns cervejeiros adicionam um punhado de lúpulos inteiros em cada barril, deixando esse aroma adicional impregnar a cerveja. Isso se chama *dry-hopping*. O talento singular dos cervejeiros britânicos é sua habilidade em obter, em cervejas de teor relativamente baixo, sabores extremamente intensos. O segredo aqui é a sutileza. Não são cervejas altamente extravagantes, e não servem para envelhecimento. São produzidas rapidamente e devem chegar ao copo com o cheiro, ainda intacto, de terra e da levedura da sala de fermentação. Os americanos têm dificuldade para entender a Bitter, que consideram fraca e até mesmo aguada. Precisamos prestar um pouco mais de atenção e parar de bebericar. A Bitter não é uma cerveja para bebericar: é para beber e apreciar ao longo de várias horas.

Para mim, ela está intimamente associada aos *pubs* britânicos. Um bom *pub* é um lugar sociável, uma espécie de refúgio acolhedor raramente encontrado nos Estados Unidos. No inverno, é comum ver uma lareira de verdade, acesa, cercada por sofás e poltronas grossas. Tomando cervejas de teor modesto, é possível estender sua permanência no *pub* por várias horas. Ou pelo menos até as 23 h, quando você será colocado na rua sem cerimônia alguma. Os ingleses ainda precisam aprimorar essa parte.

Ao contrário das Lager alemãs, as Bitter britânicas são difíceis de codificar. Como estilo, têm uma gama bastante ampla, mas há certa categorização segundo o teor alcoólico. As cervejarias geralmente produzem uma Bitter leve, em torno de 3,5%, às vezes chamada de Ordinary, ou comum. ("Amargor comum" é um delicioso exemplo do clássico comedimento britânico). Uma Best Bitter geralmente tem um pouco mais de lúpulo, com um teor por volta de 4%. A próxima é a Special Bitter, muito mais escura e ligeiramente mais doce, chegando a 5%, seguida da Extra Special Bitter, pronunciada e encorpada, com aproximadamente 5,5%. Em geral, qualquer coisa mais forte do que isso não é mais considerada Bitter, mas Old Ale ou Strong Ale. As definições são fluidas e autorreferentes, e até hoje não sei se a melhor cerveja de uma cervejaria é a Best Bitter ou a Special Bitter. A resposta talvez esteja no preço – a cerveja mais forte é quase sempre mais cara, con-

Um momento de tranquilidade em um pub. O *pub*, ou *public house*, é uma instituição britânica, uma espécie de estado de espírito. Os britânicos falam em "ir ao *pub*". Americanos nunca dizem que estão "indo ao bar".

sequência da estranha prática de taxar a cerveja de acordo com o teor alcoólico.

Uma palavra sobre Bitter nos Estados Unidos. Muitos *pubs* que fabricam cerveja fazem versões de Bitter, que servem corretamente na pressão. Essas cervejas podem ser ótimas, mas tendem a sofrer influência da exuberância americana e geralmente são mais fortes do que as cervejas Ale inglesas que lhe serviram de inspiração. Muitas Bitter inglesas chegam aos Estados Unidos, mas engarrafadas, apresentadas como "Pale Ale" – com maior carbonatação e um teor ligeiramente mais alto, o que altera seu caráter. Isso gera certa confusão, que solucionei habilmente (embora não muito honestamente), juntando as informações de sabor das cervejas Bitter, Pale Ale e India Pale Ale britânicas. Decidi manter as notas sobre harmonização separadas, pois a maior carbonatação das Bitter e Pale Ale engarrafadas tende a afetar suas afinidades com comida.

Há algumas que chegam aos Estados Unidos em latas ou garrafas contendo um reservatório de nitrogênio denominado *widget*, originalmente desenvolvido pela Guinness e agora muito comum. O nitrogênio é injetado em cervejas de carbonatação leve, ajudando a formar um colarinho denso e cremoso no copo. A ideia é imitar a leve carbonatação e a sensação na boca da cerveja tirada na pressão. É realmente uma tecnologia impressionante, e pode deixar a cerveja muito saborosa. Mas a dura realidade é que, para provar a verdadeira Bitter inglesa, é preciso ir a um bom *pub* – na Inglaterra. O *widget* pode recriar a estrutura aromática e gustativa da Bitter, mas não a alma. A alma da cerveja está no barril, na levedura, e acaba eliminada pelas depredações do envasamento moderno, exceto nos poucos casos afortunados em que a cerveja é condicionada em garrafa. Portanto, aproveite bem sua cerveja nos Estados Unidos, mas lembre-se de que sempre vai estar faltando algo. E fique de olho em voos promocionais para Londres.

BRITISH BITTER E COMIDA

Quando eu morava em Londres, um de meus colegas de quarto tinha um livro de receitas internacionais escrito por uma autora britânica. Lembro claramente que, na introdução, ela lamentava: "Você vai reparar que não há nenhum capítulo sobre culinária britânica, que infelizmente considero uma arte perdida". Felizmente – para os britânicos e seus milhões de visitantes anuais –, esse já não é mais o caso. Embora o cenário gastronômico de Londres ainda esteja distante de rivalizar com o de Nova York, Roma ou Paris, agora há restaurantes excelentes por toda a Grã--Bretanha. Os mercados estão repletos de produtos frescos, e os *pubs*, atentos ao aumento da concorrência, redobraram seus esforços. O transporte aéreo barato e as fronteiras abertas entre países europeus levaram milhões de britânicos a reconsiderar seus hábitos alimentares. A boa comida adquiriu uma aura sedutora, e a cerveja Bitter nativa, com sua vivacidade, está à altura desse desafio.

Embora a Bitter condicionada em barril não tenha a plena carbonatação da maioria das cervejas, há nela vários outros atributos para harmonizar bem com os *menus*. As mais claras, arejadas, podem ser um excelente acompanhamento para peixe, associando a doçura marinha e seus maltes leves. Mesmos peixes delicados fazem uma ótima combinação – essas cervejas, em vez de dominá--los, realçam os sabores frescos do peixe. Os melhores maltes britânicos são feitos com variedades de cevada "marinhas", cultivadas perto do mar. Talvez isso explique o sopro de brisa marinha que caracteriza várias de minhas Bitter favoritas, notadamente a Adnams, da Ânglia Oriental (East Anglia). Não surpreende a naturalidade com que esses aromas se mesclam com frutos do mar. Atum *poêlé*, ligeiramente grelhado, em especial quando temperado com pimenta-preta esmagada, fica sensacional. A doçura de caranguejos, lagostas e camarões é igualmente realçada pela do malte.

Para peixes mais fortes e oleosos, pode-se optar por Bitter mais robustas. As rotuladas Best ou Special vão bem com salmão, que gosta de cervejas com um caráter lupulado bem definido. Peixes defumados e salgados também são ótimos acompanhamentos para Best Bitter. E, obviamente, o filé de peixe com fritas, um dos mais famosos pratos britânicos, fica magnífico com Bitter. A associação é perfeita: o amargor da cerveja passa pela gordura, enquanto os sabores de malte se unem ao empanado e suavizam o sabor do peixe em si. Eu adoro fritas britânicas bem-feitas: rivalizam com as belgas, o que não é pouco. São geralmente servidas com vinagre de malte e sal, um tempero no mínimo espartano, mas na verdade muito saboroso e ótimo com um copo de Bitter. O vinagre de malte parece lembrar que um dia já foi cerveja.

As Bitter mais encorpadas ficam excelentes com carne de porco, aves assadas ou fritas, e carne vermelha. As que apresentam notas de maçã, como a famosa Old Brewery Bitter, da Samuel Smith, de Yorkshire, são particularmente boas com lombo assado ou bisteca de porco. Algumas que têm um paladar levemente adocicado ficam muito boas com presunto, fornecendo um agradável contraponto ao sal. O toque mineral pronunciado das Bitters da região de Burton, como a Bass ou a Marston's, vai bem com um suculento filé ao ponto, mesmo acompanhado por molho *poivre*, queijo Stilton derretido ou molho *béarnaise*. Os maltes caramelizados – responsáveis pela tonalidade âmbar de muitas cervejas Bitter – também fornecem sabores de caramelo, que se associam aos sabores caramelizados de carnes assadas. As Bitter fortes também são um bom acompanhamento para carnes de caça, particularmente cervo, pato e faisão selvagem. (Onde houver, e a caça for permitida, prefira faisão selvagem, mas, se ele for de granja, besunte a carne com azeite e embrulhe em *prosciutto* antes de assar. Fica úmida e sensacional com a cerveja.) Rosbife, lombo e frango também ficam uma maravilha com as Bitter mais fortes. O processo de fritura realça ainda mais o sabor de caramelo, além de fornecer um pouco de gordura. Essas cervejas vão muito bem com frango frito, pois atravessam a gordura e associam-se aos sabores da pele crocante.

Em Londres, um dos meus *pubs* favoritos pertence à venerável Fuller's. Essa cervejaria, além do The Churchill, um *pub* em si sensacional, conta ainda com um excelente restaurante tailandês nos fundos. Antes de frequentá-lo, eu nunca imaginara combinar cerveja Bitter britânica com a vigorosa e condimentada comida tailandesa. No entanto, descobri que o caráter lupulado, terroso e resinoso das cervejas Fuller's forma uma boa parceria com limão-siciliano, galanga e capim-limão. O arroz de jasmim (*khao chao*) faz eco com os sabores frutados e abiscoitados no centro das cervejas. A doçura do malte combina com a doçura de vários pratos tailandeses. Quando a comida é mais picante, a Bitter revela uma de suas qualidades ocultas – consumo liberal. A baixa carbonatação permite que, sem se sentir estufado depois, você suplante a ardência com goles generosos.

Embora peixe com fritas seja o prato britânico mais famoso, há outro que aprecio ainda mais – *bangers* (salsichas) com purê de batata. Esse prato simples pode ser uma revelação, especialmente acompanhado por um bom copo de Bitter. A Grã-Bretanha fabrica algumas das melhores e das piores salsichas do mundo. As melhores são geralmente de carne de porco, repletas de sucos, ervas e um glorioso aroma de porco. As piores têm na mistura um biscoito chamado *rusk* – não perca tempo provando essas porcarias pastosas, pois têm gosto de ração de guerra. Ninguém sabe muito bem o que é *rusk*. As melhores, é só procurar em um bom açougueiro ou num *pub*. Uma Bitter Premium bem encorpada com um bom prato de salsicha e purê de batata é uma das combinações que nos fazem esquecer os restaurantes refinados. Os sabores se harmonizam perfeitamente, e você deseja que a refeição não acabe nunca.

Outro prato ótimo é *shepherd's pie* (torta de pastor), geralmente feito com cordeiro, mas possível também com carne bovina. Não, não é aquela gororoba servida em cantinas escolares – falo da verdadeira *shepherd's pie*, um purê de batata amanteigado, flutuando por cima de um mar de cordeiro, vegetais frescos e ervas. A cerveja se harmoniza com quase todos os ingredientes desse prato, a resposta britânica ao *cassoulet* francês.

British Pale Ale e India Pale Ale

Em 1752, no distrito londrino de East End, George Hodgson abriu a Bow Brewery. Sua cerveja Pale Ale vendeu muito bem durante vários anos, mas o negócio decolou para valer em 1790, quando começou a exportar para a Índia uma Pale Ale especial. Mais adiante, daremos uma olhada na India Pale Ale, mas a forma moderna descende da East India Pale Ale, de Hodgson, que alcançou fama e sucesso não só na Índia, mas na Inglaterra também.

Burton-upon-Trent, uma cidade industrial localizada na região central da Inglaterra, era conhecida por suas cervejas fortes, doces e escuras. Mas, quando as Guerras Napoleônicas bloquearam suas exportações pelo mar Báltico, a cidade, em busca de novos mercados, voltou-se para a Índia. Hodgson já estava bem posicionado no mercado de Calcutá, mas em vias de ser passado para trás. Na Índia, entre os colonos britânicos, a cerveja Pale Ale era muito popular e, assim, os cervejeiros de Burton começaram a fabricá-la. Foram tão bem-sucedidos que Burton logo se tornou célebre pela qualidade de suas cervejas Pale Ale. Costuma-se dizer que os grandes vinhos possuem *terroir*, o sabor do solo local. Muitas cervejas também têm *terroir*, e Burton é um bom exemplo. A cidade está situada sobre um substrato de calcário, onde se perfuram os poços dos quais as cervejarias retiram sua água. Consequentemente, a água é impregnada com sulfato de cálcio (gipsita) e extraordinariamente dura. Revelou ser uma água perfeita para fabricar Pale Ale efervescentes – a levedura adora o cálcio e fermenta totalmente o açúcar, produzindo cervejas bem secas. As cervejas fabricadas com água de Burton eram mais pálidas que outras da época, e também tendiam a ser mais cristalinas. A água produz também um amargor lupulado seco, puro e pronunciado, com uma qualidade que gosto de chamar de "cortado". O amargor termina num corte súbito e extremamente refrescante, que ajuda a estabelecer a estrutura gustativa da cerveja. Na tentativa de imitar o sabor da cerveja de Burton, cervejeiros de outras cidades começaram a "burtonizar" sua água, adicionando gipsita.

Atualmente, a moderna British Pale Ale é uma cerveja âmbar, de teor moderado (em torno de 5%). As British Pale Ale são quase sempre engarrafadas (a Bass Ale, vendida em barril apenas para exportação, é uma notável exceção) e geralmente são versões filtradas (carbonatadas por inteiro e ligeiramente mais fortes) das Bitter Premium das cervejarias. A base de sua feitura são os maltes Pale Ale e Cristal, este último conferindo à cerveja agradáveis sabores caramelizados e um ocasional toque de doçura. Em geral, o amargor também é moderado – os cervejeiros britânicos valorizam equilíbrio e sutileza –, mas a cerveja é, ao mesmo tempo, vigorosa. Muitos cervejeiros ainda "burtonizam" a água para alcançar um caráter lupulado pronunciado. A maioria delas tem um aroma de lúpulo inglês terroso clássico e vários níveis de sabores frutados, dependendo da variedade de levedura do fabricante.

Em certa medida, a British Pale Ale ajudou a fomentar o renascimento da fabricação de cerveja artesanal nos Estados Unidos. Muitos cervejeiros profissionais americanos, inclusive eu, começaram como cervejeiros amadores. Aposto que uma das primeiras cervejas de qualidade que a maioria de nós provou foi a maravilhosa Old Brewery Pale Ale, da Samuel Smith, e que muitos tentaram reproduzi-la em casa. Algumas boas cervejarias artesanais americanas, como a Sierra Nevada, aproveitaram a deixa e foram mais longe, criando um estilo de Pale Ale totalmente novo.

INDIA PALE ALE

Por volta da década de 1790, os britânicos já estavam bem estabelecidos na Índia e precisavam de cerveja, um componente básico de sua dieta. A Índia, todavia, representava um problema para os cervejeiros. Era impossível fabricar cerveja na Índia – era quente demais (isso antes do advento da refrigeração), o fornecimento de água era deficiente, e não havia os ingredientes básicos. Tentativas de transportar cerveja da Grã-Bretanha para Calcutá fracassaram. A viagem marítima levava de quatro a cinco meses, predominantemente em climas quentes. As Ale doces e escuras de Londres, transportadas em grandes barris de madeira, chegavam à Índia chocas e azedas, impossíveis de serem comercializadas. A Marinha britânica passara décadas tentando resolver esse problema, mas sem sucesso. A cerveja fazia parte também da dieta básica dos marinheiros, que se aborreciam com a sua falta. Nos navios em serviço no canal da Mancha, as rações de cerveja eram generosas – cada homem recebia um galão de cerveja forte por dia! A partir de concentrados, a marinha tentou fabricar cerveja a bordo, sendo bem-sucedida em climas mais amenos, mas fracassando em climas mais quentes. No final, teve de contentar-se com grogue, uma mistura de rum, sucos cítricos e açúcar, consideravelmente menos saudável do que cerveja (como a maioria bem sabe, da época da faculdade).

Os britânicos na Índia não se conformavam em ter de beber grogue. Foi então que entrou em cena George Hodgson, de Londres, com uma ideia brilhante. Produziu uma Pale Ale mais forte e amarga do que as vendidas em Londres. Os lúpulos ajudavam a preservar a cerveja, bem como o maior teor alcoólico. Envelheceu a cerveja em Londres por vários meses até que a levedura tivesse consumido quase todo o açúcar. Isso significava que havia pouco açúcar residual servindo de alimento a organismos que poderiam estragar a cerveja. Além disso, a cada um dos barris de cerveja pronta, adicionou lúpulo, como medida extra contra deterioração. Essa cerveja provou ser um ambiente extremamente hostil para qualquer coisa que quisesse azedá-la. Tinha um teor alcoólico de 7% ou mais, e Hodgson contava que fosse robusta o suficiente para vencer o desafio.

A India Ale, de Hodgson, chegou a Calcutá em excelente estado – clara, forte e amarga, com um intenso aroma de lúpulo resinoso. Na Grã-Bretanha, porém, a cerveja era desconhecida para quem nunca fora à Índia. Mas em 1827, quando um navio destinado à Índia naufragou no mar da Irlanda, isso mudou subitamente. Alguns dos 300 barris do navio foram resgatados e leiloados em Liverpool. Logo, toda a Inglaterra estava clamando pela maravilhosa nova "cerveja indiana". Os cervejeiros atenderam os pedidos com prazer, e a India Pale Ale, ou IPA, ficou famosa por toda a Europa e até mesmo nos Estados Unidos. Surgiram versões de IPA na Noruega e até na Alemanha, e, no final do século XIX, várias cervejarias da costa leste dos Estados Unidos também já fabricavam esse estilo. A IPA da Ballantine, originalmente produzida em Albany, no estado de Nova York, e mais tarde em Newark, no de Nova Jersey, manteve, até a década de 1970, algumas das características das IPA originais. Outras cervejarias, tanto nos Estados Unidos quanto na Grã-Bretanha, entregaram os pontos bem antes disso. Já na década de 1980, na Grã-Bretanha, IPA era apenas mais um nome para cerveja Bitter de baixo teor, e um estilo praticamente esquecido nos Estados Unidos.

Foi preciso que as cervejarias artesanais americanas ressuscitassem versões mais autênticas da India Pale Ale. Recentemente, alguns cervejeiros britânicos, notadamente Samuel Smith e Fuller's, têm procurado restabelecer a primazia da Grã-Bretanha, fabricando cervejas boas, mas menos ousadas do que deveriam ser. A Young's, de Londres, fabrica uma IPA autêntica, a Special London Ale, embora sem a denominação IPA.

Uma verdadeira India Pale Ale deve ser âmbar clara, ter um aroma de lúpulo intenso, terroso e frutado, e um amargor lupulado extremamente pronunciado, sustentado por maltes robustos, além de um teor alcoólico de, no mínimo, 6%. A água dura deve conferir um final mineral cortado e refrescante. Não soa como uma cerveja para fracos, mas uma IPA bem-feita desce com admirável suavidade. Pode ser que a explosão apetitosamente vigorosa de lúpulos lhe dê coragem para mudar seus hábitos. Já perdi a conta de quantas harmonizações organizei, em que adeptos confessos de Coors Light declararam seu entusiasmo pela IPA, perguntando onde poderiam conseguir mais. Nessas horas, fico emocionado mas também um pouco enciumado – levei anos para dar esse salto e eles o fazem em três minutos. Vai entender. Parabéns a eles!

BRITISH PALE ALE E INDIA PALE ALE COM COMIDA

Devido à acentuada carbonatação e teor alcoólico dessas cervejas, elas trilham um caminho culinário ligeiramente diferente de suas primas, as Bitter. As versões mais suaves, como a da Samuel Smith, de Yorkshire, preservam as relações fáceis da Bitter com carnes assadas, particularmente de boi, carneiro e porco. Ficam boas com filés, mas melhores ainda com costela – há, na suculência rosada da carne, algo que se casa bem com uma boa Pale Ale. Frango e peru assados também são bons parceiros, com a pele caramelizada doce associando-se ao caramelo do malte. Carnes grelhadas – particularmente filé e bisteca de porco e carneiro – ficam muito boas com Pale Ale. O segredo está, novamente, na caramelização, e a cerveja tem amargor e carbonatação suficientes para absorver a gordura. Mais tarde, caso alguma sobra dessas carnes seja servida fria, a British Pale Ale ainda é uma ótima opção. Deixe a cerveja "esquentar" de dez a quinze minutos fora da geladeira; isso vai realçar seus sabores frutados sutis. Carnes frias também têm suas sutilezas, e essas cervejas combinam perfeitamente com elas.

A carbonatação permite encontros mais diretos com comidas condimentadas e, nesse caso, as Pale Ale mais secas e pronunciadas se adaptam. Como era de se esperar, a India Pale Ale vai muito bem com comida indiana, e tem acidez suficiente para atravessar a riqueza de pratos cremosos como frango ao *tikka masala*. Essas cervejas são suficientemente robustas para aceitar condimentos picantes, e seus sabores lupulados se fundem ao coentro, cardamomo e *curry* normalmente presentes na cozinha indiana. Ao degustarem-se pratos com *ghee*, a onipresente manteiga clarificada indiana, é sempre bom a cerveja ter carbonatação. O *ghee* é um dos motivos pelos quais vários pratos indianos são tão saborosos, que é impossível parar de comer, mesmo contra o bom senso. Infelizmente, muitos restaurantes indianos servem apenas Pilsner indianas, que são bastante insípidas, sem o sabor cheio e a lupulagem vigorosa das originais alemãs e checas. Verifique se é possível levar sua própria cerveja, ou ao menos estimule o restaurante a expandir seus horizontes em termos de cerveja.

Cortesia de Merchant du Vin.

A comida *cajun* é mais conhecida pela exuberância do que pela sutileza, e Pale Ale robustas adaptam-se bem à mistura de sabores. Jambalaia – o prato *creole* de arroz, carne e frutos do mar – não requer mais do que uma Pale Ale lupulada, e você pode guardar suas IPA para versões mais apimentadas. Porco e frango escuros ficam excelentes com cervejas IPA; o amargor da cerveja não só lida bem com os condimentos como também atravessa o feijão-fradinho que acompanha o prato.

As British Pale Ale são praticamente imbatíveis na hora do almoço – parecem preparadas para lidar com qualquer tipo de sanduíche (menos os de atum, por algum motivo). São excelentes com rosbife, peru, frango, presunto, frios italianos, hambúrguer, acompanhados no pão por qualquer coisa que você possa imaginar. Se você optar por um almoço um pouco mais refinado, vão muito bem inclusive com patês e quiches. Salsichas e linguiças saborosas, que ficam muito boas com Bitter, podem ser igualmente acompanhadas por Pale Ale, que lidam facilmente até mesmo com mostardas picantes. Prefere algo mais popular? Você pode até fingir que não quer aquele bolo de carne, mas eu sei que quer, e ainda por cima acompanhado por macarrão como molho de queijo. As British Pale Ale são compreensivas e extremamente discretas; não contarão a ninguém o que você almoçou.

Massas com molhos cremosos vão bem com British Pale Ale, principalmente as de amargor contido. Molhos alfredo, carbonara, gorgonzola e primavera fazem boas combinações, mas não se esqueça de usar uma boa massa italiana de trigo-duro, se possível. O creme confere a esses molhos uma leve doçura, e a doçura de caramelo da cerveja se associa a ela. Ao mesmo tempo, absorve o creme e o queijo, deixando esses pratos mais leves. Se você gosta de pão de alho para acompanhar, também é uma cerveja adequada.

Em termos de frutos do mar, as British Pale Ale ficam melhores com receitas de sabores mais opacos. Um bom exemplo é tamboril assado, assim como qualquer peixe preparado com azeitona. Vieiras *poêlées*, ligeiramente grelhadas (e também ouriço-do-

-mar), fazem uma parceria notável com versões mais doces e menos amargas. Frutos do mar fritos também entram no território da Pale Ale, portanto fica muito boa com o clássico peixe com fritas. Com lulas, assim como moluscos fritos, funcionam igualmente bem.

Alguns pratos de inverno, como a velha torta cremosa de frango (é sério – feita em casa, pode ficar uma delícia) e a *shepherd's pie* (mesma coisa), ficam ótimos com essas cervejas. No caso de pratos mais pesados, escolha versões com mais doçura residual. Pratos condimentados e vigorosos preferem o amargor lupulado da India Pale Ale.

FABRICANTES NOTÁVEIS DE BRITISH BITTER, PALE ALE E INDIA PALE ALE

GREENE KING Quando eu morava na Inglaterra, os nomes dos lugares me divertiam muito. Um dos meus prediletos era Bury St. Edmunds (algo como "enterre santo Edmundo"). O nome soa como uma instrução, mas na verdade reflete um pouco da história local. Antigamente a região da Ânglia Oriental (East Anglia) era um reino. No século IX, o rei Edmundo foi morto nessa área e sobre sua ossada foi construída uma abadia. É quase certo que aí se fabricava cerveja, pois a região produz cevada (grande parte do malte que uso em minha cervejaria vem de lá), e Bury St. Edmunds tornou-se um influente centro de religião, poder político e fabricação de cerveja. As ruínas da abadia ainda estão lá, mas a influência agora vem da poderosa cervejaria Greene King. Em 1800, Benjamin Greene, um antepassado do escritor Graham Greene, adquiriu a cervejaria. Grande parte das instalações localiza-se sobre a antiga abadia, e as adegas e a sala de degustação da cervejaria são circundadas por um labirinto de túneis centenários. Do telhado, tem-se a impressão de que a cervejaria engloba a cidade inteira.

As raízes monásticas da cervejaria são homenageadas no nome da cerveja GREENE KING ABBOT ALE, vendida nos Estados Unidos em lata com *widget*. O *widget* funciona bem, criando um colarinho de espuma cremosa por cima de uma cerveja cor de mel. O aroma é repleto de malte abiscoitado, feno, laranjas desidratadas e lúpulo terroso. A impressão inicial é de doçura, rapidamente sobreposta por um amargor amplo. A cerveja, plenamente encorpada e cremosa, revela agradáveis sabores de malte no centro e um final lupulado totalmente seco. É vigorosa e versátil; fica ótima com rosbife, mas aceita também pratos condimentados tailandeses e mexicanos.

Estabelecida em 1711, em Oxford, por quase 300 anos a Morland fabricou aí excelentes Ale, mas a crescente valorização imobiliária forçou a cervejaria a vender sua propriedade há alguns anos. A Greene King assumiu as marcas e o equipamento da Morland. Houve protestos, justificados, de consumidores, mas alguns direcionaram suas críticas à Greene King, um tanto injustamente, pois ela manteve, com muito esforço e a um custo alto, a variedade de levedura da Morland, dando às cervejas Morland um caráter distinto em relação às cervejas fabricadas sob a marca Greene King. Os cervejeiros da Greene King dão muita importância às características únicas de diferentes leveduras (a variedade da marca é usada, ininterruptamente, há 190 anos, sem qualquer alteração). A cerveja Morland mais conhecida é a MORLAND'S OLD SPECKLED HEN, em garrafa clara, que foi batizada com o nome de um carro antigo particularmente belo, com carroceria de madeira. A cerveja tem cor âmbar plena e aroma intenso de lúpulo fresco e frutas vivazes – laranja, pêssego e damasco. O amargor inicial é bem leve, permitindo que a doçura do malte se apresente sedosa e redonda no paladar. O final é semisseco e rápido. É uma cerveja deliciosa e elegante. Vai bem com linguiças (de alho) de Tolouse, de porco ou de vitela, mas as britânicas são quase tão boas quanto as francesas. Também é uma ótima cerveja para acompanhar sanduíches na hora do almoço, embora seja melhor evitar salada de atum.

TETLEY A Tetley é uma grande cervejaria nacional inglesa, que já se associou ou fez parte de vários grupos internacionais, sendo o mais recente aquele da Carlsberg. A fábrica principal ainda é em Leeds, e a Tetley Bitter, condicionada em barril, é uma das marcas mais conhecidas na região de Yorkshire. A versão filtrada da Tetley Bitter, vendida em lata com *widget*, é chamada simplesmente de TETLEY'S ENGLISH ALE. É uma cerveja de cor âmbar plena, com um colarinho espumoso e um aroma sutil de feno, frutas e lúpulo. É levemente encorpada e seca, com um amargor que preenche a boca, um pouco de biscoito e um toque de fruta. O final é bem seco, com sabor residual de lúpulo. Os lúpulos dão à cerveja estrutura e robustez suficientes para encarar filés, hambúrgueres ou mesmo churrasco.

SAMUEL SMITH Para muitos americanos amantes de cerveja, a Samuel Smith's Old Brewery é uma espécie de modelo: sua introdução às cervejas clássicas inglesas se deu por meio de versões da Samuel Smith, elegantemente envasadas (mas pouco protegidas) em garrafas claras de ombro baixo. Essas cervejas ficaram célebres no mundo inteiro, verdadeiros embaixadores da qualidade das cervejarias britânicas. A Samuel Smith é basicamente uma empresa familiar, e os membros da família são famosos por serem retraídos e excêntricos. Tadcaster é uma pequena cidade em Yorkshire, localizada entre Leeds e York, e, em 1847, os Smiths compraram a cervejaria, fundada em 1758. A família abriu uma segunda cervejaria em Tadcaster, mas, devido à rivalidade, os irmãos Samuel e John logo se separaram. Samuel permaneceu com a cervejaria original, e John ficou com a outra. A cervejaria de John Smith ainda fica em Tadcaster, mas já passou pelas mãos de várias grandes cervejarias internacionais, e atualmente pertence à cervejaria familiar Coors, do Colorado.

Embora muitos americanos considerem tipicamente inglês o perfil suave, redondo e caramelado das cervejas Samuel Smith, seria mais preciso descrevê-lo como típico de Yorkshire. A Samuel

Smith é uma das poucas cervejarias a preservar o antigo sistema de fermentação Yorkshire *square*. Esse sistema envolve o uso de tanques de fermentação sobrepostos, uma espécie de sistema dúplex, com um buraco entre os dois níveis. Conforme a levedura sobe, ela passa para a camada superior pelo buraco, mas, no final da fermentação, apenas a cerveja desce para o tacho inferior, deixando na parte superior a levedura fraca e os resíduos. É possível que esse sistema tenha sido desenvolvido para produzir cervejas mais limpas e leveduras mais fortes, mas, ao mesmo tempo, parece ajudar a desenvolver o perfil de sabor. Outra diferença está no material dos fermentadores: não são de aço inoxidável ou de cobre nem de carvalho, mas de ardósia galesa. Versões desse sistema dúplex, mas em aço inoxidável, sobrevivem em algumas cervejarias inglesas, todas perto de Tadcaster.

O carro-chefe da cervejaria é a SAMUEL SMITH'S OLD BREWERY PALE ALE, uma cerveja cor de cobre, com um colarinho grande e leve. E há o perfil aromático de Yorkshire – feno, maçã, manteiga caramelizada (*butterscotch*) e lúpulo. A cerveja atinge o palato com um toque mineral, logo suavizado em um centro maltado, seco e abiscoitado. O final é limpo e calcário. A cerveja tem intensidade para filés, suculência para rosbife, e sutileza para cordeiro. Como os britânicos, eu também a aprecio com *terrine en croûte*, embora, em francês, o nome do prato soe bem melhor do que *pork pie* (empadão de porco). Com o nome de SAMUEL SMITH'S WINTER WELCOME, uma versão ligeiramente mais concentrada dessa cerveja é fabricada para os feriados do fim de ano. Tem sabores e aromas semelhantes, mas mais intensos, e o paladar é ainda mais suculento. Também é uma cerveja excelente.

A Samuel Smith foi uma das primeiras cervejarias inglesas a atender ao clamor pela volta do estilo original da India Pale Ale. A SAMUEL SMITH'S INDIA ALE é uma cerveja âmbar pálida, com um aroma intenso de leveduras inglesas terrosas, maçã Granny Smith, e uma sugestão de hortelã em folha. O paladar é levemente encorpado, com um amargor leve porém marcante, flutuando acima de um centro extremamente seco, abiscoitado e amanteigado. O final é prolongado e seco, com sabor residual de cereais. É uma cerveja muito saborosa, embora a Smith, ao contrário das cervejarias americanas, não tenha procurado reproduzir o teor forte da cerveja original. É uma cervejaria britânica, afinal, e a Smith, acima de tudo, preza o equilíbrio. Prove essa cerveja com peixes oleosos, merguez picante, camarão grelhado e pratos indianos condimentados.

YOUNG'S Se você mora em Londres e adora cerveja, provavelmente é adepto ou da Fuller's ou da Young's. Se tiver gosto refinado, sabe apreciar os encantos de ambas – as duas cervejarias independentes de Londres têm estilos bastante distintos. Quando era jovem e morava em território da Fuller's, eu não sentia muita atração pelo perfil mais austero das cervejas Young's. Agora, na idade adulta, o caráter da Young's me impressiona bastante. A Young's fica em Wandsworth, no sul de Londres, numa área onde, desde 1581, continuamente se fabrica cerveja. As famílias Young e Bainbridge compraram a cervejaria em 1831, e a família Young permaneceu no ramo desde essa época, embora tenha aberto seu capital em 1898. Na década de 1970, quando a cerveja filtrada ameaçou varrer do mercado a Ale tradicional de barril, John Young foi um dos poucos cervejeiros a resistir.

A cervejaria mistura informalmente equipamento antigo e novo – uma caldeira moderna envia o mosto a tanques de fermentação abertos do século XIX. Em vez de se livrar de todo o equipamento histórico, a Young's transformou algumas salas em minimuseus abertos a visitação. Antes da reforma da velha sala de caldeiras, certa vez fiquei sozinho na semiescuridão enquanto meu anfitrião atendia ao telefone. As caldeiras de cobre rebitadas, empoeiradas, pareciam totens negros gigantescos, como imensas balas de munição; senti um arrepio, como se de repente pudessem começar a me fazer exigências. Havia muita história naquela sala, e era palpável. Felizmente, ainda estava lá: o envolvimento de uma família é capaz de preservar o coração e a alma de uma cervejaria. Os Young mantinham na propriedade um magnífico estábulo de cavalos de raça Shire; até recentemente, esses cavalos faziam entregas locais, puxando carroças pelas ruas apinhadas de Wandsworth. Seus deveres agora são ocasionais, mas ainda são exibidos com frequência.

Com o típico comedimento britânico, a Young's chama sua Bitter básica de Ordinary (comum), embora seja maravilhosamente refrescante e seca, com uma mistura viva de frutas e lúpulos. A YOUNG'S ORDINARY não sai de Londres: isso fica por conta da YOUNG'S SPECIAL BITTER, que é engarrafada e vendida nos Estados Unidos como YOUNG'S RAMROD. O nome é uma referência à cervejaria em si, oficialmente conhecida como Ram Brewery, e ao mascote da empresa, um carneiro corpulento, com enormes chifres curvados. A RamRod tem cor âmbar plena e uma aroma fresco de feno, lúpulo e flores silvestres, com um toque de goma de mascar frutada ao fundo. A carbonatação é branda, apetitosa, e o amargor perfeitamente ajustado conduzem a um paladar abiscoitado e bastante seco, e a um final calcário. Poucos minutos depois, surge um maravilhoso sabor residual de cereais, que lembra pão fresco. É uma excelente versão engarrafada de British Bitter e mostra o estilo seco, sutil e equilibrado da Young's. A cerveja é magnífica quando jovem, mas sua delicadeza não resiste ao envelhecimento, portanto, vale a pena prestar atenção à data de validade no rótulo. A RamRod é uma excelente cerveja para lanches na hora do almoço, combinando bem com uma grande variedade de sanduíches. No jantar, opte por bons embutidos, pratos indianos ou mexicanos levemente condimentados, ou um filé simples.

A YOUNG'S SPECIAL LONDON ALE é uma das únicas autênticas India Pale Ale do século XIX que, sem sofrer diluição, chegaram ao século XXI. Na Inglaterra é chamada de Young's Export e foi claramente concebida para viajar. Nos últimos anos, a Special London Ale voltou às suas raízes, sendo novamente condicionada na garrafa. A cerveja tem cor âmbar plena, resíduos de levedura

no fundo da garrafa e um exuberante aroma terroso-frutado de lúpulos ingleses. O amargor é amplo e expansivo, mas perfeitamente combinado com uma intensa espinha dorsal de malte em um centro seco, porém robusto e redondo. O final é rápido, com um toque mineral seco, quase salgado. O sabor residual de lúpulo é puro, ressoando no palato. Uma cerveja brilhante – musculosa e forte (a 6,4%), mas com confiança suficiente para ser sutil e refinada. É ótima para harmonizar com bifes de lombo *poêlés* (ou na "cesta") bem grelhados em molho de chalota, contrafilés grelhados, *entrecôte*, *carré* de cordeiro (a cerveja encara tranquilamente o molho de hortelã), bisteca de porco temperada, e churrasco. Depois do jantar, sirva queijo Stilton ou o Cheddar artesanal mais velho e fedido que você conseguir.

FULLER'S South Ealing, um bairro dormitório tranquilo, nos arredores de Londres, no caminho para o Aeroporto de Heathrow, foi onde morei em minha temporada londrina. Ali é território da Fuller's, cervejaria que está em Chiswick, um bairro vizinho. Embora a sociedade atual – Fuller, Smith & Turner – date apenas de 1845, fabrica-se cerveja nessa área de Chiswick há quase 350 anos. As famílias Turner e Fuller ainda estão envolvidas, e Sir Anthony Fuller passou o comando da empresa a um membro da família Turner. As edificações da cervejaria formam um belo conjunto de construções de tijolo, uma delas envolta pelos ramos de uma das glicínias mais antigas da Inglaterra, cujo caule parece um tronco, com o diâmetro de um poste telefônico.

A ORDINARY BITTER da Fuller, a CHISWICK BITTER, é uma cerveja âmbar pálida com aroma de flores e frutas e um rápido toque de lúpulo. É leve e refrescante, mas não viaja – para prová-la, você terá de ir a Londres. A cerveja mais popular é a FULLER'S LONDON PRIDE, servida em Londres como Bitter, mas vendida em garrafa, nos Estados Unidos, como Pale Ale. É âmbar clara e de carbonatação relativamente baixa. O perfil aromático reflete o caráter da Fuller's, uma mistura de lúpulos terrosos e geleia caseira de

laranja-azeda. O paladar é suculento e bem encorpado, mas de uma secura consistente, com um toque de caramelo no centro, antes de um final prolongado e seco. Gosto muito dessa cerveja com pato, até mesmo com pato chinês laqueado. Também fica muito saborosa com rosbife, com embutidos e com bistecas de porco. No The Churchill, um dos *pubs* da Fuller's em Londres, as cervejas combinam muito bem com a comida tailandesa da casa, e o caráter alaranjado da cerveja harmoniza com o suco de limão dos pratos.

Se a London Pride é popular, a Fuller's ESB (Extra Special Bitter) é ao mesmo tempo popular e famosa. A fama se deve, em parte, à profusão de prêmios conquistados ao longo dos anos no Great British Beer Festival. E a cerveja é amplamente imitada, especialmente nos Estados Unidos, onde ESB virou uma designação comum para Bitter ou Pale Ale artesanais fortes, maltadas e lupuladas.

A cerveja original tem cor cobre pálida, com leve carbonatação e um aroma intenso de lúpulos terrosos e frutados, combinados com uma carrada de laranjas. Ao paladar, revela tons dinâmicos de fruta, malte, um pouco de caramelo e lúpulos, e o final é seco e lupulado. O sabor residual é composto de cereais tostados e

Algumas cervejarias britânicas tem nomes secundários, baseados em brasões de família ou no antigo nome da cervejaria. O símbolo da Fuller's é o mítico grifo.

abiscoitados. É uma cerveja singular – não espanta que seja tão imitada – e robusta o suficiente para encarar carne de caça, principalmente faisão selvagem. Também fica ótima com filé bovino e cordeiro. Com 6% de teor alcoólico, é um pouco forte para o almoço, mas, se você tiver uma tarde relaxada pela frente, experimente com um sanduíche de rosbife ou um bom hambúrguer.

Vários anos atrás, a Fuller's decidiu comemorar os 150 anos da cervejaria lançando a FULLER'S 1845, voltando a oferecer, após várias décadas, uma cerveja condicionada em garrafa. Fez tanto sucesso, que sua produção foi mantida. Tem cor profunda de xarope de bordo (*maple syrup*) e um aroma abundante em frutas. O aspecto é tranquilo e confiante. O perfil aromático prenuncia um tigre à espreita no copo – será que morde? No início é mais leve do que o esperado, porém bastante musculosa, preenchendo a boca com um amargor terroso e apimentado. O centro é uma sucessão de sabores suculentos de malte doce e tangerina, levando a um final seco e mineral. É uma cerveja ótima para *entrecôte* e rosbife com molho, e uma excelente parceira para carne de cervo. Também fica sensacional com queijos Cheddar ingleses artesanais, como Montgomery ou Lincolnshire Poacher.

ADNAMS No caminho para Southwold, uma atraente cidadezinha litorânea na região produtora de cevada da Ânglia Oriental, reparamos num pequeno caminhão-tanque com uma imagem já gasta pintada na traseira. Retratava um porco delirantemente feliz, com um copo de cerveja na pata, obviamente se divertindo bastante. Mais tarde, soubemos que o caminhão transportava cerveja Adnams para ser engarrafada. O excesso de levedura, ainda contendo alguma cerveja, servia de ração para os porcos locais, o que aparentemente os deixava levemente embriagados (e a carne, sem dúvida, deliciosa). A cervejaria queria retocar a imagem do "porco alegre" em seus caminhões, mas temia um protesto dos defensores de direitos dos animais contra as "refeições alegres" dos porcos. Outros animais não têm a mesma sorte.

A Adnams Sole Bay Brewery foi fundada em 1890, e, desde essa época, a cidade de Southwold parece não ter mudado. A cervejaria ainda faz entregas locais em carroças puxadas por cavalos. A ADNAMS' EXTRA é cor de mel, pálida, e tem um maravilhoso aroma fresco de lúpulos resinosos, casca de maçã-verde, uvas brancas, feno recém-cortado, solo no começo da primavera e brisa marinha. Uma auréola de amargor fresco circunda um núcleo de malte abiscoitado e um toque suculento de frutas, que leva a um final seco e calcário. Em sua condição ideal, é uma das bebidas mais magníficas que já provei. Fica sensacional com peixe, lulas recheadas, embutidos, pato frio, rosbife frio e presunto. A ADNAMS' BROADSIDE tem cor âmbar plena e um caráter semelhante a feno e ar marinho, sustentado por um aroma mais maltado. O paladar é semisseco na ponta da língua, com sabores lupulados equilibrados nas laterais. No centro, combina frutas saborosas com um pouco de caramelo, levando a um final seco e fresco. Fica brilhante com embutidos, cordeiro e rosbife.

Não sei bem até que ponto as cervejas Adnams são influenciadas pela proximidade do mar. São famosas por não suportar longas viagens, embora Michael Powell-Evans, o mestre-cervejeiro, atribua isso ao manejo inadequado em adegas fora da região. Quando a cerveja é degustada perto da cervejaria, o aroma de ar marinho é poderoso. Certa vez, num *pub* em Southwold, pedi peixe com fritas e um copo de Adnams' Extra. Eu estava tão extasiado com a cerveja que pedi ao garçom que levasse a comida embora – estava absolutamente perfeita nesse dia, e não queria que nada interferisse com ela. E assim foi. Isso foi há mais de uma década, mas um bom copo de Adnams' Extra é uma máquina do tempo para mim, e no ato me transporta para aquele *pub*, a comida deixando a mesa, o cachorro do *pub* mal acreditando em sua sorte. É pura magia.

HARVEYS O esplendor vitoriano da cidade de Lewes, na costa sul do condado de Sussex, não muito longe de Brighton, parece saído de um conto de fadas. Do alto, um castelo contempla a cidade, e brisas frescas sopram pelas colinas arredondadas que separam Lewes do mar. O rio Ouse contorna preguiçosamente o perímetro da cidade onde, em 1790, foi construída uma cervejaria. Pouco depois, John Harvey comprou a cervejaria e construiu sua fama local. Em 1838, mudou a cervejaria para o outro lado do rio, local onde se encontra hoje, e as instalações atuais foram erguidas em 1881. A cervejaria Harveys, carinhosamente conhecida na cidade como "a catedral de Lewes", é uma das mais belas da Inglaterra. Projetada pelo famoso arquiteto William Bradford, em estilo industrial gótico-vitoriano, é uma clássica cervejaria de torre. Antes do surgimento da bomba elétrica, os líquidos eram movimentados pela cervejaria por gravidade. A tina de mostura ficava no andar superior, a caldeira logo abaixo, a sala de fermentação abaixo da caldeira, e os barris na adega. Em 1985, quando houve necessidade de expandir a cervejaria, tomou-se o cuidado de manter o fabuloso estilo arquitetônico original, de ferro e tijolo.

O cervejeiro-chefe Miles Jenner é um homem de personalidade tranquila mas intensa, vindo de uma família que fabrica cerveja desde meados do século XVIII. Seu pai chegou a Lewes em 1938 e trabalhou sessenta anos na Harveys como cervejeiro-chefe, diretor administrativo e, finalmente, presidente do conselho. Miles Jenner entrou para a empresa em 1980 e ocupa o cargo de cervejeiro-chefe desde 1986. Vive com a família em uma casa no terreno da cervejaria. Membros da família Harvey, pertencentes à sexta e sétima gerações de descendentes de John Harvey, ainda estão envolvidos na administração da cervejaria.

A HARVEYS SUSSEX BITTER tem coloração âmbar, de um tom pálido, e aroma de feno, madeira úmida, lúpulos terrosos, com um toque sulfuroso de estábulo. Isso pode soar meio desagradável, mas garanto que é um cheiro maravilhoso, que evoca uma sala de fermentação cheia de tanques abertos. A cerveja abre com lúpulos frescos e um toque de acidez, sustentando um centro maltado leve, suculento e vigoroso. O final é curto e seco. Fica perfeita com peixe frito, lula, polvo e vitela.

ROOSTER'S Muitas cervejarias britânicas fabricam cervejas estritamente tradicionais, o que significa, entre outras coisas, que usam somente variedades inglesas de lúpulo. Na Inglaterra, os lúpulos americanos geralmente são considerados de baixa qualidade, com sabor pronunciado demais. A região de Yorkshire, no entanto, vez por outra produz um iconoclasta, como o genioso Sean Franklin, da Rooster's Brewery. Sean – alto e esguio, de fala mansa e opiniões fortes – é nativo de Yorkshire, e sua teimosia lhe rendeu bons frutos. Em 1993, na próspera cidade de Harrogate, na região de North Yorkshire, ele fundou a Rooster's Brewery e, por duas vezes, já teve de expandi-la, para atender à demanda por suas excelentes cervejas, que geralmente se desviam dos caminhos normalmente trilhados por outros cervejeiros britânicos. Lá, fabrica versões de cerveja de trigo em barril, usa lúpulos americanos em abundância, horroriza as pessoas com intensos sabores amargos e lupulados, e faz muito sucesso. Suas cervejas – todas frutadas e bem equilibradas – são um argumento convincente contra a timidez das cervejas tradicionais. A cor da ROOSTER'S YANKEE é dourada, plena, com aromas marcantes de pêssego e manga cercados por uma *flotilla* de fragrâncias de lúpulos americanos cítricos – acículas de pinheiro, limão-galego e especiarias (lembra a picante Gewürztraminer alsaciana). Depois desse desfile de lúpulos, é surpreendentemente redonda e suave na ponta da língua, tendo, no centro, uma explosão de sabores frutados de pêssego e, subjacente, um amargor moderado. O final é prolongado e frutado, de tendência secante. Fica sensacional com comida tailandesa e vietnamita, harmonizando com a doçura e as notas cítricas da comida. Também vai bem com receitas de peixe, como a solha-limão (*Microstomus kitt*). Por ora, as cervejas Rooster's só são vendidas em barril. É preciso, portanto, procurar por elas nos *pubs*.

TIMOTHY TAYLOR Keighley, em West Yorkshire, fica numa região de vales onde corre uma água límpida e dura, oriunda dos montes Apeninos. Em 1858, a família Taylor fundou aí uma cervejaria e, em 1863, transferiu-a para Knowle Spring. A cervejaria ainda pertence à família, e a fabricação de suas premiadas cervejas é supervisionada por Peter Eels, o cervejeiro-chefe. Em meados da década de 1970, Fritz Maytag, dono da Anchor Brewery, de São Francisco, visitou a cervejaria Timothy Taylor, onde alega ter se inspirado para produzir sua excelente cerveja Liberty Ale. Sua fonte de inspiração foi a TIMOTHY TAYLOR'S LANDLORD, uma Bitter cor de mel, pálida, com um fabuloso aroma de feno, lúpulos terrosos e casca de laranja. O palato sente primeiro uma acidez agradável e um amplo amargor, seguidos, no centro, de sabores suaves e redondos de laranja-de-sevilha. O final, prolongado e seco, apresenta toques de geleia amarga de laranja, com sabores residuais de lúpulo e cereais. Fica uma maravilha com peixe e fritas, pratos tailandeses e vietnamitas, salmão, rosbife e pato.

BASS BREWERS A Bass é, de longe, a marca de cerveja britânica mais conhecida no mundo. Fundada por William Bass, em 1777, a cervejaria ficou famosa por suas Pale Ale e India Pale Ale fabricadas em seu enorme complexo em Burton-upon-Trent, na região central da Inglaterra. A primeira marca registrada na Inglaterra foi o triângulo vermelho da Bass. Ao longo dos séculos, ela comprou e incorporou várias outras cervejarias, mas, em anos recentes, diversas divisões da companhia foram vendidas. A empresa original administra, hoje, hotéis, *pubs* e outras "propriedades de lazer", e a marca Bass foi comprada pela gigante belga Interbrew [agora AB InBev]. Embora a história recente da Bass seja conturbada, um tanto deprimente e difícil de acompanhar, as cervejas ainda sobrevivem. A melhor cerveja da Bass só é encontrada em *pubs* britânicos.

A DRAUGHT BASS, condicionada em barril, é uma cerveja âmbar, com um fantástico aroma de feno fresco, couro de sela, maçã

AO LADO:

As caldeiras da Harveys tem o tradicional formato de projétil. Apesar de nova, essa caldeira é uma réplica exata da antiga, que foi substituída. O formato da caldeira pode influenciar no sabor da cerveja, e a Harveys não queria mudanças.

e terra. Sabores frutados predominam inicialmente no palato, com uma aparente doçura que fica rapidamente seca, com feno e biscoitos no centro. O final é breve e mineral, com um toque quase salgado. Se você estiver num *pub*, é uma cerveja ótima para tomar a noite toda. Se o *pub* servir comida, melhor ainda – vá de presunto, embutidos, *shepherd's pie* ou *saltimbocca*. Se estiver em Londres, vá ao The White Horse, em Parson's Green (linha District do metrô, ramal de Wimbledon), e será recompensado com uma Draught Bass envelhecida e condicionada à perfeição, além de comida excelente para acompanhá-la.

A Bass é famosa também nos Estados Unidos, mas a cerveja exportada para lá é totalmente desconhecida na Grã-Bretanha. É conhecida simplesmente como BASS ALE, facilmente encontrada em garrafa ou na pressão. A cor da Bass Ale é de um tom âmbar pleno, e ela tem aroma característico de fruta e couro, desenvolvido pela variedade de levedura da cervejaria. O fresco amargor inicial dá lugar a uma cerveja levemente encorpada e totalmente seca, com uma rápida explosão de frutas e biscoito no centro, antes de finalizar com pronunciado toque mineral. Impressões de lúpulos e pedra molhada flutuam no sabor residual. Muitas British Pale Ale têm mais sabor do que a Bass Ale, mas, levando-se em consideração o tamanho da empresa, a cerveja tem um caráter surpreendente. Com comida, prefira receitas simples para aproveitar a secura vigorosa da Bass Ale. Prove com peixes "azuis" (peixes gordos, como salmão, sardinha, atum, por exemplo), bolinho de caranguejo, camarão grelhado, filés simples, rosbife e hambúrgueres.

WH BRAKSPEAR & SONS Isso me perturba um pouco, mas tenho várias recordações felizes de momentos bebendo cerveja ao ar livre – e aqui não me refiro a nenhum *Biergarten*. Tive meu primeiro contato com as Ale da Brakspear na década de 1980, quando morava em Londres. Na época, a hoje famosa loja de alimentos Neal's Yard era apenas um mercadinho de fim de semana num beco da cidade. Entre os deliciosos queijos, potes de mel e geleias, meu amigo Tim Murphy e eu descobrimos "jarras" (1 *jug* = 4-6 *pints*) de BRAKSPEAR BITTER. Eram de plástico, mas tinham formato e decoração de louça antiga (boca estreita, bojuda, com alça). As tampas tinham pequenas válvulas de pressão engenhosas, caso a cerveja – viva lá dentro – decidisse continuar sua fermentação. Pegamos uma avantajada – devia ter pelo menos uns seis *pints* – e nos acomodamos num bom local para observar o movimento. Ainda me lembro do gosto, marcantemente lupulado e resinoso, com um fundo que lembrava uma plantação inteira de cevada madura num dia de sol. Mas a cerveja, essa acabou logo.

A Brakspear Bitter tem cor âmbar clara e um delicioso aroma de feno, laranja, damasco e lúpulos terrosos. A carbonatação é bem delicada e o corpo é seco e leve, com sabores de malte admiravelmente sutis. O amargor robusto, uma marca registrada da Brakspear, surge por trás do malte e mantém-se dominante até o final prolongado e calcário. Com teor de apenas 3,4%, é um ótimo exemplo do que os britânicos chamam de Ordinary Bitter. Nos Estados Unidos, a versão filtrada é vendida em garrafa e, se você conseguir achá-la em boas condições, é provavelmente a melhor opção para, do outro lado do Atlântico, provar uma Ordinary Bitter. Os leigos podem achá-la rala e até mesmo aguada, mas beba em goles largos – e preste um pouco de atenção –, que será recompensado. Prove com cordeiro frio, rosbife, peixe frito à milanesa, embutidos, ou um bom "almoço de lavrador": queijo Stilton e Cheddar, presunto, carne fria, pão integral e picles.

MARSTON, THOMPSON & EVERSHED A Marston's foi fundada em 1834, durante os anos dourados de Burton-upon-Trent. É a última cervejaria no mundo a usar o curioso sistema de fermentação Burton Union System. O nome vem do uso de tonéis de fermentação de carvalho ligados – ou unidos – por canos. Nesse sistema unido, a levedura sobe para a superfície dos enormes tonéis de fermentação de carvalho e escoa pelos canos acoplados aos tampões dos tonéis. Então, ela sedimenta num cocho situado acima dos tonéis, enquanto a cerveja em si é direcionada de volta aos tonéis. No final da fermentação, os tonéis já expeliram quase toda a levedura, deixando a cerveja bastante clara. Muitas cervejarias de Burton, incluindo a Bass, adotavam esse método de fermentação antigo, mas ficou custoso demais mantê-lo. A Marston's, convencida de que o sistema de fermentação é essencial para o desenvolvimento do sabor, investiu, no início da década de 1990, mais de um milhão de libras em novas "salas de união". Na época a Marston's era uma cervejaria independente, mas desde então, foi comprada por outras cervejarias [tendo retomado, em 2007, o nome Marston's]. Resta ver se salas de união vão continuar tendo um papel produtivo em cervejaria ou tornar-se apenas peças de museu: interessantes mas tristes.

Em 2003, a única cerveja fabricada pelo sistema de união era a Marston's Pedigree, o carro-chefe da cervejaria e uma das Ale de barril mais vendidas na Grã-Bretanha. A cerveja, de cor ouro profunda e brilhante, exibe orgulhosamente a água dura de Burton sob forma de um aroma sulfuroso, muito apreciado pelos habitantes locais, que se funde com notas de maçã e lúpulo apimentado frutado, formando um perfil aromático singular. O paladar da cerveja é leve e seco, com amargor amplo e equilibrado, e malte alaranjado no centro. O final é cortado e mineral. Há várias bebidas de qualidade com caráter sulfuroso, inclusive vinhos Riesling premiados. Se esse aroma marcante não o incomoda, é uma ótima cerveja para beber durante várias horas. É vigorosa, complexa e maravilhosamente refrescante. Deguste-a com rosbife, lombo assado e peixe frito.

British Brown e Mild Ale

Até o final do século XVII, quase todas as cervejas eram marrons (*brown*). O malte era seco ao calor de fogueiras de lenha, notoriamente difíceis de controlar e, quase sempre, ficava escuro e defumado. Isso tudo mudou no final do século XVIII, com o advento de fornos de maltagem aquecidos com carvão, que resultou na introdução de maltes claros. Na Inglaterra, no início do século XIX, à medida que as Pale Ale faziam furor, as Brown Ale começaram a diferenciar-se das Porter e Stout.

As Pale Ale já surgiram mais caras – para secar o malte claro especial, o custo do carvão era alto. No final do século XVIII, na Grã-Bretanha, as Pale Ale viraram as novas estrelas do mundo da cerveja, adoradas pela classe média emergente. As Brown Ale eram populares entre a classe operária, que considerava as Pale Ale efeminadas, mais apropriadas para funcionários de escritório. O estilo da Brown Ale é bastante versátil e, com o tempo, dele surgiram pelo menos quatro variantes distintas.

No norte da Inglaterra, onde as pessoas se consideravam mais robustas do que os prósperos sulistas, surgiu uma versão mais forte, voltada para os trabalhadores que passavam seus dias nas minas e nas docas (e suas noites no *pub*). As Brown Ale do norte têm cor cujo tom varia entre marrom-claro e âmbar profundo, aroma maltado, amargor lupulado moderado e nítido, paladar de caramelo e nozes, final seco, com teor alcoólico variando de 4,2% a 5%. Atualmente, o exemplo mais famoso dessa variante é a Newcastle Brown Ale, fabricada pela primeira vez, em 1927, pelo coronel Jim Porter. Hoje em dia, a "Newkie Brown" tem uma identificação tão forte com a cidade de Newcastle quanto a com o carvão no passado. A Newcastle Brown Ale não é particularmente marrom, o que é típico da variante nortista, e é um pouco mais rala em comparação com seus concorrentes, que incluem a Samuel Smith's Nut Brown Ale (chamada localmente de Old Brewery Brown Ale), com seu sabor agradável de frutos secos, e a Double Maxim, da Vaux, de sabores ricos. Todas são fabricadas com maltes cristal e claros, mas a Newcastle Brown Ale é produzida com uma técnica que remete ao passado: mistura de uma Amber Ale (mais leve) e uma Brown Ale (mais forte), a primeira vendida como Newcastle Amber e a segunda fabricada para a mistura. A Newcastle Brown Ale desfruta do tipo de popularidade *cult* que na década de 1980 a cerveja Rolling Rock tinha nos Estados Unidos.

No sul e na região central, houve época em que prevaleceu uma versão Mild (moderada) que, até a década de 1950, em toda a Grã-Bretanha, vendia mais do que Pale Ale e Bitter. Em geral, as Mild têm cor marrom escura, amargor lupulado brando, sabores levemente adocicados e redondos de caramelo e chocolate, aromas frutados agradáveis, e um final limpo. O teor alcoólico é geralmente leve, em torno de 3,2%. Já foram consideravelmente mais fortes – no final do século XIX, muitas vezes alcançavam 7%. Assim como a maioria dos estilos de cerveja britânicos, perderam bastante de seu teor durante a Primeira Guerra Mundial, quando o governo desestimulou o uso de cevada na fabricação de cerveja. As versões modernas de Mild são para "reunir-se no *pub*" (*session pints*): sua fermentação rápida favorece o consumo à vontade. O trabalho braçal intenso deixa as pessoas sedentas e, para mineiros e estivadores, a Mild era um nutriente perfeito. A economia pós-industrial inglesa não tem favorecido a Mild – funcionários de escritório não têm tanta sede quanto mineiros de carvão e querem evitar o "carimbo" de "classe operária" da Mild. A região de West Midlands é provavelmente o último grande reduto dessa cerveja, embora seu estilo mostre sinais ocasionais de uma tão esperada revitalização.

O sul da Inglaterra também tem uma variante da Brown Ale, semelhante à Mild, mas frequentemente mais doce e, às vezes, mais forte, embora raramente ultrapasse 4,2%. Essas Brown Ale costumam levar um pouco de malte chocolate no macerado, para dar cor e sabor; e, mesmo sendo fabricadas por várias cervejarias, são difíceis de achar. Em geral são engarrafadas e ficam estocadas atrás do balcão, nos melhores *pubs* operados por cervejarias. Embora eu seja um consumidor veterano das boas Ale da Fuller's, só recentemente descobri que a Fuller's ainda produz uma Brown Ale. Num *pub*, vi um senhor de idade pedir uma e fiquei um tanto desconcertado por nunca ter ouvido falar da Fuller's Brown Ale, apesar de ter visitado a cervejaria várias vezes. Ainda bem que esse episódio não foi suficiente para eu perder minhas credenciais de "fullermaníaco".

BRITISH BROWN E MILD ALE COM COMIDA

Embora a British Brown Ale não tenha a afinidade da Bitter com frutos do mar (com a notável exceção de vieiras pescadas artesanalmente), isso é compensado por sua harmonização particularmente boa com carnes curadas, carne vermelha, churrasco, carne de caça e queijo. A Bitter fica ótima com filé, mas a Brown Ale atinge a perfeição. As notas de chocolate e caramelo dos maltes torrados e caramelizados fundem-se com o exterior bem tostado da carne grelhada. Quer um pouco de Stilton ou Gorgonzola nesse filé? A Brown Ale se integra tanto à carne quanto ao queijo. Churrascos têm uma ligeira preferência pelas primas americanas, mais musculosas, da British Brown Ale, mas certamente não vão expulsar da churrrasqueira a versão britânica. É possível obter combinações excelentes – se quiser uma harmonização perfeita, pegue um pouco mais leve no molho.

As Brown Ale vão bem com praticamente qualquer prato de carne bovina, seja grelhada, seja estuvada, seja assada. Assados em fogo brando, em panela bem tampada, ripas de costela ou bochecha de boi sempre formam boas parcerias. Se você pretende ir a uma churrascaria brasileira ou a uma *parillada* argentina – dois clássicos "festivais" sul-americanos de carne – essa é a cerveja ideal. Mande vir o boi inteiro, que você estará preparado. Se a carne vier moída, à moda mexicana, com *chilli*, a Brown Ale segue fazendo boa companhia, com ou sem feijão. (Se o prato estiver muito ardido, porém, opte pela American Brown Ale, que é mais robusta).

As Brown Ale, mais suaves e redondas, ficam ótimas com moleja *sautée* e com vieiras *poêlées* tostadas, o caramelo da cerveja harmoniza-se com a doçura do dourado dos pratos. As Mild Ale e Brown Ale mais doces ficam muito boas também com *foie gras poêlé* – em vez de atropelar os sabores delicados (como a maioria dos vinhos), a cerveja busca uma harmonização suave e agradável, e invariavelmente a encontra. Essas cervejas têm exuberância suficiente para combinar com sabores das carnes de caça, como cervo, javali, faisão, pombo e codorna. A Brown Ale funciona bem com molhos reduzidos fortes, mas também combina perfeitamente bem com um simples caldo de panela.

O clássico "almoço de lavrador" inclui um copo de Brown Ale, que fica ótima com carnes frias, como rosbife, carneiro, porco e presunto, e uma grande variedade de queijos de leite de vaca e de ovelha. Praticamente qualquer prato de carne de porco fica delicioso com Brown Ale, especialmente lombo assado, de preferência cortado em estilo "borboleta" e recheado. Até mesmo receitas picantes de porco, como a mexicana *puerco en pipián,* ficam muito boas com Brown Ale. O clássico *patê de campagne* também funciona bem, assim como diversos patês de fígado, incluindo o tradicional fígado de frango picado. Outros pratos de fígado, como fígado de vitela com *bacon* e cebola, apreciam os sabores torrados e o amargor nítido da cerveja. A maioria das Brown Ale é suficientemente robusta para lidar com pato e ganso assados, contanto que a carne não venha imersa em molho doce. Não se preocupe se o pato laqueado chinês vier com um pouco de molho de pato, pois a cerveja dá conta. Os sabores torrados da Brown Ale adoram aquela pele extremamente crocante.

A Brown Ale fornece uma ótima base para ensopados de carne bovina e, depois, acompanha o prato à mesa. Outros ensopados, incluindo *cassoulet,* também combinam bem com Brown Ale. A minha versão de *cassoulet* leva três dias de preparo, mas vale a pena. Ao feijão-branco, adiciono *confit* de pato, pernil de porco, linguiça de Toulouse (de alho), carne de porco salgada e, ocasionalmente, um pedaço de cordeiro. Uma boa Brown Ale passeia por todos os ingredientes, visitando um de cada vez. As Brown

Ale relacionam-se particularmente bem com cogumelos, especialmente *shiitake* e *morel* – o caráter levemente torrado da cerveja associa-se aos sabores terrosos. Praticamente qualquer prato contendo cogumelos vai bem com British Brown Ale, desde *risotto al funghi* até cordeiro com molho de *morel*. Uma das melhores harmonizações que já provei – em um dos restaurantes do *chef* Scott Bryant, em Nova York – foi Brown Ale com um *strudel* de cogumelos silvestres, deliciosamente amanteigado. O *strudel* estava divino, eloquentemente terroso, e a cerveja ecoava em cada um de seus sabores.

FABRICANTES NOTÁVEIS DE BROWN E MILD ALE

HIGHGATE & WALSALL A cervejaria da Highgate, no estilo torre, existe desde 1895, e desde então já testemunhou muita coisa. Foi comprada por outra cervejaria em 1938, e mais tarde, durante várias décadas, pertenceu à Bass, caindo lentamente no anonimato. A Bass passou anos pensando em como "a racionalizar", até que, em 1995, uma compra administrativa garantiu sua salvação. Orgulhosa de sua renovada independência, a cervejaria construiu seus próprios *pubs* e conquistou consumidores fiéis. A cidade de Walsall, na região mineira de Black Country, em West Midlands, é um dos últimos redutos da Mild Ale. Não há mais tantos mineiros quanto antigamente, mas a Highgate manteve-se fiel ao estilo, outrora popular entre trabalhadores de toda a Inglaterra. A HIGHGATE MILD, o carro-chefe da cervejaria, tem um tom marrom-ferrugem profundo e forma um aroma complexo de chocolate, café, pedra molhada, madeira e folhas úmidas. A cerveja é seca e suave, com maltes leves e suculentos sustentados por uma bela acidez torrada, misturada a um leve sabor lupulado. O final é rápido, com sabor residual frutado de ameixa-preta. É uma cerveja notável, que mistura maltes, cereais, açúcares de fermentação e duas variedades de levedura, tradicionais da casa, para, com apenas 3,2% de teor alcoólico, alcançar considerável complexidade. Fica excelente com filés grelhados simples, cervo, rosbife, lombo, bisteca de cordeiro, embutidos, presunto, sanduíches, e praticamente qualquer prato com cogumelos.

SCOTTISH AND NEWCASTLE BREWERIES A história recente desse grupo é um tanto confusa, começando com a fusão, em 1960, da McEwan's & Younger's, da Escócia, com um grupo chamado Newcastle Breweries Ltd. Desde então, tem passado por uma sucessão de fusões e compras. Hoje em dia, no Reino Unido, é um poderoso conglomerado nacional, com várias cervejarias e milhares de *pubs*. É possível que a essa altura já tenha mudado de dono novamente, e até mesmo de nome. Talvez a única coisa que tenha se mantido constante nos últimos anos seja a NEWCASTLE BROWN ALE (até hoje a Ale engarrafada mais vendida no Reino Unido), que apresenta uma bela tonalidade mogno e um leve aroma de fruta, malte, feno e açúcar queimado. A carbonatação é baixa, há um equilíbrio entre amargor contido e maltes frutados, em um centro vinhoso de corpo médio que apresenta algum caramelo e uma sugestão de chocolate. O final é rápido e seco com sabor residual de banana. É uma boa parceira para o tradicional (e prático) *bangers and mash* (salsicha com purê de batata). Também fica ótima com *shepherd's pie* ou um "almoço de lavrador" reforçado. Além disso, os sabores de caramelo da cerveja associam-se bem aos sabores de pratos leves, como os *tandoori* de cordeiro ou de frango.

SAMUEL SMITH'S Há algo particularmente robusto na Nut-Brown Ale (Ale avelã). Muitos livros britânicos antigos contêm referências entusiasmadas a ela. Já li mais de um poema dedicado às suas virtudes e, a acreditar-se nos versos, seria possível um homem sobreviver consumindo apenas essa cerveja. No passado, várias cervejas eram comercializadas sob esse nome e, para a versão engarrafada de sua Old Brewery Brown Ale para exportação, a Samuel Smith's, de Yorkshire, decidiu ressuscitá-lo. A SAMUEL

Smith's Nut Brown Ale tem cor marrom-cobre profunda, e um belo colarinho espesso. O aroma é uma mistura perfeita de maltes caramelizados, torta de maçã, lúpulos com sabor de feno e manteiga caramelizada (*butterscotch*). O amargor é contido mas estimulante, abrindo com um paladar seco de corpo médio, com agradáveis sabores de caramelo num centro frutado. O final é seco e mineral. É uma clássica Brown Ale, saborosa e equilibrada, do norte da Inglaterra. O caráter mineral secante vem da água dura utilizada na fabricação: a cidade de Tadcaster está sobre de um lençol freático impregnado de calcário. A qualidade mineral e o atraente caráter caramelado conferem uma versatilidade incrível a essa cerveja. Prove com frango frito, aves assadas, filé, rosbife, embutidos grelhados ou um bom bolo de carne caseiro.

GEORGE GALE & COMPANY A Gale's é a maior cervejaria familiar independente de Hampshire, proprietária de mais de 150 *pubs*. Suas cervejas são distintas, no melhor sentido da palavra, e estou certo de que a administração familiar ajuda a promover a individualidade da cervejaria, que é a base da força da Gale's e de seu sucesso há mais de 150 anos. A Gale's Festival Mild é uma boa amostra do caráter da cervejaria, em grande parte derivado de uma variedade antiga de levedura. A cerveja tem cor marrom bem escura, quase preta, com alguns tons avermelhados leves. O aroma revela notas de caramelo e alcaçuz, sobre um fundo de feno. Ao paladar, a levedura se apresenta produzindo uma acidez leve e vinhosa, que carrega, pelo centro, sabores de uva-passa e chocolate. O final é prolongado e vinhoso, e o lúpulo só aparece mesmo no sabor residual, com um amargo de caráter ferroso. Trata-se de uma versão forte e mais antiga de Mild, com teor de 4,6%. É uma cerveja fascinante que parece destinada a acompanhar ensopados de carne bovina, ripas de costela, aves de caça ou cervo.

WOODFORDE'S NORFOLK ALES Fundada em 1980, a Woodforde's é uma das microcervejarias britânicas modernas de maior sucesso.

Começou em Dayton, perto de Norwich e, em 1989, mudou-se para a pequena cidade de Woodbastwick, em instalações maiores. Com água de seu próprio poço, malte East Anglia local, e lúpulos de Kent, fabrica uma ampla variedade de cervejas. Uma das mais populares é a WOODFORDE's NORFOLK NOG, uma Ale condicionada em garrafa, de profunda coloração grená. O perfil aromático tem fragrâncias de uva-passa, ameixa seca e chocolate, com uma camada terrosa de lúpulo. O aroma leva a crer que a cerveja é pesada, mas é exatamente o contrário. O paladar é levemente encorpado, com baixa carbonatação e amargor contido, contendo, em uma estrutura leve, sabores de chocolate e frutas escuras. O final é vigoroso e seco, com um toque de caramelo e acidez torrada, seguido de um atraente sabor residual de cereais. É uma cerveja agradável de beber: é possível consumir quantidades generosas, sem consequências indesejadas à saúde. Com teor de 4,6%, pode ser considerada outra versão mais antiga e forte de cerveja Mild. Deguste a Norfolk Nog com presunto, rosbife, carnes frias e sanduíches.

British Porter

Pedir ao *barman* para misturar cervejas no copo é uma tradição antiga. Até hoje, nos Estados Unidos, muita gente pede uma "preta e bronze" – um copo com Pale Ale por baixo, e, por cima, flutuando misteriosamente, a Irish Stout. Quando eu morava em Londres, meu amigo Jon e eu adorávamos uma mistura que chamávamos de "Pacificador". Certo dia, pedi ao *barman* que enchesse meu copo até a metade com a robusta cerveja ESB (Extra Special Bitter), da Fuller's, e que, depois, completasse com uma pequena garrafa de Golden Pride, o forte vinho de cevada da mesma cervejaria. Ele colocou o copo no balcão e, por baixo de suas grossas sobrancelhas, olhou para mim e disse solenemente: "Você não vai tomar muitas dessas". Nós tomamos várias daquelas, mas, na época, éramos jovens.

No início do século XVIII, muita gente tinha sua mistura particular de cerveja. Um *barman* chegava a misturar cerveja de até seis barris diferentes, até obter o sabor desejado pelo cliente. Era uma atividade extremamente trabalhosa, mas os *pubs* dispunham-se a realizá-la para manter a clientela. Em 1722, o cervejeiro londrino Ralph Harwood fabricou uma cerveja que imitava o sabor de uma mistura de três cervejas muito populares, conhecida como "três fios". Ele a chamou de Mr. Harwood's Entire (Completa de Mr. Harwood), uma aparente referência ao fato de reunir as melhores qualidades de todas as outras. A Harwood's Entire era moderadamente forte, bastante escura e alegadamente saborosa, e podia ser servida rapidamente, agradando tanto aos atendentes quanto a seus clientes. Como era uma das cervejas favoritas dos carregadores (*porters*) de Londres, que trabalhavam duro e matavam a sede com copiosas quantidades de cerveja, a Entire ficou conhecida como "Porter". O nome Entire caiu em desuso, mas ainda é possível vê-lo gravado nas fachadas de pedra de alguns *pubs* antigos de Londres.

A Porter tornou-se o estilo mais popular nos *pubs* londrinos, e dezenas de cervejarias passaram a disputar o mercado. Graças à sua grande popularidade, era possível até fazer fortuna fabricando apenas esse tipo de cerveja, mas isso exigia uma economia de escala. Então as cervejarias londrinas começaram a construir instalações enormes, com tonéis de madeira gigantescos, para armazenar cerveja Porter em processo de fermentação e envelhecimento. Quando a Whitbread construiu sua fábrica de Porter em Chiswell Street, em 1745, instalou tonéis com capacidade para 600 mil litros cada. Muitas vezes, pouco antes de serem enchidos, os novos tonéis eram "inaugurados" servindo de salões para luxuosos jantares promocionais. Em 1790, a cervejaria Meux construiu um tonel capaz de abrigar um jantar para 200 convidados. Cinco anos depois, a Meux ergueu um tonel de 3 milhões de litros, o maior do mundo.

Tudo isso estava fadado a acabar em lágrimas. Por mais impressionantes que fossem os tonéis, eram feitos de madeira, e madeira tem seus limites. Tais limites foram descobertos em outubro de 1814, quando um dos tonéis da Meux estourou, rompendo as paredes da cervejaria, liberando uma inesperada e violenta correnteza de Porter pelas ruas de Londres, demolindo prédios próximos. Oito pessoas morreram "por afogamento, ferimentos, envenenamento pelo vapor da cerveja ou embriaguez".

Ao abrir sua cervejaria em Dublin, em 1759, Arthur Guinness fabricava outros estilos de Ale, mas logo concentrou seus esforços na produção de Porter, tão popular na Irlanda quanto na Inglaterra. Até a década de 1790, na Irlanda, grande parte da cerveja Porter era importada da Inglaterra, mas logo os cervejeiros irlandeses recuperaram o mercado local. Em 1803, a Guinness já desistira dos outros estilos e fabricava apenas Porter – por volta de 1830, ela já estava sendo exportada para vários países. A Guinness Porter é a antecessora de suas Stout atuais, e a persistente popularidade da Guinness em todo o mundo é fruto daquelas primeiras exportações. Versões da Porter ainda sobrevivem em alguns países – Polônia, Dinamarca, Finlândia e Rússia têm cervejarias que fabricam Porter.

Os americanos também apreciavam Porter, a maior parte originalmente importada da Inglaterra. George Washington gostava tanto da inglesa quanto da versão local. Isso até 1769, quando desistiu da cerveja inglesa, pois decidiu que, vindo da Inglaterra, nada mais agradava seu palato. Thomas Jefferson fabricava e vendia Porter: ainda temos cartas suas reclamando da dificuldade de encontrar boas rolhas para engarrafá-la. Na época em que os colonos americanos declararam a independência, a fabricação americana de Porter já estava a todo vapor. Robert Hare, da Filadélfia, abriu uma fábrica de Porter em 1776, bem a tempo de ser expulso pela ocupação britânica. Em 1778, no entanto, já estava de volta, e mais tarde passou a fornecer Porter para a mansão presidencial de George Washington. Mesmo quando, em meados do século XIX,

os imigrantes alemães trouxeram os estilos de Lager que tomaram de assalto a região Nordeste, muitos fabricavam Porter para seus clientes não alemães, embora usassem as novas leveduras Lager de baixa fermentação. Essa variante de Porter ainda sobrevive, produzida pela D. G. Yuengling Brewery, de Pottsville, Pensilvânia, a mais antiga cervejaria ainda em funcionamento dos Estados Unidos (1829).

Por volta de década 1960, as guerras mundiais (a torrefação de malte consumia energia preciosa) e a Lei Seca quase haviam extinguido a Porter nos Estados Unidos; na Inglaterra, já desaparecera na década de 1940, substituída pelas Mild Brown Ale e Stout. Até a Guinness, na década de 1970, parou de fabricar Porter, embora alguns irlandeses mais idosos ainda chamem a Guinness Stout de "Porter". Nos últimos vinte anos, o movimento de cerveja artesanal, primeiro na Inglaterra e depois nos Estados Unidos, redescobriu o estilo Porter. A inglesa ainda é relativamente rara, mas os cervejeiros artesanais americanos apreciam o estilo e criaram suas próprias versões saborosas.

Em Londres, voltou-se a fabricar Porter, e esta cerveja foi lançada na linha da Ale finas da Fuller's.

As modernas Porter inglesas ainda são cervejas Ale escuras e plenamente encorpadas, com um caráter mais torrado do que a Brown Ale, embora menos intenso do que a Stout. A maioria das Porter não é totalmente preta – há traços marrom-avermelhados na garrafa. A Porter não tem o sabor torrado agressivo de café expresso da Stout, mas mostra esse seu caráter de uma maneira mais suave e achocolatada. Como na maioria das cervejas inglesas, há um bom equilíbrio entre o amargo do lúpulo e o sabor e a doçura do malte, e as leveduras das cervejarias contribuem com aromas frutados. Com cerca de 5% de teor alcoólico, as Porter não são tão fortes quanto aparentam e, em noites frias, tornam-se particularmente sedutoras.

BRITISH PORTER E COMIDA

As British Porter são bebidas ricas e elegantes, e carregam seu caráter torrado com graça e naturalidade. O amargor tende a ser mais contido do que nas exuberantes versões americanas. Muitas vezes, mais do que se imagina, são surpreendentemente sedosas e versáteis na harmonização. Há alguns anos, no Bronxville Field Club, em Nova York, organizei uma jantar com cerveja para a Associação dos Chefs de Clubes de Campo de Westchester. Um dos pratos servidos era de vieiras *poêlées* tostadas, pescadas manualmente. Para a surpresa dos quarenta *chefs* presentes, as vieiras vieram acompanhadas da Samuel Smith's Taddy Porter. Não imaginaram que eu serviria uma cerveja tão escura – não iria subjugar o prato? Nem um pouco. Vieiras de boa qualidade têm uma doçura natural delicada, e o tostado carameliza os açúcares. Os sabores torrados e caramelizados da Porter harmonizaram-se com os das vieiras, e os açúcares da cerveja combinaram com a doçura delas. A cerveja era tipicamente britânica, com um paladar suave, sutil e refinado. Mais tarde, alguns dos *chefs* me disseram que foi uma das harmonizações mais perfeitas de comida e bebida que já provaram.

Muitas afinidades da Porter são mais óbvias do que isso. A cerveja tem sabores torrados suficientes para harmonizar com a carne tostada de grelhados. Filés e hambúrgueres grelhados são parceiros naturais, seguidos por carne de frango e de porco. Até mesmo vegetais grelhados no espeto combinam bem com essa cerveja, pois sua doçura defumada associa-se à torrefação da cerveja. Costelas grelhadas ou assadas também vão muito bem com Porter, e as versões mais doces combinam melhor com o molho. Bolo de carne é um prato perfeito para Porter, assim como *shepherd's pie*. Cervo e javali também tiram a Porter para dançar, sejam tostados, grelhados, assados ou no espeto – os sabores intensos da carne de caça vermelha funcionam bem com os maltes escuros da cerveja.

Embutidos italianos doces, de boa qualidade, ficam deliciosos com Porter, mas os de cervo ficam melhores ainda (a D'Artagnan, em Newark, fornecedora de *foie gras* e carne de caça, faz uma linguiça de cervo e cereja sensacional – eu compro pelo *site* www.dartagnan.com). Também são boas companheiras as carnes de panela, em especial ripas de costela, lentamente assadas em fogo brando. Na hora do almoço, a Porter fica ótima com um sanduíche Reuben ou com praticamente qualquer coisa em *pumpernickel*, o pão preto integral de centeio, que contém harmoniosos sabores de chocolate.

Em pratos salgados, chocolate é um ingrediente raro, mas, quando aparece, geralmente a receita é deliciosa e deve ser recepcionada com uma Porter. Há vários pratos tradicionais espanhóis e italianos enriquecidos com chocolate escuro, e a Porter combina particularmente bem com eles. A harmonização é mágica. *Mole poblano*, o clássico e complexo molho mexicano de especiarias, pimentas-malaguetas, frutos secos e chocolate, transforma o frango num ótimo parceiro para a Porter. Algumas carnes de caça têm suas próprias qualidades achocolatadas – pombos novos (borrachos) ou da mata (*Columba palumbus ssp.*), por exemplo, especialmente os silvestres, onde a caça for permitida. A Porter pode proporcionar um acompanhamento excelente para essas carnes de sabor intenso, bem como para as de búfalo e de alce.

Ela também brilha ao lado de sobremesas, principalmente as que levam chocolate. Muitas são fabricadas com "malte chocolate", assim chamado por ser torrado até adquirir o sabor de chocolate escuro. Nenhum vinho harmoniza tão bem com sobremesas de chocolate quanto a cerveja certa. Joanna Simon, renomada autora britânica de livros sobre vinhos, lamenta: "Uma forma comum de extermínio de vinho é a morte por chocolate". Mas não se preocupe – a cerveja está a caminho. Se o chocolate da sobremesa for muito intenso, prefira uma Imperial Stout, mas se a intensidade variar entre sutil e média, a Porter é a melhor opção. Por exemplo, as British Porter vão muito bem com suflês e musses de chocolate. A união de bolos de chocolate leves com Porter também é prazerosa.

Irish e English Stout

Preta e implacável, coroada por uma nuvem de espuma clara, a cerveja Stout sempre impressiona pela aparência. Não é para menos que comerciais de televisão da Guinness mostram nada além de um copo de Guinness Stout com o famoso colarinho se formando.

Nenhum outro estilo de cerveja tem uma identificação tão forte com uma única cervejaria quanto a Stout tem com a Guinness. Em 1759, aos 34 anos de idade, Arthur Guinness arrendou – por um período de 9 mil anos – uma cervejaria falida em St. James Gate, em Dublin. Após três anos fabricando cerveja em Kildare, Arthur mudara-se para Dublin para fazer fortuna. Seus primeiros anos foram difíceis – a Irlanda estava sob domínio inglês, e as cervejas importadas da Inglaterra pagavam impostos bem menores do que as irlandesas. Guinness conseguiu manter-se até a mudança da legislação fiscal, o que lhe deu a oportunidade de expandir-se tanto no mercado local quanto no exterior. Contratou, de

Londres, um experiente cervejeiro de Porter e logo estava exportando para a Inglaterra. No início do século XIX, a Guinness West Indies Porter já era exportada para o Caribe e, no final do mesmo século, alcançava a Europa, África, Austrália, Ásia e América do Norte. Atualmente, em mais de quarenta países, a Guinness fabrica dezenove versões diferentes de Stout, vendidas em 135 países. Em 1947, abriu até mesmo uma cervejaria em Long Island, Nova York. A fábrica fechou sete anos depois – aparentemente, os adeptos americanos da Stout queriam cerveja fabricada em Dublin, não em Long Island.

A Stout descende diretamente da Porter. Os fabricantes de Porter, incluindo Guinness, começaram a fazer uma versão mais forte e torrada chamada Stout Porter (Porter robusta), indicando uma cerveja mais pesada. Com o tempo a palavra Porter foi abandonada e a cerveja passou a ser conhecida simplesmente como Stout. Em 1817, Daniel Wheeler patenteou sua máquina de torrefação. Esse equipamento permitia torrefação precisa do malte e da cevada crua (não maltada), dando origem a cervejas pretas com intenso sabor torrado. A Guinness começou a usar cevada crua altamente torrada em sua cerveja, o que deu a ela um sabor seco e marcante de café expresso, diferenciando-a de todas as outras. Apesar de seu sucesso, havia na Irlanda um concorrente de peso para a cervejaria Guinness – a Beamish & Crawford, estabelecida em Cork, em 1792, com o nome de Cork Porter Brewery. Em 1833, a Guinness ultrapassou a Beamish, que no entanto continua fabricando uma Stout de qualidade até hoje. A cervejaria Murphy's, estabelecida em 1856, é a concorrente da Beamish do outro lado da cidade. Começou fabricando Porter, mas logo se deu conta da preferência local por Stout, passando a produzir esse estilo. Atualmente a Murphy's ainda fabrica Stout, e é preferida em relação à Guinness, por muitas pessoas de Cork.

Apesar da aparência austera, a Irish Stout clássica é um estilo de cerveja bastante agradável. É bem seca, estimulante e leve. Isso mesmo, leve. Não se deixe enganar pela cor, que resulta do abundante uso de grãos torrados no macerado. Isso não significa alto teor alcoólico. Todas as principais marcas de Irish Stout de barril têm menos de 5% de álcool por volume, menos até do que a massificada "Pilsner" americana. A Irish Stout foi concebida para várias horas de consumo agradável no *pub*. Num copo de Guinness, o colarinho admiravelmente firme e cremoso é fruto de um engenhoso sistema de torneira que, sob altíssima pressão, extrai o nitrogênio dissolvido na cerveja. A Guinness e seus rivais combinam um sabor robusto de lúpulo com um paladar de corpo leve, ligeiramente ácido e extremamente seco, que apresenta sabores torrados de café expresso e chocolate escuro. O caráter lupulado é combinado com o caráter torrado – e, novamente, a melhor comparação é com café expresso. Quando a cerveja está fresca, o nariz é brindado com um aroma terroso de lúpulo. Há uma razão para essa cerveja ser exportada para o mundo inteiro: é leve, porém saborosa, maravilhosamente refrescante, e fica ótima, seja resfriada, seja à temperatura ambiente. Antigamente, o alto teor de lúpulo preservava a cerveja em suas viagens. Devido a seu enorme sucesso ao longo dos anos, felizmente não houve motivos para a Guinness mudar a cerveja. Quando você for a Dublin, visite as *brew pubs* locais: The Porterhouse, em Temple Bar, e Messrs. Maguire, às margens do rio Liffey. Ambas produzem versões admiravelmente saborosas de cerveja Irish Stout clássica.

Na Inglaterra, a versão da Stout é historicamente mais doce. Tanto na Inglaterra quanto na Irlanda a Stout era amplamente reconhecida como um tônico fortificante – um *slogan* publicitário famoso era "Guinness faz bem para você". Os irlandeses até se referiam à cerveja como "leite materno" e a recomendavam para mulheres que estavam amamentando, pois supostamente se beneficiariam do alto teor de ferro (e os bebês, sem dúvida, do leite mais saboroso). Buscando incrementar suas qualidades benéficas, as cervejarias britânicas levaram essa alusão ao pé de letra e acrescentaram lactose a diversas Stout, que ficaram conhecidas como Stout "de creme" ou "de leite". Os rótulos se vangloriavam das qualidades nutritivas dessas cervejas e muitas vezes estampavam imagens de robustos latões de leite. A levedura não é capaz de fermentar a lactose, portanto ela permanecia na cerveja, conferindo um paladar redondo e mais adocicado. Já que alguns açúcares não eram fermentados, em geral tinha baixo teor alcoólico e, às vezes, a cerveja era servida a pessoas que se restabeleciam de doenças ou ferimentos. Para revigorar as energias, depois de um longo dia nas minas ou nas docas, os trabalhadores gostavam de tomar Stout. Hoje em dia, restam poucos mineiros e estivadores na Inglaterra, e Stout doces são difíceis de encontrar.

Outra variante, hoje em dia bastante fabricada por produtores artesanais americanos, é a Oatmeal Stout (Stout de aveia). Raramente se usa aveia para fabricar cerveja, e por um bom motivo: fica grudenta e pastosa na tina de mostura (como na sua tigela de cereal). É muito difícil trabalhar com aveia, mas é provável que seu uso remonte a centenas de anos, quando havia escassez de outros cereais. Em pequena proporção, a aveia pode contribuir bastante para fabricar uma Stout levemente adocicada, conferindo à cerveja uma qualidade redonda e sedosa, quase oleosa.

IMPERIAL STOUT

Em uma viagem à Inglaterra, Catarina, a Grande, apaixonou-se pelo sabor da Stout e encomendou-a para a sua corte na Rússia. A caminho dos portos do Báltico, a cerveja estragou, e Catarina não ficou muito contente. Ela queria Stout e estava acostumada a conseguir o que queria. Se não tivesse a cerveja, cabeças iriam rolar. A salvação foi a cervejaria Barclay, de Londres, que fez uma Stout amarga e particularmente forte, robusta o suficiente para resistir à longa viagem marítima. Com teor de 10,5%, a cerveja era capaz de cuidar de si mesma, chegando ao palácio em ótimas condições. Na corte russa, foi sensação imediata e ficou conhecida como Imperial Stout russa.

Cervejas similares foram fabricadas por outras cervejarias e enviadas para os portos nórdicos e para todos os países do Báltico. Esses acabaram fazendo suas próprias versões, que preferiam, em geral, chamar de Porter. Às vezes, eram Lager de baixa fermentação que, graças a temperaturas de fermentação mais altas e maior concentração de malte, alcançavam uma intensidade de sabor semelhante às Ale. Algumas cervejarias inglesas e várias outras nos Estados Unidos, incluindo a minha, ainda fabricam a Imperial Stout. É uma cerveja de intensidade complexa e inigualável, muitas vezes combinando sabores de chocolate escuro, café, alcaçuz, frutas queimadas, lúpulos e alcatrão.

Nos séculos XVIII e XIX, a Imperial Stout também inspirou cervejas destinadas ao Caribe, onde nutriam (e refrescavam) trabalhadores, capatazes e comerciantes. A West Indies Porter, da Guinness, é precursora da atual Guinness Foreign Extra Stout, uma cerveja amarga e forte, com um toque ácido característico. O clima quente do Caribe parece não combinar muito bem com uma cerveja escura e forte, mas ela ainda desfruta de uma popularidade notável na região, onde é considerada revigorante e até mesmo afrodisíaca. Não é vendida nos Estados Unidos – para o desespero de muitos imigrantes caribenhos que, às vezes, recorrem ao contrabando. Quando passei férias em St. Kitts, mesmo sob o forte sol caribenho, achei a Foreign Extra Stout admiravelmente refrescante. Depois de duas ou três garrafas, no entanto, os habitantes locais começaram a me olhar de lado, como se eu estivesse com más intenções. Quais seriam meus planos, depois de três garrafas de poção do amor?

IRISH STOUT, ENGLISH STOUT E COMIDA

Ao tratar-se de comida, a Stout é surpreendentemente versátil. A Irish Stout, em particular, tem a capacidade de combinar admiravelmente bem com pratos inesperados. Em geral, o caso é mais de contraste do que de harmonização, mas não deixa de ser

brilhante. Um bom exemplo é a clássica união de Irish Stout com ostra. No passado, as águas que banham a Inglaterra e a Irlanda eram abundantes em ostras, que, assim como as lagostas, tinham preços acessíveis e eram fartamente consumidas pelas classes trabalhadoras. Diariamente, ostra e Porter davam uma refeição saborosa e barata para milhares de pessoas. Hoje, devido à pesca predatória e à poluição, ostra é um prato de certo luxo, mas a combinação de Stout e ostra continua ótima. De Londres a Nova York, restaurantes especializados em carnes e em frutos do mar ainda servem Stout para acompanhar ostras na meia concha. O sabor seco, torrado e amargo da cerveja associa-se de maneira inigualável à textura e aos sabores marinhos da ostra. É possível até imaginar a cerveja como a faca que abre a concha – parece haver entre eles uma conexão quase primitiva. O sabor da ostra é magicamente amplificado, dominando os sentidos. Anualmente, em Galway, na Irlanda, a Guinness organiza um espetacular festival de ostras, no qual milhares de pessoas celebram essa combinação secular de cerveja e comida.

Como as lagostas, também as ostras já foram consideradas alimento de pobres. Hoje, embora tenham angariado "respeito", ainda são tradicionalmente acompanhadas por Stout.

A Irish Stout fica ótima também com mexilhões, lagosta, caranguejo, amêijoas, vieiras e lulas. Todos têm uma certa doçura marinha, maravilhosamente realçada pela Irish Stout. É difícil dizer por que a mesma afinidade não ocorre com a maioria dos peixes, mas o fato é que a cerveja parece sobrepor-se a quase todos, menos a atum e salmão, fortes o suficiente para darem conta. Anchovas, sardinhas, anchovinhas e cavalas são as outras poucas exceções – a cerveja é ótima para atravessar o sabor forte e realçar os agradáveis aromas marinhos desses peixes. Também com defumados funciona bem: a Irish Stout fica excelente com truta e arenque (*kipper*) defumados, e salmão defumado ou curado (*lox*).

Tanto na terra quanto no mar, a Irish Stout fica à vontade, encontrando no presunto um parceiro perfeito. Novamente, a intensidade seca da cerveja absorve o sal e realça os sabores essenciais do presunto. Quanto mais intenso o presunto, melhor a combinação – *prosciutto* de Parma, *pancetta* e *jamón* Serrano ficam todos explosivamente deliciosos com Irish Stout. Carne bovina enlatada, ingrediente básico da dieta irlandesa no passado, fica ótima com Irish Stout, assim como *pastrami*. Há poucas combinações melhores do que um clássico sanduíche Reuben com um copo de Stout. Filé – de preferência temperado com pimenta esmagada, sal grosso e azeite, antes de ir à grelha – fica excelente. A cerveja harmoniza com o tostado da carne, atravessa a gordura e funde-se com os sucos. Naturalmente, o mesmo é válido para hambúrgueres. Enquanto o melhor local de encontro com ostras é no palato, a Stout acompanha carne bovina também na panela. Parece que todo lar irlandês tem sua receita de ensopado Guinness, um prato que imagino ser tão antigo quanto a cervejaria. A receita básica é tão simples quanto parece – Guinness, carne bovina e qualquer verdura, legume ou tubérculo que esteja à mão. Servido com a cerveja, é a combinação ideal para uma noite de inverno fria e ventosa.

Por mais saborosas que sejam, as English Stout raramente são tão versáteis quanto as irlandesas. O paladar extremamente seco da Irish Stout permite o contraste de sabores entre cerveja e comida. As English Stout tendem a ser mais doces e achocolatadas, e um pouco mais sutis. Isso favorece a harmonia mais do que o contraste. Também são excelentes com comida, só que de maneira diferente de suas primas irlandesas. As Oatmeal Stout e outras variações semissecas ficam excelentes com carne bovina, cordeiro e cervo, especialmente quando servidos com molhos salgados bem condimentados, que tendem a ter alguma doçura. Oatmeal Stout suaves podem ficar particularmente boas com *ris de veau* e vieiras *poêlées* tostadas pelas mesmas razões: o leve sabor adocicado e de frutos secos da cerveja, e a qualidade sedosa, quase oleosa, tanto da carne quanto da cerveja. Desfrute a maneira como se fundem totalmente.

Os sabores de chocolate da English Stout combinam bem com *moles* mexicanos, à base de chocolate, e com aquelas estranhas (mas deliciosas) massas italianas feitas com chocolate. Em Nova York, o Felidia, excelente restaurante italiano de Lidia Bastianich, serve um maravilhoso ravióli de chocolate amargo, recheado com abóbora assada e salteado com manteiga, manjericão e sementes de abóbora. Fica magnífico com a Imperial Stout, que harmoniza perfeitamente com o chocolate da massa: a doçura combina com a abóbora, os sabores de malte torrado, com as sementes, e o amargor absorve a manteiga.

Sabores de chocolate também são marcantes em aves pequenas, como pombos novos (borrachos) e pombo-torcaz (*Columba palumbus*), especialmente os silvestres (onde a caça é permitida). A Oatmeal Stout acompanha bem essas carnes.

É claro que chocolate geralmente lembra sobremesa. *Sommeliers* e comensais se debatem, acreditando haver algum vinho que combine com chocolate. Não há. Chocolate é doce e domina o palato. Nenhum vinho tem as propriedades necessárias para lidar com essas qualidades. Pode guardar o Zinfandel da Califórnia – isso não é parceria, é luta livre, e você certamente não será o vencedor. Guarde o vinho doce de sobremesa também – além da doçura, o que mais tem a oferecer ao chocolate? Já a harmonia entre Stout e chocolate é tão vasta e ampla que é obvio que todo restaurante que serve sobremesa deveria ter ao menos uma marca de Stout em sua carta. Se com este livro você aprender apenas uma coisa, que seja isso: *cervejas Stout formam uma combinação absolutamente perfeita com sobremesas de chocolate.*

Há duas maneiras de fazer essa combinação, cada qual com seus méritos. A primeira é optar por uma Stout semidoce ou doce. Nesse caso, estará combinando doce com doce, e chocolate com chocolate. Funciona melhor quando a sobremesa não é doce demais, e o chocolate é mais de leite do que escuro. Suflê de chocolate é um bom exemplo de combinação perfeita com uma Stout doce. No entanto, é preciso que a cerveja tenha algum amargor, ou a harmonização será muito próxima e os sabores podem anular-se. Quando o chocolate da sobremesa é mais intenso, é hora de buscar a artilharia pesada – Imperial Stout. Esse é o segundo tipo de combinação: aquele que utiliza uma cerveja a qual, ao mesmo tempo, fornece harmonia e contraste. As Imperial Stout tendem a ter considerável doçura residual, mas equilibrada por acidez torrada e amargor de lúpulo. Em uma combinação, digamos, com um *petit gâteau* (aqueles bolinhos franceses de chocolate escuro, com recheio derretido), o amargor e a torrefação atravessam a doçura à maneira de um café expresso. Em seguida, os sabores de chocolate e café da cerveja abraçam os mesmos sabores no bolo, e você entra em transe. Por mais intenso que seja o chocolate, a Imperial Stout dará conta. Trufas de chocolate? Perfeito. Acredite, quando você provar essa combinação, nunca mais vai beber vinho para acompanhar chocolate.

Com outras sobremesas, a Imperial Stout fornece sabores de chocolate e café, produzindo contrastes muito saborosos. A velha regra de que o vinho deve ser tão doce quanto a sobremesa não se aplica à cerveja. Cerveja tem amargor e carbonatação para absorver açúcar e atravessar gordura, dando ao palato não só uma enxurrada de sabor mas também uma bem-vinda pausa após cada gole. Uma saborosa torta de framboesa ou morango aceita bem os paladares de chocolate – nem preciso dizer o quanto fruta combina com chocolate. As Imperial Stout funcionam igualmente bem com sobremesas cremosas, como o clássico *flan* de caramelo, *crème brûlée* e *panna cotta*.

ENGLISH PORTER, IRISH PORTER E STOUT: FABRICANTES NOTÁVEIS

ARTHUR GUINNESS & SONS Embora transmita com eficiência uma imagem artesanal, há tempos a Guinness já é uma enorme corporação internacional. Em vários momentos, a cervejaria em St. James' Gate, Dublin, chegou a ser a maior do mundo. Atualmente, é uma joia na coroa da gigantesca multinacional Diageo, nome que, para mim, soa como o de alguma extensão pré-histórica de terra. Mesmo assim, é preciso tirar o chapéu para ela, por ter criado um belo nicho, vendendo enormes quantidades de cerveja preta e amarga, num mundo inundado por efervescências douradas. Segundo a Guinness, suas cervejas são vendidas em 135 países, e, nos últimos anos, a cervejaria tem feito grandes avanços no mercado americano. Na Itália, onde as pessoas apreciam o amargor apetitoso do café expresso e seus tradicionais aperitivos e digestivos, a Guinness desfruta uma súbita e merecida popularidade.

Apesar de sua aparência austera, a GUINNESS STOUT DRAUGHT é uma das cervejas mais leves do mercado, mal alcançando 4% de teor. A Guinness inventou a lata *widget* que, ao ser aberta, libera um jato de nitrogênio na cerveja. Isso forma, assim que a cerveja é servida no copo, o famoso colarinho cremoso da Guinness, sua marca registrada. É um truque engenhoso e muito imitado, embora geralmente com menos competência. A cerveja tem um aroma de lúpulo inglês terroso, lembrando feno e apenas sugerindo aroma de malte. O amargor é amplo e pronunciado, e preenche a boca, sustentado por uma leve estrutura de malte. Os lúpulos se fundem com uma acidez de café expresso, conduzindo a um final seco e calcário.

A Guinness Foreign Extra Stout é uma cerveja da era vitoriana, mas ainda popular no Caribe, onde a população local a considera revigorante.

A lata *widget* contém basicamente a mesma cerveja servida na pressão nos Estados Unidos e na Irlanda. Bem tirada, uma Guinness de barril tem, mais do que a versão em lata, um gostoso sabor de lúpulo e grande intensidade de café no centro. Numa cerveja tão leve, frescor é um aspecto importante, e o da cerveja feita em Dublin é lendário. Certa ocasião, em uma competição de cerveja, fui juiz, ao lado de uma mulher que, na época, era responsável pelo controle de qualidade da Guinness. Ela me contou que, certa vez, houve um pequeno problema de sabor em um dos lotes, e uma equipe foi enviada para investigar. Embora a cerveja em questão tivesse deixado a fábrica há menos de quarenta e oito horas, só encontraram barris vazios em Dublin – toda ela já fora consumida.

A GUINNESS DRAUGHT fica excelente com ostra, carne de caranguejo e os famosos camarões da baía de Dublin. Fica excelente também com presunto, *prosciutto*, *pastrami*, *corned beef*, filés, hambúrgueres, churrasco e pratos mexicanos.

Já a GUINNESS EXTRA STOUT é uma cerveja totalmente diferente, ao menos nos Estados Unidos. Com 6% de teor, é bem mais forte dos que as versões em barril e em lata, e só existe em garrafa (para confundir, agora há uma versão engarrafada da cerveja com *widget*). O rótulo diz "Importada" em letras grandes, mas é um pouco forçado. É importada, sim... do Canadá, mais precisamente de Toronto. Essa cerveja tem aroma de lúpulo e enxofre. O amargor e a acidez, estimulantes e pronunciados, são sentidos na ponta da língua. O amargor intenso carrega forte sabor de café até um final prolongado e amargo. Essa cerveja é admiravelmente incisiva, remetendo a tempos passados. Antigamente, era condicionada na garrafa, o que devia lhe conferir ainda mais intensidade. Acredito que poucas ostras sobreviveriam a um encontro com essa cerveja. Eu a reservaria para presuntos frutados, bem curados, e embutidos robustos.

BEAMISH & CRAWFORD Numa área em Cork, na Irlanda, onde se fabrica cerveja desde 1650, está localizada a cervejaria Beamish. Richard Beamish e Arthur Crawford compraram-na em 1792 e a reinauguraram com o nome de Cork Porter Brewery. O crescimento da cervejaria foi meteórico e, já em 1805, a produção passara de 2 milhões de litros para 15 milhões por ano, tornado-a a maior cervejaria da Irlanda e a terceira maior das Ilhas Britânicas. Poderia ter sido uma grande rival, mas, hoje em dia, a BEAMISH IRISH STOUT apenas morde os calcanhares da Guinness. Mesmo assim, é muito apreciada em Cork, e recentemente foi reintroduzida nos Estados Unidos, tanto em barril quanto em lata *widget*. A cervejaria passou pelas mãos de vários grupos internacionais e agora faz parte do portfólio da Scottish and Newcastle (agora Heineken UK Ltd.).

A BEAMISH IRISH STOUT tem um aroma sutil de lúpulo e chocolate. O paladar é levemente encorpado, cremoso e extremamente seco, com um ligeiro amargor. Há, no centro, sabor de café e cacau, seguido de um final calcário e lupulado. Quando a cerveja está particularmente fresca, chama atenção pelo agradável aroma de lúpulo, e seu amargor bem equilibrado é bastante refrescante. Fica excelente com ostra, hambúrguer, ou com um sanduíche de presunto e queijo suíço em pão de centeio.

MURPHY BREWERY Na tradição cristã, água benta se transformar em vinho é um milagre. Em 1856, com a intenção de transformar água consagrada em cerveja, James, Jerome, Francis e William Murphy construíram uma cervejaria ao lado de um poço abençoado, em Cork, e daí extraíam água para fabricar cerveja. A cervejaria ainda é conhecida como Lady's Well Brewery (Cervejaria Poço da Dama), embora atualmente utilize água do sistema de abastecimento da cidade. Em 1983, a Murphy foi comprada pela Heineken, que ampliou a presença internacional da cerveja. Em lata ou em garrafa, a vendida atualmente nos Estados Unidos não é fabricada em Cork, mas na Inglaterra, produzida sob licença pela Whitbread.

Antigamente a Murphy Brewery fabricava Porter, mas hoje tem um único produto, a MURPHY'S IRISH STOUT. A cerveja é preta, com colarinho espesso e agradável aroma de lúpulos terrosos e florais, além de chocolate. O paladar apresenta um leve amargor, integrado com o sabor torrado, levando a um centro seco e vinhoso. O final é rapidíssimo, deixando para trás apenas um amargor seco e limpo, e uma pálida impressão de café. A cerveja Murphy é menos incisiva do que a Beamish e bem menos incisiva do que a Guinness. Há alguns anos, a Guinness lançou um *slogan* provocador, mas divertido: "Guinness, a cerveja para a qual você vem treinando". Pouco depois a réplica esperta da Murphy apareceu nas laterais dos ônibus: "Murphy's Irish Stout – não exige experiência prévia". Essa espirituosa troca da farpas resume bem a situação: a Murphy's compensa, com uma suavidade redonda, sua falta de acidez e amargor. Fica muito agradável com ostras delicadas, sanduíches de presunto e queijo suíço, e uma ampla variedade de pratos mexicanos, especialmente os com feijão-preto ou com *mole negro*. Com seu sabor suave de lúpulo, é a melhor Stout para fazer o tradicional prato irlandês de carne estuvada na cerveja.

SAMUEL SMITH Em Tadcaster, em Yorkshire, essa famosa cervejaria familiar fabrica três cervejas de sabores torrados, com características distintas. A SAMUEL SMITH'S TADDY PORTER é solidamente preta, e apresenta aromas de caramelo, ameixas maduras, chocolate, manteiga caramelizada (*butterscotch*) e alcaçuz. Na ponta da língua, o amargor é moderado, combinado com um suculento toque de frutas silvestres. O paladar é leve, redondo e suave, desenvolvendo notas brandas de chocolate e café. O final é prolongado e seco. Combina muito bem com vieiras *poêlées* tostadas, receitas terrosas de tamboril (especialmente com *morel*), filés e ensopados de carne bovina. Para a sobremesa, escolha tortas de frutas ou suflê de chocolate.

A SAMUEL SMITH'S OATMEAL STOUT tem aroma leve e fresco de lúpulo, com um fundo de chocolate. O paladar é bem encorpado e semidoce, com um forte sabor lupulado e uma acidez vigorosa, equilibrando maltes caramelizados. O sabor torrado se espalha pela língua como o impacto de um café italiano. A doçura persiste até o rápido final. É uma cerveja excelente para servir com sobremesas de chocolate, tortas de frutas, *cheesecake* e sorvete.

Essas duas primeiras Stout têm um teor de aproximadamente 5%, mas a SAMUEL SMITH'S IMPERIAL STOUT alcança 7%. O colarinho mais escuro sinaliza a alta concentração, no macerado, de maltes torrados. O aroma é um perfume inebriante de chocolate escuro francês, Porto Vintage, maracujá e alcaçuz. A cerveja reveste o palato com um forro denso, aveludado, viçoso, suculento e sedoso. Com rigidez de ferro, sustentando todo esse veludo, o amargor surge por detrás. Antes da despedida graciosa, num final prolongado e secante, os sentidos são dominados por chocolate, café expresso e frutas maduras. É uma cerveja imprescindível para sobremesas intensas de chocolate, como bolo "molhado" de chocolate sem farinha – o chamado "bolo de lama" (*mud cake*) –, e tortas de chocolate caramelizado. Também é ótima com *cheesecake*, especialmente com cobertura de frutas. A lista prossegue: biscoitos amanteigados, bolo recheado de creme e morangos, bolo de cenoura – em suma, qualquer coisa que ficaria ótima com um café francês ou italiano bem forte.

FULLER'S A cervejaria londrina Fuller's é mais conhecida por suas excelentes Bitter, mas, atrás do balcão de seus *pubs,* sempre houve uma Brown Ale meio esquecida. Agora a cervejaria tem um compromisso mais sério com a FULLER'S LONDON PORTER, após vários anos, sua primeira cerveja de torrefação forte. A cor está mais para uma tonalidade marrom-escura do que propriamente preta, com lindos tons rubis brilhando através da garrafa. Tem aroma cheio, rico de chocolate ao leite (mas chocolate Lindt, não Nestlé). Aromas de lúpulo flutuam ao fundo. O amargor lupulado desliza pelas laterais da língua, seguido pela suculenta torrefação ácida, o centro caramelado frutado e a base agradável de café e chocolate. O final é cortado e seco. Uma cerveja deliciosa, perfeitamente afinada – a estrutura é absolutamente harmônica, e tudo se encaixa feito uma grande sinfonia ou uma edificação em arquitetura palladiana. Sirva com o autêntico *mole negro* mexicano, sobremesas leves de chocolate, sobremesas de frutas ou sorvete de creme.

YOUNG'S Esta cervejaria, amistosa rival londrina da Fuller's, entrou na briga com a YOUNG'S OATMEAL STOUT, vendida em garrafa e em lata *widget*. A cerveja tem um aroma apetitoso de chocolate, café, lúpulo e frutas secas. Rapidamente, some a impressão de doçura inicial, revelando um paladar bastante suave e redondo, quase oleoso, com leves sabores de chocolate e alcaçuz. O final é calcário e seco. É uma Stout leve e palatável, que encara tanto sanduíches de presunto quanto *ris de veau*. Seu toque leve combina

Em Munique, em 1872, George Schneider I começou a fabricar Weissbier. Hoje, em Kelheim, Georg Schneider VI mantém a tradição da família.

NO ALTO: Na cervejaria Schneider, o mestre cervejeiro Hans-Peter Drexler fabrica cervejas Weissbier magnificamente estruturadas. EMBAIXO: Na aconchegante taverna da Ayinger, um grupo de amigos se reúne para o *Brotzeit* matinal. AO LADO: Na Baviera, no meio da manhã, a refeição tradicional é Weissbier com *Weisswurst,* uma combinação para campeões.

Em matéria de comida, a Weissbier é admiravelmente versátil. Nesse delicioso *Spätzle*, os aromas defumados da Schneider Weisse associam-se bem ao *bacon*. AO LADO: Pratos condimentados também são páreo para a confiante Weissbier. No Tabla, na cidade de Nova York, o *chef* Floyd Cardoz, um gênio em temperos indianos, com seu bolinho de caranguejo no estilo de Goa.

O sabor estimulante e os aromas brilhantes tornam a cerveja de trigo belga perfeita com vários pratos de peixe. AO LADO: No Oceana, o *chef* Rick Moonen com amigos. Um mestre em frutos do mar, Moonen agora combina Weissbier com seus pratos no RM & Branzini, em Manhattan.

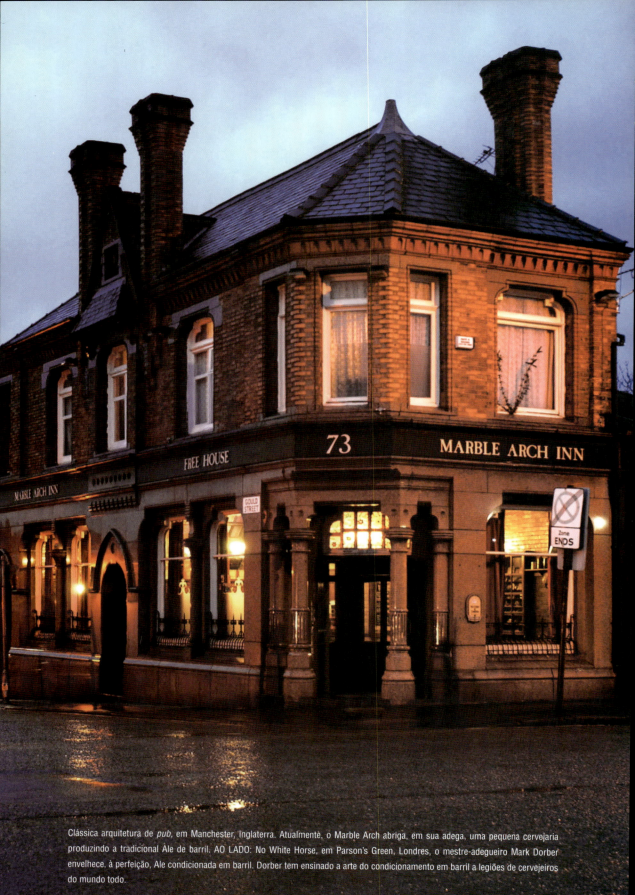

Clássica arquitetura de *pub*, em Manchester, Inglaterra. Atualmente, o Marble Arch abriga, em sua adega, uma pequena cervejaria produzindo a tradicional Ale de barril. AO LADO: No White Horse, em Parson's Green, Londres, o mestre-adegueiro Mark Dorber envelhece, à perfeição, Ale condicionada em barril. Dorber tem ensinado a arte do condicionamento em barril a legiões de cervejeiros do mundo todo.

NO ALTO: Na cervejaria Harveys, maltes ingleses abiscoitados aguardam a vez. EMBAIXO: No *brew pub* Marble Arch, em Manchester, um momento de tranquilidade com um *pint* de Bitter. AO LADO: Nesse pato ao *mole negro* de Oaxacan, no La Palapa, o chocolate amargo funde-se com condimentos e pimentas malaguetas. Um acompanhamento excelente é cerveja com sabores torrados e achocolatados.

Na Fuller's, de Londres, John Keeling, o cervejeiro-chefe, fabrica Ale tradicionais premiadas. AO LADO: Essa linda caldeira de cobre, da década de 1930, ainda bate ponto na Greene King, em Bury St. Edmunds, Inglaterra.

Na cervejaria Harveys, em Lewes, há tinas de mostura antigas, em cobre, rebitadas. AO LADO: No White Horse, em Londres, o barman serve um *pint*. Em geral, as cervejas Ale são tiradas direto dos barris da adega, com uma bomba hidráulica manual bem simples.

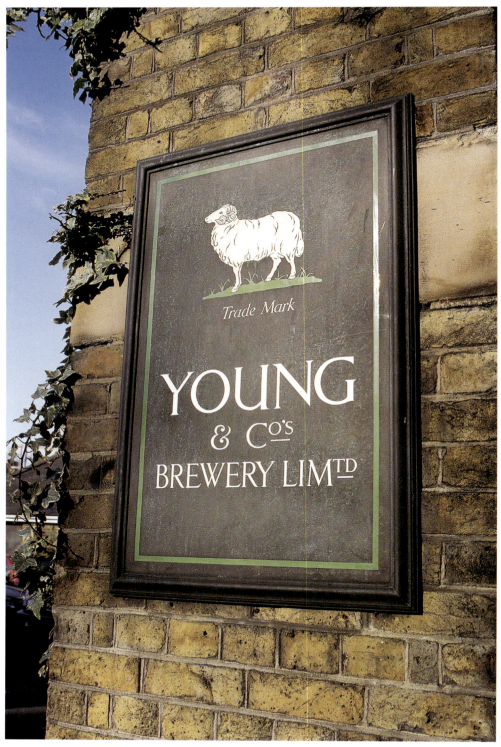

Bem no centro agitado de Wandsworth, está a Young's Ram Brewery. Se visitar a cervejaria, você bem pode encontrar a mascote da empresa: um corpulento carneiro.

com suflê de chocolate e fica ótimo com *cheesecake*. Além disso, é uma cerveja boa para beber noite adentro, mesmo sem comida.

HARVEY & SON A partir de 1781, entre dezenas de cervejarias que fabricavam Porter forte, exportada para os países bálticos, destacou-se a Thrale's Anchor Brewery, de Londres. Em 1796, um autor escreveu que a cerveja Thrale's Entire ("Entire" era o nome original da Porter) era amplamente conhecida:

> De modo algum, a reputação e apreciação da Porter não estão confinadas à Inglaterra. Como prova da veracidade dessa afirmação, esta cervejaria exporta anualmente grandes quantidades; tão amplas são suas conexões comerciais que a cerveja Thrale's Entire é bem conhecida como uma bebida deliciosa das regiões geladas da Rússia às areias escaldantes de Bengala e Sumatra. A imperatriz da Rússia aprecia tanto a cerveja Porter que encomendou uma grande quantidade para consumo próprio e de sua corte.

Ao morrer seu dono, a cervejaria Thrale's passou a chamar-se Barclay Perkins, que, transformada na maior produtora de Ale escuras de Londres, exportava suas cervejas para a Europa e além, por meio de uma rede de agentes comerciais. Um desses agentes era um belga chamado Albert Le Coq, que comercializava com sucesso a Imperial Stout, exportando-a da Inglaterra para a Rússia e os portos do Báltico. Le Coq doou uma grande quantidade de cerveja para os soldados russos feridos na Guerra da Crimeia. Em sinal de gratidão, o czar concedeu-lhe a patente imperial. No início do século XX, os tributos de importação na região do Báltico sofreram um enorme aumento, e o governo do czar sugeriu que Le Coq fabricasse sua própria Stout dentro do Império Russo, para evitar os pesados impostos. Sua empresa adquiriu uma cervejaria na cidade de Tartu, na então província de Livônia, atual

Estônia. Em 1912, a cervejaria de Tartu produziu suas primeiras garrafas de cerveja Imperial Extra Double Stout.

O empreendimento de Le Coq não durou muito tempo nas mãos de sua firma. Em 1917, a cervejaria – que tinha fortes ligações com o governo czarista e até ostentava a coroa em seus rótulos – foi nacionalizada pelo novo governo bolchevique e fechada. Reabriu algum tempo depois e fabricou Porter fortes, de estilo báltico, até a década de 1960. Em 1974, mergulhadores noruegueses encontraram o navio prussiano *Oliva*, que afundara no mar Báltico em 1869. Os mergulhadores emergiram trazendo várias garrafas de uma grande carga de cerveja. Os rótulos tinham a assinatura de Albert Le Coq. O legado de Le Coq passou a ser pesquisado e décadas mais tarde a cerveja que ele exportava de Londres para a Rússia renasceu.

Recentemente foi ressuscitada a cerveja Albert Le Coq Imperial Extra Double Stout, glória suprema tanto da Inglaterra quanto da Rússia.

Essa famosa cerveja foi ressuscitada vários anos atrás, quando Matthias Neidhart, dono da importadora americana de cervejas especiais B. United Internacional, deu início a uma parceria entre a cervejaria Tartu e a cervejaria Harveys, em Lewes, Inglaterra. Ainda havia registros de antigas receitas de Imperial Stout, e Matthias levou-as para Miles Jenner, o cervejeiro-chefe da Harvey. Com apoio da cervejaria Tartu, decidiram aceitar o desafio de recriar a cerveja. O resultado é uma obra-prima. A cerveja A. LE COQ IMPERIAL EXTRA DOUBLE STOUT é envasada na garrafa original, de ombro baixo e gargalo longo, e traz no rótulo o logotipo original. A produção de 1999 é totalmente preta e, ao deslizar copo adentro, mal forma um colarinho. O aroma poderoso é impressionante – figo, ameixa-preta, bolo de frutas cristalizadas queimado, alcatrão quente, cereja-preta, chocolate escuro, café expresso, couro de sela, madeira queimada e acículas de pinho. O paladar, intenso, não decepciona. Começa leve, doce, suave, oleoso e sedoso. Em seguida, começam a acumular-se sabores de frutas escuras suculentas e café expresso forte, até inundar o palato. O amargor de lúpulo surge por trás, feito uma onda, misturando-se à torrefação e secando o centro. Por cima do turbilhão, flutua uma acidez torrada de uva-passa. O final é prolongado, com sabor de café expresso, e, numa derradeira manifestação suculenta de frutas escuras, os maltes doces ressurgem. O sabor residual é do melhor chocolate escuro, frutas e vinho.

Não há uma nota em falso, e a sensação é de estar provando um pedaço da história. Antes de ser engarrafada, a cerveja é envelhecida no mínimo um ano, desenvolvendo certa acidez láctica, como as antigas Stout de tonel. Ao final da maturação, alcança um teor de 9% – forte, porém modesto para a incrível intensidade de sabor. A cerveja A. Le Coq Imperial Extra Double Stout é uma realização majestosa, no mesmo nível de um ótimo Barolo antigo ou vinho do Porto Vintage. Com cervo ao molho de ginja, forma uma combinação estonteante, e é um excelente acompanhamento para embutidos de carne de caça, especialmente javali. Fora isso, vai muito bem com sobremesas de chocolate escuro de excelente qualidade, trufas de chocolate, intensas tortas de frutas ou queijo Stilton. Quanto a charutos, servem apenas os melhores e mais fortes cubanos, a menos que você tenha um Arturo Fuente Opus X. Nesse caso, já estou chegando aí.

GEARY'S A GEARY'S LONDON PORTER é fabricada em Portland, Maine, por David Geary, com base, segundo ele, em uma receita inglesa do século XVIII que usa a antiga variedade de levedura English Ringwood, produzindo aromas marcantes, condimentados e frutados. Sua London Porter é uma cerveja preta, e seus aromas de frutas, lúpulos e especiarias quase ofuscam as notas de chocolate. O sabor da cerveja é extremamente seco e predominante, com uma insistente carbonatação natural. O amargor estimulante apresenta-se em uma bela estrutura de caramelo, chocolate, café e fruta. O final é seco, terminando com um toque refrescante de acidez e alcaçuz. É uma cerveja habilmente fabricada e, graças à levedura característica, de caráter bastante inglês. Sirva com ostra, lagosta assada, bolinhos de caranguejo, presunto de qualidade, sobremesas fortes de chocolate e sorvete de creme.

BROWAR OKOCIM Fundada em 1845, em Brzesko, na Polônia, por um imigrante da Baviera, a cervejaria Okocim cresceu a ponto de fornecer cerveja para todo o Império Austro-Húngaro na virada do século. O logotipo da Okocim, um brasão com a figura de um bode bebendo um espumante copo de cerveja, lembra o desenho de vários rótulos de cervejas estilo Bock, da Alemanha. Desde 1845, a Polônia tem uma história turbulenta, e o país chegou até mesmo a desaparecer durante décadas. Essa história é retratada nas cervejas locais. De início, as cervejas Imperial Porter e Stout fortes eram importadas da Inglaterra e, mais tarde, fabricadas localmente. Era comum contratar cervejeiros alemães e austríacos para dirigir fábricas polonesas. Com o tempo, eles acabaram utilizando leveduras Lager, resultando num estilo distinto de Porter forte de baixa fermentação, cuja fabricação se espalhou mais tarde pela Escandinávia e a região do Báltico até a Europa Oriental. Todas elas com origem distante nas cervejas surgidas em Londres no século XVIII.

A Okocim Porter é um belo exemplo desse estilo, e o rótulo retrata o cruzamento de influências culturais: a palavra Porter aparece acima do desenho do bode, o velho símbolo alemão das Bock e a palavra Stout embaixo. A cerveja é opaca, com um grande colarinho marrom-claro. Tem um aroma intenso de caramelo, *toffee*, chocolate, alcaçuz e uva-passa, com uma pequena sugestão de trufa preta. O paladar é suave e doce, com um sabor lupulado robusto equilibrando os maltes adocicados. Sabores suculentos de chocolate e uva-passa desenvolvem-se no centro, antes do final prolongado, secante e lupulado. A baixa temperatura de fermentação restringe o sabor frutado, mas com teor de 8% não é uma cerveja Doppelbock – tem sabor bem mais torrado do que qualquer cerveja alemã. Combina muito bem com pato, porco, cervo, embutidos robustos e até mesmo sobremesas de chocolate, contanto que não sejam doces demais.

Scotch e Scottish Ale

Para a sorte dos escoceses, a cevada é uma planta resistente. De setembro a maio, a temperatura na Escócia raramente passa de 12 °C, resultando em um período de plantio bastante curto. Cevada e aveia resistem mais, e o país tem uma boa produção desses dois cereais. Embora seja mais conhecida pelo uísque, vale lembrar que uísque nada mais é do que cerveja destilada e só começou a ser produzido na Escócia no início do século XIX. Àquela altura, os escoceses já fabricavam cerveja há milhares de anos. Mosteiros escoceses estabeleceram cervejarias comerciais na Idade Média, e muitas mulheres fabricavam e vendiam cerveja em casa. As fábricas propriamente ditas só começaram a surgir no final do século XV, seguidas por associações comerciais que visavam proteger o mercado local das cervejarias inglesas. No início do século XIX, a Escócia já era um importante exportador de cerveja para a Europa, América do Norte, Caribe e Índia. As cidades de Alloa, Edimburgo e Glasgow eram abarrotadas de cervejarias.

Desde o início, a cerveja escocesa foi diferente. O clima é frio demais para lúpulo, e, para equilibrar a doçura do malte, os primeiros cervejeiros usavam misturas de especiarias, ervas e raízes. Os condimentos incluíam alecrim-do-norte (*Myrica gale*), tojo, gengibre, raiz de dente-de-leão, casca de laranja, junípero, alcaçuz silvestre, pícea, losna (o ingrediente ativo do absinto), casca de quássia e urze. Mesmo quando os escoceses começaram a importar lúpulo, foi de má vontade e a um custo considerável. Além de caros, os lúpulos ainda por cima eram ingleses; isso não ajudou a imagem do lúpulo na Escócia, que buscava constantemente frear o expansionismo dos "arrogantes" ingleses. Os consumidores não ligavam para o gosto de lúpulo e os cervejeiros o usavam moderadamente, apenas para efeito de conservação. Os sabores de malte eram mais pronunciados, como ocorre até hoje.

A cerveja escocesa até fermentava de maneira diferente da cerveja inglesa. As temperaturas ambientes mais baixas resultavam em fermentações lentas e frias, por variedades de levedura Ale resistentes ao clima frio do norte. Fermentações longas e frias tendem a produzir cervejas maltadas com sabor frutado brando, mesmo com o uso de leveduras Ale. A cerveja escocesa levava semanas, e não dias, para fermentar, e passava por um período de armazenamento longo e frio antes de ser consumida. Nesse sentido, era mais semelhante à Lager bávara do que à Ale inglesa. Além disso, a temperatura baixa tende a reduzir a atividade da levedura, deixando a cerveja com alto teor de doçura residual.

A fabricação atual ainda reflete essas influências antigas. Muitas cervejarias escocesas fecharam ou foram compradas, mas as cervejas escocesas remanescentes mantiveram um caráter regional. Há nelas muito uso de cevada torrada e as existentes tendem a ser escuras (mas sabores torrados fortes são raros), ricas, suaves, profundamente maltadas, com sabores de biscoito no centro. A Golden Promise, variedade de cevada nativa, confere aos sabores maltados de muitas cervejas escocesas um leve caráter de baunilha. Os sabores e aromas frutados típicos das Ale inglesas são mais brandos no norte, e os estilos mais fortes são dominados por uma doçura de *toffee*. Notas leves de manteiga caramelizada (*butterscotch*) são comuns. O amargor lupulado não passa de moderado, e são raros os sabores e aromas de lúpulo.

Os escoceses também têm uma nomenclatura própria, resgatada do passado pelos cervejeiros. Antigamente, o preço da cerveja era baseado em seu teor alcoólico, e o nome da cerveja refletia o preço do barril em xelins. Uma cerveja de 60 xelins (escrito como 60/-) era mais leve, enquanto uma cerveja de 90 xelins era mais forte. Outros nomes são mais diretos: *light* indica um corpo leve e pouco álcool; *heavy* indica uma Bitter de teor médio, *export* começa a mostrar mais potência; e *wee heavy* passa de 7%. Há também uma distinção um tanto confusa entre Scottish Ale, cervejas de teor médio, e Scotch Ale, termo usado para versões mais fortes. Ao menos uma cervejaria ressuscitou o uso antigo de urzes, com resultados maravilhosos. Algumas cervejarias artesanais americanas, querendo dar um caráter "escocês" a suas cervejas, começaram a fabricar versões Scottish Ale com malte de uísque defumado com turfa. Já os escoceses, seguros quanto à sua autenticidade escocesa, deixam o malte de uísque para as destilarias.

Na Escócia, muitos *pubs* servem versões de tradicionais estilos de cerveja condicionadas em barril. Até nisso os escoceses têm suas particularidades: não usam uma bomba de alavanca, como os ingleses, preferindo levar a cerveja até a torneira por meio de compressores de ar. Nos Estados Unidos, as versões de Scottish Ale de barril são servidas da maneira normal, embora, em geral, tenham carbonatação relativamente baixa e uma textura quase cremosa no palato. Quando frescas e não resfriadas demais, são deliciosas.

SCOTTISH ALE E COMIDA

Deixando de lado o *haggis*, tradicional embutido escocês de bucho de carneiro, o fato é que os escoceses vêm comendo bem há vários anos. Em meados da década de 1980, quando Londres era um vasto deserto para quem procurasse comida não indiana decente a preços razoáveis, Edimburgo ostentava vários bons restaurantes franceses e italianos. Assim como seu estilo de fabricação de cerveja, o senso gastronômico escocês tem algo de europeu. Talvez seja uma feliz consequência da Auld Alliance (Velha Aliança, 1295-1560), a antiga parceria da Escócia com a França contra a Inglaterra. A verdade é que, em geral, a Escócia sempre viu o continente com menos desconfiança do que a Inglaterra, o que lhe trouxe benefícios culinários.

As Scottish Ale mais leves acompanham bem saladas, especialmente se elas incluírem carne ou frutos secos. Um exemplo é a clássica salada de endívia com queijo Roquefort e nozes. Qualquer salada com *carpaccio* de carne bovina também vai muito bem. A lupulagem leve e o sabor doce e suave de frutos secos de outras cervejas escocesas ficam excelentes com carnes assadas, especialmente rosbife e cordeiro. A carne bovina escocesa é célebre por sua doçura, o malte dessas cervejas funde-se completamente com os sabores e texturas da carne, e a afinidade com a carne de cordeiro é igualmente profunda, especialmente com receitas simples, que realçam seu sabor natural de ervas e carne de caça. Costelinhas de cordeiro – generosamente temperadas com azeite, alecrim, pimenta preta esmagada e uma pitada de sal marinho, e depois assadas em forno bem quente – são a essência da simplicidade. As Scottish Ale, em geral, ficam divinas com pratos como esse, em que encontram um eco para os sabores frutados leves e a doçura do malte; já as mais fortes são capazes de reavivar a Auld Alliance por meio da parceria com um de meus pratos favoritos: *cassoulet*.

Outra boa parceria é com aves de caça (onde ela for permitida), principalmente faisão, perdiz e codorna (vendidas, nos Estados

Unidos, pela D'Artagnan). Essas carnes são um verdadeiro deleite, pois a dieta de urzes, frutos secos e bagas dessas aves impregna sua carne com sabores da terra não encontrados em aves criadas em cativeiro. A cevada escocesa é cultivada na mesma terra e, quando tudo se junta à mesa, o resultado é mágico. No dia seguinte, faça um sanduíche com as sobras do faisão e abra uma Scottish Ale para acompanhar. Simples, sim, mas tão saboroso que você até vai ficar tonto. A única dúvida é se o faisão não está ainda melhor do que na noite anterior. Para saber, vai ser preciso provar de novo.

Com comida menos esotérica, as Scottish Ale são bastante versáteis. Embora falte maior lupulagem para lidar com pratos mais condimentados, o caráter maltado suculento compensa essa e outras deficiências. Vão bem com qualquer tipo de embutidos e ficam ótimas com presunto. Bolo de carne praticamente exige uma cerveja assim, fazendo uma combinação suave a agradável. É difícil errar com pratos de porco e frango, que também são versáteis: quando assados, desenvolvem uma doçura que realça a parceria. Com sua discreta doçura suave e sedosa de malte, as Scottish Ale escocesas são boas parceiras para pratos gratinados e molhos à base de creme de leite, como o alfredo e o carbonara.

Esse copo de Scottish Ale remete ao cardo, um símbolo da Escócia. Hoje em dia, algumas cervejarias escocesas voltaram a usar plantas locais, especialmente urzes.

Creme e manteiga também têm certa doçura suave e discreta, e o molho funde-se naturalmente com a cerveja. A suavidade da cerveja também combina bem com vegetais assados, grelhados ou no vapor, pois não se sobrepõem ao seu sabor.

Scottish Ale escocesas mais fortes e doces ficam ótimas com cervo e funcionam bem com molhos reduzidos clássicos. *Foie gras poêlé* tostado também é uma boa combinação – a harmonização dos sabores chega a ser assombrosa. Queijos suaves e frutados vão muito bem com essas cervejas, especialmente depois do jantar. Finalmente não podemos esquecer a sobremesa, a doçura maltada das clássicas e fortes Scotch Ale fica excelente com *creme brûlée* e, evidentemente, com *cookies* amanteigados escoceses.

FABRICANTES NOTÁVEIS SCOTTISH ALE

TRAQUAIR HOUSE Com certas partes da construção datando de 1107, Traquair House é a mais antiga residência habitada da Escócia. Pertencente à família Stuart, serviu de moradia para Mary Stuart, rainha da Escócia, e a outros vinte e seis reis e rainhas da Escócia e Inglaterra. Em 1745, quando o príncipe Charles Edward Stuart saiu por Bear Gates, imponente portão de ferro da residência, o quinto conde de Traquair, cujo nome também era Charles, fechou-o, jurando nunca mais reabri-lo até que um Stuart recuperasse o trono da Escócia. O príncipe Charles foi derrotado perto de Londres e, desde então, Bear Gates permanece fechado. Peter Maxwell Stuart, o vigésimo proprietário de Traquair, herdou a casa em 1965 e descobriu uma cervejaria abandonada no porão. A cervejaria fora instalada no século XVI e, em meados do século XVIII, equipada com uma nova caldeira. Peter colocou-a novamente em funcionamento, fabricando uma receita do século XVIII de Ale forte. As cervejas ainda são fermentadas em barris de carvalho, exatamente como há duzentos anos. Peter Maxwell Stuart morreu em 1990, e agora a cervejaria é administrada por sua filha, Lady Catherine Maxwell.

A Traquair House Ale tem vibrante coloração marrom, levíssima carbonatação e um aroma pleno de malte e fruta, além de um sopro apetitoso e incomum de *bacon*. O amargor é moderado e bem integrado a um paladar seco e maltado, com sabores de biscoito, chocolate e rum. O final é curto e seco. É bastante graciosa para seu teor de 7,2%. É ótima companhia para carne bovina com trufas, cervo, faisão selvagem, perdiz e pombo-torcaz. Também fica muito boa com *ris de veau*.

A Traquair Jacobite Ale, mais escura, tem profunda cor marrom com realces vermelhos. O rótulo estampa cardos escoceses, mas a cerveja é condimentada com coentro, agradavelmente integrado a um aroma maltado de fundo frutado. Maltado, adocicado, suculento, redondo, viscoso, torrado e poderoso, o paladar desabrocha logo na ponta da língua, mergulhando para um final prolongado e secante. O coentro reapresenta-se no sabor residual. Uma cerveja deslumbrante que combina perfeitamente com cervo e pede sabores intensos de caça – pato, ganso, javali selvagem e

Com o trono britânico ainda nas mãos dos Windsors, os Stuarts aguardam sua hora fabricando cerveja em Traquair House.

pombo-torcaz. Depois do jantar, combine com queijo Stilton ou um Gruyère maturado, com sabor de frutos secos.

MCEWANS O Scottish & Newcastle, enorme conglomerado cervejeiro internacional, teve suas origens nas cervejarias William Younger e Willliam McEwan, ambas muito bem-sucedidas no final do século XIX. Elas incorporaram vários de seus concorrentes antes de se fundirem, em 1931, para formar a Scottish Brewers. Desde então, seguiram anexando várias cervejarias, mas é possível que mesmo elas sejam anexadas algum dia. Fountain Brewery, a velha fábrica da McEwans em Edimburgo, continua em operação, embora bastante modernizada.

A McEwans Scotch Ale é uma cerveja marrom-escura, com um aroma tipicamente escocês de manteiga caramelizada (*butterscotch*), frutas atenuadas e uma leve sugestão de turfa. O paladar é bastante doce, com toques de caramelo, e amargor suficiente para evitar que seja enjoativo. Eu preferiria um centro mais maltado. Dito isso, a cerveja fica muito boa com uma clássica torta de cebola caramelizada, *bacon* e queijo de cabra. Também é uma boa cerveja para sobremesa – sirva com *flan*, doce de leite, *crème brûlée*, *panna cotta* ou sorvete de creme. A cervejaria McEwan original tinha um grande comércio ultramarino e colonial, com suas Ale fortes chegando até Calcutá. De certa forma, a McEwans Scotch Ale é remanescente dessa época – sendo fabricada só para exportação, com o nome Younger's Double Century, e, sob licença, na Bélgica, cuja apreciação por cervejas escocesas data do século XIX.

BELHAVEN BREWERY No século XIV, em Dunbar, uma cidade costeira na região fronteiriça da Escócia, ao sul de Edimburgo, havia um mosteiro. Aí a fabricação de cerveja começou com os monges, mas no mesmo local, por volta de 1719, já havia uma cervejaria comercial. Na década de 1980, por um curto período, a Belhaven foi controlada por um conglomerado bancário internacional, mas a compra pela diretoria, em 1993, assegurou sua independência. Ao escrever este livro, a Belhaven era a cervejaria independente mais antiga da Escócia fabricando cervejas com um caráter distintamente escocês.

A BELHAVEN SCOTTISH ALE tem cor de xarope de bordo (*maple syrup*) e aroma de maltes ricos, enxofre, couro, baunilha e lúpulos terrosos que lembram feno. Há um certo cheiro centenário, como o que emana das paredes de antigas cervejarias britânicas. Eu sinto inveja disso: minha cervejaria tem um cheiro ótimo, mas ainda não fez por merecer tal intensidade de aroma. A Belhaven consegue colocar esse aroma na cerveja. Maltes levemente encorpados saltam livremente pelo palato – a cerveja é menos pesada do que o aroma sugere. Os lúpulos são leves, amplos e estimulantes, permitindo que o malte se mostre em um ambiente seco. O final é curto e limpo. Quando está bem fresca, essa cerveja tem um caráter maltado distinto, que proporciona uma combinação excelente para o clássico "almoço de lavrador", composto de rosbife, presunto, queijo Stilton ou Cheddar, picles Branston (tipo *chutney*) e pão preto. Com seu aroma de couro e terra, também vai muito bem com pratos que levam cogumelos.

A BELHAVEN WEE HEAVY tem um perfil aromático semelhante, porém mais rico e concentrado, com camadas adicionais de mel e melado. Tem cor de mogno e um colarinho espesso e firme. Num paladar suculento e redondo, predominam maltes doces deliciosos que relegam o lúpulo a um papel de sustentação. No centro, desenvolvem-se sabores de chocolate e açúcar queimado, e o final é curto e secante. É uma Scottish Ale clássica, exibindo um maravilhoso caráter maltado e tradicionais sabores atenuados de lúpulo e fruta. Fica sensacional com ripas de costela, pato, cervo, pernil de cordeiro e lombo de porco recheado, e ainda tem doçura suficiente para uma bela harmonização com uma boa *panna cotta*.

ORKNEY BREWERY As Órcades (Orkney, em inglês), situadas ao largo da ponta setentrional do continente escocês, são um mundo à parte. Certa vez meu amigo Larry visitou North Ronaldsay, uma ilha minúscula situada no norte do arquipélago. Ele voltou com histórias de plantações de uma antiga variedade de cereal, que os nativos chamam de *bere,* e de ovelhas isoladas nas praias para se alimentarem apenas de algas e preservar o capim. Quando um dos residentes disse a Larry que ia ao continente aproximadamente uma vez por ano, Larry levou um tempo para entender que ele se referia à ilha principal do arquipélago e não à Escócia continental. Mesmo a ilha principal das Órcades é remota, e o vilarejo de Quoyloo é ainda mais, cerca de uma hora da capital, Kirkwall. Roger White, um ex-taverneiro inglês, teve a temeridade de estabelecer ali, em 1988, uma cervejaria, instalando seu equipamento em uma escola do século XIX com apenas uma sala. Em 1995, já tinha crescido o suficiente para construir novas instalações e modernizar a cervejaria. As cervejas, algumas das quais já receberam prêmios nacionais, preservam um caráter distintamente escocês.

A ORKNEY DARK ISLAND é uma cerveja bem escura, de cor marrom-avermelhada, com um aroma notável de malte, melaço, chocolate, couro e feno. Apesar do intenso perfil aromático, a cerveja é surpreendentemente leve. A carbonatação é branda e, nela, quase não se detecta amargor. No entanto, a cerveja permanece seca, com notas de caramelo e chocolate no centro. O final é curto e seco, com uma breve explosão de acidez de uva-passa. Não obstante esse sabor seco, é uma cerveja tipicamente escocesa: nunca provei uma cerveja inglesa com tão pouco lúpulo. A atividade principal nas Órcades é criação de ovelhas, e essa cerveja é um ótimo acompanhamento para cordeiro de leite ou rosbife mal-passado.

A ORKNEY SKULLSPLITTER foi supostamente batizada em homenagem a uma figura histórica das Órcades (Thorfinn Einarsson, do século I), mas seu teor de 8,5% pode dar a impressão errônea de que se trata de uma ameaça (*skullsplitter* significa "racha crânios"). É um ótimo exemplo do estilo Scotch Ale forte. Tem cor âmbar bem escura e um aroma intensamente maltado, com notas de couro. O paladar é suave e sedoso, sem nenhum toque lupulado – os lúpulos servem meramente para equilibrar o sabor excessivo de malte. Mesmo assim, a cerveja é redonda e apenas semidoce, com um sabor maltado, cheio, resistindo até um final prolongado, onde os lúpulos reaparecem para fechar de maneira seca. Apesar do alto teor de álcool, a fria fermentação escocesa restringe substancialmente o caráter frutado da cerveja. É um paladar de uma nota só, felizmente muito saborosa. Prove a Skullsplitter com pratos intensos de carne de porco, aves de caça, e queijos amanteigados pungentes.

HEATHER ALES A urze (*heather,* em inglês; *fraøch,* em gaélico escocês) é uma planta cuja presença é abundante na Escócia, e já foi um dos condimentos mais usados na cerveja escocesa. Em 1992, Bruce Williams, um comerciante de cervejas caseiras, decidiu resgatar o antigo estilo de Ale com urze. Instalou-se em Argyll, em uma cervejaria falida, e começou a produzir cerveja condimentada com pontas de flor de urze, adicionadas durante a fervura do mosto e passadas num coador antes de ir para o tanque de fermentação. Logo mudou a produção para a cervejaria familiar Maclay, em Alloa. Em 1997, construiu uma nova fábrica em Strathaven, mas parte da produção ainda vem da Maclay.

A FRAØCH HEATHER ALE é cor de laranja, turva e tem um colarinho branco macio. O aroma é doce e ricamente floral, com notas de hortelã, feno, gengibre, mel, jasmim, goma de mascar, flor de laranjeira e bergamota. O paladar é bastante leve, com um amplo espectro de amargor que passa rapidamente. O centro, seco e floral, dá lugar a um final prolongado. Obviamente não é uma típica Scottish Ale – ou, pelo menos, não é mais. É totalmente fascinante, e a urze é uma presença poderosa. A Fraøch já é bastante popular na Escócia, terra abençoada com bastante carne de caça. Fica excelente com codorna, perdiz ou faisão. Na Provença e na Ligúria, há um prato de coelho que, às vezes, é preparado com lavanda, para o qual essa cerveja seria um acompanhamento perfeito.

British Barley Wine e Old Ale

BARLEY WINE

> É importante observar que existe uma diferença essencial entre bebidas fabricadas com um grau tolerável de qualidade e aquelas concebidas para ter um caráter vinhoso, por motivos de saúde e prazer, e para recuperar o prestígio das bebidas de malte, realçando gosto, sabor e poder de diluição semelhantes aos do vinho, sem nenhum dos efeitos negativos comuns que normalmente resultam de maltes ou vinhos. Deixando de lado a opinião vulgar de que os ricos preferem vinhos estrangeiros mais por uma questão de vaidade do que de sabor, convém observar que a experiência será sempre superior ao hábito [...] Assim, nosso objetivo é fabricar nossas bebidas de malte para que cumpram uma função mais próxima possível daquela desempenhada por vinhos estrangeiros.
>
> Samuel Child, *Every Man His Own Brewer*, Londres, 1768.

Vinho de malte? Bem, não exatamente. Com a invasão normanda, os cervejeiros ingleses passaram a ver os produtores de vinho franceses com certa inveja. Disse Shakespeare: "Um copo de cerveja é uma refeição digna de um rei", mas os reis da Inglaterra agora eram estrangeiros que falavam francês e bebiam vinho. O vinho era a bebida da aristocracia normanda, enquanto a cerveja continuava sendo a bebida das massas saxônicas. A Inglaterra é fria e nublada demais para o cultivo de uva, e os aristocratas normandos importavam seu vinho da Europa. No início do século XVIII, a emergência de uma classe mercantil abastada, o desenvolvimento de maltes claros e um enfoque de fabricação mais científico resultaram no surgimento de cervejas capazes de rivalizar – em qualidade, complexidade e teor alcoólico – com os melhores vinhos. Tais cervejas não eram para as massas, mas para a aristocracia, que cansara de ver o fornecimento de vinho interrompido pelas irritantes guerras com a França. Essas cervejas fortes tinham diversas denominações – como cerveja de outubro, cerveja de Dorchester, bebida alcoólica de malte ou vinho de malte –, às quais, ao iniciar-se o século XIX, impôs-se o termo *barley wine* (vinho de cevada). A inveja dos cervejeiros abrandou-se, sendo substituída por orgulho e satisfação. As cervejas eram cantadas em prosa e verso, e cada vez mais pessoas prometiam "deixar água e vinho para os franceses". No geral, toda essa prosa e verso era bem ruinzinha, mas, quando você provar Barley Wine de qualidade, é capaz de sair cantando também.

A Barley Wine é uma Ale bem forte, com teor alcoólico entre 8,5% e 14%. A força desse teor é sentida no palato, junto com uma sensação de aquecimento, geralmente associada a vinhos Jerez ou Porto. Geralmente, as Barley Wine são fabricadas com maltes claros, às vezes com adição de açúcar na caldeira. O macerado amplo e espesso gera um mosto excepcionalmente forte, muitas vezes enviado não diluído, sem enxaguar os cereais, à caldeira. A concentração de açúcares combinada com a longa fervura na caldeira muitas vezes deixa a cerveja escura, com uma profunda tonalidade âmbar. A levedura Ale, que normalmente fermenta as Bitter comuns, fica freneticamente ativa ao ser lançada em um mosto tão forte. O teor alcoólico sobe com a fermentação, e a levedura acaba ficando atordoada por seu próprio trabalho. O cervejeiro precisa induzi-la a terminar o trabalho, ou a cerveja vai ficar doce demais. A fermentação pode levar semanas, mas o cervejeiro finalmente deixa a levedura acomodar-se num sono prolongado.

É um processo trabalhoso, mas o cervejeiro hábil é recompensado com uma cerveja que apresenta grande intensidade de sabor, inigualável complexidade e um inebriante aroma frutado. Antes de ser consumida, a cerveja é envelhecida durante vários meses, ou até anos. Uma Barley Wine de qualidade tem toda a intensidade, complexidade, suavidade, corpo e teor do melhor vinho do Porto Tawny. O perfil aromático é composto de uma rica mistura de malte concentrado, com intensa qualidade de *toffee*, condimentos agradáveis, frutas escuras e Jerez. A carbonatação é geralmente baixa, e o paladar é semidoce, redondo e suculento. À medida que envelhece, a cerveja perde amargor, enquanto seus sabores amadurecem e adquirem um caráter polido, elegante, quase austero. São cervejas para pequenos goles contemplativos. Para muitos cervejeiros, a Barley Wine representa o ápice de sua arte.

Desde o começo, ela virou objeto de desejo. As pessoas que a fabricavam e serviam eram muito estimadas. De maneira geral, os primeiros a fazê-lo foram os mordomos de famílias ricas. Sem pressões comerciais, tinham condições de realizar o custoso processo de envelhecimento, essencial para o sabor e o aroma da Barley Wine de qualidade. A habilidade de um mordomo para fabricar tal cerveja era de suma importância. Em *A Practical Treatise on the Nature of Brewing* [Um tratado prático sobre a natureza da fabricação de cerveja] (1806), o autor aconselha aos mordomos: "Como a maioria dos nobres e cavalheiros se orgulha de servir em suas mesas artigos superiores aos de seus vizinhos, é preciso conhecer extremamente bem as bebidas de malte sob seus cuidados". Em outras palavras, para ficar à frente dos vizinhos, é preciso servir Barley Wine de excelente qualidade. É bom saber que, aparentemente, servir cerveja ruim já era uma gafe social há mais de 200 anos.

Dois exemplos da versão moderna de Barley Wine (surgida no último meio século) são a Whitbread's Gold Label e a Fuller's Golden Pride, cervejas cor de mel, com teor alcoólico acima de 10%, mas sem levedura na garrafa. Geralmente, são maturadas na cervejaria por até dez semanas e têm um paladar suave e frutado, equilibrado pela lupulagem moderada e aquecido pelo álcool. São agradáveis, mas não intensas, e, ao promovê-las, as cervejarias têm a infeliz tendência de vangloriar-se do teor forte, em vez de enaltecer as qualidades. A nova geração de Barley Wine americana, descrita mais adiante, seria virtualmente irreconhecível para cervejeiros britânicos. A versão americana é uma exibição "pavoneada" de intensidade de malte e sabor de lúpulo pronunciado. Sutileza e equilíbrio, os méritos das cervejas britânicas, são muitas vezes atirados pela janela quando os americanos fabricam Barley Wine. Mas vale a pena – essas cervejas oferecem prazeres diferentes para ambientes diferentes.

Era de se esperar que o mesmo governo que permite aos vinhos do interior do estado de Nova York ostentar "champanhe" no rótulo não tivesse problemas com o termo histórico "Barley Wine". Mas não. A legislação americana proíbe que as Barley Wine sejam chamadas pelo nome apropriado. Assim, trazem no rótulo o desajeitado termo "Barleywine-Style Ale" (Ale estilo vinho de cevada). Aparentemente, o órgão governamental que determina tais coisas acha que os consumidores podem se confundir. São as mesmas pessoas que permitem o uso do nome "Hearty Burgundy" (Borgonha "de coração") para toscos vinhos californianos de garrafão. Vai entender.

OLD ALE

Na década de 1840, graças à popularidade das Porter e depois das Pale Ale, a fabricação de cerveja já se tornara uma grande negócio. O envelhecimento não era mais a norma: muitas cervejas iam da caldeira à caneca em menos de um mês. Foi nessa época que começou a surgir o termo "Old Ale" (Ale antiga) para descrever precisamente o mesmo tipo de cerveja descrita como "vinho de malte" um século antes.

Durante um tempo "Old Ale" e "Barley Wine" foram sinônimos, mas, ao longo do último século, acabaram divergindo. Seja em consequência de caprichos inocentemente imaginativos ou da maquinação de marqueteiros, "Old Ale" é atualmente um termo extremamente genérico. Os únicos elementos em comum entre as cervejas Old Ale são a cor escura, a tendência para um sabor frutado, e alguma doçura de malte residual. Fora isso, vale tudo: muitas cervejas vendidas como Old Ale são simplesmente Mild fortes ou Brown Ale ligeiramente mais fortes, com teor alcoólico de 4% a 5%. Outro nicho é ocupado por clássicas, como a Old Peculier, da Theakston, que é uma cerveja escura, frutada e encorpada, semelhante à Porter, com 5% a 7% de teor. Nenhuma é particularmente bem maturada, mas talvez derivem o nome de uma ideia saudosista de vigor ancestral. Algumas cervejas vendidas como Old Ale fazem jus ao significado original, notadamente a maravilhosa Gale's Prize Old Ale.

BRITISH BARLEY WINE, OLD ALE E COMIDA

Até alguns anos atrás, eu via a Barley Wine basicamente como um digestivo, uma cerveja mais apropriada para minha velha *bergère* predileta, estrategicamente posicionada próxima da lareira. Eu a considerava uma cerveja para beber sozinha, sem necessidade de comida. Mas, por melhor que seja bebericar uma boa Barley Wine, o fato é que essa cerveja tem algumas afinidades esplêndidas com comida. Por ser mais forte e densa do que propriamente refrescante, requer pratos que combinem com tal intensidade.

As variedades mais doces são uma excelente opção para acompanhar *foie gras*, seja *poêlé,* seja bem tostado, seja em forma de *terrine.* A doçura maltada da cerveja fornece um excelente contraponto ao sutil sabor de caça do *foie gras*, enquanto o lúpulo fornece amargor, e a carbonatação leve absorve a gordura, preparando o paladar para a próxima garfada. Se você, além do *confit*, também come o restante do pato, opte por Barley Wine mais leves, como Fuller's Vintage Ale, ou clássicas, como Gale's Old Ale ou Harveys Elizabethan Ale. Essas cervejas têm boa acidez, que ajuda a atravessar a gordura da pele de pato.

Barley Wine clássicas, principalmente as envelhecidas, vão muito bem com cordeiro, cervo e javali selvagem. Os sabores maltados e aromas frutados densos aceitam bem qualquer tipo de molho, e as carnes são suficientemente robustas para a cerveja não as dominar. Os sabores de caça da carne fundem-se com o sedoso colchão de malte. A carne bovina tem sabores mais delicados do que normalmente se imagina, mas fica ótima se vier acompanhada por cogumelos, eternos amigos do malte.

Um bom queijo é a glória suprema da Barley Wine, e vice-versa. Para qualquer *sommelier* de vinhos consciencioso, queijos intensos e condimentados são um pesadelo, mas o cervejeiro aí encontra bons amigos. A lista de queijos que ficam ótimos com Barley Wine poderia preencher um livro inteiro, mas há algumas combinações absolutamente imperdíveis. Queijos Cheddar clássicos, como Montgomery, da Inglaterra, e Grafton Village, de Vermont, ficam excelentes com qualquer tipo dessa cerveja. Esses queijos têm acidez e sabores frutados suficientes para combinar com Barley Wine jovens, muitas vezes mais exuberantes do que sutis. Na mesma linha, mas com sabores mais intensos de leite e frutos secos, um Gruyère maturado também fica ótimo. O meu predileto é Emmi, um Gruyère suíço envelhecido em caverna – prove com a Old Nick, da Young's, ou a Old Peculier, da Theakston. Versões mais doces ficam excelentes com queijos de cabra envelhecidos, como Chavignol, Coach Farm ou Cypress Grove Humboldt Fog.

O auge da harmonização de sabores é o encontro de um ótimo queijo Stilton com uma British Barley Wine bem envelhecida. Aqui tudo se entrelaça – o sabor de fazenda do Stilton funde-se completamente com o caráter terroso do malte, resultando em uma união perfeita, avivada por tons sutis de frutas e Jerez. Nem mesmo vinho do Porto é capaz de tal efeito. Opte pelo melhor: Colston-Basset Stilton com J. W. Lees Harvest Ale – quanto mais velha melhor. Feliz êxtase.

Se você ainda aguenta sobremesa, a Barley Wine fica ótima com as caramelizadas, como *crème brûlée* e *crêpes* com um *dulce de leche* argentino legítimo. Barley Wine mais fortes e doces também vão muito bem com *tarte* Tatin, principalmente com um bom sorvete de creme.

FABRICANTES NOTÁVEIS DE BARLEY WINE E OLD ALE

GREENE KING Com 200 anos de existência, a cervejaria Greene King é uma empresa influente na região da Ânglia Oriental, controlando mais de mil *pubs* e dominando a cidade de Bury St. Edmunds. Considerando-se o tamanho e a ambição da cervejaria, é louvável que tenha preservado o belíssimo equipamento antigo e continue fabricando algumas cervejas especiais interessantes. A mais interessante delas, a Strong Suffolk, é vendida nos Estados Unidos como OLDE SUFFOLK (embora aqui no Brasil seja conhecida por seu nome original). Trata-se de uma mistura de duas Ale bem diferentes, nenhuma vendida separadamente. A primeira é uma Old Ale bastante forte, misteriosamente conhecida na cervejaria como 5X. É envelhecida de um a cinco anos em tonéis de madeira não revestidos, com capacidade para um pouco mais de 10 mil litros. Os tonéis ficam em uma área pouco acessível do sótão da cervejaria, e têm as tampas cobertas com uma camada de solo local, conhecido como marga de Suffolk. A superfície do líquido acaba entrando em contato com o ar, e a marga, supostamente, filtra visitantes microscópicos indesejados. O teor alcoólico da 5X é de 14% ou mais, e ela tem um sabor vinhoso de carvalho, que lembra Jerez Oloroso. A segunda cerveja, uma Ale maltada, âmbar, de teor padrão, é conhecida simplesmente como BPA. As duas são misturadas para criar a Strong Suffolk, engarrafada com um teor de 6% e com envelhecimento médio de, no mínimo, dois anos. A prática de misturar uma cerveja envelhecida no tonel com uma cerveja mais jovem e estimulante é centenária, mas hoje raramente é vista fora da Bélgica, onde tais misturas resultam na Lambic Gueuze.

A Strong Suffolk tem uma bela cor mogno-escura e um aroma maltado, com leve toque de Jerez e uma forte sugestão de Rioja. Na ponta da língua, apresenta-se a singular combinação de amar-

AO LADO:
Empoleirado sobre as vigas de um sótão na cervejaria Greene King, esse tonel de carvalho é utilizado para envelhecer, por dois anos ou mais, a cerveja misteriosamente batizada de 5X. A tampa é coberta por uma camada de marga de Suffolk, um solo local típico.

gor lupulado, acidez vinhosa e taninos de carvalho, seguida por maltes suaves e secos. O centro é suculento, com uma sugestão de geleia de laranja-azeda, e o final é prolongado, seco e ferroso. Essa cerveja fica excelente com rosbife malpassado e cordeiro frio, e vai muito bem com um filé grelhado sobre carvão vegetal.

THEAKSTON Na Idade Média, a pequena cidade de Masham (pronuncia-se "Mass-am"), na região de Yorkshire, era um centro regional rico e poderoso de comércio de lã. O comércio de lã acabou, mas a cidade preserva seus anacronismos da época medieval, como um tribunal eclesiástico chamado de *peculier*, que significa "especial" ou "extraordinário". Ocasionalmente, o tribunal ainda se reúne para tratar de questões religiosas locais. Em 1827, a família Theakston comprou uma taverna e uma cervejaria, e sua cerveja mais famosa foi "batizada" Peculier, o nome do tribunal de Masham. Na década de 1870, os Theakstons expandiram a cervejaria, construindo novas instalações de maltagem e fermentação. Na década de 1980, a cervejaria endividou-se além de sua capacidade e foi adquirida pela gigante internacional Scottish & Newcastle. As cervejas, que então passaram a ser fabricadas em Masham e Newcastle, preservaram boa parte de seu caráter.

A OLD PECULIER da Theakston tem cor marrom-avermelhada escura e um espesso colarinho bronze. O aroma é achocolatado e apetitosamente maltado, lembrando bolo de chocolate ainda no forno. Por entre o malte, transparecem lúpulos terrosos. Na língua, a impressão inicial é salgada, seguida pela doçura do malte, equilibrando-se com uma lupulagem moderada. O centro é estimulante e seco, revelando caramelo e um toque de chocolate num paladar vigoroso que se precipita para um final rápido, mineral e seco. Lembro-me bem da Old Peculier – foi uma das primeiras cervejas escuras que tomei regularmente, e inspirou o nome do Peculier Pub, primeiro *brew pub* sério de Nova York. Essa cerveja nem sempre foi tão apressada, tendo perdido, ao longo dos anos, certa intensidade no centro. Mas ainda é bastante agradável.

Combina perfeitamente com uma clássica *shepherd's pie*. Prove também com bolo de carne, embutidos, filés e rosbife.

SARAH HUGHES BREWERY Na Inglaterra, houve época em que muitos *pubs* fabricavam cerveja, e até mesmo alguns hoteizinhos tinham cervejarias próprias. O Beacon Hotel, em Sedgley, perto de Dudley, foi construído em 1850, tendo nos fundos uma cervejaria pequena. Em 1921, Sarah Hughes comprou o hotel e a cervejaria e administrou-os até sua morte, em 1951. Em 1957, a família Hughes parou de fabricar cerveja no Beacon Hotel, interrompendo uma tradição secular. Trinta anos mais tarde, em 1987, John Hughes, neto de Sarah, encontrou sua receita para uma Mild Ale forte em uma caixa de charutos e decidiu ressuscitar a cervejaria.

A SARAH HUGHES DARK RUBY MILD tem cor vermelha bem profunda e um volumoso colarinho bronze. O aroma é fascinante, uma mistura complexa de chocolate, lúpulo, Jerez, vinho do Porto, ameixa e uva-passa. O paladar é rico, redondo e doce, com o malte equilibrado por um leve amargor e uma acidez láctea secante. Caramelo e uva-passa emergem do centro suculento. O final é prolongado e secante, com um toque distintamente ácido. A cerveja remete à época em que *stale* (passada) era um termo carinhoso para cerveja que, com o tempo, desenvolvera certa acidez apetitosa. Atualmente, essa acidez pronunciada é algo raro em cervejas inglesas, mas continua apetitosa. Apesar do *mild* (suave) no nome, a acidez e o teor de 6% colocam a cerveja Ruby Mild na categoria de Old Ale. Fica brilhante com *foie gras sauté*, *magret* de pato, ganso assado, ripa de costelas ou bochecha de boi na brasa e carne de cervo.

YOUNG'S Das Ordinary Bitter, aquelas "comuns", chegando à Ale e à Stout fortes, a cervejaria londrina Young's demonstra destreza em todo o leque de estilos britânicos. A YOUNG'S OLD NICK é uma de minhas favoritas. O Old Nick em questão não é aquele diabinho natalino que leva você para o mau caminho, mas a cerveja. Old Nick tem cor grená profunda e um maravilhoso aroma maltado-frutado, feito um *fruitcake* de Natal (bolo de passas de frutas, frutas cristalizadas e frutos secos) ainda no forno. O paladar é redondo, suculento e maltado, com marcante presença de lúpulos, conferindo um excelente equilíbrio. O centro é apinhado de sabores maltados, caramelizados e de frutos secos, o final é prolongado e secante, encerrando com um toque mineral. Essa cerveja é uma pequena obra-prima – firme, maravilhosamente estruturada, e soberanamente confiante. Parece saber que é uma versão perfeita de si mesma. Segundo a cervejaria, a Old Nick é uma Barley Wine. Não vou discutir, mas, com teor de 8%, pode ser classificada como Old Ale. É um excelente acompanhamento para leitãozinho assado, *porchetta*, javali selvagem ou embutidos de cervo. Para a sobremesa, vai muito bem com *crème brulée* e outros pudins. Quando trouxerem o carrinho de queijos, prove com queijos azuis amanteigados, como Stilton ou Berkshire Blue.

FULLER'S No final do século XX, Reg Drury, cervejeiro-chefe da Fuller's, começou a pensar em se aposentar. Depois de trabalhar décadas na venerável cervejaria londrina, queria encerrar a carreira em alto estilo. A Fuller's produz a Golden Pride, uma Barley Wine dourada, de estilo moderno, vendida apenas em garrafas pequenas. É uma cerveja suave e forte, mas não tem nada de muito especial. Drury queira fabricar uma Barley Wine autêntica, que melhorasse aos poucos com o envelhecimento. O resultado é uma cerveja feita com as melhores e mais recentes colheitas de cevada e lúpulos, e condicionada em garrafa antes de deixar a cervejaria – a FULLER'S VINTAGE ALE, vendida em garrafas numeradas, embalada em vistosas caixas individuais. Sua cor âmbar é belíssima e profunda, e apresenta um aroma intenso de feno, lúpulos, terra e geleia de frutas. Depois de um tempo tentando lembrar o que aquele aroma evocava, percebi que era o cheiro da fábrica da Fuller's, os aromas seculares que permeiam suas paredes. No início, a cerveja é doce – o amargor pronunciado leva alguns segundos para emergir por trás do malte. O centro é redondo e suculento, repleto de caramelo e laranja, lembrando um excelente vinho do Porto Tawny. O final é bem prolongado, secante, lupulado e alcoólico. A cerveja é maravilhosa. O rótulo da "safra" de 1988 indica 2001 como data de validade, mas, apesar de já ter expirado há um bom tempo, é evidente que a cerveja ainda tem mais uns três anos pela frente. As garrafas mais jovens revelam maior doçura e sabores menos integrados, com lúpulos mais pronunciados. Reg já se aposentou e John Keeling, o novo cervejeiro-chefe, certamente vai dar suas próprias contribuições para essa excelente Ale. Sirva com queijos com forte sabor de frutos secos, como Gruyère envelhecido em caverna ou Gouda maturado, ou então queijos azuis amanteigados como Silton ou Berkshire.

J. W. LEES & COMPANY Em 1828, John Lees aposentou-se da tecelagem que dirigia em Oldham, nos arredores de Manchester. Estava com cinquenta anos apenas e logo ficou entediado. Comprou então uma fileira de casas antigas e converteu-as em uma cervejaria. Quando herdou a cervejaria, John Willie Lees, neto de John, era chefe de uma estação ferroviária. Era extravagante e diligente, e a cervejaria prosperou. Construiu a fábrica atual em 1876 e mais tarde foi prefeito de Oldham. A cervejaria continua na família, dirigida por Richard Lees-Jones e o filho William, um empreendedor arguto, que representa a sexta geração da família no ramo de cerveja. O local onde está instalada a vitoriana cervejaria J. W. Lees ainda abriga as casas originais de John Lee, agora cercadas por prédios mais recentes. A cervejaria é bastante tradicional e a cerveja ainda é entregue em barris de madeira aos *pubs* locais. Em frente ao escritório de Giles Dennis, cervejeiro-chefe, ficam enormes tanques de fermentação abertos, feitos de cobre martelado.

Em 2002 visitei Giles para fabricar minha Brooklyn Best Bitter, uma Bitter Premium bastante lupulada, feita apenas com lúpulos americanos. Enquanto o tanque enchia-se com o mosto de inspiração americana, o aroma diferente do lúpulo Cascade –

de toranja e pinhão – invadiu a sala de fermentação. Giles ficou intrigado, quiçá preocupado, com aquele aroma. Mais tarde, soube que a cervejaria fabricou aquela receita em outras três ocasiões. Os habitantes locais, acostumados às Bitter suaves e intensamente maltadas da Lees, aparentemente gostaram do sabor americano mais ousado. Alguns meses depois, Giles Dennis veio a Brooklyn para fabricar uma versão da Star – uma Porter forte, receita dos arquivos da J. W. Lees, fabricada pela última vez em 1884. Várias semanas depois, os nova-iorquinos puderam provar um pouco do sabor da Manchester antiga. Gosto de pensar que John Willie Lees teria reconhecido a cerveja.

A J. W. Lees fabrica uma ampla linha de excelentes Ale, mas nenhuma é tão notável quanto sua Barley Wine, a J. W. Lees Harvest Ale. Com teor de 11,5%, é produzida para ser envelhecida vários anos, com resultado admirável. A J. W. Lees Harvest 1988 Ale tem uma cor âmbar-avermelhada rica, e um aroma inebriante e alcoólico de bolo inglês, casca de laranja e limão, pão assado, frutas secas, xarope de bordo (*maple*) e malte concentrado. Seu paladar é único – corpo médio, doce, incomparavelmente suculento, com acidez frutada equilibrada por amargor lupulado. O centro é uma profusão de sabores frutados e maltados. O final lupulado, frutado e semisseco é interminável. Espectros de frutas tropicais vagam pelo sabor residual. Minhas marcas favoritas de vinho do Porto são Ferreira e Niepoort – seus vinhos Tawny de vinte anos chegam perto de tal nível de elegância, complexidade e intensidade, mas nunca o alcançam de fato. A Harvest Ale é um feito excepcional, um clássico mundial. A cerveja é filtrada, mas, assim como muitos vinhos filtrados, envelhece magnificamente bem, com garrafas mais jovens mostrando uma doçura de xarope e um equilíbrio mais desajeitado. À medida que envelhece, os elementos se fundem, a doçura recua, a acidez e o frutado se intensificam, o amargor suaviza-se. Combine garrafas jovens com *crème brûlée, panna cotta, flans*, suflês doces e queijos azuis, especialmente Stilton. Quando jovem, essa cerveja também fica

excepcional com charutos. As garrafas mais velhas, tome-as desacompanhadas – são demasiado especiais para compartilhar o palco. Decante a cerveja cuidadosamente, pois as garrafas antigas têm uma sedimentação inofensiva, mas pouco atraente. Se cair um pouco no copo, feche os olhos e beba assim mesmo.

THOMAS HARDY BREWING Em 1837, Sarah Eldridge fundou a Green Dragon Brewery. Em 1870, após a entrada da família Pope no negócio, esse nome pitoresco foi mudado para Eldridge Pope. Sarah Eldridge era contemporânea do escritor Thomas Hardy e, quando a Sociedade Thomas Hardy pediu à Eldridge Pope Brewery a criação de uma cerveja especial para comemorar os quarenta anos de sua morte, a cervejaria buscou inspiração em uma de suas histórias. Em seu livro *The Trumpet Major*, Hardy descreve a Dor-

Jovem ou bem envelhecida, a J. W. Lees Harvest Ale fica esplêndida com queijo Stilton. 1988 foi um ano excelente.

chester Ale local: "Era da mais bela cor que o olho de um artista poderia desejar em uma cerveja; encorpada, mas viva feito um vulcão; pungente, mas sem ser agressiva; luminosa como um pôr do sol de outono; livre de irregularidades no sabor; porém, no fim das contas, bastante inebriante". A THOMAS HARDY ALE foi lançada em 1968 e logo se tornou um clássico *cult*. Em 1996, a Eldridge Pope Brewery vendeu a cervejaria, que ficou conhecida como Thomas Hardy's Brewery. Depois, em 1999, foi anunciada a interrupção da produção da Thomas Hardy Ale, pois era limitada demais para cobrir os custos. Especialistas de cerveja do mundo inteiro entraram em luto. Ainda se espera, fervorosamente, que alguma cervejaria ressuscite um dia essa cerveja.[1]

Em 2003, ainda havia garrafas remanescentes, por isso a descrevo. Cada "safra" tem personalidade própria. Fizemos a degustação de uma garrafa de 1992. A Thomas Hardy's Ale 1992 tem cor vermelho profunda e pouca carbonatação – parece um vinho Borgonha envelhecido. O aroma é tão belo que quase me leva às lágrimas. Contém o universo. Como descrevê-lo? Laranja, uva--passa, ameixa, flores silvestres, manjericão, couro antigo, lenha recém-cortada, folhas secas, trufas pretas. Na minha experiência, somente um excelente vinho Barolo chega perto. A cerveja começa suave, doce e redonda, mas é um ardil. Um amargor maciço e penetrante ergue-se por trás do malte doce e frutado, ameaçando dominar o palato. O malte, um turbilhão doce e suculento de sabor, rechaça o amargor, impõe-se no centro e depois se precipita para um final prolongado e sensual, onde os lúpulos se reafirmam num sabor residual agridoce. O rótulo alega que a cerveja

---

[1] Tenho o prazer de anunciar que a Thomas Hardy's Ale renasceu no mercado no início de 2005. George Saxon, o importador americano da Thomas Hardy's, adquiriu os direitos de fabricação e confiou essa intimidante tarefa à O'Hanlon's Brewing Company. John e Liz O'Hanlon fundaram a cervejaria em 1995, em Londres, mas em 2000 mudaram-na para uma fazenda em Devon. Usando as receitas originais e conselhos dos antigos cervejeiros da Eldridge Pope, recriaram fielmente essa cerveja clássica. O primeiro lote engarrafado, a "safra" de 2003, mostrou grande intensidade de malte e fruta, e todos os sinais de um futuro brilhante [que a crise de 2008 atrapalhou].

envelhece bem por até vinte e cinco anos, o que não é difícil de acreditar. É condicionada na garrafa e, após alguns anos, a fermentação do açúcar residual eleva o teor até cerca de 12%. É uma Barley Wine inglesa clássica, produzida e envelhecida exatamente de acordo com os manuais de fabricação de cerveja de meados do século XIX. Se você encontrar uma garrafa, é um risco, pois não há como saber como foi tratada. Em más condições de armazenamento, cervejas finas estragam tão facilmente quanto vinhos finos. Garrafas antigas de Thomas Hardy's alcançam preços apreciáveis – uma garrafa que doei para um leilão de caridade foi arrematada por mais de 200 dólares. Ainda é possível achar garrafas antigas por poucos dólares. Compre tudo que puder – o risco de estar estragada é pequeno, comparado ao prazer de achar uma garrafa em ótimo estado. Não há mais garrafas jovens de Thomas Hardy's, portanto qualquer garrafa que você encontrar já terá vários anos e estará pronta para beber. Se você tiver paciência, ficará ainda melhor com o tempo. Eu acredito que alguma grande cervejaria ainda vá resgatar a Thomas Hardy's Ale. Até lá, tome as garrafas que você tiver com queijo Stilton e muita reverência e esperança.

GEORGE GALE & COMPANY Na vila de Horndean, perto de Portsmouth, na Inglaterra, a família Gale fabrica cerveja há mais de 250 anos. Em 1847, George Gale construiu uma cervejaria ali e, depois de ter sido destruída em um incêndio, em 1869, reconstruiu-a. A grandiosa construção vitoriana é a edificação mais notável desse vilarejo charmoso mas modesto. Detrás das paredes de tijolo há uma fusão de equipamento moderno e antigas peças de museu. Alguns tanques de fermentação abertos, construídos há várias décadas, são forrados com pinho não tratado e há uma caldeira de cobre de 1926. O equipamento menor e mais antigo é reservado para a produção da GALE'S PRIZE OLD ALE, uma cerveja que remete ao passado e que o próprio George Gale certamente reconheceria. Praticamente sem nenhuma efervescência, a Gale's Prize Old

Ale 1998 é marrom-escura, com um colarinho fino. O aroma é escuro e complexo – vinho Madeira, Jerez, malte, rum, noz-de-cola, pudim de passas, couro, lã e flores silvestres. O paladar é inicialmente redondo, suave e seco, pleno de acidez frutada e suculenta. Lúpulos austeros e marcantes apresentam-se permeando o centro para equilibrar o malte, mantendo a cerveja seca e vigorosa. O final é curto, com sabor de Jerez, e o sabor residual é ligeiramente ácido e amadeirado. É uma cerveja verdadeiramente clássica, fabricada exatamente como há 200 anos. Tem um teor forte, de 9%, e envelhece bem durante vários anos. Os especialistas apreciam essa cerveja por sua acidez suculenta e estonteante complexidade. Fica maravilhosa com ripa de costelas, bochecha e lombinho de boi, carne de cervo, queijo Manchego e um bom Cheddar de fazenda maturado.

7

A tradição
da Ale belga

Todo mundo parecia ter uma bicicleta, então aluguei uma e, em meio ao sol filtrado pelas árvores, saí pedalando pela linda Bruges medieval.

Era a primavera de 1984, e eu acabara de deixar Londres, onde vivera por um ano. Aí, tinha me apaixonado pelas Ale inglesas e achava que já sabia tudo sobre cervejas. Parei em um café, acorrentei a bicicleta e entrei. Devia haver uma dúzia de torneiras e, das cervejas que delas jorravam, não reconheci nenhuma. Atrás do balcão, havia outras dúzias de cervejas em garrafa. O *barman* serviu à pessoa ao meu lado uma bebida com um surpreendente tom rosado. "O que é isso?", perguntei, presumindo ser algum tipo de refrigerante. "É Kriek", respondeu, "uma cerveja fabricada com cereja". Fiquei ali parado, feito um idiota, calado e embasbacado. Ele sorriu e me serviu um pequeno copo. "Bem-vindo à Bélgica!", disse.

Aninhada entre a França, a Holanda, a Alemanha e o mar do Norte, a minúscula Bélgica tem 12 milhões de habitantes, três línguas, e algumas das melhores e mais complexas cervejas do mundo. O país esteve uma época sob o domínio da Borgonha, mas, embora os belgas ainda apreciem um bom vinho, sua verdadeira paixão é a cerveja. Quando se entra em um café belga, essa paixão é evidente, palpável até. Dezenas de estilos de cerveja, cada qual com seu copo especial, ficam carinhosamente expostas até mesmo nos mais modestos estabelecimentos. Ignore as onipresentes Pilsen industriais e verá o que realmente interessa. Algumas estão amorosamente envoltas em papel de seda. Outras ficam aprumadas em garrafas de champanhe, com direito a rolha e gaiola de arame. Na garrafa, muitas ostentam uma fermentação secundária

Em Bruxelas, entre as construções da magnífica Grand-Place, encontra-se o prédio da Associação dos Cervejeiros, que data de 1696. A cerveja sempre desfrutou de grande prestígio na Bélgica.

e a bela sedimentação de leveduras dormentes. Em outras, foram misturadas frutas, e situam-se no limite entre vinho e cerveja. Várias foram fabricadas com técnicas milenares de fermentação espontânea. Ou têm fragrâncias de ervas e especiarias. E há as que foram reverentemente produzidas por monges. Para os amantes de cerveja, a Bélgica é o paraíso na Terra.

Malgrado a gentileza do meu primeiro *barman*, os belgas são um povo genioso. Pelo país, durante séculos, marcharam exércitos borgonheses, holandeses, alemães, austríacos e espanhóis, mas isso só serviu para tornar os belgas ainda mais tenazes, orgulhosos e irascíveis. Tal personalidade estende-se às cervejas, que estão entre as mais individualistas do mundo. Muitas desafiam uma classificação mais precisa e mantêm-se à parte, perfeitamente satisfeitas com sua singularidade. O número de variedades é assombroso. A população da Bélgica mal supera a da região metropolitana de Nova York e, no entanto, o país tem mais de 100 cervejarias, produzindo pelo menos 400 tipos de cerveja.

Como nenhum outro povo, os belgas preservam no país suas tradições de cervejaria, e seus cervejeiros parecem ser os mais imunes às supostas seduções da modernidade. A partir do surgimento da Comunidade Europeia, as cervejas belgas popularizaram-se por toda a Europa e hoje são encontradas de Copenhague a Hong Kong. Mais recentemente, conquistaram aficionados nos Estados Unidos e, em algumas cidades, foram abertos restaurantes belgas, com destaque especial para as cervejas. A culinária belga combina o refinamento francês e a substância holandesa, e a complexidade de muitas Ale belgas torna-as surpreendentes com as comidas.

Belgian Pale Ale

No final do século XIX e início do século XX, ao espalhar-se rapidamente pela Europa, a Pilsen às vezes varreu do mapa estilos de cerveja nativos, numa espécie de política de terra arrasada. Os belgas responderam com suas próprias cervejas de fermentação de superfície. Não eram tão claras quanto a Pilsen, mas, à sua própria maneira, muito vigorosas e refrescantes. É um pouco forçado chamar essas cervejas de Pale Ale ou até mesmo tentar classificá-las. Os belgas com certeza não têm tal preocupação. Às vezes, são chamadas *spéciales belges*; ou simplesmente *Spécial* ou *belges*; e, outras vezes, simplesmente Ale, em inglês. Embora não seja usado o termo Pale Ale, elas têm uma semelhança mais do que passageira com as cervejas inglesas desse nome. Mesmo assim, ainda são distintamente belgas. Desconfio que os principais produtores belgas de Pale Ale usem variedades de levedura relativamente próximas, o que resulta nas muitas características que têm em comum.

A cor das Belgian Pale Ale varia entre um tom bronze-claro e o de cobre, e o comum é serem filtradas, sendo produzidas apenas com malte de cevada, evitando o açúcar adicionado a muitas Ale inglesas. O teor é médio, cerca de 5%. Tanto o aroma quanto o sabor de lúpulo são moderados, sustentando um centro de corpo médio, maltado e abiscoitado, conduzindo a um final limpo e seco. Suaves e delicadas, são extremamente agradáveis de beber. O que as torna distintamente belgas é o caráter maltado suave, combinado com a condimentação proporcionada pelas variedades de levedura. Há um delicado sabor frutado mesclado a leves notas de alcaçuz, sementes de anis, erva-doce, casca de laranja ou canela. A levedura fermenta a temperaturas relativamente altas, mas sua presença é leve e seus sabores sutis não são dominantes. Ao contrário, contribuem para contar uma história complexa ao longo de uma noite ou de uma refeição. Sozinhas, são excelentes, mas quando os sabores encontram suas contrapartes na comida, o reconhecimento é instantâneo e poderoso.

BELGIAN PALE ALE E COMIDA

Para mim, *choucrute* sempre foi um prato alsaciano. Modeste van den Bogaert, patriarca da cervejaria De Koninck, em Antuérpia, pediu-me licença para discordar. "Não é apenas da Alsácia – é também de Antuérpia", afirmou. "Você devia provar, é muito bom." Estávamos no De Pelgrim, um café aconchegante do outro lado da rua, em frente à cervejaria. Não querendo resistir – nem a Van den Bogaert nem ao *choucrute* –, decidi seguir seu conselho e fiz o pedido.

Se estiver procurando algo para combinar com cerveja, embutidos raramente dão errado, mas o pedido revelou-se extraordinário. O sabor de carne de porco dos embutidos era belíssimo, e a acidez do *Sauerkraut*, moderada, o que permitiu um entrelaçamento perfeito com o refinado toque lupulado da cerveja, cujo nome é, simplesmente, De Koninck. Melhor ainda, o aniz ou erva-doce salpicado no repolho fundiu-se de maneira estupenda com sabores semelhantes na cerveja.

Naquele momento, parecia impossível que outro prato pudesse combinar tão bem com uma Belgian Pale Ale quanto esse delicioso *choucrute*, mas isso seria depreciar essas cervejas. Elas demonstram excelente versatilidade com vários tipos de pratos. Os sabores suaves de ervas e condimentos ficam ótimos com cordeiro, seja um *carré*, seja um pernil assado em fogo lento. Um toque de alecrim realça a combinação. Outro casamento excelente é ripa de costelas ou bochecha de boi na brasa – a cerveja envolve a carne e praticamente a faz derreter-se na língua, absorvendo a gordura e seduzindo-a com sabores sutis de canela e noz-moscada. O caráter terroso dessas cervejas também lhes dá afinidade para receitas de carne bovina e cogumelos.

Preciso mencionar carne de porco? Praticamente qualquer prato dessa carne – exceto, talvez, alguma receita mexicana ou churrascos com tempero muito cítrico ou avinagrado – fica excepcional com Belgian Pale Ale. Leitãozinho assado, *carré* de porco (mesmo à moda *cajun*, cujo tempero é picante, mas não cítrico), lombo assado, lombinho, bisteca à milanesa, paleta, *puerco en pipián* – a escolha é sua. Combinar sabores aromáticos abiscoitados com aromas de ervas e especiarias, contanto que se evite o excesso de acidez, é infalível. Caso contrário, vá fundo.

Uma boa Belgian Pale Ale é capaz de transformar um simples frango assado em evento culinário. O segredo está nas ervas. Um pouco de sálvia, tomilho ou alecrim – sobre ou sob a pele, ou no recheio – associa-se aos sabores herbáceos da cerveja e realça a refeição. Os sabores de caramelo e biscoito da cerveja combinam com a pele dourada, fazendo a comida decolar. Há alguma coisa no centro abiscoitado dessas cervejas que combina particularmente bem com batatas. Que tal algumas para acompanhar? Agora estou pensando em couves-de-bruxelas, branqueadas e depois *sautées* na manteiga com um pouco de chalota. Tudo bem, um simples frango assado já serve, mas isso está começando a ficar muito bom.

Algo para lembrar – a Belgian Pale Ale vai muito bem com peru. A carne de peru tem um leve sabor de frutos secos, assim como a cerveja, cujas qualidades herbáceas podem ainda combinar com recheios e acompanhamentos. Na minha opinião, num almoço do Dia de Ação de Graças, a Bière de Garde é imbatível, mas a Belgian Pale Ale vem logo em seguida.

Essas cervejas ficam boas com alguns tipos de peixe, especialmente espécies de carne branca (*vivaneau*, bacalhau, tamboril, solha), preparadas com ervas, azeitonas ou cogumelos, para combinar com o caráter terroso da cerveja. Outra boa opção é filé de peixe à milanesa: os sabores abiscoitados da cerveja ecoam os sabores do empanado, e a cerveja tem um toque puro e seco, que vai muito bem com o peixe. Novamente, prefira peixes de carne branca, pois os de carne escura pedem sabores e amargor mais intensos.

FABRICANTES NOTÁVEIS DE BELGIAN PALE ALE

BROUWERIJ DE KONINCK Assim como Dublin é sinônimo de Guinness, seria impossível imaginar Antuérpia sem De Koninck, que é o nome tanto da cervejaria quanto de sua principal cerveja, a incontestável bebida cotidiana da população de Antuérpia. De tão onipresente, muitos se referem a ela como *bolleke* (pronuncia-se "boll-âh-kâh" e significa "bolinha"), seu copo de marca registrada. Em Antuérpia, basta pedir uma *bolleke* para receber um cálice de De Koninck. O nome De Koninck, que significa convenientemente (e corretamente, ao menos em Antuérpia) "o rei", vem do nome do proprietário original, Joseph Henricus De Koninck. No início do século XIX, ele tinha um *Biergarten* em Antuérpia, ao qual adicionou, em 1833, uma cervejaria própria. Em 1919, a família Van den Bogaert entrou no empreendimento. A De Koninck ainda é uma cervejaria familiar, comandada por Modeste Van den Bogaert, um homem imponente, de aparência ao mesmo tempo rústica e nobre, que mostra muito orgulho e apreço por sua cerveja. É possível encontrá-lo todo dia na hora do almoço no café De Pelgrim, em frente à cervejaria, bebendo De Koninck e lendo o jornal inglês *Financial Times*. Ele passou parte da Segunda Guerra

Mundial na Inglaterra, e ainda estima os ingleses e suas Ale. Na última vez em que almocei com ele, eu estava preparado para sua inevitável pergunta: "Vai tomar a levedura?", perguntou. Todo dia, a cervejaria envia um balde de levedura ao café De Pelgrim, onde os habitantes locais a bebem, em copinhos (*shot*) ou adicionada à cerveja. Sem dúvida é um excelente fortificante, mas não sou um habitante local. Mesmo assim, tomei minha dose de levedura, que tem um sabor amargo e terroso. Modeste sorriu, mostrando sua aprovação.

Uma nova fábrica, construída em 1996, lembra o cenário de um filme de ficção, com a caldeira dominando um vasto hangar, feito um foguete. Atrás das paredes, a fábrica antiga está sendo arrumada e iluminada para visitas, em vez de ser descartada. Comparada à nova, a velha parece um charmoso conjunto antigo de gigantescos caldeirões de cobre.

A cor da DE KONINCK tem um tom âmbar pleno, e seu colarinho é espesso e firme. O aroma, maravilhosamente apetitoso, é uma mistura inebriante de maltes abiscoitados, cedro, canela, anis, melão e lúpulo. O amargor lupulado é estimulante, porém delicado, dando lugar a um paladar frutado ao mesmo tempo suculento e seco, escorado por sabores de caramelo e biscoito. O final é rápido e seco, com sabores residuais condimentados de anis. A cerveja não é condimentada, mas a levedura da casa contribui decisivamente para o sabor e o perfil aromático. Na garrafa, ela é muito boa, e nada menos que notável na pressão. Se você estiver em Antuérpia e começar a noite bebendo cerveja De Koninck, provavelmente vai achá-la tão deliciosa que não provará mais nada. Seria uma pena, pois você está em uma grande cidade cervejeira. Mas você poderia ter feito algo pior... A De Koninck fica excelente com *choucrute*, croquetes de batata e com as batatas fritas locais, e, ainda, carne de porco, frango assado ou frito, peixe frito, vitela, *saltimbocca* e todo tipo de embutidos.

BROUWERIJ PALM Fundada em 1747, a Palm é hoje a maior cervejaria familiar independente da Bélgica. Originalmente era uma fazenda chamada De Hoorn, localizada em Steenhuffel, na província de Brabante, em uma pequena propriedade que inclui a fazenda e um castelo com fosso que, no século XV, pertencia ao duque de Brabante. Datam de meados do século XVIII os indícios de fabricação de cerveja, embora seja quase certo que a fazenda já a produzisse antes disso. Há pelo menos 250 anos a família Van Roy controla e administra a cervejaria. O nome De Hoorn foi mantido até 1975. Depois, a cervejaria foi rebatizada com o nome de seu principal produto, a SPECIALE PALM. Hoje em dia o castelo é o centro de visitantes do local.

A Speciale Palm tem uma linda cor âmbar e aromas de biscoito, anis, lúpulo e geleia de laranja. O amargor lupulado é nítido, mas leve, permitindo que os maltes abiscoitados apareçam no centro cremoso, redondo e seco. Antes do final rápido e seco, há uma eclosão de sabores frutados alaranjados. Lúpulos e condimentos cintilam no sabor residual. É uma cerveja bastante versátil e vai particularmente bem com embutidos de porco, frango assado, costeletas de vitela à milanesa e peixe frito à milanesa.

OMMEGANG A cervejaria Ommegang – que fabrica cervejas de estilo belga numa propriedade rural, em Cooperstown, Nova York – produz uma Ale no estilo clássico de Brabante. Por mais que eu aprecie as outras cervejas da Ommegang, especialmente a Hennepin, de estilo Saison, sinto que a RARE VOS é sua receita mais atraente. O nome Rare Vos (raposa astuta) presta homenagem a um grande café com esse nome em Bruxelas. A cerveja é acondicionada na garrafa, mas tem uma brilhante cor cobre e um leque de aromas belgas clássicos, magnífico e provocante: laranjinha-da-china (*kinkon),* semente de anis, biscoitos, caramelo e lúpulos. O paladar mostra amargor contido e acidez vigorosa, em uma base frutada de corpo médio, com pouquíssimo açúcar residual. O final é rápido, duro e mineral, com um leve toque metálico.

AO LADO:
Modeste van den Bogaert, o patriarca da cervejaria De Koninck, bebe sossegadamente um *bolleke* de sua cerveja Ale no café De Pelgrim. A cerveja está extremamente fresca – pela janela, vê-se a cervejaria do outro lado da rua.

A Rare Vos fica ótima com mexilhões, camarões grelhados, ostras, vôngoles fritos, embutidos e *choucrute*.

NEW BELGIUM BREWING COMPANY Em 1989, Jeff Lebesch, engenheiro elétrico americano – pedalando sua *mountain bike* com *fat tire* (pneu grosso), de cervejaria em cervejaria, pelo interior da Bélgica (que, graças aos céus, é uma total planície) –, vivenciou uma epifania. Chegou à conclusão de que a cerveja belga era o melhor líquido da face da Terra e desejou desesperadamente fabricá-la. Quando voltou para casa, começou a fazer, em sua cozinha, cervejas de estilo belga. Mostrou ser bastante competente, e ninguém ficou surpreso quando abriu um pequeno empreendimento comercial no porão de sua casa, em Fort Collins, Colorado. Era um negócio familiar, com Kim Jordan, então sua esposa, ajudando-o no engarrafamento, e o filho fazendo as entregas. Rumores sobre a qualidade da cerveja logo se espalharam, e o porão ficou pequeno. Em 1995, Lebesch empregou seus conhecimentos de engenheiro na construção de uma grande cervejaria em Fort Collins, com equipamentos de última geração. Na época, parecia absurdamente grande, mas, nos anos seguintes, a New Belgium Brewing Company cresceu rapidamente. Passou a adquirir tanques cada vez maiores, feito um bebê que fica grande demais para suas roupas. Kim Jordan revelou-se um prodígio em *marketing*, e a cerveja da New Belgium ficou famosa e popular na região Oeste. Adotando políticas de envolvimento comunitário e consciência ambiental (é a única do país que usa energia eólica), a cervejaria conquistou a admiração dos vizinhos. O crescimento meteórico da New Belgium – atualmente, uma das que mais vendem no país – causou espanto entre outras cervejarias artesanais.

Embora a New Belgium fabrique várias cervejas fascinantes, seu sucesso deve-se basicamente à agradável FAT TIRE AMBER ALE. A Fat Tire tem cor âmbar plena e aroma levemente condimentado, com notas de levedura e biscoito. O amargor, bastante contido, equilibra a base, de corpo leve, suave e abiscoitado, com um toque frutado, mas com final limpo e seco. No sabor residual há uma sugestão de condimento. É uma versão de Belgian Pale Ale, mas suas raízes belgas já foram mais pronunciadas. Boa parte da complexidade perdeu-se no caminho do estrelato. Poucos artistas escapam desse destino, e seria mesquinharia invejar o sucesso dela, ainda mais por ter aberto caminho para algumas cervejas experimentais brilhantes, repletas de sabores tradicionais. Assim como a Samuel Adams Boston Lager, a Fat Tire é responsável por introduzir milhares de pessoas no mercado da cerveja de qualidade, e isso é um trabalho importante. A Fat Tire é de consumo agradável e também muito versátil. Prove com pratos terrosos mexicanos, frango ou lombo de porco assados, peru, embutidos e hambúrgueres.

Oud Bruin e Oud Red Ales

Na cidade de Oudenaarde e arredores, na Flandres Oriental, fabrica-se um estilo singular de Brown Ale conhecido como *Oud Bruin* (antiga marrom). "Antiga", sem dúvida, refere-se às qualidades clássicas dessas cervejas, cujo caráter distintamente ácido remete à tradição Lambic, ainda mais antiga. Em vez de adicionar levedura ao mosto, os fabricantes belgas de Lambic permitem que leveduras selvagens existentes no ambiente cuidem da fermentação, como o faziam há milhares de anos. Os fabricantes de Oud Bruin não voltam tanto ao passado – essas cervejas são fermentadas por uma mistura de leveduras da casa e variedades bacterianas que produzem sabores extraordinários. Houve época em que as cervejas inglesas eram fermentadas por leveduras semelhantes, adquirindo um caráter ácido bastante apreciado. Tal prática foi interrompida na Inglaterra, mas ainda persiste em Oudenaarde. As Oud Bruin usam uma mistura convencional de maltes Pilsen, Viena e Munique, com adição de um pouco de malte ou cevada torrada para dar cor. Ao final da fermentação, porém, a cerveja não tem nada de convencional. Além do sabor seco e maltado de caramelo, ela desenvolve uma adstringência distintamente ácida e vinhosa de Jerez e notas de uva-passa, que se assemelham a um bom Jerez Amontillado. A cerveja é escura, e os sabores torrados raramente se expressam com gosto de café, mas, sim, com um caráter firme de frutos secos ou uma sugestão de chocolate. Há lúpulos, mas seu amargor é quase imperceptível, e seu aroma, raramente detectado. O centro tem alguma doçura residual, no entanto a maioria das cervejas tem um final seco e fresco, produzido pelo alto teor de bicarbonatos na água. A interação entre doce e ácido prolonga-se no sabor residual. O teor médio oscila entre 5% e 6%, mas ocasionalmente é maior. A Liefmans, em Oudenaarde, é, de longe, o mais conhecido produtor flamengo de Oud Bruin.

Como muitos estilos antigos de cerveja, e como o Jerez, vinho ao qual tanto se assemelha, a Oud Bruin é tradicionalmente um *blend*. Antes do advento da refrigeração, fabricar cerveja era atividade sazonal. No início da primavera, antes que a temperatura subisse demais, fabricava-se uma versão forte de cerveja para consumir no verão. O objetivo do alto teor alcoólico era evitar que a cerveja deteriorasse, mas ele apenas reduzia o desenvolvimento inevitável da acidez provocada pelas variedades de levedura e de bactérias. No outono, essa cerveja "padrão" já estava ácida e com sabor de Jerez, sendo então misturada com cerveja fresca e vigorosa. As constantes misturas durante o ano todo davam certa consistência de sabor – mas não há dúvida de que antigamente as cervejas tinham sabores diferentes, dependendo da estação. Hoje, buscamos consistência em nossas cervejas, mas há certo charme na antiga sazonalidade, ainda apreciada por especialistas em outros produtos naturais, como queijos, por exemplo. Essa técnica de *blend*, estilo *solera*, não é mais determinada pelas estações, mas continua sendo muito usada para sabores Oud Bruin tradicionais, sendo importante para a manutenção de um nível moderno de consistência.

A adição de frutas geralmente é reservada para cervejas Lambic, mas algumas cervejarias adicionam cereja às suas Oud Bruin, criando as Kriek – "cereja", em flamengo. A levedura ataca a fruta, desintegrando a polpa, fermentando os açúcares e extraindo do caroço sabores de frutos secos. As cervejas emergem com uma maravilhosa interação de aromas frutados, doçura, gosto ácido e notas de Jerez. Ficam sensacionais com sobremesas e excelentes com pratos salgados. E ainda são ótimas para cozinhar.

Os cervejeiros da Flandres Ocidental não fazem qualquer referência a uma "Red Ale", embora o estilo certamente exista. A Oud Red Ale também é uma reminiscência, mas sua produção continua respeitável, especialmente a feita pela Rodenbach, de Roeselare, o maior e mais famoso fabricante desse estilo. As cervejarias, sempre indiferentes a tentativas de categorização, preferem referir-se às suas cervejas como "borgonhas da Bélgica". No passado, a região já foi dominada pela Borgonha, mas as cervejas locais têm pouca semelhança com a uva Pinot Noir. A cor avermelhada vem basicamente do uso de maltes especialmente caramelizados. As Oud Red Ale da Flandres Ocidental são parentes próximas das Oud Bruin da Flandres Oriental, mas há algumas diferenças evidentes. A mais importante é a tradição de envelhecer a Red Ale

Carinhosamente envoltas em papel de seda, as garrafas da Liefmans são embaladas para seduzir. Para criar excelentes versões de Kriek e Framboise, a Liefmans adiciona frutas às suas Brown Ale ácidas.

em enormes tonéis de carvalho não tratados. A madeira, que não pode ser esterilizada, abriga dezenas de variedades de leveduras e bactérias selvagens, que atacam os açúcares residuais na cerveja. Ao longo do processo de envelhecimento, que pode durar até dois anos, a cerveja adquire sua acidez característica, ao lado da cor e sabores de carvalho. Desenvolvem-se notas de Jerez e maracujá, que se intensificam à proporção que o oxigênio penetra através da madeira.

Como as Oud Bruin, também essas geralmente são misturas de cervejas – jovens e envelhecidas. A cerveja jovem é fermentada em tanques de aço inox por uma "levedura" da casa, que pode conter mais de uma dezena de variedades diferentes. Essa mistura de leveduras inclui a *Brettanomyces*, que produz um caráter terroso subjacente, e algumas bactérias produtoras de ácido láctico. Mas mesmo a cerveja jovem não é muito jovem – a fermentação geralmente leva mais de um mês. O produto mais jovem e fresco é mesclado à cerveja envelhecida em tonel de madeira, e o cervejeiro busca um equilíbrio entre juventude e experiência. As misturas resultantes, com teor entre 4,5% e 5,5%, são levemente encorpadas e estimulantes, com aromas complexos, frutados e terrosos, e um equilíbrio entre doçura, caramelo de malte e acidez refrescante. O final ferroso limpa o palato. Era de se imaginar que o sabor agridoce das Oud Red Ale fosse apenas um gosto já habitual, mas muitas pessoas abertas a novas experiências apaixonam-se imediatamente por sua síntese perfeita de complexidade e refrescância. Essas cervejas podem remeter ao passado, mas sua popularidade é crescente e são carinhosamente fabricadas por pessoas de visão. O vinho Borgonha não tem a mesma sorte.

OUD BRUIN, OUD RED ALE E COMIDA

A característica que define as Oud Brown Ale e as Oud Red Ale é sua acidez vibrante. As Red Ale, em particular, têm um toque bem leve, que fica perfeito com mariscos e afins. A Rodenbach, por exemplo, vai tão bem com lagosta, que deveria trazer uma estampada no rótulo. A acidez da cerveja realça o sabor da lagosta, a carbonatação absorve a manteiga clarificada, e a doçura subjacente funde-se com a doçura natural da carne. É uma escolha natural, já que os belgas parecem ter uma predileção especial por alimentos marinhos. Certa vez, um amigo belga me serviu um grande prato de camarõezinhos deliciosos… no café da manhã. Sua mãe descascara-os um a um, tranquilamente, com uma destreza que me deixara admirado. Passamos um pouco de manteiga no pão, colocamos aí os camarões, e servimos pequenas taças de Rodenbach para acompanhar. Foi uma refeição extremamente saborosa, embora eu ache que teria ficado melhor no almoço. Obviamente não tive coragem de dizer a ela que a maioria dos americanos não come camarão no café da manhã. (Onde estavam os famosos *waffles* belgas?) Por outro lado, se eu tivesse comido aqueles camarões no almoço, provavelmente não teria, tantos anos depois, uma lembrança tão nítida deles.

Com elas, talvez a refeição ideal seja o *brunch*. As Oud Red Ale ficam excelentes com omelete, o que já é uma vantagem sobre um Kir Royale. Com omeletes de queijo de cabra, o casamento fica particularmente bom – a cerveja harmoniza com a acidez do queijo e, ao mesmo tempo, contrasta com sua doçura. Outra combinação boa são ovos Benedict: a cerveja atravessa tranquilamente o molho holandês e harmoniza perfeitamente com o *bacon*. Eu gosto de comer *brunch* em restaurantes franceses na cidade de Nova York, e é sempre uma escolha difícil – um prato com ovo ou um *Croque-monsieur*? Já que *Croque-monsieur* (um sanduíche gratinado, de queijo Gruyère, presunto e molho bechamel) também fica perfeito com Red Ale, pelos menos a escolha da cerveja é fácil.

As Oud Red Ales também ficam excelentes com caranguejos, seja um prato de carne desfiada ou de siri-mole, seja cozido ou em bolinhos. Novamente, a acidez é como a de umas gotinhas de limão-siciliano, e o grau de doçura é perfeito. O mesmo vale para ostras, e a cerveja não teme molhos condimentados. *Moules frites* – mexilhões com fritas – é um prato tão popular na Bélgica, que deu origem a várias cadeias de restaurantes. As Red Ale proporcionam um acompanhamento brilhante e também podem ser usadas no caldo (*broth*) para os mexilhões, realçando ainda mais a combinação. Lula e polvo são bons parceiros, seja qual for o método de preparo. *Ceviche* é uma opção óbvia – a acidez da cerveja harmoniza com o marinado cítrico, e aceita bem qualquer tipo de condimento. Com pratos salgados, a acidez também é uma vantagem – a Red Ale vai muito bem com *brandade* (ou *baccalà*, uma espécie de creme salgado, de bacalhau desfiado misturado a batatas esmagadas ou miolo de pão, para rechear batatas assadas ou rosetas de pão). Salmão defumado também vai muito bem, assim como *gravlax*, salmão curado com açúcar e sal. A cerveja casa bem com o tradicional raminho de endro e um pouquinho de molho de mostarda e mel.

Também com uma ampla variedade de peixes (e com a maioria de suas receitas) a Oud Red Ale fica excelente. Se o prato tem cítricos ou vinagre, ou fica bom com algumas gotas de limão-siciliano, é provável que a combinação também fique muito boa. Eu gosto de tamboril *sauté,* com molho de chalota e limão. Ao combinar tamboril com Red Ale, fica a impressão de que a cerveja foi criada para acompanhar esse prato.

Já as Oud Bruin são bastante similares às suas primas Red Ale – que não precisam ficar restritas a *brunch* e frutos do mar, mas é onde seu talento fala mais alto –, mas os maltes torrados conferem-lhe sabores mais escuros, de uva-passa, chocolate e *toffee*. A acidez das Oud Bruin é muito próxima à das Red Ale, porém com maior intensidade, para combinar com pratos de carne. A Brown Ale é a base clássica para *carbonnade flamande*, um cozido de carne bovina, cebola e cerveja, que é rival do *moules frites* na condição de prato nacional da Bélgica. O caráter de uva-passa da cerveja muitas vezes é realçado com a adição de uvas-passas ou ameixas-pretas secas ao prato. Naturalmente, a Brown Ale é perfeita para acompanhar tal refeição.

Carne de porco é outro bom parceiro para essas Brown Ale condimentadas. Enquanto os criadores se esforçam para eliminar toda a gordura do porco, eu dou duro para achar carne de porco que tenha sabores tradicionais. A carne de porco belga ainda é muito saborosa, e essa cerveja absorve e atravessa a gordura, deixando livre o glorioso sabor de porco, para harmonizar com os sabores de uva-passa e ameixa da cerveja. Javali tem pouca gordura, mas um sabor intenso de caça (especialmente em embutidos), que combina bem com essas cervejas. Felizmente, ainda não conseguiram anular a gordura e o sabor da carne de pato, que fica maravilhosa com Oud Bruin. A cerveja também proporciona uma boa base para o molho, especialmente com ginjas. Falando em ginjas, não podemos nos esquecer da carne de cervo, que fica boa tanto com a cerveja quanto com um bom molho à base de ginjas.

FABRICANTES NOTÁVEIS DE OUD BRUIN E OUD RED ALE

BROUWERIJ RODENBACH A cidade portuária de Roeselare beira um canal que corta as planícies de Flandres. A família Rodenbach, originária da Alemanha, floresce nessa cidade há mais de 200 anos. Ferdinand Rodenbach aí chegou, como médico militar, no século XVIII, no período de domínio austríaco, e sua família produziu escritores, políticos e inventores. Em 1820, Alexander Rodenbach, que teve uma participação importante no movimento pela independência da Bélgica, comprou uma cervejaria, e, em 1836, sua família fundou a cervejaria Rodenbach, em Roeselare. Data desse período o prédio mais notável da cervejaria: uma torre cônica de maltagem, que hoje faz parte do Museu da Cervejaria. A bela cervejaria antiga, da década de 1920, construída feito um bolo de noiva, em latão, cobre e telhas em camada múltiplas, finalmente deu lugar, em 2002, no lado oposto da propriedade, a uma fábrica moderna feita de aço inox. Para a adição de lúpulo à caldeira, essa fábrica tem um sistema especial de vácuo. Quando perguntei a Rudi Ghequire, o mestre-cervejeiro, qual a necessidade daquele sistema, ele sorriu e me deu uma típica resposta "de conspirador" belga: "Não se preocupe – *nós* sabemos por que é necessário".

Quem visita a cervejaria assombra-se com as salas de maturação, ostentando inúmeras fileiras de enormes tonéis de carvalho, cuja capacidade varia de 120 a 600 hectolitros. São trezentos tonéis, acomodados em onze salas, superando de longe qualquer outro fabricante dessas tradicionais cervejas ácidas flamengas. Ali, elas envelhecem silenciosamente por dois anos ou mais, adquirindo sabores maravilhosamente complexos da madeira e dos microrganismos que a habitam. Vários deles têm mais de 100 anos, e os mais antigos datam de 1868. A cervejaria mantém uma equipe de tanoeiros. Quando um tonel precisa de reparos, é retirado do suporte e desmontado na oficina. O reparo é realizado de maneira tradicional, calafetado com junco e cera de abelha. Um investimento de milhões de dólares do novo proprietário da Rodenbach, a cervejaria Palm, de Brabante, transformou o prédio que abriga

A história da família Rodenbach liga-se intimamente à história da Bélgica. A saga familiar está exposta no belo centro de visitantes da cervejaria Rodenbach.

as salas de maturação em um centro de visitantes belo e informativo. As fileiras de tonéis podem ser vistas através de paredes de vidro, e o simpático bar serve cerveja Rodenbach e comida local.

O principal produto da cervejaria chama-se simplesmente RODENBACH. É uma mistura de duas cervejas: 75% de cerveja jovem, fermentada e envelhecida, com uma mistura complexa de leveduras, em barris de aço inox, durante quatro a cinco semanas; e 25% de cerveja envelhecida, que emerge dos tonéis de madeira após anos de descanso. A cerveja é de uma cor vermelho-alaranjada atraente e tem um aroma assombrosamente complexo de maracujá, limões-sicilianos secos, vinagre, baunilha e cobertores de lã molhados. O paladar abre leve, doce e suculento, com apenas uma sugestão de amargor, antes de marcar presença a acidez láctica, equilibrando o paladar. Toques de caramelo e carvalho mostram-se no centro, e o final é prolongado e ácido, com uma pontada ferrosa no término. É estranha, surpreendente e complexa, mas extremamente refrescante. Logo se imaginam pratos de frutos do mar, especialmente de lagosta, camarão e caranguejo. Essa cerveja é um parceiro natural para *ceviche*, e a acidez também fornece um bom contraponto para peixes de sabor intenso. Com saladas, a Rodenbach é praticamente um vinagrete, e fica particularmente boa quando a salada leva queijo de cabra.

A cerveja envelhecida na madeira não se destina somente para mistura – também é engarrafada "pura", como RODENBACH GRAND CRU. Essa cerveja é um pouco mais forte, 6% em comparação aos 4,6% da mistura. Tudo nela é mais maduro e pronunciado – a cor é vermelha, profunda, beirando o marrom, e o perfil aromático apresenta carvalho com cheiro de baunilha (o interior dos tonéis é raspado após cada uso), limão em conserva, raspa de limão, terra úmida, maracujá, damasco, Jerez e capa de cavalo. O paladar é redondo e doce, com maltes caramelizados, equilibrados bem rápido por acidez firme. Antes do final agridoce prolongado, desfilam, no centro, Jerez, frutas e carvalho. A cerveja é forte o suficiente para acompanhar carne de caça, especialmente pombo-

-torcaz e perdizes silvestres. Também é ótimo acompanhamento para carnes bovinas, como bochecha e ripa de costelas, com a acidez ajudando a atravessar a gordura untuosa. Pelo mesmo motivo vai bem também com patês de fígado de animais de caça. E, mais uma vez, receitas avinagradas, especialmente *ceviches* e arenque, têm uma afinidade natural com essa cerveja.

LIEFMANS As Oud Bruin mais famosas de Flandres levam uma vida interessante. São fabricadas pelo grupo Riva, que produz o mosto em Dentergem, na Flandres Ocidental. Em seguida, o mosto é transportado de caminhão até a cidade de Oudenaarde, na Flandres Oriental. Ali, a cervejaria Liefmans (que outrora fazia todo o processo de fabricação) fermenta, envelhece, mistura e engarrafa as cervejas Liefmans. Até ser comprada pela Riva, no final da década de 1980, a Liefmans, que fabrica cerveja desde no mínimo 1679, esforçou-se para continuar produzindo em sua antiga fábrica de Oudenaarde. A Riva fez um investimento considerável na Liefmans e expandiu a popularidade das cervejas tradicionais. A prática incomum de transportar o mosto através da província é uma questão de necessidade – a Riva quer garantir que a mistura de leveduras acidificantes da Liefmans não chegue perto de suas outras cervejas, que usam leveduras mais convencionais. A levedura da casa tem origem na cervejaria Rodenbach de Roeselare, famosa por suas Red Ale.

A Liefmans Goudenband é, de longe, a cerveja mais conhecida da Liefmans. Há uma versão em garrafas pequenas, mas as garrafas grandes, com rolha, carinhosamente embaladas em papel de seda impresso, são particularmente populares. A cerveja em si é maravilhosa, de cor marrom-grená meio fosca, que lembra um Barolo envelhecido. O perfil aromático é surpreendente e intenso, exalando ondas de Jerez, chocolate, madeira, uva-passa, ameixa-preta, noz-moscada, couro e capa de cavalo. O paladar é pronunciadamente ácido, equilibrado por doçura frutada. Há um sabor de ginja, embora elas não sejam adicionadas: são reservadas para a cerveja Kriek. O centro é ácido e suculento, levando a um final prolongado e vinhoso, com um leve toque ferroso. A Goudenband, assim como várias outras cervejas tradicionais de Flandres, é uma mistura. Uma cerveja de quatro meses é misturada com uma cerveja de um ano. A levedura é removida e são adicionados açúcar e levedura fresca para o acondicionamento na garrafa. Pronunciada, pungente e com um teor de 8%, não é uma bebida para fracos, e certamente é complexa e fascinante. Ótimo aperitivo, e excelente para limpar o palato entre pratos. Fica deliciosa com queijos pungentes de cabra frescos, camarão grelhado, salada de carne de caranguejo, carne bovina assada em fogo lento (*braised beef*), e também como base para o caldo da tradicional *carbonnade flamande*. A Liefmans também produz excelentes cervejas Kriek e Framboise adicionando cerejas ou framboesas inteiras a uma base de Brown Ale.

BAVIK Em Bavikhove, na Bélgica, fica a cervejaria Bavik, onde a família De Brabandere fabrica cerveja desde 1894. A cervejaria controla uma bem-sucedida rede de cafés, onde continuam populares suas cervejas tradicionais. Algumas delas são vendidas sob o selo Petrus, um fato que o fabricante do vinho de mesmo nome, da região de Bordeaux, não vê com muito entusiasmo.

A PETRUS OUD BRUIN tem uma bela cor marrom-avermelhada e aromas que evocam Jerez Amontillado, limões-sicilianos secos, baunilha, compota de fruta e cobertores de lã. A acidez, leve e ampla, é combinada com uma doçura frutada para criar um sabor agridoce sobre a base de corpo leve. O final é prolongado, vinhoso e refrescante. Para seu modesto teor alcoólico, de 5,5%, é uma cerveja bastante complexa. Tal complexidade é alcançada pela mistura de cervejas claras e escuras, sendo que a escura é envelhecida dois anos em tonéis de carvalho. Essa técnica parece induzir certa suavidade; a acidez é bem integrada e palatável, nada perdendo de sua intensidade. A Petrus Oud Bruin fica sensacional com queijos pungentes, pato crocante, *carbonnade flamande*, embutidos e lombinho grelhado com molho de chalota.

NEW BELGIUM BREWING COMPANY Não só a Fat Tire Amber Ale faz o sucesso estrondoso da New Belgium Brewing Company, que fabrica também cervejas belgas mais tradicionais. O mestre-cervejeiro Peter Bouckaert foi importado da Bélgica, onde trabalhava na Rodenbach. Evidentemente, ele sentiu falta das cervejas flamengas locais, pois logo tratou de recriar uma na New Belgium. Batizou sua experiência de LA FOLIE (a loucura) e pôs-se a trabalhar. Em 2000, depois de muitas experiências, finalmente engarrafou a cerveja, que tem uma cor estonteante, de um tom vermelho profundo com toques de marrom e laranja. O perfil aromático é intenso e pungente, tendo à frente Jerez e sidra de maçãs maduras, seguidos por couro, terra, lã úmida, baunilha, carvalho e trufas negras. No palato, há um equilíbrio perfeito entre doçura maltada e acidez pronunciada, sem ameaça de predomínio de nenhuma delas. O centro é suculento e consegue, ao mesmo tempo, ser doce, ácido, amadeirado e secante. Lembra muito torta de ruibarbo, terminando com esse sabor, limpo e seco, prolongado. A La Folie é fermentada com uma mistura de várias leveduras especiais e cepas de bactérias, sendo, em seguida, envelhecida de um a três anos em barris previamente usados para envelhecer vinho Borgonha. É uma realização maravilhosa, à altura das cervejas flamengas que a inspiraram. A produção, no momento em que escrevo, é limitada, e só é possível comprá-la diretamente da cervejaria em Fort Collins, Colorado. Logo vai contar com uma distribuição mais ampla. A La Folie é acompanhamento sensacional para *foie gras sauté*. Prove também com *terrine* de carne de caça, ripa de costelas assada em fogo lento (*braised*) e queijo de cabra maturado.

Saison

As planícies rurais da Valônia, a região de língua francesa do sul da Bélgica, deram origem a um dos estilos de cerveja mais refrescantes e enigmáticos do mundo. É possível que, hoje em dia, um habitante de Antuérpia não saiba o que é Saison, mas, há um século, essa especialidade regional era amplamente conhecida. Saison é um estilo de Ale tradicional e rústico, produzido por cervejeiros artesanais na província de Hainaut, na Valônia. Originalmente, era um item básico da mesa dos fazendeiros – leve, estimulante, refrescante e nutritiva, tão importante quanto leite ou pão.

Saison significa "estação", e a estação em pauta era o fim do inverno e o começo da primavera. O clima ameno de março despertava a vida no campo, encerrando ao mesmo tempo a temporada de fabricação de cerveja. Antes do advento da refrigeração, era impossível fabricar cerveja no calor, pois a fermentação se descontrolava, estragando-a. Além disso, os fazendeiros estavam muito ocupados com as lavouras e não tinham tempo para tanto. A cerveja produzida em março tinha de durar até a próxima temporada, que geralmente começava em outubro, após um verão inteiro de calor e a colheita do início do outono. Tinha de ser robusta o suficiente para resistir durante meses, mas leve o suficiente para matar a sede dos lavradores. Terminada a colheita, os fazendeiros recomeçavam a fabricar cerveja, que podia ser vendida, proporcionando uma renda adicional durante a entressafra. Alguns produtores de Saison ainda são ligados a fazendas, onde é possível comprar ovos e queijos junto com a cerveja.

Hoje em dia, são produzidas poucas Saison, mas estão entre as melhores cervejas da Bélgica. São feitas com maltes claros, às vezes com aveia ou um pouco de açúcar. Na caldeira, é adicionada uma grande variedade de condimentos e plantas, de pimenta-branca a casca desidratada de laranja. No passado, essas cervejas eram fermentadas em recipientes de madeira e servidas diretamente do barril, mas tal prática caiu em desuso. Atualmente, a robusta fermentação em alta temperatura é geralmente seguida de uma segunda fermentação numa garrafa pesada, estilo champanhe, que é selada com rolha e gaiola de arame. Antes de ser comercializada, quase sempre descansa no mínimo dois meses engarrafada. Cada uma delas apresenta personalidade distinta, mas a maioria tem uma brilhante cor laranja e carbonatação explosiva, produzindo um colarinho impressionantemente firme, além de aromas estimulantes, condimentados e frutados, com lupulagem marcante e refrescante, e um final seco e levemente ácido. O uso generoso de lúpulos, que antes ajudava a preservar a cerveja durante o verão, fornece agora um sabor residual resinoso. O teor é geralmente em torno de 6,5%.

Eu considero essas cervejas verdadeiramente gloriosas e infinitamente interessantes. Assim como as rodas (formas) dos bons queijos artesanais, cada garrafa de Saison é ligeiramente diferente, tendo sua vida própria e contando sua própria história. Para alguns cervejeiros artesanais americanos (que se dedicam a manter vivo o espírito desse estilo, tanto na Bélgica quanto em outras partes), o apelo da Saison provou ser irresistível. Com comida, as melhores Saison vão além da versatilidade: são virtualmente imbatíveis.

SAISON E COMIDA

As pessoas constantemente me perguntam qual minha cerveja favorita. Eu sempre respondo, honestamente, que depende do clima, do lugar, da comida, do meu humor e da minha agenda para o dia seguinte. O que nunca conto é isso: se eu fosse forçado a escolher um único estilo para acompanhar todas as refeições para o resto da vida, escolheria Saison. Tenho sempre pelos menos uma caixa de Saison na minha adega. A Saison não é meramente versátil – é abertamente promíscua. Parece harmonizar com tudo. A combinação de amargor dinâmico, carbonatação purificante, aromas estimulantes, sabores condimentados, notas apimentadas, opacas sugestões terrosas e acidez refrescante confere a essas cervejas a capacidade de aceitar uma enorme variedade de pratos. Antes de assar na brasa à perfeição uma capa de filé de costela, suculenta e ligeiramente malpassada, adoro cobri-la com azeite, pimenta esmagada e sal marinho grosso. A Saison tem amargor para atravessar a gordura e o sal, alta carbonatação para absorvê-los no palato, sabores apimentados para combinar com a pimenta esmagada, notas frutadas para misturar com os sucos, e um caráter terroso para harmonizar com os sabores básicos da carne. Não é uma mera combinação, é um tórrido abraço.

O mesmo tempero, com exceção do sal, uso para fazer postas de salmão grelhadas, um de meus pratos de verão favoritos. A Saison, que acompanha majestosamente a capa de filé de costela, fica igualmente sensacional com o salmão, pois absorve a oleosidade do peixe e, com uma onda afiada de amargor e acidez cítrica, nele penetra. À medida que a pimenta ecoa as notas apimentadas da cerveja, o sabor do salmão é realçado e definido. Tudo se encaixa. Nada melhor que isso.

Com exceção, talvez, de uma salada de camarão. Descascado o camarão, eu tempero-o com azeite, cominho e uma gota de molho de pimenta *habanero*, e refogo rapidamente – não chega a um minuto – numa panela wok. Depois, acrescento-o a uma salada de folhas novas, cebola vermelha laminada, fatias de abacate, pimentões vermelhos e tomates maduros. Um molho simples, de óleo e vinagre balsâmico, um pouco de pimenta-do-reino esmagada, e pronto. (Exatos quinze minutos, imagine – é uma refeição extremamente rápida.) Agora vem a Saison, que confronta a acidez do molho com a sua própria, cumprimenta a pimenta, associa-se à cebola, atravessa o abacate, abranda o molho *habanero* e alcança o camarão, onde suas notas de coentro brincam com o cominho. Os sabores doces do camarão ficam inalterados, enquanto as notas de *habanero* fulguram na minha língua. Lindo!

A Saison vai bem com qualquer tipo de peixe, menos os mais delicados: é intensa demais para, por exemplo, um filé *sauté* simples, de linguado, solha ou rodovalho. Mas se estamos falando de um pargo-vermelho tailandês, com molho de tamarindo bem condimentado, pode trazer. O mesmo vale para peixe frito – especialmente com gotas de limão-siciliano –, moluscos e lula. A Saison fica sensacional com bolinhos de caranguejo – faça-os tão leves ou tão picantes quanto desejar. Até o delicado rodovalho pode ficar bom. Certa vez salteei um filé de rodovalho na frigideira e comi-o com purê de aipo e molho reduzido de *porcini*, e ficou muito bom com Saison Dupont. Parecia uma combinação improvável, mas funcionou porque o sapecado da carne harmonizou com o cereal torrado da cerveja, enquanto os cogumelos combinaram com o caráter terroso de seu centro. Há também outras afinidades, mas ainda não as detectei todas. As Saison nunca param de me seduzir e surpreender.

A Saison é um ótimo parceiro para embutidos de todas as variedades imagináveis – qualquer italiano, merguez, *chorizo*, *kani--kama*, Toulouse, *Bratwurst*, cervo, *boudin noir* –, não consigo pensar em um único tipo de salsicha, linguiça ou afins que já provei que não ficaria bom com essas cervejas. Embutidos de porco dão uma combinação particularmente agradável. Muitas Saison têm uma nota intensa de casca de maçã-verde, atributo que fica ótimo com pratos à base de porco. Um de meus favoritos é bisteca de porco, preparada da mesma maneira que aquela capa de filé de costela. Fica melhor ainda acompanhada de maçãs Granny Smith *sautées*.

A Saison fica brilhante com comida tailandesa. A culinária tailandesa contrasta sabores brilhantes (limão-galego, tamarindo, coentro e pimenta-malagueta) com sabores opacos (molho de peixe *nam pla*, molho de soja e cogumelos), e sabores doces fazem contraponto ao sal e à acidez. A Saison tem notas cítricas vivas que combinam com as notas brilhantes da comida, e um caráter terroso que harmoniza com os sabores mais opacos. O resultado é um espetáculo, não de elementos disparatados, mas de notável harmonia. Todos os meus pratos tailandeses favoritos vão bem com Saison – pato crocante com molho vermelho de *curry* e coco, *curry* de frango *massamun*, *tom yung gai*, *satay* de carne bovina e o onipresente *pad thai*.

O mesmo ocorre com a culinária vietnamita, que tem sabores semelhantes. Certa vez jantei com um grupo de amigos no Slanted Door, um excelente restaurante vietnamita em São Francisco. Quando descobri que na carta havia Saison Dupont, pedi uma garrafa grande. Nenhum dos outros havia antes provado a cerveja, portanto era uma ocasião especial. Primeiramente servi só um pouco para cada um. No final, bebemos todas as garrafas do restaurante, mais de doze. A cerveja combinou com todos os pratos. Desafiou pimentas-malaguetas, harmonizou com folhas de hortelã, e realizou dezenas de pequenos milagres em nossos palatos. Todos ficaram loucos pela cerveja. A comida estava sensacional e nos divertimos pra valer. Depois de limparmos o estoque de Saison do restaurante, os outros clientes nos encaravam emburrados, enquanto gargalhávamos em meio às garrafas vazias. Haviam perdido uma experiência absolutamente essencial e sabiam disso. Quase cheguei a me sentir culpado, mas durou pouco. Como sempre.

FABRICANTES NOTÁVEIS DE SAISON

BRASSERIE DUPONT A província de Hainaut, perto da fronteira com a França, é basicamente formada por planícies cultivadas. Não foi fácil achar o minúsculo povoado de Tourpes. Quando encostamos diante da cervejaria-fazenda, vimos membros de uma família carregando de cerveja uma *station wagon*. A bebida não estava em caixas de papelão: as garrafas arrolhadas eram postas cuidadosamente deitadas em engradados de plástico para leite. Ocuparam todo o espaço disponível do carro, que então partiu lentamente com sua pesada carga. Várias décadas atrás, seria um pobre cavalo a puxar todo aquele peso. Essas cervejas são provisionais, e, desde 1850, as famílias da região vêm aqui para abastecer-se. A família Dupont comprou a propriedade em 1920, e hoje, duas gerações depois, o negócio é administrado por Marc Rosier, um de seus membros. As duas irmãs de Marc e outros parentes também trabalham na cervejaria. Olivier Dedeycker, sobrinho de Marc, é o responsável pela produção. A fazenda, que se chama Moinette (mongezinho), vende queijos e pães, alguns contendo bagaço de malte ou levedura triturada. E está no local onde, supostamente, havia um mosteiro.

Quando contei a Olivier Dedeycker que encarava minha visita como uma peregrinação, ele achou meio estranho. Tenho veneração pelas cervejas Dupont e estava um tanto ansioso. Não queria me decepcionar, descobrir que a cervejaria não era como eu imaginara. Preocupei-me à toa. Os tanques de fermentação, feitos de cobre e ferro rebitado, são rigorosamente tradicionais, e a caldeira tem aquecimento direto. Durante a Segunda Guerra Mundial, a família enterrou os tanques em campos vizinhos para evitar que fossem derretidos para a produção de armamento pelo exército alemão invasor. É uma clássica cervejaria de fazenda, digna de um museu, mas que funciona diariamente. A gravidade faz o trabalho que, em cervejarias modernas, normalmente é realizado por bombas. Foram feitos investimentos, mas só na melhoria do produto em si, como uma linha de engarrafamento moderna. É a própria imagem da produção de cerveja artesanal.

A cerveja mais conhecida da linha Dupont é a SAISON DUPONT VIEILLE PROVISION (velha provisão), que vem em uma garrafa pesada, de estilo champanhe, com rolha e gaiola de arame. A rolha abre sempre com um estouro, e a Saison Dupont salta fora como uma força da natureza, com seu tom laranja-dourado brilhante e o magnífico colarinho branco macio. No copo, flutuam e giram grânulos de levedura e proteína, impulsionados pela convecção poderosa da carbonatação. O perfil aromático é surpreendente: raspas de limão-siciliano, casca de maçã, pimenta-do-reino, anis,

AO LADO:
Uma joia da cervejaria belga é a Saison Dupont, fabricada em uma pequena propriedade rural em Hainaut. É refrescante, com notável intensidade de sabor, e vai bem com praticamente tudo.

coentro, terra úmida, pêssego e o aroma do lúpulo East Kent Golding, terroso-frutado. No palato, a cerveja expande-se feito musse, ligeiramente doce no início e, depois, à medida que o lúpulo pronunciado se impõe, estimulantemente seca. O sabor é uma explosão desordenada de brilhantes frutas cítricas e marga opaca, além de ervas, doçura de malte e acidez refrescante. O final é seco, frutado, lupulado – e rápido feito o estalo de um chicote. Há um equilíbrio refinado da admirável complexidade e do puro caráter refrescante. É impossivelmente deliciosa.

Provavelmente já tomei mais de 500 garrafas de Saison Dupont, cada uma com sua sensação renovada de assombro e respeito. Não há duas garrafas iguais: qualidade que compartilha com outros seres vivos admiráveis, sejam flores ou queijos de leite cru. Sozinha, a cerveja é obscena – com comida, é um milagre. Nem sei por onde começar, mas prove, em princípio, com postas de salmão bem temperadas com pimenta, comida tailandesa, pratos mexicanos picantes, comida vietnamita, filé *au poivre*, pratos *cajun* apimentados e queijo Gouda bem maturado. Com exceção de sobremesas e molhos de tomate muito ácidos, é difícil achar alguma coisa que não combine com Saison Dupont. É tão complexa que tem atrativos para praticamente qualquer prato. Para mim, é cerveja indispensável numa ilha deserta, algo que nunca pretendo deixar faltar em minha vida. Certa vez, em uma viagem ao México, levei seis garrafas e, ao estourar das rolhas à beira-mar, gargalhava. Ficou inacreditável com *quesadillas*.

A Fôret, conhecida na Bélgica como Moinette Bio, é feita com lúpulo e cevada orgânicos. É bastante semelhante à Vieille Provision, mas não tem a mesma acidez estimulante nem a lupulagem pronunciada. Desconfio que os ingredientes orgânicos para cerveja ainda têm muito a evoluir. No entanto, é uma cerveja excelente, que só na comparação perde um pouco. Seu teor é forte (7,5%), sendo levemente encorpada e calcária, um ótimo acompanhamento para frutos do mar, especialmente tamboril, bolinho de caranguejo e mexilhões (com fritas, é claro).

Um momento de contemplação.
Irmão Luc, na cervejaria do mosteiro de Rochefort.

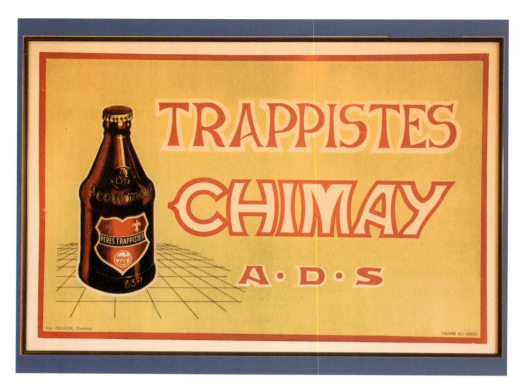

NO ALTO: Só se pode usar a denominação trapista para cervejas produzidas em mosteiros. A *appellation controlée* é rigorosamente protegida. EMBAIXO: Apesar da fama de suas cervejas Chimay, Notre-Dame de Scourmont é, antes de tudo, um mosteiro. AO LADO: No Auberge de Poteaupré, a especialidade do *chef* Vincent Sacré é peito de pato ao molho de Chimay Bleue.

NO ALTO: A cervejaria em Orval. A cerveja corre o mundo, mas os monges permanecem aqui. EMBAIXO: A família de François de Harenne doou todos os seus bens para a reconstrução da abadia em Orval. AO LADO: Modeste van den Bogaert, o patriarca da De Koninck, diverte-se tomando cerveja no De Pelgrim.

NO ALTO: Philippe van Assche, diretor de produção, na belíssima cervejaria da Westmalle. EMBAIXO: O bar Au Bon Vieux Temps, em Bruxelas, com orgulho, serve Westmalle Dubbel na pressão, uma raridade até mesmo na Bélgica. AO LADO: Philippe van Assche, na sala de degustação da Westmalle, seu ambiente natural. PÁGINA SEGUINTE: Em cobre, a cervejaria da Rochefort, clássica, parece uma "fantasia" estilo Júlio Verne. As cervejas da Rochefort são difíceis de encontrar, mas valem o esforço.

NO ALTO: Na Rodenbach, ao lado de gigantescos tonéis de carvalho, o mestre-cervejeiro Rudi Ghequire. EMBAIXO: A antiga cervejaria da Rodenbach. Está inativa, mas é preservada como parte do centro de visitantes. AO LADO: No Babbo, seu restaurante principal, na cidade de Nova York, o *chef* Mario Batali é apreciador de Saison, um acompanhamento perfeito para seu *mussetto* artesanal, um embutido típico da região friuliana.

A torre de maltagem da Rodenbach é hoje parte do museu da cervejaria. É uma peça clássica de arquitetura vitoriana de cervejarias. AO LADO: O *chef* Michael Romano, no Union Square Café, em Nova York, com suas ripas de costelas que "derretem na boca". Quando provou o prato com uma Dubbel belga, disse, "Nossa, é perfeito. Os sabores de uva-passa da cerveja amarram tudo".

A Duvel é amplamente imitada na Bélgica, e sua taça especial, um ícone nacional. AO LADO: No Café de Bruxelles, em Nova York, o caráter vigoroso e lupulado da Orval combina muito bem com bistecas de porco. PÁGINA SEGUINTE: Certas áreas das clausuras no mosteiro de Rochefort lembram uma cidade medieval. As construções mais antigas datam do século XVII.

Os cervejeiros da Dupont juram que suas cervejas não são condimentadas, mas, quando confrontados com muitas perguntas, cervejeiros belgas tendem a ser evasivos. Eu desconfio. Além disso, não consigo pensar em outra explicação para os pequenos flocos marrons que se formam no colarinho e para o aroma profundamente condimentado da MOINETTE, da Dupont. A Saison Dupont, com teor de 6,5%, já é bastante forte. Mas, por trás do dourado profundo da Moinette, há um teor de 8,5%. A cerveja tem um poderoso perfil aromático de coentro, maracujá, terra úmida, casca desidratada de laranja, *curd* de limão-siciliano e pêssego. O amargor é brusco e pronunciado, contrapondo-se, no centro, à doçura do malte Juicy Fruit. O final seco é marcado por amargor e acidez, com sabor residual de frutas. Outra realização magnífica, possivelmente menos refinada que a Vielle Provision, mas com beleza própria e intensidade suficiente para aceitar qualquer prato. Prove com postas de salmão, sardinhas grelhadas, pargo-vermelho tailandês bem condimentado, *curries* de coco, embutidos de carne de caça, bifes e churrasco.

A criatividade de Olivier Dedeycker é infinita, e constantemente a cervejaria está fazendo experiências. Há alguns anos, os Dupont acharam o rótulo de uma cerveja produzida por antigos proprietários da cervejaria. Era uma cerveja "de mel", que os inspirou a fabricar sua própria BIÈRE DE MIEL, uma cerveja à qual, na caldeira, é adicionada uma grande quantidade de mel aromático. De tempos em tempos, muda o tipo de mel, mas todas as versões de Bière de Miel que já provei têm o caráter da casa, de pimenta-do-reino e fruta, sustentado por aroma e sabor intensos de mel e cera de abelhas. As cervejas são secas – o mel é bastante fermentável –, com um toque ácido no final. Ficam particularmente maravilhosas com carne de caça.

Em AVEC LES BONS VOEUX DE LA BRASSERIE DUPONT, sua cerveja de Natal, com 9,5%, o alto teor das cervejas Dupont alcança o auge. O nome refere-se aos votos de Boas Festas da cervejaria, e a cerveja trata de realizá-los com sua cor laranja profunda e

plena, um aroma de ervas, compota de frutas mofada, pimenta-
-do-reino, lúpulo e condimentos doces. O alto teor alcoólico fica
mais evidente no paladar redondo e adocicado, repleto de sabores
frutados. O final é prolongado e resinoso. Essa cerveja é sensacional sozinha ou com comida bem condimentada, especialmente
frango *jerk*, cordeiro *vindaloo* e pargo-vermelho tailandês ao molho de pimenta-malagueta. Fica ótima também com queijo – prove com Parmigiano Reggiano, ou Gouda maturado, ou Cheddar
artesanal.

BRASSERIE À VAPEUR Na Bélgica, muitas cervejarias usam equipamentos bastante antigos. Em vez de descartar, como obsoletos,
um tanque ou uma máquina velha, carinhosamente os reparam.
Os belgas são artistas cervejeiros, e artistas precisam de inspiração. Talvez parte da alma da cerveja esteja nas paredes, nas vigas,
na caldeira, nas máquinas. Já senti esse espírito mais de uma vez.

Bem próximo à cervejaria Dupont, em Tourpes, há, na cidade
de Pipaix, uma máquina a vapor, de 1885, que começa a bufar,
girando a roda dentada e acionando as pás e hastes do tanque
de maceração da Brasserie à Vapeur (cervejaria a vapor). Aí, no
início do século XIX, havia uma cervejaria de fazenda, que a família Biset dirigiu até 1985. Então, Jean-Marie Dits – que de dia
lecionava na escola e à noite fabricava cerveja em casa – assumiu
a cervejaria, praticamente em ruínas àquelas alturas. Desde uma
profética excursão escolar à vizinha cervejaria Dupont, em 1967,
ele sonhara em ter uma. Essa era sua grande chance. Durante dois
meses, trabalhou duro para reabilitar a antiga fábrica e começou
a fazer cerveja só nos fins de semana, fornecendo apenas para o
mercado local. Suas cervejas, genuinamente artesanais e repletas
de especiarias, têm raízes profundas na cultura cervejeira local.
Um acidente na cervejaria, há alguns anos, causou a morte trágica
de Anne-Marie, sua primeira mulher, mas Jean-Marie não desistiu. Algum dia, uma de suas filhas vai dirigir a cervejaria.

Sua cerveja mais conhecida é a SAISON DE PIPAIX, cuja maior parte é envelhecida nas adegas durante anos. Dezessete anos depois de engarrafada, a cor da Saison de Pipaix 1985 é laranja e turva, e seu aroma extremamente pungente traz, em primeiro plano, anis, pimenta-do-reino e casca de laranja; tendo, por trás, couro, capa de cavalo, limão-siciliano e folhas em decomposição. O paladar é bem seco e marcadamente adstringente, com uma acidez frutada permeando o perfumado centro de mel até o final estranhamente limpo. Lembra uma grande Lambic Gueuze e fica ótima com um bom *ceviche* mexicano.

A cervejaria produz diversas variações sobre o tema Saison. A VAPEUR EN FOLIE traz no rótulo a velha máquina a vapor da cervejaria. Envelhecida oito anos, tem cor antiga, dourada, lustrosa e maravilhosa, e um pungente aroma de maçã de sidra, terra úmida e ferro fundido molhado. Momentaneamente, o paladar é doce e, de repente, subitamente ácido, com limão-galego e laranja-azeda no centro, e um prolongado final ferroso. No geral, lembra uma sidra seca de fazenda da Normandia ou um Sauvignong Blanc pronunciado, talvez um Sancerre novo. Prove com saladas feitas de lagosta ou camarão e folhas de sabor suave, e com *ceviche* e queijos de cabra.

BRASSERIE D'ACHOUFFE Seria normal achar que todos os produtos dessa cervejaria são cervejas de Natal – afinal, em todos os rótulos, parece haver um duende do Papai Noel. Olhando mais de perto, porém, vê-se que ele está carregando malte e lúpulos, sinal certo de que não se trata de um duende, mas de um *chouffe*, o gnomo lendário que vive (e fabrica cerveja) nas florestas da região de Ardennes. A cervejaria foi fundada em 1982, na pequena cidade de Achouffe, na província belga de Luxemburgo, pelo par de cunhados Pierre Gobron e Chris Bauweraerts. Eles fabricavam cerveja em casa e, de início, com peças velhas, montaram a cervejaria apenas como *hobby* de meio período, em uma casa de fazenda de duzentos anos. Em 1984, Gobron, engenheiro de produção de uma fábrica de sorvete, largou o emprego e passou a trabalhar na cervejaria em tempo integral. Bauweraerts, engenheiro de computação, fez o mesmo em 1988 – os sócios construíram uma clientela fiel e, para produzir suas populares cervejas artesanais, uma sucessão de fábricas cada vez maiores.

O carro-chefe da cervejaria chama-se simplesmente La Chouffe e tem um tom laranja pálido, acompanhado de um aroma exuberante de laranja, abacaxi, manga, cascas de maçã e lúpulo. A cervejaria não considera essa cerveja uma Saison, mas ela se encaixa, com certeza, no autêntico estilo "de fazenda", com teor alto, de 8%, e muita levedura na garrafa. O amargor na ponta da língua é moderado, seguido de um centro frutado aparentemente doce, que depois seca num final prolongado de laranja-azeda. Apesar do alto teor, é levemente encorpada, suave e quase perigosamente agradável. Em restaurantes de comida indiana, várias vezes tomei essa cerveja, mas ela é bastante versátil e ótima parceira para churrasco, comida tailandesa, pato, *cassoulet* e embutidos rústicos. A cervejaria tem seu próprio restaurante popular, com vista para a fábrica, especializado em *cuisine a la bière* belga.

BREWERY OMMEGANG Em Cooperstown, no estado de Nova York, cidade mais conhecida por abrigar o Hall da Fama do Beisebol, o casal Wendy Littlefield e Don Feinberg fabrica algumas das melhores cervejas de estilo belga dos Estados Unidos. Seu carro-chefe chama-se Ommegang, mas, para mim, sua melhor cerveja é a Ommegang Hennepin, uma Saison forte (7,5%) acondicionada na garrafa. É de uma cor dourada plena e tem aroma doce de laranjas, coentro e anis-estrelado. A lupulagem ampla e pronunciada equilibra o centro agridoce, que combina maltes frutados e suculentos com acidez leve e refrescante. Antes do final curto e seco, ervas e condimentos bailam no centro. No sabor residual, cintilam frutas e especiarias doces. É uma versão realmente excelente do estilo Saison. O centro adocicado faz dela grande opção para churrascos, frangos *jerk*, pratos *cajun*, lombo de porco e pato. Além disso, é acompanhamento ótimo com Cypress Grove Humboldt Fog, um queijo de cabra maturado da Califórnia, um de meus favoritos entre os americanos.

BIRRA BALADIN Como a França, também a Itália lembra vinho, mas, agora, a nova geração dos italianos se interessa por cervejas saborosas muito mais do que seus pais. Talvez seja pela novidade do sabor ou, então, pela imagem jovem da cerveja, mas provavelmente por um pouco de ambos. Na Itália, quando organizo degustações de cerveja, sinto o público sempre ávido por novas experiências gustativas – é bem divertido beber cerveja com italianos. Atualmente há, na Itália, mais de noventa pequenas cervejarias artesanais, algumas fabricando cervejas excelentes. A minha favorita é a do *brew pub* Birra Baladin, dirigido por Teo Musso, um talentoso cervejeiro da minúscula cidade de Piozzo, no Piemonte, a curta distância dos famosos vilarejos vinícolas de Barolo e La Morra. Musso passou uma temporada na Bélgica, na Brasserie à Vapeur, e a influência é evidente. Suas cervejas, bem equilibradas, são basicamente de estilo belga, e ele demonstra ter um senso belga de criatividade, fazendo uso generoso de ervas, condimentos e grãos pouco comuns. Normalmente, Piozzo é uma cidadezinha tranquila, mas nas noites dos fins de semana a Baladin recebe gente de toda a redondeza, ganhando ares de balada da moda.

O mosto é fabricado no bar, mas a fermentação ocorre a várias quadras dali, pois ele obteve permissão para instalar uma tubulação subterrânea, que leva o mosto do bar a um predinho cheio de tanques de fermentação, vários deles com fones de ouvido gigantescos, feitos de espuma de borracha e alto-falantes. Musso afirma que a levedura gosta de ouvir música… é abertamente excêntrico, mas fabrica cervejas elegantes, com um estilo pessoal; e desenha seus próprios rótulos e garrafas, ambos belos e atraentes. Além disso, tem tino para negócios: já começou a exportar suas cervejas engarrafadas manualmente, e, embora tal operação ainda seja pequena, não tenho dúvidas de seu sucesso.

Da Baladin, pelo menos duas das cervejas condicionadas na garrafa podem ser consideradas Saison. A Nora, batizada em homenagem à esposa de Musso, é de um tom laranja pálido e turvo, com um colarinho ralo mas persistente. O aroma é frutado, expressando cítricos, condimentos doces e um sopro de ferro. É no palato que essa cerveja revela seu segredo – praticamente não há lúpulo. Em vez disso, Musso usa uma variedade de ervas e condimentos amargos, prática que remete à época em que se fabricava cerveja com frutas. Voltando ainda mais no tempo, ele usa *kamut* não maltado, uma espécie de trigo, muito usada no Egito Antigo para fabricar cerveja. O paladar é bastante seco, com um amargor leve, que lembra quinino, e acidez refinada. No centro, há alguma doçura de laranja, antes do final seco, prolongado e vinhoso. Fascina e é elegante, combinando muito bem com pato com laranja ou carne de porco com molho de frutas. O teor de 6,8% é clássico para as Saison. Com 8%, a Super Baladin é um tanto mais forte, tendo cor âmbar pálida, turva, e aroma de laranja, maçã e lúpulo. Há um amargor leve e refinado, combinado, na ponta da língua, com acidez frutada. A cerveja espalha-se vivamente pela língua, sendo bastante seca, mas com sabores frutados que dão impressão passageira de doçura. Sabores trigueiros leves ocupam o centro, e a cerveja desliza para um final prolongado, seco e ligeiramente acentuado. Há, no sabor residual, uma sensação de aquecimento. A Super Baladin é maravilhosamente equilibrada e fica perfeita com salmão ou salvelino-ártico assado ou grelhado.

Cervejas trapistas e de abadia

As pessoas que vivem no mundo secular raramente pensam em monges. Quando o fazem, a imagem que vem à mente é a de uma figura em estado de profunda contemplação, envolta em um manto, talvez com um raio de sol repousando serenamente em seu ombro. A cena pode incluir um manuscrito e uma pena, e, quem sabe, um naco de pão para mantê-lo vivo. Ah, sim, e ele está entoando um cântico. Nessa imagem, há pouco espaço para um cálice de cerveja, que dirá uma cervejaria inteira. Que história é essa de monges fabricarem cerveja? Não deveriam estar rezando e evitando os inevitáveis prazeres e tentações associados à bebida? Beber cerveja não os levará à condenação eterna? "Deixe de bobagem", dizem os monges. Quando converso com eles sobre cerveja não consigo evitar a sensação de que a religião moderna perdeu algo pelo caminho, algo essencial que os monges preservaram por trás de seus muros de pedra.

Por toda a Europa, sempre foi comum construir bares e salões de cerveja ao lado de igrejas, e ao meio-dia de domingo, terminada a missa, os fiéis frequentemente passam diretamente de um para o outro, às vezes liderados pelo padre ou pastor. O Velho Testamento é inundado de vinho, e, quando a maioria dos mosteiros ainda se localizava no sul da Europa, muitos deles tinham vinhedos para garantir a própria produção de vinho. Se hoje temos champanhe, é graças ao monge francês dom Perignon. Quando o monasticismo se espalhou para países com tradição de cerveja, naturalmente os monges começaram a fabricá-la. Na Idade Média, o fornecimento de água era deficiente, e todos sabiam que a água tida como potável podia provocar doenças ou até morte.

Demandez soa como uma ordem, mas em francês é apenas um pedido. E não há dúvida de que as pessoas pedem educadamente aos monges a Speciale 1956.

A cerveja, no entanto, sendo fervida e fermentada, era totalmente segura e fazia parte da dieta básica de muitos europeus.

Um dos princípios básicos do monasticisimo é a autossuficiência. No século VI, são Bento de Múrsia, da abadia de Monte Cassino, desenvolveu as regras da vida monástica. Além de passarem várias horas rezando, os monges também tinham de trabalhar para sustentar o mosteiro. Segundo o santo, um mosteiro devia ser construído de modo a garantir a subsistência dos monges. Garantidas suas necessidades básicas, não teriam motivo para se aventurar fora do mosteiro e enfrentar as tentações da vida secular. Havia outras tentações porém. Os nobres locais, querendo assegurar um lugar no paraíso, tentavam constantemente agradar os abades, o que inevitavelmente levou alguns deles a se desviarem do caminho traçado por são Bento.

No século XII, são Bernardo rompeu com os beneditinos e fundou a rígida ordem cisterciense, cujos monges são obrigados a realizar trabalho manual. Apesar das intenções de são Bernardo, essa regra foi amplamente ignorada até o século XVII, quando a abadia de Notre-Dame de la Trappe foi fundada na Normandia. Seus monges eram conhecidos como trapistas e logo se espalharam para outras áreas do norte da França. Os monges trapistas levavam a sério as doutrinas de autossuficiência e trabalho manual. Trabalhando em terras cedidas pelos nobres locais, cultivavam trigo e cevada. Todos os mosteiros trapistas fabricavam cerveja, para consumo próprio e para comercializar.

E a cerveja dos monges era ótima. Serenamente pacientes, cultos, dedicados e movidos pela fé (e não pelo salário), seus custos eram baixos: podiam usar ingredientes melhores do que os dos cervejeiros comerciais. No século XVIII, os trapistas foram expulsos da França pela revolução e estabeleceram-se nos Países Baixos. Recomeçaram a produção de cerveja na década de 1830, e, desde então, a reputação e disponibilidade de suas cervejas só têm aumentado.

No mundo, no momento em que escrevo este livro, restam cinco cervejarias autenticamente trapistas, todas na Bélgica: Chimay, Westmalle, Orval, Rochefort e Sint-Sixtusabdij van Westvleteren. Até recentemente, havia uma cervejaria trapista na Holanda, a Schaapskooi, mas agora seus produtos são fabricados sob licença por uma cervejaria secular. Um mosteiro cisterciense não trapista, Val Dieu, recentemente instalou uma, e suas cervejas começam a chegar ao mercado. São todas comunidades fechadas, e a produção ocorre dentro das paredes dos seus mosteiros. O termo trapista (Trappist), quando aplicado à cerveja, é semelhante ao *appelation controlée* do vinho – somente essas cinco cervejarias podem usá-lo, e somente elas têm o direito de afixar o selo "Authentic Trappist Product" em suas garrafas. Tecnicamente falando, as Ale trapistas não são um único estilo de cerveja, mas uma família de estilos. Tais estilos exerceram enorme influência na fabricação de cerveja na Bélgica e mesmo além. Como a vida por trás das paredes dos mosteiros pouco mudou em séculos, as cervejas refletem estilos que, de outra maneira, certamente desapareceriam. Em conjunto, as cervejarias trapistas fabricam cerca de vinte cervejas diferentes, todas com fermentação de superfície e condicionadas na garrafa. Tendem para um sabor adocicado, mas algumas são secas. A maioria é escura, mas quatro são claras. Todas são fortes, frutadas, condimentadas, terrosas e aromáticas. E todas são complexas e maravilhosas com comida.

Enquanto algumas cervejas trapistas são difíceis de categorizar, a Dubbel e a Tripel tornaram-se estilos propriamente ditos. Todavia, os belgas parecem ter certa dificuldade em padronizar sua ortografia. *Dubbel* aparece também como *Dobbel* ou *Dobbelen,* e algumas cervejarias também inserem um "p" a mais, escrevendo *Trippel.* Há também várias teorias sobre o significado original desses nomes. Alguns dizem que se referem ao número de fermentações das cervejas, mas a resposta é insatisfatória, já que muitas cervejas belgas têm múltiplas etapas de fermentação. Outros, talvez mais próximos da verdade, acreditam que os nomes se referem ao teor das cervejas, embora a matemática não funcione muito bem. O mais provável é que os barris eram marcados antigamente com "X", "XX" ou "XXX", numa ordem ascendente de teor alcoólico.

Seja qual for a verdade, ao menos esses dois estilos não provocam confusão. As Dubbel têm cor marrom-ferrugem profunda e um teor de 6,5% a 7%. São fabricadas com maltes claros e escuros, mas geralmente também incluem açúcar-cândi escuro: um tipo especial de açúcar – de cana ou de beterraba – que foi caramelizado. Os sabores de caramelo impregnam as cervejas, que tendem a mostrar aromas opacos de ameixas e outras frutas, com notas de chocolate, especiarias, rum e uva-passa. O corpo é médio, e o paladar é um tanto adocicado no centro, mas tende a terminar seco. O amargor vai de leve a moderado, e os melhores exemplares são acondicionados na garrafa.

As Tripel têm aparência mais inócua, mas um teor mais alto, de 9%. Têm uma cor brilhante, laranja-dourada, colarinho branco firme, aromas levemente lupulados, frutados e condimentados. E um paladar estimulante e levemente maltado, com alguma doçura no centro e um final seco. O amargor é contido mas pronunciado. As Tripel são fabricadas com maltes claros e açúcar-cândi branco, e quase sempre são condicionadas na garrafa. Com esse alto teor, o álcool passa a fazer parte do perfil gustativo, mas de modo agradável – a cerveja permanece refrescante e leve no palato.

As cervejas fabricadas pelas cinco cervejarias trapistas são muito admiradas e imitadas. Quando uma cerveja leva o nome de um santo (ou de uma abadia que não fabrica cerveja) é chamada de Abbey Ale, Ale de abadia. Se há alguma abadia envolvida, não precisa necessariamente ser trapista: no passado, os beneditinos e outras ordens monásticas também fabricavam cerveja. Às vezes, a cerveja é fabricada em nome de uma cuja cervejaria própria fechou, e às vezes não há nenhuma ligação autêntica com um mosteiro existente – há cervejarias que se inspiram no nome de mosteiros extintos há séculos. Essas cervejas quase sempre imitam os sabores característicos das cervejas trapistas originais. A Westmalle Tripel, por exemplo, gerou dezenas de imitadores. Apesar de "seculares", muitas Ale de abadia são excelentes.

Nunca sirva essas cervejas abaixo de 10 °C: seria o mesmo que assistir a um concerto com tampões nos ouvidos. Você perderia o melhor, o que seria uma pena, pois elas estão entre as mais refinadas e complexas do mundo. Sirva à temperatura de adega, entre 10 °C e 13 °C, em taça para vinho tinto (taça grande), em copo de conhaque ou – o melhor de todos – no cálice da própria cervejaria.

CHIMAY: ABADIA NOTRE-DAME DE SCOURMONT

Há pouco mais de dez anos, o nome Chimay era praticamente desconhecido nos Estados Unidos, mencionado apenas raramente em sussurros reverentes. À medida que a apreciação por cerveja tradicional passou a varrer o país, essa cerveja trapista ajudou a liderar a ofensiva. Atualmente, o nome Chimay é citado livremente em bares e restaurantes, de Houston a Hong Kong. É, de longe, a cerveja trapista mais famosa e comercializada no mundo.

Os monges batizaram a cerveja com o nome da pequena cidade de Chimay, vizinha à abadia, a poucos quilômetros da fronteira francesa, aninhada numa clareira da floresta de Ardennes, onde as vacas da propriedade pastam preguiçosamente: de seu leite é feito o queijo Chimay.

O mosteiro foi estabelecido em 1850 e começou a fabricar cerveja comercialmente em 1862. No início da década de 1990, com o consistente aumento da demanda pela cerveja Chimay, foi necessário substituir seus belíssimos tanques de cobre tradicionais por equipamento esteticamente menos vistoso, mas mais funcional. Os poços artesianos aí existentes fornecem água levemente ácida que, para produzir as três cervejas Chimay, é misturada com maltes belgas locais, açúcar-cândi e lúpulos alemães e americanos.

A variedade de levedura da casa fermenta a temperaturas relativamente altas, criando cervejas bem secas, com notas distintas de frutas escuras, pimenta e uma sugestão de noz-moscada. Todas as três cervejas revelam certa doçura no centro do palato, mas isso se deve mais aos aromas frutados do que ao açúcar residual.

Alguns críticos reclamam que a nova fábrica inibiu as características da exuberante levedura, levando à produção de cervejas com sabores mais puros e menos condimentados. É verdade que elas já tiveram um perfil aromático mais ousado, mas, com um pouco de envelhecimento, isso pode ser recuperado, e as Chimay ainda são da mais alta qualidade. Todas são vendidas em garrafas de tamanho padrão, com formato característico, ou garrafas mais pesadas, tipo champanhe, de 750 ml, com rolha e gaiola de arame, e identificadas pela cor da tampa. Todas elas, acondicionadas na garrafa, apresentam sedimentos de levedura viva e, adequadamente armazenadas, tornam-se mais frutadas e secas com o tempo.

A cerveja Chimay original chama-se CHIMAY ROUGE (vermelha), sendo fabricada no estilo Dubbel. É marrom-ferrugem, com um colarinho branco e macio, apresentando aromas leves de malte, pimenta-do-reino, ameixa-preta, groselha-preta e lúpulos. O amargor é marcante mas contido, levando a um paladar de corpo médio expansivo e levemente frutado, e um final seco. A versão vendida na garrafa arrolhada maior é rotulada como Première. A Chimay Rouge porta, com bastante suavidade, um teor de cerca de 7%. As outras Chimay são ainda mais fortes, embora, para consumo diário, os monges produzam uma cerveja dourada simples, de aproximadamente 4,5%. Essa não tem rótulo nem é comercializada. Quando a provei na abadia, o que me fascinou, mesmo em cerveja de teor tão modesto, foi ainda sentir a influência da levedura.

Para comercialização, há também uma Chimay dourada, mas não tem nada de modesta. A CHIMAY BLANCHE (branca) é radicalmente diferente das outras duas e, *grosso modo*, pode ser considerada uma Tripel. É lustrosa, cor de mel, e tem um colarinho branco, firme, e um aroma de lúpulo magnificamente estimulante. Para o paladar, a cerveja é bastante seca e lupulada, trazendo, no centro, sabores de açúcar caramelizado combinado com acidez refinada. O final é limpo e seco, deixando sugestão residual de lúpulo e pêssego. Em 1986, a cidade de Chimay celebrou seus 500 anos. Isso inspirou a abadia a envasar a Chimay Blanche em uma garrafa maior e chamá-la de Cinq Cents. Com teor de 8% e caráter pronunciadamente lupulado, é uma cerveja impetuosa, musculosa, fabricada com admirável confiança. Há rumores de que essa é a favorita dos monges, mas, caracteristicamente, eles se mantêm calados a respeito. A Chimay começou a produzi-la em barril, sendo a segunda cerveja trapista disponível na pressão. A versão em barril é ainda mais aromática, com lúpulos pululando da taça. É estimulante, vigorosa e intensa, possivelmente ainda melhor do que a versão original engarrafada.

A Chimay Bleue (azul) é a cerveja mais forte aí fabricada e, provavelmente, a trapista mais popular no mundo secular. Escura, de cor marrom-avermelhada, parece ser uma versão concentrada da Chimay Rouge, com pouco mais de 9%. Com esse teor, a levedura combina com os maltes escuros para produzir abundância de aromas de frutas escuras, que lembram vinho do Porto, sustentados por notas de noz-moscada e pimenta-do-reino. O amargor é firme, mas dá lugar a um centro maltado, rico em ameixas-vermelhas, voltando a impor-se no final seco. Na garrafa grande, essa cerveja é conhecida como Grande Reserve, nome apropriado para uma cerveja que envelhece cheia de graça. Muitos aficionados preferem a Chimay Bleue após cinco ou mais anos de envelhecimento, quando, à medida que a condimentação se intensifica, adquire notas de Jerez e vinho do Porto. Essa é a única cerveja Chimay que traz o ano de produção no rótulo.

Perto do mosteiro, a Chimay mantém uma pequena pousada, o Auberge de Poteaupré. Para os amantes de cervejas Chimay, não existe lugar melhor para degustá-las. A pousada fica defronte a um trecho da floresta de Ardennes, tendo o mosteiro escondido atrás das árvores. Nos fundos, há um solário e um pátio, dando acesso a pastos idílicos, rodeados por fileiras de árvores. O gerente do Auberge de Poteaupré é Vincent Sacré, de personalidade jovial e exuberante, com talento culinário à altura de alguns dos melhores restaurantes de Paris. Depois de um jantar espetacular, acompanhado por cervejas Chimay, ele trouxe algumas garrafas envelhecidas de Chimay Bleue. Depois da janta, estávamos meio preguiçosos, mas de repente todos se animaram. A garrafa de 1997 revelou um frutado sutil – ameixas-vermelhas, uvas-passas, noz-moscada, um toque de casca de laranja e um acento forte de pimenta-do-reino. Na garrafa de 1993, essas características estavam intensificadas, embora a cerveja parecesse mais leve para o paladar. Era sedosa e suave – os lúpulos recuaram, acentuando um sabor de Jerez, somado ao de *burnt oranges* (a sobremesa favorita do escritor irlandês Jonathan Swift), com casca de maçã e frutas-secas. Era estonteante, mas Vincent Sacré tinha mais a oferecer, e conseguimos convencê-lo a abrir uma garrafa de 1988. A espera valeu a pena. A levedura havia deixado a cerveja mais seca, intensificando o teor alcoólico, porém, à maneira dos vinhos do Porto, integrando-o ao paladar. Sabores de caramelo saltaram em primeiro plano, trazendo frutas cozidas e noz-moscada. Era verdadeiramente magnífica.

Para suas cervejas, a Chimay produz uma taça maravilhosamente medieval e há, no rótulo da garrafa, uma imagem que aparentemente proíbe seu consumo em copo. Dada a procedência da cerveja, é melhor obedecer, e ela realmente fica melhor numa taça. O mesmo rótulo insiste que seja servida entre 15 °C e 18 °C, embora, na minha opinião, a Chimay Blanche sobreviva bem a um resfriamento leve, em torno de 9 °C. As Chimay Rouge e Bleue certamente não devem ser resfriadas demais, ou perdem seus aromas sutis.

ORVAL: ABADIA NOTRE-DAME D'ORVAL

A beleza natural do vale de Gaume, entre os rios Chier e Semoy, na fronteira com a França, despertaria a espiritualidade até mesmo em alguém com coração de pedra. Há mais de 900 anos, monges beneditinos vindos da Calábria estabeleceram ali um mosteiro. Os beneditinos não ficaram por muito tempo e, meio século depois, monges cistercienses provenientes de Champagne restabeleceram o monastério nomeado Abadia Notre-Dame d'Orval. Orval significa "vale de ouro" e, para uma comunidade religiosa de ascetas que renunciou a todos os bens materiais, é um nome bonito mas estranho. Segundo a lenda local, originou-se de ter a condessa Matilda da Toscana perdido, em um pequeno lago das proximidades, um anel de ouro. Dizem que ela se ajoelhou na margem e rezou para que o anel lhe fosse devolvido, prometendo construir ali um mosteiro, caso seu desejo se concretizasse – e uma truta emergiu milagrosamente da água trazendo na boca o anel. A princesa honrou sua promessa e construiu a Notre-Dame d'Orval. A truta segurando o anel de ouro, símbolo heráldico, surpreendentemente pagão, ainda decora o belo rótulo *art déco* da Orval.

Talvez a condessa devesse ter aproveitado e pedido também a proteção divina para seu mosteiro. Apesar da origem romântica da lenda, a Europa medieval era um lugar violento, e o monastério de Orval foi, ao longo dos séculos, devastado por incêndios e invadido por exércitos. No final do século XVIII, a Revolução Francesa expulsou Luís XVI do trono, e ele fugiu para refugiar-se em Orval, mas não conseguiu chegar lá. E Notre-Dame d'Orval foi saqueada e destruída. Em 1926, em meio às ruínas do antigo mosteiro, a ordem trapista construiu um novo. A abadia atual, erguida com belas pedras douradas de arenito, é mistura imponente de influências romanescas e *art déco*. A bela cervejaria de cobre, instalada em um pequeno prédio apropriado, foi construída em 1931 para ajudar a financiar a reconstrução da abadia. François de

Harenne, diretor comercial da Orval, é descendente da condessa Matilda. No passado, a família era abastada, mas, lembrando da promessa da condessa, doou sua fortuna para ajudar a reconstruir Orval na década de 1930. François, homem reservado mas claramente orgulhoso de sua cerveja, parece não lamentar a situação.

Ao contrário de outras cervejarias trapistas, a Orval fabrica uma cerveja apenas, chamada simplesmente Orval. A garrafa característica, que lembra um pequeno pino de boliche, tem decoração austera e traz na garganta um rótulo elegante. Por dentro, a cerveja também é característica, famosa por aquilo que monges e aficionados por cerveja chamam de *goût d'Orval*. O significado literal de *goût* é "gosto", mas uma tradução melhor talvez seja "essência" ou até mesmo "espírito", dessa cerveja de radiante cor laranja e colarinho branco macio. Como várias cervejarias belgas, a Orval tem sua própria linha de copos, sendo meu favorito o cálice em estilo Santo Graal.

Um cálice de cerveja Orval bem servido é visão magnífica. O perfil aromático é maravilhosamente complexo, mescla herbácea de lúpulo, sálvia, feno, flores, terra úmida e couro de sela. No palato, a cerveja é estonteantemente seca, com apetitoso amargor pronunciado, dando lugar a um centro herbáceo frutado. O final é lupulado, limpo e vigoroso. O sabor da Orval é reverenciado não só na Bélgica, mas no mundo todo. Simplesmente não há nada igual.

A Orval é fabricada com uma mescla de cevadas europeias, algumas maltadas especialmente, de acordo com as especificações da cervejaria. Na caldeira, há adição de açúcar-cândi, muito parecido com os pirulitos de açúcar "empedrado" (*rocky candy*) que eu adorava quando criança. (Hoje não acredito que eu comia açúcar puro num palito, mas é verdade.) O açúcar fermenta por completo, conferindo à cerveja um corpo leve e seco. Em seguida, há uma sucessão de fermentações. A primeira é realizada por levedura Ale comum, de superfície, e leva vários dias. Em seguida, é adicionada a mescla de dez variedades de levedura, uma delas

AO LADO:

Na arquitetura de Orval, que data da década de 1930, é evidente a influência do estilo *art déco*.

particularmente especial: a *Brettanomyces*. O aroma leve, peculiar, de "couro de sela", é desenvolvido por essa variedade, que se torna mais predominante com o tempo. Além disso, a *Brettanomyces* é capaz de consumir açúcares não fermentados por outras leveduras, tornando a cerveja ainda mais seca. Nesse estágio, são acrescentadas leveduras secas, conferindo aromas florais. Antes de ser engarrafada com levedura fresca e açúcar de *priming,* a cerveja descansa por aproximadamente três semanas. As garrafas são então armazenadas numa sala de maturação especial, com controle de temperatura. Ao longo das nove semanas seguintes, a cerveja termina sua refermentação na garrafa e o *goût d'Orval* emerge. Agora a cerveja está pronta para deixar o silêncio e o recolhimento do mosteiro, e ganhar o mundo.

A Orval só é comercializada em sua garrafinha elegante – não há versão em barril. Além de cerveja, os monges da Orval produzem também bons queijos e pães excelentes. Parecem realmente ter tudo de que precisam.

Como toda cerveja condicionada em garrafa, a Orval modifica-se com o tempo. Quando fresca, revela aromas estimulantes de lúpulo e limão. Conforme amadurece, torna-se mais seca, e o aroma de lúpulo fresco diminui, sendo substituído pelo de terra, couro, capa de cavalo e ervas. À medida que a levedura consome o açúcar residual, a cerveja fica também mais forte: ela deixa a cervejaria com um teor de aproximadamente 6,2%, mas com o tempo alcançará cerca de 7%. A essas alturas, a carbonatação vai estar igualmente elevada, sustentando um colarinho espumoso monumental. Cada especialista tem seu estágio favorito no desenvolvimento da cerveja, e o fato de envelhecer de maneira tão interessante faz parte de seu charme. Da juventude lupulada estimulante à maturidade terrosa e coriácea, a cerveja leva uma vida fascinante que temos a sorte de compartilhar.

WESTMALLE: ABADIA TRAPISTA DE WESTMALLE

De todas as cervejarias trapistas, a da Abadia Trapista de West-malle é provavelmente a mais influente. É provável que seja bas-tante antiga a prática de referir-se como Tripel à cerveja de barris marcados "XXX", mas foi a Westmalle Tripel que definiu esse esti-lo de cerveja. Dourada, frutada, seca e alcoólica, a Westmalle Tri-pel é um clássico mundial.

A abadia, oficialmente chamada de Nossa Senhora do Sagra-do Coração, foi fundada em 1794, perto da cidade de Westmalle, a nordeste de Antuérpia. A fabricação de cerveja teve início em 1836, apenas para o consumo dos monges enclausurados, mas, na década de 1870, ultrapassou os altos muros do mosteiro pela primeira vez ao ser vendida na cidade para levantar dinheiro para os projetos e a manutenção do local. Por volta de 1920, o mosteiro deu início à produção em escala comercial, e sua famosa Tripel surgiu pouco depois da Segunda Guerra Mundial.

A maior parte do local, incluindo seus altos muros fortifica-dos, foi construída na virada para o século XX. A cervejaria em si foi construída na década de 1930, com marcantes influências *art déco*. No interior, o equipamento de cobre acetinado descansa em um piso de cerâmica com belíssimos desenhos em tons ocre, ver-de, ferrugem e cinza. É uma das cervejarias mais bonitas que já vi. Sob o piso reluzente, há um conjunto de bicos de gás para aquecer a caldeira. Atualmente é raro ver aquecimento direto de caldeiras, pois na maioria das modernas ele é feito a vapor. O aquecimen-to direto gera pontos de maior calor, onde os açúcares do mosto são caramelizados. Com isso, as cervejas da Westmalle têm uma nota subjacente distinta de açúcar queimado. Com seus sistemas de aquecimento a vapor, várias cervejarias já tentaram reproduzir esse sabor, mas até agora não tiveram sucesso.

Proveniente dos poços do local, a água para a cerveja, rica em sais minerais, é misturada com maltes da Bélgica, da Alemanha e da França. Maltes escuros completam o macerado para a cerveja

Dubbel, com adição de açúcar-cândi escuro na caldeira. A WEST-MALLE DUBBEL é a própria definição do estilo Dubbel. A cerveja é marrom-ferrugem com colarinho macio cor de bronze e aromas de pão com passas torrado, ameixas-vermelhas, tâmaras e bananas. O sabor da cerveja é suave, mas insistentemente expansivo, revelando sabores complexos de fruta e chocolate, e uma sugestão geral de suculento vinho do Porto Tawny. O final é limpo e seco, com moderado amargor residual. A Westmalle Dubbel tem complexidade surpreendente para um teor de apenas 6,5%.

A versão em barril da Westmalle Dubbel é (supostamente) vendida só em três estabelecimentos no país inteiro, mas há planos, no entanto, para expandir a produção. Um deles é um minúsculo bar chamado Au Bon Vieux Temps (bons velhos tempos), situado num beco escuro e estreito perto da Grand-Place, em Bruxelas. Durante uma viagem, meu colega Steve e eu visitamos o local, e uma atendente com ares de matrona revelou-nos, em tom conspiratório mas orgulhoso, ter Westmalle Dubbel na pressão. E serviu-nos seu tesouro em reluzentes cálices de cristal da Westmalle, com um sorriso revelador de sua total satisfação. Conosco, ao tomar a cerveja, ocorreu o mesmo, e acabamos não jantando.

O caráter da WESTMALLE TRIPEL, com teor de 9,5%, é elegante e alcoólico. O forte mosto, derivado de maltes claros, é combinado na caldeira com açúcar-cândi branco e meia dúzia de variedades de lúpulo. A cerveja é reluzente e dourada, com colarinho branco espumoso. O perfil aromático faz a interação entre lúpulo, ferro molhado, tangerina e conserva de limão-siciliano. A súbita eclosão de lúpulo na ponta da língua dá lugar rapidamente a um centro maltado puro, com sugestão de doçura e da admirável mescla de frutas e lúpulos. O final é lupulado e seco, com nítida pontada mineral. O sabor residual é curiosamente herbáceo, de qualidade vegetal levemente sulfurosa, uma mistura de lúpulo e pimentão. É intensamente apetitosa.

ROCHEFORT: ABADIA NOTRE-DAME DE SAINT-RÉMY

Eu não estava dando muita sorte em minhas tentativas de visitar Notre-Dame de Saint-Rémy, o mosteiro que fabrica as Rochefort, brilhantes cervejas trapistas. Estava começando a ficar frustrado. Alguns mosteiros trapistas são mais fechados do que outros, e esse parecia ser impenetrável. Decidi ligar para o mosteiro pessoalmente e expor meu caso. Quem atendeu foi Jacques Emmanuel, o abade principal. Quando contei que havia apreciado sua cerveja em Nova York, ele subitamente adotou um tom mais caloroso: "Não sei como você obteve a cerveja. Deve ser bastante esperto".

As cervejas Rochefort são difíceis de achar, mas o esforço compensa. A Notre-Dame de Saint-Rémy situa-se nas proximidades da vila de Rochefort, na pitoresca região da floresta de Ardennes. Em 1230, foi estabelecida como convento, e convertida em mosteiro em 1464. A fabricação de cerveja começou em 1595, mas foi interrompida pela Revolução Francesa, que forçou o local a fechar em 1794. Os trapistas reocuparam-na em 1887 e, em 1899, construíram uma nova cervejaria. Partes da abadia têm um aspecto medieval, embora as construções mais antigas existentes sejam posteriores, datando do século XVII. A nova cervejaria da Rochefort, construída na década de 1960, é estonteante e imaculada, uma sinfonia à la Júlio Verne, em cobre, pedra, cerâmica bege e vitrais. É a cervejaria mais linda que já vi até hoje. Ao entrar na sala, senti o pecado da inveja apossando-se de mim, mas, de uma placa na parede, santo Arnaldo, o padroeiro dos cervejeiros, encarou-me silenciosamente e, num instante, exorcisei tais sentimentos. Frère Luc, um monge alto e vivaz, com sorriso fácil e terrena calma, mostrou-nos a cervejaria, enquanto outro monge, diante da caldeira, esperava pacientemente o momento de adicionar a próxima carga de lúpulo.

Todas as cervejas Rochefort são escuras. São conhecidas simplesmente como Six, Eight e Ten – nomes que indicam o grau de concentração do mosto, segundo a antiga escala belga de fabricação de cerveja, hoje abandonada. Os maltes utilizados, alguns caramelizados, vêm de todas as partes do mundo. O sabor e a cor de caramelo são reforçados com a adição, na caldeira, de açúcar-cândi escuro. Os lúpulos alemães Hallertauer e Styrian Golding conferem amargor e aroma. Todas as cervejas Rochefort passam por fermentação rápida, em temperatura bastante elevada, seguida de um período de condicionamento na garrafa. A abadia não envelhece a cerveja antes de vendê-la, deixando essa questão do envelhecimento a critério dos comerciantes: cerca de um mês após a fabricação, as cervejas Rochefort são liberadas para o mercado. Quando jovens, podem ser bastante condimentadas, mas em poucos meses se tornam mais suaves, e envelhecem maravilhosamente bem.

A ROCHEFORT SIX, fabricada no estilo Dubbel, é bastante leve para o palato, apesar do teor de 7,5%. De tom marrom pálido, sugerindo um vermelho, tem belo colarinho bronze espumoso. O perfil aromático é repleto de frutas escuras, com sugestão de lúpulo. O paladar é suave, ligeiramente adocicado e sutil, com sensação redonda na boca e sabores herbáceos tendendo a hortelã. O final é precedido por frutas escuras, tendendo a ameixas-vermelhas.

Na Abadia de Rochefort, cervejeiros em conferência ante um cálice.

A Rochefort Eight é mais concentrada, com teor de 9,2%, cor marrom-ferrugem plena e aromas de figo. No palato, um amargor amplo e firme envolve um centro frutado escuro de ameixa-preta e figo. Sabores de caramelo e malte precedem o final seco.

O teor da Rochefort Ten é extremamente forte (11,3%), e seu paladar, de complexidade surpreendente. A cerveja é marrom--escura com toques vermelhos, sob o firme colarinho bronze. O aroma de malte é pronunciado, acompanhado por uva-passa, ameixa-preta, tâmaras, figo, Jerez, açúcar queimado e bala dura. O amargor firme envolve a boca, sustentando um centro doce com intensidade tipo vinho do Porto. Os sabores frutados escuros vêm em ondas, finalizando com uma acidez saborosíssima. O sabor residual é alcoólico e lupulado. É uma criação magnífica.

Frère Luc gentilmente nos convidou para almoçar na abadia, e aceitamos de bom grado. Fomos levados a uma sala elegante, decorada com imagens religiosas. Ele teve de ausentar-se para as preces do meio-dia, mas, após certa espera, alguém chegou com uma terrina de sopa. Embora austera, estava bem saborosa, mistura suave de abóbora, cebola, cenoura e outros vegetais. Ficou muito boa com a Rochefort Six, que bebemos nos belos cálices da abadia. Estávamos famintos, mas essa sopa simples, com cerveja trapista, pareceu-nos refeição perfeitamente adequada para o ambiente. Estávamos prestes a partir quando o rapaz voltou com mais tigelas e uma grande caçarola de ensopado. O aroma nos deixou inebriados. Era basicamente um ensopado de bacon, preparado com toicinho, carne de porco e cebola, com alguns tomates, creme e bastante pimenta. Eu nunca vira nada igual – era um genuíno prato camponês, algo para ajudar a enfrentar o longo, frio e chuvoso inverno belga. Tentamos não comer demais, mas estava tão delicioso que não conseguíamos parar. A Rochefort Eight revelou-se um acompanhamento perfeito. A refeição terminou com um macio *gâteau* de chocolate com sorvete. Alguém na abadia cozinha extremamente bem. Finalmente nos arrastamos para o carro, nossos anfitriões acenando alegremente da porta. Pareciam felizes, e era fácil entender por quê.

WESTVLETEREN: ABADIA DE SÃO SIXTO

A concorrência pelo título de "cerveja trapista mais rara" é acirrada, mas, nesse quesito, a Westvleteren supera até mesmo a Rochefort. As cervejas da Westvleteren só são encontradas na própria abadia – vendidas através de uma portinhola em estilo *drive-thru* – ou no café In De Vrede, do outro lado da rua. Mesmo assim, nem todas estão disponíveis o tempo todo. Na abadia, as vendas são racionadas (por motorista), e longas filas de carros se formam quando a cerveja mais forte está disponível. Proprietários de cafés especializados fazem fila para abastecer seus estabelecimentos. Ocasionalmente, alguém conseguia comprar uma quantidade maior para exportar, e centenas de garrafas chegavam aos Estados Unidos.

Houve época em que essa cerveja era facilmente encontrada, no entanto não era um produto trapista autêntico, mas fabricado sob licença por uma cervejaria próxima. A cerveja da abadia – Sint Sixtus – leva o nome do próprio local. O contrato de licenciamento expirou há vários anos, e agora a Westvleteren só vende o necessário para a manutenção da mosteiro, mas, como as despesas são modestas, os monges só fabricam cerveja uma vez por semana.

Fundada em 1831, a São Sixto está situada nos campos abertos da Flandres Ocidental, na municipalidade de Westvleteren, perto de Ieper (Ypres). A cervejaria foi construída em meados da década de 1830, mas jamais chegou a tornar-se um estabelecimento verdadeiramente comercial. Em 1990, foi instalada uma fábrica moderna, substituindo o equipamento rústico quase centenário. O mosto é derivado de maltes claros, misturados na caldeira a açúcares (claro e escuro). As cervejas são condimentadas com lúpulos alemães e fermentadas pela mesma levedura utilizada pela

Westmalle. Antes da adição de mais levedura e açúcar, para o condicionamento na garrafa, os períodos de maturação chegam a três meses.

Se você já viu uma garrafa de Westvleteren nos Estados Unidos, é bem provável que tenha sido a cerveja mais forte, que tem um colarinho amarelo e é conhecida como Twelve. O nome corresponde ao teor alcoólico na antiga escala belga. Também é conhecida como Abt (de abade). A Westvleteren Abt tem cor marrom-ferrugem, e colarinho denso e firme. O perfil aromático traz *toffee*, maltes intensos e levedura, com notas de tâmara, cereja e tênue fumaça. O amargor é pronunciado, com um toque metálico que domina o palato, enquanto maltes doces emergem no centro, com toques de framboesa, morango e pétalas de rosa. O amargor lupulado freia a doçura, e o final é pronunciado, dando sensação de aquecimento, provocada pelo alto teor. A cerveja é engarrafada com teor de aproximadamente 10,5%, mas pode chegar a 11,5%. É uma cerveja poderosa em todos os sentidos, combinando aromas complexos e refinados de malte e fruta com uma lupulagem pronunciada.

ALE TRAPISTA, ALE DE ABADIA E COMIDA

As Ale trapistas e sua linhagem secular estão entre as melhores do mundo para combinar com comida. Seus sabores complexos fornecem diversos pontos de referência para efetuar harmonizações com pratos variados. Algumas combinações são bastante simples, e podem ser deliciosas. No entanto, há também a possibilidade de ocorrer uma epifania, um daqueles momentos em que todos os planetas parecem alinhar-se em seu palato, e, de repente, você entende o verdadeiro sentido da vida. Parece apropriado que exatamente essas cervejas tenham tais poderes. Para obter harmonizações absolutamente brilhantes, você terá de usar sua imaginação e criatividade, fazendo combinações incontáveis de sabores de cerveja e de comida. Se isso soa assustador, relaxe.

É divertido – não intimidante! E, quando você tirar a sorte grande, saberá na hora.

Vamos começar com as cervejas que se encaixam em estilos definidos. As cervejas Dubbel são sempre escuras na cor e nos sabores – caramelo, *toffee*, rum, chocolate, uvas-passas, ameixas-vermelhas. O amargor é moderado, porém mais do que suficiente para encarar a maioria dos pratos intensos, e a carbonatação é alta. Todas as Dubbel têm alguma doçura no centro, embora o final da maioria seja seco. As melhores são maravilhosamente complexas. Sua melhor harmonização é com carnes de caça vermelhas. As Dubbel ficam particularmente boas com cordeiro, que combina sabores de caça com certa doçura e afinidade por ervas. Os sabores caramelizados casam-se com a superfície da carne, enquanto os sabores frutados penetram mais fundo para combinar com o resto do prato. Molhos frutados pedem Dubbel mais doces, que contribuem com seus próprios sabores frutados.

Pato, que eu classifico como carne vermelha, é outra combinação excelente com Dubbel. Os métodos modernos de criação ainda não tornaram a carne de pato insípida, como ocorre com a do frango. A explosão de sabores frutados escuros da Dubbel casa-se excepcionalmente bem com pato. Pele de pato bem crocante é um dos prazeres mais perfeitos oferecidos pelo mundo da comida. Os sabores de caramelo da Dubbel envolvem o pato com uvas-passas, rum e ameixas-pretas, enquanto a carbonatação absorve a gordura do palato. Uma Dubbel de qualidade é o melhor acompanhamento possível para coxas de pato assadas em fogo lento ou para *confit* de pato. Por razões semelhantes, o *foie gras*, minha porção favorita do pato (depois da pele), é também um ótimo parceiro para a Dubbel. A preferência aqui é por uma Dubbel mais doce, para interagir com o sabor rico do *foie gras* e a doçura dos acompanhamentos de praxe. O clássico *foie gras poêlé* sapecado com molho de uva (uma redução de uvas verdes *sautées*, vinho ou cerveja, gordura de pato e *demi-glace*) fica sensacional com Dubbel, que harmoniza com os sabores do prato e, com sua carbonatação suave, também restaura o palato. Cada mordida é tão boa quanto a primeira, um feito considerável em comida de tanta riqueza. A Dubbel acompanha esse prato bem melhor do que vinhos doces, que, depois da primeira mordida, não só atolam o palato mas também introduzem doçura demasiada logo no início da refeição, já que o *foie gras* é geralmente servido como entrada. A Dubbel também vai muito bem com *ris de veau*, que geralmente é servido com molhos ricos. O próprio timo tem sabores bastante ricos; assim, a capacidade da cerveja de limpar o palato, além de seu centro de malte e frutas escuras, é exatamente o que esse prato procura.

A Dubbel fica ótima com bifes e, mais ainda, com estuvado de carne bovina. O meu predileto é a clássica *carbonnade flamande*, basicamente o prato nacional da Bélgica (ao lado de *moules frites* – mexilhões com fritas). Na *carbonnade,* todo o líquido de cozimento é cerveja, preferencialmente uma Dubbel belga ou uma Flandres Brown Ale. Finaliza-se com uma pitada de açúcar, uma sugestão de condimento doce e maçã ou ameixa-preta. É um prato simples, porém espetacular, e os sabores da cerveja se entrelaçam com todos os sabores do cozido. É difícil pensar em algo melhor para um dia frio de inverno. E, evidentemente, a *carbonnade* fica ainda melhor depois de um ou dois dias na geladeira. Estuvado de coelho com ameixas-pretas, outro prato clássico franco-belga, também fica maravilhoso com Dubbel, que, para casar com os sabores do prato, tem seus próprios sabores de ameixas-vermelhas, uvas-passas e ameixas-pretas.

Embutidos, especialmente de cervo, javali selvagem ou cordeiro (um dos meus prediletos leva cordeiro, alecrim e hortelã), são opção ótima com Dubbel. Novamente, os sabores frutados escuros da cerveja casam-se com os sabores escuros da carne de caça e, em cada um, os sabores herbáceos complementam o enlace. Outras receitas de cervo e javali selvagem também vão muito bem, dependendo do molho (se houver), dos acompanhamentos e da intensidade da carne. Pratos mais fortes podem ficar melhores com as irmãs maiores da Dubbel, das quais logo falaremos.

Com carnes brancas, busque receitas compatíveis com sabores escuros frutados e caramelizados. Um bom exemplo é leitão assado. A pele escura e crocante tem sabores que se associam com o malte caramelizado e o açúcar-cândi escuro da cerveja. Os sabores de ameixa-preta e uva-passa mergulham na carne. Nesse caso, não é difícil alcançar uma harmonização perfeita. Com outros pratos com porco assado, tal como lombo recheado, é possível, mesmo sem pele, obter ótimos sabores caramelizados.

Um dos motivos de minhas brincadeiras sobre frango é que, quando pequeno, eu adorava essa carne. Naqueles tempos, frango ainda era frango. Sei que soa meio ranheta dizer que ainda me lembro de quando frango tinha sabor, mas é verdade. Hoje em dia, o frango comum de supermercado não tem gosto de nada. (O que você esperava, gastando tão pouco?) A culpa é dos grandes frigoríficos. Mas um bom frango caipira ou orgânico, preparado adequadamente, pode ser um prato sensacional, e vale a pena gastar um pouco a mais. Com uma Dubbel, novamente queremos a caramelização da pele do frango. Um simples frango assado recheado pode ficar excelente, especialmente deixando o forno em fogo alto no final, o que resulta em uma pele dourada e saborosa. Os sabores herbáceos da cerveja podem combinar com o recheio. Coloque algumas ameixas-pretas no recheio e terá uma combinação ótima. Depois de assá-lo ao forno ou em fogo lento, alguns *chefs* sapecam o frango, achatando-o em uma frigideira bem quente. É técnica excelente, que pode transformar em obra de arte uma ave comum. Os sabores resultantes têm ótima parceria numa Dubbel.

Pratos mais intensos vão exigir as que eu chamo de Ale de estilo trapista, fortes e escuras. Sei que é uma definição abrangente, mas estamos falando da Bélgica, e os belgas não gostam de ser rotulados. Estou me referindo às cervejas com os níveis mais altos de teor alcoólico e mais complexidade, fabricadas no estilo da Chimay Grande Reserve (ou Bleue), Rochefort Eight e Rochefort Ten, e Westvleteren Twelve (Abt). Pense nelas como cervejas Dubbel concentradas. As características desse estilo estão no sabor de malte mais intenso, mais fruta e, frequentemente, no maior amargor – ou, ocasionalmente, em mais doçura – para equilibrar, e na sensação de aquecimento produzida pelo alto teor alcoólico. Algumas são as genuínas cervejas trapistas antes mencionadas; outras são cervejas ditas de abadia, mas seculares, fabricadas no mesmo estilo.

Essa é a artilharia pesada a ser usada para encarar um prato raro, de cervo com molho de ginja ou o rústico *patê de campagne,* servido com mostarda moída. Essas cervejas se casam com os intensos sabores achocolatados de caça, patos, gansos, pombos--torcaz e borrachos (especialmente os silvestres), atravessam reduções pesadas e seduzem os acompanhamentos. Devido à sua carne densa, gordurosa e saborosa, ripas de costelas ou bochecha de boi, assadas em fogo lento, com panela bem tampada, exigem tal nível de amargor e intensidade. Os sabores maltados torrados associam-se aos sabores da superfície dessas carnes, que ficam quase pretas quando seladas de início, assadas em fogo bem lento, ou ambos. Os sabores de uva-passa, ameixa-preta e condimentos escuros casam-se com os sabores básicos da carne. Essas cervejas também têm um caráter terroso, que lhes confere grande afinidade com molhos à base de cogumelos. Rabada, seja estuvada, seja em *terrine*, também é uma ótima combinação para essas cervejas. Certa vez tomei uma Rochefort Ten com *terrine* de rabada e *foie gras*, entremeada com pedaços de pistache. Foi uma combinação extraordinária.

Douradas, herbáceas, frutadas e fortes, com notas de rum, as Tripel são, ao mesmo tempo, complexas e elegantes, aceitando tanto pratos intensos quanto refinados. Seu amargor consistente e os aromas herbáceos combinam perfeitamente com embutidos de qualidade, particularmente os com alho (Toulouse, *Bratwurst*), os de pato, com Armagnac, e os de frango com trufa. Praticamente, vai muito bem com qualquer produto de fabricantes de embutidos artesanais, como D'Artagnan, Aidell's ou Trois Petits

Cochons. Se você servi-los em um *choucrute* alsaciano completo, com repolho fermentado, a cerveja Tripel lida bem com a acidez. Se for num *cassoulet*, melhor ainda (prefiro os de pato). *Cassoulet* é um prato maravilhoso, mas tremendamente pesado, com todos aqueles embutidos: joelho de porco, coxas de pato e feijão. A Tripel tem intensidade para suavizar o feijão, enquanto seus sabores herbáceos se casam com o tomilho, o alho e as carnes. De repente, o prato parece ficar mais leve e ainda mais saboroso.

O caráter herbáceo da Tripel combina muito bem com aves de caça, especialmente faisão, perdiz e codorna. A combinação fica ainda mais profunda se houver raspas de limão-siciliano ou laranja no recheio. Ela também é um ótimo acompanhamento para pratos de vitela empanada com ervas, como o clássico *wiener Schnitzel*, ou *saltimbocca* empanada com sálvia. Se você não tiver vitela, ou não quiser, ambos os pratos podem ser preparados com carne de porco (que é ainda mais saborosa). Presuntos com sabor de caça, como *prosciutto di Parma*, *jamón serrano* e *jambon de Bayonne* ficam maravilhosos com Tripel. (Para fazer um belo aperitivo, enrole lâminas finas de presunto em pedaços de queijo Brie maduro e sirva com Tripel.) Em Nova York, no La Palapa, um sensacional restaurante mexicano tradicional, tomei Chimay Blanche com *quesadillas rajitas poblanas* (*tortillas* recheadas com três queijos, pimentas-poblanas e cebola). O caráter herbáceo da cerveja associou-se aos fortes sabores vegetais da pimenta-poblana, enquanto a lupulagem firme atravessou os queijos. Foi uma combinação espetacular.

De massa a peixe, praticamente qualquer coisa com molho *pesto* vai bem com Tripel, que aceita bem o manjericão. Frango tailandês com manjericão-santo (*tulsi*) dá ótima combinação. Como as Tripel tendem a ter notas cítricas, qualquer coisa servida com molhos à base de limão-siciliano ou laranja funciona bem, contanto que o molho não seja doce demais. Mesmo assim, uma Tripel mais doce pode combinar bem. Um bom exemplo é peixe com molho de tangerina, e também frango ao limão-siciliano.

Com frutos do mar, é aconselhável optar por peixes mais fortes e oleosos, como salmão e salvelino-ártico, peixes com molho (meu favorito é tamboril com molho de limão-siciliano), e peixes grelhados ou fritos. A Tripel é forte demais para peixe escalfado, mas com peixe frito a gordura suaviza o lúpulo, e os sabores caramelizados associam-se ao malte. Muitas vezes a Tripel tem um sabor de açúcar queimado leve e subjacente, que combina bem com peixes grelhados, especialmente com atum, espadarte e sardinha, que têm sabores intensos e proporcionam boas harmonizações. Polvo grelhado vai bem com o toque mineral duro dessas cervejas, e a doçura marinha da carne combina bem com a doçura do malte. As mais doces também combinam muito bem com vieiras *poêlées* sapecadas. Quando os frutos do mar se juntam em uma *bouillabaisse*, a Tripel casa-se bem, especialmente se o caldo estiver bem herbáceo.

Além de notas herbáceas e cítricas, muitas Tripel têm um leve e refrescante sopro sulfuroso. Não se assuste – quase todas as cervejas (e vinhos também, aliás) têm algum traço de enxofre, que pode desempenhar um papel importante no perfil aromático. Nas Tripel, ele tende a contribuir com leve nota vegetal – uma sugestão de pimentão, talvez. Isso lhes confere surpreendente afinidade com vegetais ligeiramente sulfurosos, da família dos repolhos e couves, como couve-flor, brócolis e couve-de-bruxelas. Algumas pessoas já repararam que a Tripel vai bem com aspargos. Assim, aproveite-a com pratos vegetarianos.

Deixei por último a Orval, por tratar-se de cerveja totalmente idiossincrásica. A Bélgica produz várias Tripel e Dubbel, muitas no estilo trapista, forte e escuro, exemplificado pela Chimay Grande Reserve. E nada é igual ao *goût d'Orval*.

Por onde começar? Vamos começar do início – a Orval é um aperitivo perfeito. Totalmente seca, amarga e aromática, com acidez vigorosa, tem tudo que os franceses e italianos procuram em uma bebida preliminar. Poucas cervejas abrem o apetite como essa para uma boa refeição. Sirva com canapés, moderadamente

A garrafa, em forma de pino de boliche, o losango do rótulo e o cálice elegante da Orval são tão marcantes quanto a própria cerveja.
Cortesia de Merchant du Vin

resfriada, em taças de champanhe, e logo terá um assunto para quebrar o gelo em sua festa. Poucos champanhes alcançam esse nível de complexidade (caso alcancem, guarde-os para si mesmo). A Orval tem um perfil aromático complexo: de lúpulo cítrico, raspa de limão-siciliano, folhas de sálvia, couro de sela, lã molhada e terra úmida. Sabores salgados e pungentes proporcionam um excelente contraponto à cerveja. A Orval absorve o sal de um *prosciutto* bem maturado e entra com seus sabores pungentes terrosos para harmonizar com o sabor de caça do presunto. O amargor afiado atravessa a oleosidade de sardinhas grelhadas, enquanto os aromas de raspa de limão realçam o sabor do peixe, e, em seu palato, a terra molhada encontra-se com o mar aberto. Se quiser ir um passo adiante, sirva o filé de sardinha grelhado sobre um pedaço de batata frita em azeite. Mas cuidado, seus convidados vão querer se mudar para sua casa.

Creio já estar óbvio que a Orval fica excelente com peixe. Seu amargor intenso, mas sem perder suavidade e leveza, é a combinação perfeita para ampla variedade de preparações com peixe. Como a Orval tem interação única de aromas brilhantes (raspas de limão-siciliano) e opacos (terra úmida e couro), vai bem com praticamente tudo, desde truta recheada, borrifada com gotículas de limão-siciliano fresco, até tamboril assado com molho de *porcini*. Peixes, em receitas da Ligúria ou da Provença – como pargo-vermelho com ervas, azeitona e limão –, ficam ótimos com os componentes de limão e terra da cerveja. Com peixes fortes e oleosos, como salmão, salvelino e anchovas (*bluefish*), a cerveja atravessa a gordura, absorve o óleo e expõe todo o sabor do peixe, fazendo mágicas adicionais com seus componentes cítricos. Outra boa combinação é salmão defumado, e a Orval vai bem com cavala e arenque, mesmo salgados e defumados. Outra harmonização sensacional é com a *brandade de morue*, prato mediterrâneo de bacalhau e batata. A acidez da Orval permite boas combinações com peixe "cozido" em limão-galego ou vinagre, seja o escabeche espanhol, seja seu descendente, o condimentado *ceviche* caribenho.

De volta à terra, essa cerveja fica excelente com embutidos artesanais de carne de caça, principalmente cervo e javali. Os embutidos italianos adocicados, muitas vezes temperados com sálvia e sementes de erva-doce, também são ótimos parceiros. Uma *saltimbocca* que mescle cervo fatiado ou *paillard* de porco com *prosciutto* e folhas de sálvia é perfeita para a Orval. Como eu disse, a afinidade da Orval com cogumelos é excelente, ou seja, você pode prová-la com qualquer prato servido com molho de cogumelos. Eu a achei particularmente boa com um *Strudel* de cogumelos silvestres bem amanteigado e folhado.

FABRICANTES SECULARES NOTÁVEIS DE CERVEJAS EM ESTILO ABADIA

DE GOUDEN BOOM Tenho uma dívida de gratidão com a cidade de Bruges, pois foi onde conheci as maravilhas da tradição belga de cerveja. Visitei Bruges pela primeira vez em 1984, e até hoje é uma das cidades mais belas que já vi, uma composição medieval de canais, pequenas pontes e as empenas triangulares da arquitetura flamenga. Desde a década de 1870, a família Vanneste dirige aí essa cervejaria, embora ao longo do tempo tenha se associado a parceiros maiores. De Gouden Boom (a árvore dourada) é provavelmente mais conhecida por sua ótima Witbier, vendida, nos Estados Unidos, como Blanche de Bruges, e, na Europa, como Brugse Tarwebier. Também fabrica duas boas Tripel, uma para si e outra para uma abadia. A cerveja própria é a Brugse Tripel, mais escura do que a maioria das Tripel, num tom pleno do laranja para o abóbora, e colarinho denso e firme. O aroma é uma mistura complexa de frutas escuras (tâmara, figo), lúpulo e condimentos doces. O paladar é suave, rico, cremoso, seco, mas bastante frutado. A lupulagem confere um equilíbrio agradável e o final é prolongado e seco, dando sensação de aquecimento. Essa cerveja vai muito bem com coelho, perdiz ou codorna em receitas com ervas, e também é uma boa parceira para tamboril e lagosta.

Para o mosteiro Steenbrugge, a De Gouden Boom fabrica a Steenbrugge Tripel Blonde, de intensa cor dourada e colarinho branco macio. O perfil aromático é deslumbrante – herbáceo, lupulado e condimentado, com um sopro sulfuroso de fontes térmicas que se dissipa rapidamente. O paladar é bem equilibrado, de amargor leve, sustentando a contida doçura de malte. O final é seco, com um toque mineral. Uma versão excelente. Experimente-a com pratos de frutos do mar, aves de caça, receitas de aves com ervas, patês e embutidos. No aroma, a Steenbrugge Dubbel Bruin exibe ligeira mescla de uva-passa, lúpulo e rum. A cerveja tem um toque leve: o amargor é contido e o paladar começa doce, com frutas secas, e, no centro, chocolate explodindo. Então se retrai, até chegar a um final totalmente seco, com um leve toque ácido. Uma cerveja bastante elegante, é ótima parceira para *carré* de cordeiro com alecrim e azeitona, cervo, além de pratos em que a carne bovina é assada em fogo lento, bifes estuvados, receitas mediterrâneas de coelho, e pato ao *mole negro*.

VAN STEENBERGE Esta cervejaria – que não deve ser confundida com o mosteiro Steenbrugge – está localizada em Ertvelde, na Flandres Oriental, e fabrica grande variedade de cervejas, sob nomes diversos. Na década de 1390, a propriedade real em Corsendonc passou para as mãos da ordem agostiniana e tornou-se o priorato Corsendonc, um renomado centro de estudos eclesiásticos. O mosteiro foi saqueado na década de 1420, restaurado no século XVII, e fechado em 1784. As belas construções sobreviveram, mas não como mosteiro religioso. Hoje em dia, as cervejas Corsendonk são fabricadas em duas cervejarias diferentes por Jef Keersmaekers, cuja família atua em Flandres há muito tempo nesse ramo. Talvez seja bom que ele não trabalhe sob a tutela de monges, pois poderiam desaprovar o nome da cerveja Corsendonk Pater Noster (Pai Nosso), fabricada para Keermaekers pela cervejaria Van Steenberge. Nos Estados Unidos, a cerveja é conhecida com um nome menos interessante, CORSENDONK ABBEY BROWN ALE – parece que a cervejaria se rendeu ao fervor religioso americano. Essa Dubbel de abadia tem cor marrom-avermelhada profunda e aroma que lembra vinho do Porto, uvas-passas, figos, tâmaras, ameixas-pretas, rum encorpado e chocolate em fundo defumado. O amargor é leve, e a cerveja expande-se no palato, combinando, no centro, sabores doces de frutas escuras com acidez refinada que levam a um final prolongado e seco. O sabor residual é de chocolate. Maravilhosamente complexa e excelente com *carbonnade flamande* (inclusive como base), ripa de costelas, cervo, patês de carne de caça, pombo-torcaz e faisão silvestre.

DU BOCQ Para criar sua Tripel, Jef Keersmaeker deixou Flandres e rumou para Purnode, no sul. É ali que a Du Bocq Brewery fabrica uma profusão de cervejas, incluindo a Tripel Corsendonk Agnus Dei (Cordeiro de Deus). Nos Estados Unidos, a cerveja é vendida como CORSENDONK ABBEY PALE ALE, um nome expurgado e confuso, mas que evita problemas com fundamentalistas. Essa cerveja tem cor dourada plena e aroma de laranja, com lúpulo no fundo. No palato é redonda, sedosa e suave, acariciando a língua com um equilíbrio perfeito entre lúpulo e doçura de malte. O final é bastante prolongado e seco, deixando impressão residual de pão fresco. Uma versão estilosa, quase pretensiosa, sem arestas a acertar. Prove com *prosciutto*, massas ao molho carbonara ou ao molho Gorgonzola, robalo com molho de tangerina, frango ao limão-siciliano, ou bons embutidos de porco.

BROUWERIJ MOORTGAT Mais conhecida pela Duvel, sua Strong Golden Ale, a cervejaria familiar Moortgart de Breendonk também fabrica uma linha de cervejas que leva o nome da abadia beneditina de Maredsous. O número da MAREDSOUS 8 DOBBEL refere-se à antiga escala belga de teor do mosto original. A cerveja tem bela cor vermelho-escura e denso colarinho bronze. O aroma é espetacular, mescla de biscoito, rum e uvas-passas. Na ponta da língua, a cerveja tem carbonatação natural espumosa e amargor leve. Parece doce de início, mas seca à medida que os sabores concentrados de uva-passa, açúcar mascavo e rum encorpado combinam com acidez vinhosa, levando a cerveja a um final prolongado. Com teor de 8%, é um pouco mais forte do que a maioria das Dubbel. Uma cerveja ótima para acompanhar ripa de costelas, bochecha de boi, pernil (quarto) de cordeiro, embutidos de cervo, patês campestres e javali. A MAREDSOUS 10 é mais clara, porém mais forte, com cerca de 9,5% de teor. Essa cerveja, de um tom âmbar profundo, tem a mesma estrutura básica de sabor da 8, mas com damascos no lugar de uvas-passas. O final é prolongado, dando sensação de aquecimento.

VAN HONSEBROUCK O primeiro produto que provei dessa cervejaria foi a Brigand, uma Ale forte. Desde então, o cervejeiro Luc Van Honsebrouck e sua família compraram um castelo chamado Ingelmunster, na cidade flamenga do mesmo nome. O castelo inspirou o nome da cerveja escura Kasteelbier, e mais recentemente da KASTEELBIER GOLDEN TRIPLE, com sua bonita cor – uma espécie de dourado antigo, acetinado – e aroma de rum branco, uvas-passas e laranjas. A estrutura de sabor lembra um bom Riesling alemão seco – é bastante frutada e complexa na ponta da língua, com uma considerável impressão de doçura que seca rapidamente num final frutado. A impressão de doçura é falsa, pois a cerveja é de fato seca, mas frutada e bastante forte, com teor de 11%. Desfrute com tamboril, lagosta, *bouillabaisse,* ou com receitas de frango com ervas e frutas.

As complexidades de criar rótulos em francês e em flamengo geram constantes dificuldades para os belgas, com resultados às vezes divertidos. *Donker* significa "escuro" em flamengo, e *foncée* quer dizer o mesmo em francês. Daí o nome Kasteelbier Donker Foncée, uma cerveja de cor intensa, num tom marrom-avermelhado, com aroma de ameixa-preta. A cerveja é bem doce, com um mínimo de amargor, apenas para evitar o predomínio da doçura. Há um forte sabor de uvas-passas e ameixas-pretas, que leva a um final prolongado e doce. Prove com *foie gras poêlé* sapecado ou em *terrine.* Caso contrário, é melhor reservá-la para acompanhar queijos, especialmente Stilton, ou sobremesas caramelizadas como *crème brûlée* ou *flan.* Essa cerveja é filtrada – se fosse condicionada na garrafa, a levedura seguiria fermentando o açúcar, secando a cerveja e, ao mesmo tempo, produzindo carbonatação excessiva.

HET ANKER Fundada há mais de 600 anos, em Mechelen, a cervejaria Het Anker (a âncora) é bem conhecida mais pela GOUDEN CAROLUS, uma Ale forte e escura, amplamente considerada um clássico. Gouden Carolus (Carlos dourado) refere-se a uma moeda de ouro impressa com a imagem do imperador Carlos V, que nasceu em Mechelen. O nome aparece no rótulo também em francês – Carolus d'Or. A Gouden Carolus tem cor de mogno magnífica e profunda, e aroma pronunciado de rum e uvas-passas. A cerveja insinua-se suave na ponta da língua, depois floresce num esplendoroso sabor adocicado de uvas-passas, faz leve pirueta na língua e despede-se com um floreio seco e alcoólico. Uma cerveja surpreendentemente elegante, que não dá um passo em falso. Compre um bom *carré* de cordeiro e asse-o ao ponto.

A Tripel da Het Anker é conhecida na Bélgica como Toison d'Or, mas nos Estados Unidos é vendida como GOUDEN CAROLUS TRIPLE, o que causa certa confusão. Essa cerveja espumosa é de um dourado profundo e tem aroma floral perfumado com algumas notas interessantes de hortelã e lavanda. Percebe-se o gosto de açúcar caramelizado na caldeira. O paladar é suave e redondo, com sabor de rum e doçura momentânea. A cerveja torna-se seca no final, prolongado e mineral, com gosto de pão. Um exemplar excepcional do estilo. Combine com coelho, lombo ou *carré* de porco, *cassoulet*, frango com manjericão à tailandesa, polvo grelhado ou *sushi*.

VITORY BREWING COMPANY A cidade de Downington, na Pensilvânia, pode parecer um lugar improvável para se achar uma saborosa Tripel de estilo belga, mas Bill Covaleski e Ron Barchet, os mestres-cervejeiros da Victory Brewing Company, garantem a entrega. De um tom laranja pálido, a VICTORY GOLDEN MONKEY é condicionada na garrafa e apresenta impetuosa carbonatação. O aroma é rico e marcadamente belga – laranjas, condimentos e lúpulo, numa interação bem mesclada. A influência americana se faz sentir na ponta da língua – uma breve estocada de lúpulo desperta o palato. Em seguida, a influência belga assume o comando, com um centro seco, encorpado e frutado, e um final graciosamente seco. Sem dúvida é uma vitória, uma excelente versão de um dos melhores produtores da costa leste. Tome essa cerveja com robalo grelhado, carnes frias (de pato ou de cordeiro), *prosciutto*, *jamón serrano*, tamboril, bolinhos de caranguejo ou massa à carbonara.

ALESMITH BREWING Há várias décadas, o norte da Califórnia tem sido um centro de produção de cerveja artesanal, mas até bem pouco tempo o sul não o acompanhava. Isso está começando a mudar, e San Diego está ganhando notoriedade pela fabricação de ótimas cervejas. A Alesmith é uma cervejaria pequena que fabrica grandes cervejas, entre elas a ALESMITH HORNY DEVIL ALE. A garrafa grande esconde sob a tampa uma rolha de plástico acinzentada. A cerveja tem cor dourada bem profunda e carbonatação leve. O aroma é delicioso – rum, laranjas e especiarias doces. A cerveja inicia frutada e semisseca na ponta da língua, com o lúpulo em segundo plano. O centro é denso e redondo, e o final é prolongado e seco, com sabor residual de frutas e cereais. O nome Horny Devil (diabo chifrudo) parece ser alusão à famosa cerveja belga Duvel (diabo), mas o estilo não é o mesmo. O rótulo também não diz que é uma Tripel, mas claramente está dentro dessa tradição, numa versão excelente. Com teor de 10%, é ligeiramente mais forte que a maioria das Tripel, e um pouco mais adocicada. Com sua mescla harmoniosa de frutas, especiarias e doçura, é um ótimo acompanhamento para *foie gras poêlé* sapecado, pato, *quesadillas* condimentadas, patês campestres e vieiras *poêlées* sapecadas.

OMMEGANG Na estrada, ao virar a curva, você se depara com uma visão um tanto bizarra – uma tradicional casa de fazenda belga, de brancura resplandecente, em meio à zona rural de... Cooperstown, Nova York. Durante anos, Don Feinberg e Wendy Littlefield importaram algumas das melhores cervejas belgas, e sua paixão por cerveja e comida belgas acabou resultando na criação da Brewery Ommegang. A cervejaria leva o nome de uma colorida procissão anual que se realiza na Grand-Place, em Bruxelas, e começou como um empreendimento conjunto entre os donos da Ommegang e as belgas Brouwerij De Smedt e Brouwerij Moortgat. O carro-chefe chama-se simplesmente OMMEGANG. Tem uma cor maravilhosa de vinho Borgonha envelhecido – de um tom vermelho, tendendo para o marrom nas bordas. O aroma é um *pot-pourri* de frutas e condimentos: casca de laranja, anis-estrelado, uvas-passas, tâmaras e coentro. Assim como a maioria dos cervejeiros belgas, Feinberg e Littlefield são evasivos quanto à receita, mas a cerveja certamente é condimentada. O paladar é doce, redondo e suculento, escandalosamente frutado no centro, e mais seco e levemente adstringente no final prolongado.

No Fleur de Sel, um elegante restaurante francês em Nova York, certa vez comi lombo de cervo com molho de alcaçuz caramelizado (*black licorice sauce*) – soa estranho, mas estava delicioso. Essa cerveja faria uma combinação perfeita. Como é improvável que você encontre tal molho em outro lugar, sugiro quaisquer outras receitas de cervo e também de lombinho de boi ao molho de chalota, bifes de filé ou contra-filé de costela com bastante pimenta, *carbonnade flammande* ou *patê de campagne*. Na Ommegang, as pessoas têm tanta paixão por comida quanto por cerveja, e o *site* da cervejaria (www.belgianexperts.com) traz sugestões de harmonização. Se algum dia você estiver perto de Cooperstown, vai ter oportunidade de, numa única tarde, visitar a Bélgica e o Hall da Fama do Beisebol americano.

Strong Golden Ale

Fervorosamente imitada, mas nunca igualada, a DUVEL (pronunciado "Dú-fel") é a progenitora exclusiva de todas as Strong Golden Ale fabricadas atualmente na Bélgica. Os belgas talvez não reconheçam a denominação de estilo "Strong Golden Ale", mas certamente reconhecem a Duvel, considerada hoje uma das cervejas clássicas mundiais. É produzida pela Moortgats, uma cervejaria familiar em Breendonk. Ao contrário das cervejarias que fabricam o estilo abadia, os Moortgats apelaram para uma autoridade mais baixa e batizaram essa cerveja com a palavra flamenga para diabo. A cerveja é ardilosa, sedutora, forte e dissimulada – o nome, portanto, parece apropriado. Essa cerveja de um tom dourado pálido, de aspecto inocente, parece Pilsen, mas esconde um teor alto, de 8,5%. Na Bélgica, a Duvel é sempre servida num copo próprio, em formato de tulipa, duas vezes maior do que a garrafa. Sirva uma Duvel e você entenderá por que – a cerveja é condicionada na garrafa e levanta um colarinho branco enorme, leve feito nuvem. O aroma é perfumado, revelando lúpulo, aguardente de pera e cítricos. A cerveja espalha-se na boca, espumando feito champanhe. Levemente encorpada, mas de paladar expansivo e exuberante, a cerveja é suave, seca e repleta de sabores condimentados, com toques de feno e, no fundo, uma sugestão de tabaco. Finaliza com um estalo de lúpulo e um sabor residual condimentado, aquecido pelo álcool. Na Bélgica, é geralmente servida gelada, uma anomalia em um país onde a maioria das cervejas sérias é servida levemente resfriada. A Duvel é mais flexível – vigorosa e refrescante quando gelada, mais frutada e intensa quando resfriada.

Os últimos anos têm sido generosos com os Moortgats, e a Duvel é hoje a cerveja especial mais vendida na Bélgica. (Mesmo na Bélgica, a campeã de vendas é a Pilsen.) A cervejaria foi fundada em 1871 e passou por várias modernizações, mas sequer se preocupa por ter uma aparência "modernista". Até algum tempo atrás, a maltagem era feita na própria cervejaria, para produzir os maltes claros especiais que garantem a cor dourada da Duvel, apesar do alto teor alcoólico. Os maltes ainda são preparados com exclusividade, mas agora por empresa terceirizada. Originalmente, a cervejaria só fabricava Ale escuras, entre elas a própria Duvel, mas foi reformulada no final da década de 1960 para resistir à investida das Pilsen douradas. O caráter maltado nítido guarda certa semelhança com as Pilsen, e é esse sabor puro que distingue – das Tripel mais densas – a Duvel e seus imitadores. Em meados da década de 1990, a Duvel parecia estar perdendo seu perfil aromático característico, com as notas de pera sendo substituídas pelo caráter lupulado da Pilsen. Expressei minha decepção a um dos cervejeiros da Moortgat, que concordou comigo, mas disse que a cervejaria ainda não conseguira identificar exatamente onde ocorrera a mudança. Em cerveja tão sutil quanto essa, qualquer mudança, por menor que seja, é percebida pelos aficionados. Felizmente, a Duvel parece ter recuperado sua forma. As notas de pera estão de volta, ao lado do novo caráter lupulado refrescante. Outras cervejas desse estilo ainda estão se esforçando para acompanhar a Duvel e, mesmo não sendo tão atraentes quanto a cerveja que as inspirou, ainda assim muitas delas são excelentes.

STRONG GOLDEN ALE E COMIDA

Apesar do alto teor alcoólico, essas cervejas são delicadas, com sabores bastante puros. São fabricadas com maltes especiais extraclaros, cozidos apenas levemente. Isso reduz ao mínimo os sabores de pão e maltes torrados, permitindo que predominem o amargor, a alta carbonatação e os aromas frutados. Elas são ótimas com canapés – o caráter frutado, seco e efervescente fornece um excelente contraponto para aperitivos salgados e gordurosos. Sem qualquer problema, você pode servir *prosciutto* e salmão defumado. A Strong Golden Ale é ótima para limpar o palato e matar a sede. Não é à toa que, para acompanhar canapés, muitos belgas a consideram melhor que champanhe. Não tem copos Duvel? Sirva a cerveja, cuidadosamente, em taças de champanhe, vai ficar ainda mais atraente que o próprio copo.

É depois dos canapés que a carbonatação da Strong Golden Ale mostra todo seu poder de limpeza. Essas cervejas aceitam pratos que aterrorizariam a maioria das bebidas. Veja o *linguine al vongole*, por exemplo, uma massa italiana simples, com molho de vôngoles. É uma receita deliciosa, mas repleta de alho quase cru. O prato é basicamente isso – massa, azeite, alho, vôngoles e salsinha. Numa receita feita corretamente, o alho põe fogo na língua. O amargor lupulado puro da cerveja vai ao encontro dele e absorve os óleos da língua, permitindo que os sabores do azeite e dos vôngoles transpareçam. Em seguida, o palato é refrescado, em vez de dominado. Essa combinação é uma experiência e tanto. Vinhos brancos, que se consideram nativos e capazes, com frequência são arrasados por ele. Mas, sem perder a pose, a cerveja lida com a rebeldia do alho.

Falando em alho, pode trazer o *pesto*, que inclui manjericão e queijo parmesão, ambos bem-aceitos por ela. Certa vez cheguei em casa do trabalho e descobri que, para jantar, só havia congelados: *pesto*, *prosciutto* e embutidos (frango e alho-poró) e *linguine* seco. Eu não abastecia a adega há algum tempo e só tinha umas garrafas de Duvel. Meio desconfiado, descongelei tudo e preparei uma refeição. Para minha surpresa, a Duvel ficou absolutamente perfeita com o *pesto* e excelente com o *prosciutto* e os embutidos. Já repeti essa refeição várias vezes, mas de propósito.

Em Nova York, no Felidia Ristorante (ambiente gastronômico bem mais sofisticado do que minha sala de jantar), tomei Duvel com ravióli caseiro – recheado com pera e queijo pecorino fresco – *sauté* em queijo pecorino maturado e pimenta-do-reino esmagada. O aroma de pera da cerveja associou-se à pera do recheio e, sob influência da cerveja, os sabores do queijo e da pimenta-do--reino expandiram-se admiravelmente. O prato estava excelente, e a harmonização, magnífica.

Em Nova York e na Filadélfia, houve várias oportunidades em que vi Strong Golden Ale belga na mesa de restaurantes indianos. Novamente, o fator essencial é a aptidão para lidar com sabores fortes. O amargor firme atravessa o *ghee* (manteiga clarificada indiana – estava curioso por saber por que a comida é tão saborosa?) e o creme, enquanto a carbonatação explosiva limpa o palato.

A cerveja associa-se a alguns sabores, e apenas absorve outros, mas sua pureza de sabor lhe proporciona notável versatilidade. Receitas tailandesas com ervas também fazem boas combinações, especialmente frango com manjericão-santo (*tulsi*).

Também com peixe, os sabores puros são uma vantagem, e essas cervejas vão bem com praticamente qualquer prato, pois realçam os sabores essenciais de peixes delicados, especialmente se borrifados com gotas de limão-siciliano, e absorvem a gordura dos mais fortes e oleosos. Sardinhas grelhadas, temperadas com sal grosso, ficam ótimas com Golden Ale, assim como anchovinhas frescas. Como a cerveja aceita um grau considerável de acidez, prove com coquetel de camarão. Um bom molho desse coquetel é agridoce com sabor intenso de raiz-forte, portanto, para o gosto do camarão transparecer, requer certo poder de limpeza. O mesmo vale para ostras, com ou sem molho. Beber uma cerveja que restaura o palato continuamente permite a você desfrutar cada ostra individualmente. Tal vantagem é ainda maior com uma seleção de ostras, cada qual com textura e sabor próprios. Ao final, a cerveja deixará seu palato tão fresco quanto a brisa do mar.

FABRICANTES NOTÁVEIS DE STRONG GOLDEN ALE

RIVA O grupo Riva, baseado em Dentergem, na Flandres Ocidental, é notoriamente ambicioso e fabrica ampla e excelente variedade de estilos de cerveja. Entre as cervejarias que tentam imitar o sucesso da Moorgat com a Duvel, a Riva talvez seja a mais evidente. A versão da Riva chama-se LUCIFER e vem arrolhada, em garrafa grande, com o referido diabo dominando o rótulo – dentro, essa cerveja possui cor dourada, mas bem pálida, e colarinho branco macio. O perfil aromático de leveduras frescas traz uma camada de lúpulos florais e, no fundo, fragrância de pera. A carbonatação expansiva a faz florescer no palato, revelando um bom equilíbrio de amargor contido e doçura de malte. A impressão geral é de uma cerveja seca, levemente encorpada e revigorante, com um rápido toque de pera no centro. O final é seco e bastante puro. Mesmo sem o vigor característico da Duvel, a Lucifer é muito boa, tendo caráter próprio, ligeiramente menos intenso do que o da cerveja que lhe serviu de inspiração. Isso tem suas vantagens, pois ela fica excelente até mesmo com os pratos de peixe mais delicados, aceitando ao mesmo tempo receitas indianas e tailandesas relativamente condimentadas. Gostei muito de tomá-la com massa ao molho carbonara: a modesta doçura da cerveja realçou o sabor de caça da *pancetta*, enquanto a carbonatação abrandou o molho.

VAN STEENBERGE Em Ertevelde, na Flandres Oriental, a cervejaria Van Steenberge é talvez tão ambiciosa quanto sua rival Riva e igualmente prolífica. Entrou em seu terceiro século em ótimas condições, fabricando um vasto leque de cervejas do selo Bios (orgânicas), com o nome da família Van Steenberge e com várias marcas licenciadas, mantendo sempre um alto padrão de qualidade. Dada suas ambições, era inevitável que a Van Steenberge fabricasse uma Strong Golden Ale. Sua PIRAAT (pirata) é envasada na mesma garrafa característica da Duvel, para não deixar dúvidas quanto ao estilo. A cor é um pouco mais profunda, mais para um tom alaranjado pálido do que para o dourado. Tem aroma agradável de especiarias, lúpulo e laranjinha-da-china (*kinkon*). Na língua, tem textura de musse fina, revelando doçura frutada inicial, seguida de amargor secante. A impressão geral é de suavidade e refinamento. O final é semisseco, com sensação quente de álcool e lúpulo. É uma versão bastante forte, mas porta com elegância seu teor de 10,5%. A Piraat combina bem com pratos de coelho temperados com ervas, frango assado, *terrines* e embutidos.

HUYGHE A cervejaria familiar Huyghe está localizada em Melle, perto de Ghent, em área onde se fabrica cerveja há 350 anos. Aí a família produz cerveja há quatro gerações, e em 1985, quando a quarta geração assumiu o negócio, expandiu consideravelmente a linha de produtos. Aparentemente, os membros mais jovens tinham um senso de humor bem moderno, já que batizaram uma de suas cervejas de DELIRIUM TREMENS. As autoridades americanas, porém, não acharam muita graça e, durante muito tempo, nos Estados Unidos, a cerveja era vendida como Mateen. Finalmente, parecem ter cedido, e o rótulo Delirium Tremens completo, com dançantes lagartos verdes e elefantes cor-de-rosa, agora adorna a garrafa cor de pedra. A cerveja é a mesma de sempre, dourada brilhante, com grande colarinho branco, e aroma de laranja, limão-galego, lúpulo e um toque de rum. O cheiro é tão bom quanto o de uma boa Margarita. A cerveja expande-se no palato, abrindo logo o jogo: a lupulagem pronunciada reveste a boca, enquanto o centro explode em sabores maltados doces, suculentos e frutados. O final é rápido, limpo e frutado, com um toque seco de acidez. Sabores de pera permeiam a sensação de aquecimento residual. Apesar do nome tolo, ela revela considerável refinamento, numa estrutura ousada e vigorosa. Com teor de 9%, é mais intensa e complexa do que a Duvel, embora menos refrescante. Com considerável amargor e acidez, aceita bem pratos como salmão grelhado, camarão grelhado condimentado, frango *tikka masala*, embutidos e massas ao molho carbonara.

Biére de Garde francesas

Se lhe parece moderno o conceito de *brew pub* – o bar que fabrica sua própria cerveja –, considere as *brasseries,* o onipresente bar francês. A palavra *brasserie* significa "cervejaria" e remete ao tempo em que muitos estabelecimentos franceses fabricavam cerveja e serviam-na com comida. Evidentemente, a França é mais célebre por seus vinhos, mas possui uma cultura tradicional e antiga de cerveja que, no mundo moderno, sobrevive precariamente. A maior parte da cerveja francesa é fabricada em estilo Pilsen internacional, que não é particularmente interessante – uma Kronenbourg tem o mesmo sabor de uma Heineken. Nada há de notadamente francês nisso. Nos últimos anos, porém, surgiram na

França mais de 100 cervejarias pequenas, quase todas fabricando cerveja caracteristicamente francesa.

O estilo francês nativo é a Bière de Garde (cerveja para estocar), em geral vendida em garrafas elegantes, de estilo champanhe. A área de produção é bastante pequena, concentrada nas regiões baixas da Flandres francesa, Nord-Pas de Calais e Picardie, perto dos portos do canal da Mancha e da fronteira com a Bélgica, onde se cultiva lúpulo. Originalmente, os fazendeiros fabricavam as Bière de Garde entre o final do inverno e o começo do plantio na primavera. A cerveja tinha de durar o verão inteiro, até que a temperatura baixasse o suficiente para permitir nova produção. Nesse sentido, tinha função semelhante à da Saison belga – mas o sabor da Bière de Garde é bem diferente. A garrafa de champanhe, às vezes completa, com rolha e gaiola de arame, não é um conceito moderno, pois a região de Champagne fica a meros 80 km ao sul, e os fabricantes comerciais de Bière de Garde sempre usaram as mesmas garrafas que os fabricantes de vinho. Em geral, os fazendeiros eram menos exigentes, vendendo cerveja em barris ou mesmo em vasilhames trazidos pelos clientes. Hoje em dia, o mesmo acontece em várias vinícolas pequenas na França, onde os clientes enchem seus recipientes com uma mangueira com bocal, à maneira de um posto de gasolina.

As autênticas Bière de Garde são cervejas Ale com fermentação de superfície, embora algumas sejam produzidas com leveduras Lager, introduzidas nas primeiras décadas do século XX. No caso de leveduras Lager, a fermentação em temperatura alta é usada ocasionalmente, para extrair sabores frutados. As leveduras Ale nativas da Bière de Garde parecem ter ascendência comum, o que dá a todas as cervejas uma mesma característica. As cervejarias de fazenda eram operadas precariamente, com frequentes incêndios. Ao reconstruir sua cervejaria, o fazendeiro pedia levedura emprestada ao vizinho. Com o tempo, todos os fazendeiros da região acabaram usando variedades de levedura aparentadas, produzindo cervejas com sabores semelhantes.

O malte de cevada, às vezes de cultivo local, é cozido até atingir cor âmbar-clara, resultando em cervejas variando entre um tom dourado brilhante e um âmbar profundo. A levedura característica revela-se no perfil aromático, que é herbáceo e condimentado, com um fundo quase mofado, de terra úmida, anis e madeira. O amargor é contido, permitindo que o sabor maltado, suave e abiscoitado prolongue-se até o final, que às vezes dá sensação alcoólica de aquecimento. Geralmente há, no centro do palato, certa doçura suave. As cervejas Bière de Garde tendem a ser fortes, a maioria variando entre 6% e 8%. Originalmente, isso teria garantido a capacidade de preservação implícita no nome, necessária para os fazendeiros e seus clientes. A fermentação de superfície geralmente é seguida por maturação longa e resfriada, que confere ao produto final uma suavidade redonda. A complexidade branda e herbácea dessas cervejas é um acompanhamento perfeito para pratos com fortes componentes herbáceos, e admirável para os melhores (e mais malcheirosos) queijos azuis franceses.

BIÈRE DE GARDE E COMIDA

Não é de surpreender que o excelente estilo de cerveja nativo da França combine tão bem com comida. Os sabores terrosos e herbáceos singulares das Bière de Garde tradicionais fornecem combinações perfeitas para a maior parte do repertório culinário francês clássico. O *bouquet garni*, um maço de tomilho e louro atado com uma mistura variada de sálvia, alecrim, salsinha, manjerona e levístico, é encontrado em vários pratos franceses, liberando aromas complexos em abundância. A Bière de Garde acompanha no mesmo tom e, quando você combina a cerveja com esses pratos, o resultado é uma verdadeira sinfonia de sabores.

Um de meus pratos de inverno preferidos é *cassoulet*, o substancioso cozido de feijão-branco, pato, ganso, embutidos de alho, joelho de porco e ervas. O preparo da versão clássica leva dias, mas é possível fazer um bom *cassoulet* em poucas horas, e é uma das maneiras mais agradáveis de se passar uma tarde chuvosa, ou nevada, de domingo. O prato representa para a Gasconha o mesmo que a pimenta-malagueta para o Texas – um ponto alto da gastronomia local e motivo de discussões. Cada um tem sua própria versão, e a Bière de Garde fica sensacional com todas. Tem amargor e carbonatação suficientes para atravessar o feijão e ir direto ao encontro da carne. O malte, abiscoitado e robusto, harmoniza muito bem com o pato e os embutidos, enquanto os sabores herbáceos da cerveja entrelaçam-se aos ramos de tomilho espalhados pelo prato. É uma combinação mágica.

Se você não tiver a tarde toda livre, pode preparar algumas coxas de pato com tomilho, enquanto assiste ao jogo de futebol. Use a gordura do pato para dourar algumas batatas e adicione também alecrim. A Bière de Garde completa o quadro, uma refeição simples de belas harmonias. Embutidos são outra refeição rápida que fica ótima com essas cervejas; opte por aqueles com ervas e terá uma combinação particularmente sensacional.

Muitos vinhos têm dificuldades com queijos franceses mais pungentes, mas as Bière de Garde nativas proporcionam um acompanhamento maravilhoso.

Só tem meia hora? Experimente um *carré* de cordeiro bem temperado com azeite, pimenta esmagada e alecrim, assado no forno a 230 °C por cerca de vinte minutos. É imbatível – não há como errar, e você pode servi-lo a seus convivas mais estimados. A Biére de Garde combina perfeitamente com o alecrim e até aceita um breve encontro com geleia de hortelã.

Todos os anos, alguns dias antes do Dia de Ação de Graças, recebo uma ligação de meu irmão Roger. Já sei o que ele quer. "Você vai trazer a cerveja francesa, *oui*?", ele pergunta. "Mais bien sur!", eu respondo. "Le Thanksgiving sans le Bière de Garde – c'est impossible!" Os franceses ainda não descobriram essa harmonização, portanto você soube primeiro aqui – a Bière de Garde fica sensacional com peru. E não só com ele – fica sensacional com o nabo, o recheio, o molho de oxicoco, a batata, a refeição inteira. A Bière de Garde é *a* cerveja do Dia de Ação de Graças. Todo ano meus amigos *sommeliers* quebram a cabeça tentando responder a incômoda pergunta que todos fazem – qual vinho vai bem com peru? A resposta, obviamente, não é vinho, mas cerveja.

Por que justo essa cerveja? Bem, vamos admitir – o peru em si é coadjuvante, já que hoje, industrializado, ele não tem muito sabor. É por isso que todo mundo avança no recheio e no molho de carne. Ambos têm fortes sabores herbáceos, que se prendem aos sabores herbáceos da cerveja. Em seguida, os maltes caramelizados harmonizam-se com a pele dourada do peru, e a carbonatação deixa tudo tão suave que você nem percebe que está comendo tanto. (Não posso lhe ajudar nisso.) Mesmo um peru perfeitamente bem preparado fica um pouco seco – e peru malfeito tem gosto de serragem. Algumas garrafas de Bière de Garde podem salvar a refeição, tornando tudo mais suculento. (Se você está planejando fritar o peru inteiro para deixá-lo mais úmido, pode usar a cerveja para apagar as chamas quando sua casa pegar fogo.) Minha mãe faz um peru perfeito e adora comê-lo com Bière de Garde. Você também vai adorar.

Se você ainda aguenta mais comida, considere outra ótima combinação com Bière de Garde: queijo. Não estou falando de queijo Kraft industrializado, embora a cerveja vá bem até com ele, mas dos melhores queijos franceses de casca lavada. Os bem malcheirosos, como Livarot, Pavin, Munster e Vacherin Mont d'Or. Com esses queijos, a Bière de Garde combina bem melhor do que vinho. Os complexos aromas de terra úmida e anis da cerveja associam-se aos sabores pungentes desenvolvidos pelos bolores e bactérias que fermentaram o queijo durante a maturação. É uma combinação inigualável. Se você adora esses queijos – e eu adoro –, precisa fazer essa harmonização em casa.

FABRICANTES NOTÁVEIS DE BIÈRE DE GARDE

BRASSERIE DUYCK Certo dia, em 1984, eu estava em um supermercado parisiense quando vi na seção de cerveja uma garrafa de estilo champanhe, com rolha e gaiola de arame. A primeira coisa que me intrigou foi a rolha. Eu tinha de experimentar. Comprei uma baguete, um pouco de queijo e fui para os jardins de Versalhes, onde me acomodei num banco debaixo das castanheiras. Estourei a rolha e comecei a rasgar o pão – de repente, me senti invencivelmente francês. Eu adoraria poder dizer que experimentei a Bière de Garde pela primeira vez com alguma fantástica refeição parisiense, mas a verdade é que a tomei diretamente da garrafa naquele banco de praça, acompanhando queijo La Vache Qui Rit, que mais tarde soube ser o equivalente francês de queijo Kraft. Fiquei impressionado com o sabor da cerveja, de nome JENLAIN, e logo tratei de lhe arrumar companhia melhor. A Jenlain é fabricada pelos Duyck, que começaram a fabricar cerveja comercialmente em 1922, em sua fazenda no vilarejo de Jenlain, a sudeste de Valenciennes. Ao lado da família Castelain, foram em grande parte responsáveis por resgatar a popularidade da Bière de Garde, permitindo o surgimento de dezenas de cervejarias artesanais naquela região do norte da França. No final da década de 1970, a

Jenlain tornou-se algo *cult* entre os estudantes de Lille, e a cervejaria soube tirar proveito de sua recém-descoberta popularidade. Fundada por Félix Duyck, é hoje dirigida por seu filho Robert e seu neto Raymond. A origem do nome é claramente flamenga, e a tradição flamenga de condimentação se faz notar na cerveja.

A Jenlain Original French Ale é clara, de um tom âmbar-mel, e tem perfil aromático doce, frutado e herbáceo, de biscoito, maçã e erva-doce. A lupulagem fica em segundo plano, num paladar suave, redondo e suculento, com centro maltado semisseco, repleto de terra, malte caramelizado e casca de maçã. O final é prolongado e semidoce. Os sabores clássicos de ervas e frutas fazem dessa cerveja um acompanhamento excelente para grande variedade de pratos. Fica perfeita com frango assado recheado, lombo de porco recheado, *cassoulet*, embutidos de alho de Toulouse, e queijos de casca lavada, malcheirosos, como os Livarot.

BRASSERIE CASTELAIN Em Bénifontaine, perto da fronteira flamenga, foi construída, em 1926, a cervejaria Delomel, como parte de uma fazenda, tendo sido adquirida, em 1966, por Roland Castelain. Seu filho Yves transformou a pequena cervejaria local em um bem-sucedido empreendimento pioneiro regional. Nord-Pas de Calais ainda é uma região de cultivo de lúpulo, mas, no passado, Bénifontaine era um povoado de mineiros e, no fim do dia, a cervejaria fornecia bebida a trabalhadores cobertos de pó de carvão. As minas não existem mais, mas até recentemente havia, no rótulo francês da Ch'ti (o nome francês da cerveja vendida nos Estados Unidos como CASTELAIN), a imagem de um mineiro. No dialeto da Picardie, o nome significa *c'est toi*, "é você", usado para sugerir o espírito de *joie de vivre* do norte da França. A irmã de Yves Castelain, Annick, também trabalha na cervejaria, e seu filho Betrand abriu um *brew pub* em St.-Pol-sur-Ternoise.

Por razões óbvias, o nome Ch'ti não funciona em tradução, e o rótulo americano retrata um castelo anônimo. É Castelain, portanto, e a garrafa arrolhada contém uma cerveja de um profundo tom dourado, cuja aparência é semelhante à das Pilsen. O aroma, todavia, é de Bière de Garde – lúpulos terrosos, erva-doce, alcaçuz, feno, lavanda e ervas. A cerveja até pode ser do norte, mas tem cheiro do ar da Provença no verão. O amargor leve e a carbonatação natural, na ponta da língua, dão lugar a um paladar maltado encorpado, limpo e seco, com uma mistura sutil e complexa de sabores terrosos e herbáceos. O final é prolongado, com algum sinal de doçura, até o toque lupulado terminal. Uma belíssima criação, singular e saborosa. Na verdade, para produzir um perfil de sabor tradicional, essa cerveja é fabricada com uma levedura Lager em temperaturas mais altas. A Castelain é a melhor cerveja para combinar com o peru de Ação de Graças (ou do Natal) e todos os seus acompanhamentos. Fica excelente também com vários outros pratos, incluindo *cassoulet*, embutidos, lombo assado e cordeiro mamão, especialmente com alecrim.

Yves Castelain usa levedura Ale mais tradicional, com fermentação de superfície, na fabricação de uma cerveja chamada St. Amand French Country Ale, envasada em garrafa grande com tampa *swing top*, no estilo da Grolsch. A cerveja mostra uma cor âmbar profunda e traz aromas clássicos de caramelo, adega mofada, terra fértil e anis. No paladar, é bem suave, redonda e maltada, com bastante sabor de malte caramelizado, num corpo cheio, semisseco. É levemente herbácea no centro, mas, curiosamente, não tanto quanto a dourada Castelain. A St. Amand é ótima escolha para praticamente qualquer tipo de ave assada, e também para peito de pato, cordeiro, embutidos, filé mignon com molho de cogumelo, *cassoulet* e leitão assado.

BRASSERIE ST. SYLVESTRE Antigamente, nos arredores do povoado de St. Sylvestre-Cappel, no coração da região de lúpulo da Flandres francesa, entre Dunquerque e Lille, havia um mosteiro trapista. Como todos os mosteiros trapistas da época, fabricava cerveja. O mosteiro perdeu-se na história, mas a cerveja sobreviveu. Em 1919, a família Ricour assumiu uma cervejaria em St. Sylvestre-

Haute refere-se à fermentação de superfície. De fato, os "três montes" são colinas, mas não para os habitantes das planícies de Flandres.

-Cappel e Rémy Ricour começou a fabricar cervejas baseadas em antigas receitas trapistas. Pierre, junto com Serge e Françoise – respectivamente o filho de Ricour e seus netos –, mantém hoje a tradição fabricando Ale tradicionais de Flandres num conjunto heterogêneo de construções de fazenda, algumas datando do século XIX.

A região da Flandres francesa é bastante plana e, nas cercanias de St. Sylvestre-Cappel, há três colinas pequenas que, para os habitantes locais, merecem o *status* de montes – Mont de Cats, Mont Cassel e Mont des Recollets. A 3 MONTS FLANDERS GOLDEN ALE vem numa garrafa grande, com rolha reta, presa por uma braçadeira de metal bem incomum – uma vez solta, você vai precisar de um saca-rolhas. A cerveja tem cor dourada brilhante e plena, e um aroma provocante de pão assado, açúcar-cândi, ervas, maçã--verde, pera, anis e as clássicas notas de adega mofada da Bière de Garde. No palato, a cerveja se espalha como musse comichante, inicialmente doce, rapidamente seca pelo amargor moderado. É suave, redonda e branda, com biscoito no centro. O final é leve, mineral, seco e alcoólico, com sabor residual de lúpulo. Seu teor, de 8,5%, é um pouco forte para uma Bière de Garde, mostrando as influências trapistas, chegando a ser quase uma Tripel. O aroma de anis e adega mofada, no entanto, situam-na definitivamente do lado francês da fronteira. Certa vez, em Nova York, servi essa cerveja, em um almoço no Gramercy Tavern, acompanhando uma receita de coelho temperado com alecrim, azeitonas e alho. Foi um acompanhamento perfeito: os sabores herbáceos e terrosos opacos da cerveja fundiram-se à azeitona e ao alecrim. Prove também com receitas herbáceas da Provença, que levem tamboril ou frango, e também lula recheada, *cassoulet*, embutidos e queijos franceses de casca lavada (e malcheirosos), como Livarot e Pavin.

BRASSERIE LA CHOULETTE Hordain, no interior da França, está localizada na região mineradora de Pas-de-Calais, ao sul de Valenciennes. A Brasserie La Choulette ocupa uma construção de fazenda de 1885, onde antes funcionava a Brasserie Bourgeois--Lecerf, até ser comprada por Alain e Martine Dhaussy em 1977. O nome La Choulette refere-se à bola usada em um antigo jogo de tacos local. O nome é apropriado, já que os Dhaussy fabricam cervejas bastante tradicionais, com fermentação de superfície, envelhecidas até seis semanas. Há pouca filtração, permitindo a presença de levedura na garrafa. A cervejaria tem feito sucesso resgatando estilos antigos de cerveja, hoje encontrados em muitos supermercados na França. Entre suas várias cervejas interessantes, talvez a mais tradicional seja a LA CHOULETTE AMBRÉE, que vem em garrafa de estilo champanhe com rolha. A bela cor da cerveja é de um tom âmbar brilhante, e seu perfil aromático traz terra, fruta e mel, com notas de manjericão e anis, e sugestões de caramelo. O paladar é semisseco, redondo e encorpado, mostrando nítidos sabores de malte caramelizado envoltos por um leve gosto de adega mofada. O centro é exuberante e macio, com lúpulos sustentando os maltes doces. O final é prolongado e um tanto seco, terminando com notas de grama cortada. Com teor de quase 8%, é uma cerveja forte porém graciosa, repleta de sabores tradicionais de Bière de Garde. Fica perfeita com queijos de casca lavada pungentes, *cassoulet*, embutidos, lombo de porco recheado, *carré* de cordeiro, assados de frango, peru, faisão ou perdiz recheados.

8

A tradição boêmio-germânica da cerveja Lager

No século XVI, ninguém na Europa sabia o que era levedura. Conhecia-se o mesmo que os egípcios 2 mil anos antes.

Sabiam que a espuma mágica de um lote de cerveja podia ser usada para iniciar a fermentação de outro. Sabiam apenas que essa espuma era especial e que, sem ela, a cerveja não fermentava adequadamente. Nenhum cervejeiro no mundo sabia o que era levedura. A espuma era conhecida por vários nomes em diferentes línguas, desde "*barm*" (borbulha) a "*God-is-good*" (Deus é bom) e "ar flogisticado". Por essa época, no entanto, os bávaros fizeram uma descoberta. Haviam começado a estocar cerveja em cavernas frias nos contrafortes dos Alpes para preservá-la durante o verão, quando o calor impossibilitava fazê-la. Que o frio preservava comida, todo mundo já sabia. A surpresa foi descobrir que a cerveja fermentada e envelhecida nas cavernas frias era mais estável do que qualquer outra, mesmo se armazenada no verão. Alguma coisa relacionada ao armazenamento a frio preservava melhor a cerveja, até mesmo quando aquecida. Já em 1420, um documento do conselho administrativo de Munique mencionava a fermentação a frio.

Animados com essa descoberta, os cervejeiros começaram a construir suas próprias grutas e adegas perto das cervejarias. Durante o inverno, cortavam enormes blocos de gelo de rios e lagos e os assentavam no fundo das adegas, mantendo-as resfriadas o verão todo. As cavernas não eram mais usadas apenas para armazenar cerveja, mas também para a fermentação. Tal prática tornou-se essencial em 1553, quando o duque Albrecht V, da Baviera, preocupado com a queda na qualidade da cerveja, baniu a

fabricação de cerveja em época de calor. Por seu decreto, só era permitida sua fabricação entre o dia de São Miguel (29 de setembro) e o dia de São Jorge (23 de abril). É claro que ser rei tem suas vantagens – os membros da família real eram autorizados a fazer cerveja de trigo durante os outros meses. Mas, para a população comum, a única maneira de vender cerveja em época quente era fabricá-la no inverno e depois estocá-la. Os cervejeiros expandiram suas adegas, construindo enormes salões subterrâneos para fermentação e armazenamento. A interdição de verão foi levantada em 1850, mas, a essas alturas, a cerveja bávara já havia mudado. As leveduras que fermentavam em temperaturas altas haviam gradativamente desaparecido, substituídas por um tipo de levedura totalmente diferente. Essa nova levedura gostava do frio. As fermentações de alta temperatura tendiam a sofrer contaminação por bactérias, que gostavam do calor tanto quanto as leveduras. Em temperaturas entre 4 °C e 10 °C, no entanto, as bactérias não suportavam o frio e morriam, enquanto as leveduras novas fermentavam e desenvolviam-se. Era esse o segredo da estabilidade da cerveja bávara.

Além de gostar de frio, a levedura nova tinha outros hábitos estranhos. Ao final da fermentação, não ficava flutuando na superfície da cerveja como as leveduras antigas. Em vez disso, afundava e estabelecia-se no fundo do barril, deixando a cerveja relativamente clara. Os cervejeiros recolhiam levedura para novas fermentações raspando o fundo do barril, e não escumando a superfície. Além disso, essa levedura levava tempo para fermentar, uma ou duas semanas, em vez de apenas alguns dias. Terminada a fermentação, o estado da cerveja ainda era um tanto rústico, com fortes aromas sulfurosos. Mas, após alguns meses de descanso na caverna, a paciência do cervejeiro era recompensada: a cerveja emergia deliciosa, clara e incomparavelmente suave.

Os bávaros não faziam ideia de que, algum dia, sua nova levedura especial mudaria para sempre a história da fabricação de cerveja. Em 1842, a levedura foi introduzida na Boêmia checa, para

AO LADO:

Na cervejaria do castelo real Schloss Kaltenberg, o mestre-cervejeiro Michael Braun tira uma amostra.

fermentar a nova cerveja dourada de Pilsen, lançando um estilo que rapidamente conquistaria o mundo. Em 1873, o engenheiro alemão Carl von Linde, com o apoio da cervejaria Spaten, de Munique, terminou o primeiro modelo funcional de sua "máquina refrigeradora de amônia". Era a primeira aplicação de refrigeração artificial para uso comercial, e a Spaten usou-a para resfriar os tanques de fermentação e fabricar cerveja Lager o ano inteiro. Em 1883, Emil Hansen, um cientista de fermentação da cervejaria Carlsberg, na Dinamarca, isolou uma cultura pura da levedura Lager (que décadas antes obtivera da Spaten). Era uma espécie distinta das variedades de levedura Ale e foi batizada de *Saccharomyces carslbergensis* (desde então, recebeu o sobrenome de *uvarum*). Todas as Lager autênticas são fermentadas com uma variedade de levedura dessa espécie, enquanto todas as Ale autênticas são fermentadas com uma variedade da espécie *Saccharomyces cerevisiae*.

Lagerung, em alemão, significa "armazenamento", e qualquer local onde se possa estocar, guardar ou defender coisas pode ser chamado de *Lager*. As Ale podem estar prontas para consumo em pouco menos de uma semana após a fermentação, mas – para finalizar sua fermentação lenta e fria e refinar os sabores e aromas – as Lager precisam ser armazenadas. As tradicionais são armazenadas durante meses em temperaturas próximas a 0 °C, embora atualmente várias semanas já sejam consideradas tempo suficiente. O resultado é uma cerveja de suavidade excepcional e sabores simples, mas deliciosos. Enquanto as Ale muitas vezes têm sabores frutados complexos, desenvolvidos durante a fermentação de superfície, as Lager tendem a ater-se ao básico – os sabores são de malte e lúpulo, numa interação pura, delicada e, muitas vezes, sofisticada. Às vezes o olfato detecta um leve aroma de feno sulfuroso. Algumas cervejarias carbonatam suas cervejas através de um método chamado *Krausening*, em que o mosto parcialmente fermentado é misturado com cerveja em maturação. Os açúcares do mosto adicionado fermentam, e a carbonatação resultante fica presa na cerveja.

As Lager podem ser claras, como a Pilsen dourada; pretas, como a Schwarzbier; leves, como a Helles; ou fortes, como a Doppelbock. Algumas são vendidas sem filtração e chamadas de Kellerbier, embora raramente sejam engarrafadas. O que distingue as Lager das Ale e confere a elas o caráter singularmente suave é o uso de leveduras Lager e a fermentação a frio, seguida de envelhecimento a frio. As Lager raramente são exuberantes, mas, nas mãos de um bom cervejeiro, essa simplicidade pura é sua maior força.

A fabricação de Lager é predominante na Alemanha, com algumas exceções notáveis, como a Weissbier e a Kölsch. Há séculos os mestres-cervejeiros alemães são obcecados por alta qualidade e pureza de sabor. Preocupações com má qualidade e o uso de ingredientes adulterantes levaram, em 1516, o rei Guilherme VI, da Baviera, a decretar a Lei da Pureza (*Reinheitsgebot*), estabelecendo, como únicos ingredientes permitidos na fabricação de cerveja, o malte de cevada, o lúpulo e a água. A lei foi revisada mais tarde para incluir a levedura, que ainda não fora descoberta por ocasião do decreto, e o trigo maltado, para a fabricação de cerveja Weissbier. Depois, a *Reinheitsgebot* espalhou-se para o resto da Alemanha, e até hoje todas as cervejas alemãs destinadas ao consumo interno são obrigadas a segui-la. Pode-se argumentar que a *Reinheitsgebot* reprimiu a criatividade, ao banir muitos ingredientes interessantes, mas seu caráter conservador, ao mesmo tempo, poupou os consumidores alemães dos estragos causados às cervejas americanas desde o fim da Lei Seca. Na Alemanha, é raro encontrar uma cerveja realmente ruim. Para os alemães em geral, e os bávaros em particular, ter boa cerveja é um aspecto essencial da vida.

Para os alemães, qualidade é mais importante do que exuberância. Quando se combina Lager com comida, os prazeres são mais simples do que profundos, mas sem prejuízo algum à nossa satisfação. A natureza simples da Lager confere-lhe versatilidade e tato, fazendo com que seja uma ótima parceira à mesa.

Pilsen

Pilsen, o estilo de cerveja mais popular do mundo, foi inventado na Boêmia checa e aperfeiçoado na Alemanha. E, nos países americanos, fossem do norte ou do sul, transformado numa insípida efervescência massificada. Para muita gente, é o único estilo de cerveja que conhecem ou do qual já ouviram falar, seja qual for a versão. Muitos dos recém-aficionados por cerveja de qualidade torcem o nariz só de ouvir falar em Pilsen. Tão familiar, tão amarela. O que teria para oferecer? Na verdade, muito – contanto que seja o produto autêntico. A genuína cerveja Pilsen é uma bela criação – delicada, pronunciada, saborosa, aromática e apetitosa. Os esnobes que desprezam seus sabores puros, simples e lineares não sabem o que estão perdendo. Infelizmente, estamos inundados de imitações massificadas, o equivalente das insossas esponjas brancas fatiadas que se fazem passar por pão nas prateleiras de nossos supermercados. Vamos, então, dar uma olhada numa verdadeira Pilsen.

A maioria das pessoas imagina que Pilsen seja um estilo germânico, mas na verdade é originário da Boêmia, que hoje faz parte da República Checa. Em 1842, um monge bávaro (historicamente, onde há monges parece haver sempre cerveja por perto) contrabandeou uma quantidade de levedura Lager, de fermentação de fundo, de Munique para a cidade boêmia de Pilsen. Ele entregou-a ao cervejeiro da Plzensky Prazdroj, que era nativo da Baviera e tinha planos especiais para essa levedura especial. Esse cervejeiro, de nome Josef Groll, tinha um ás na manga: os britânicos haviam aprendido a fazer maltes claros, e ele viajara à Grã-Bretanha para aprender o segredo. Em seguida, desenvolvera uma técnica para tornar o malte ainda mais claro, a ponto de, na cerveja pronta, alcançar uma cor verdadeiramente dourada.

Apenas um ano antes, a cervejaria Spaten havia surpreendido e maravilhado a população de Munique com sua cerveja de coloração bronze-clara, a Märzen Oktoberfest. Antes disso, todas as cer-

O príncipe Luitpold da Baviera, mestre-cervejeiro, aprecia um copo de sua König Ludwig Dunkel. Há séculos a família real da Baviera já fabrica cerveja.

O Castelo Kaltenberg abriga uma cervejaria de tamanho considerável. Em sua propriedade, o príncipe Luitpold encena combates medievais: todo ano, mais de 100 mil pessoas vêm assistir aos espetáculos e beber a cerveja fabricada no castelo. AO LADO: Nenhuma viagem a Munique seria completa sem uma visita ao famoso Hofbräuhaus. Esse salão de cerveja arquetípico é capaz de acomodar mais de 2 mil pessoas.

As cervejas Ayinger, de Franz Inselkammer, são célebres por seu caráter maltado de pão. Inselkammer, por sua vez, é uma figura principesca. AO LADO: A Ayinger Helles tem um brilho dourado cativante. É acompanhamento perfeito para mariscos, mas os bávaros também a adoram com receitas que levam carne de porco.

O interior ornamentado do Augustiner, um salão de cerveja em Munique. Como várias cervejarias bávaras, a Augustiner foi fundada por monges, mas há muito está secularizada. AO LADO: O Hofbräuhaus é mais famoso, mas os aficionados por cerveja de Munique preferem o Augustiner, salão de cerveja vizinho.

NO ALTO: Esses cartazes antigos, de metal esmaltado (*enamel*), que decoram as paredes do restaurante da Ayinger, fazem parte da impressionante coleção da cervejaria. EMBAIXO: A clássica cervejaria azulejada do Castelo Kaltenberg. AO LADO: Um ar tradicional – a cidade de Ayinger parece saída de um livro de histórias ilustrado, e a cervejaria Ayinger tem o mesmo encanto.

Deveria haver anúncios da "maltagem à lenha"? Lenha de faia é usada para secar o malte da Brauerei Heller-Trum e conferir-lhe um sabor defumado. AO LADO: Hora do almoço na Brauerei Heller-Trum, em Bamberg. As cervejas defumadas Schlenkerla ficam excelentes com essa cebola recheada com carne de porco e coroada com *bacon*.

Lar doce lar – a fábrica da Brooklyn Brewery, instalada em um prédio da década de 1860, em Williamsburg, atualmente um bairro da moda. A rua foi renomeada Brewers Row, em homenagem ao passado do Brooklyn na fabricação de cerveja.

Engarrafamento manual da cerveja La Folie, na New Belgium Brewing Company, em Fort Collins, Colorado. Os vários prêmios da cerveja parecem desmentir seu nome: "A Loucura". (Cortesia da New Belgium Brewing Company.) AO LADO: Colheita de lúpulos na Russian River Brewing Company, em Guerneville, Califórnia. As cervejas da Russian River têm um sabor de lúpulo maravilhosamente vigoroso. (Cortesia de Thomas Dalldorf.)

Uma cervejaria alemã clássica? Sim, mas foi parar em Wisconsin, onde a New Glarus Brewing Company fabrica estilos alemães tradicionais, além de algumas das melhores cervejas frutadas dos Estados Unidos. (Cortesia da New Glarus Brewing Company.)

vejas alemãs eram escuras e geralmente turvas. A cerveja fora uma sensação, mas agora Groll dera um novo passo essencial, e a cerveja fabricada por ele deixou todo mundo estupefato. Era dourada e acetinada – e reluzia como jamais visto antes. Fiel às suas origens, a levedura sedimentava no fundo da garrafa após o término da fermentação fria, deixando a cerveja clara e brilhante ao final do longo envelhecimento. Não só o amargor puro e pronunciado e os aromas floridos do lúpulo Saaz nativo, mas também o intenso sabor de pão do malte de cevada da Morávia eram realçados pela água notavelmente mole dos poços da cervejaria. A alta carbonatação, desenvolvida ao longo de meses de envelhecimento, formava um colarinho branco, macio, por cima do líquido dourado. As pessoas ficaram encantadas, e a notícia da nova cerveja dourada de Pilsen ultrapassou as fronteiras da Boêmia e varreu a Europa.

Josef Groll e sua cervejaria, conhecida hoje como Pilsner Urquell (fonte original da Pilsen), levam o crédito pela criação da primeira cerveja Pilsen, mas sua rápida popularidade deve-se, em parte, à revolução industrial. O que havia de tão especial na cerveja dourada e cintilante de Pilsen? Até a década de 1840, praticamente todos os europeus bebiam em canecas de cerâmica, metal ou madeira, ou até mesmo em jarros de couro. Esses recipientes eram opacos, o que não fazia diferença, já que visualmente a cerveja não era muito atraente. Apenas os ricos tinham copos de vidro. A partir dessa época, todavia, a adoção de um novo processo mecanizado de produção de vidro reduziu o preço dos copos. A classe média, aderindo rapidamente a esse antigo item de luxo, ficou irremediavelmente cativada pela cerveja clara e dourada que, nos *Biergärten*, reluzia em seus copos banhados de sol. As novas ferrovias levaram a cerveja à Baviera e à Prússia, a Viena e a Berlim, onde os cervejeiros locais logo descobriram que, se não quisessem ficar para trás, seriam obrigados a fabricar cervejas semelhantes. O restante da Europa também se apaixonou pela cerveja Pilsen e, poucos anos depois, imigrantes alemães e checos já a fabricavam nos Estados Unidos.

A verdadeira Pilsen preserva um vigoroso amargor, particularmente apetecível com frutos do mar.

A cerveja Budweiser original ainda é fabricada em Cěské Budějovice (Bömish Budweis, em alemão) na República Checa. De início, *Budweiser* significa "cerveja de Budweis", assim como *Pilsner* significa "cerveja de Plze" (Pilsen). Em deferência à sensibilidade dos checos, a maioria das cervejarias alemãs abreviou Pilsner para *Pils* (que, aqui, virou Pilsen). As raízes boêmias da cerveja Pilsen podem ser identificadas na cerveja americana National Bohemian (Natty Bo) e na cerveja mexicana Bohemia. Essas cervejas, no entanto, fugiram bastante de suas raízes. As autênticas Pilsen usam apenas malte, em conformidade com a *Reinheitsgebot*, e não contêm arroz, milho, trigo ou qualquer outro cereal que não cevada maltada. A cor da verdadeira Pilsen varia de um tom amarelo pleno a um dourado profundo, e ela tem um amargor lupulado bem pronunciado, aroma lupulado floral, um suave centro maltado, de pão, e seu final é bem puro e seco. O sabor residual contém uma ponta de amargor e gosto de cevada. É uma cerveja altamente refinada. Os cervejeiros, meio receosos, referem-se à cerveja Pilsen como "nua", no sentido de que não há onde esconder sabores imperfeitos. Assim como todas as cervejas Lager, a Pilsen expressa pouco caráter de fermentação, a não ser, talvez, por um leve sopro sulfuroso. O sabor e o aroma são puro malte e lúpulo, com pouquíssima ou nenhuma fruta. O teor alcoólico é moderado, em torno de 5%.

Há variações regionais até mesmo entre as Pilsen autênticas. No sul da Alemanha, as Pilsen bávaras são redondas e encorpadas, enquanto, no norte, a versão preferida é mais seca, vigorosa e lupulada. As Pilsen boêmias tendem a um tom dourado mais profundo do que o de suas equivalentes alemãs, e são ligeiramente mais doces, ocasionalmente apresentando um caráter maltado encorpado, quase amanteigado. O lúpulo checo clássico, o delicadamente florido Saaz (em checo, Žatec), praticamente salta do copo, conferindo um aroma cativante. Depois de anos ignorando cuidadosamente esse estilo, as cervejarias artesanais americanas começaram a fabricar saborosas cervejas Pilsen de puro malte, dignas de suas origens europeias. Algumas dessas novas Pilsen americanas são de alta qualidade, e seu frescor dá-lhes certa vantagem sobre as importadas.

Fora de seu território de origem, porém, o estilo Pilsen tende a ser menos estável. Há um estilo Pilsen "internacional", fabricado no mundo inteiro, mas seu *pedigree* deixa muito a desejar em relação ao original. Essas cervejas tendem a ser mais claras, com menos sabor de malte, e menos amargor e aroma de lúpulo. Às vezes recebem suplementos – arroz, milho e outros cereais baratos, banidos das cervejas alemãs –, para torná-las mais leves e palatáveis, ao gosto das massas. A Heineken (uma cerveja puro malte), a belga Stella Artois e a dinamarquesa Carlsberg são bem conhecidos exemplos europeus desse estilo Pilsen internacional. Na Ásia, temos Sapporo, Asahi, Suntory, Kirin, Tsing-Tao, Singha, Kingfisher e dúzias de outras. Algumas delas são aceitavelmente puras e refrescantes, o equivalente, no mundo da cerveja, a um vinho Pinot Grigio comum. Não há muito sabor, mas, numa emergência, servem bem.

A partir daí, o declínio é longo e deprimente, culminando com a cerveja Pilsen de massa, um estilo que inclui algumas das marcas mais vendidas no mundo. Muitas delas são fenômenos de tecnologia, controle de qualidade e *marketing* de massa, permitindo às grandes cervejarias fabricarem cerveja praticamente sem gosto nenhum. Não é tarefa fácil, já que, ao fermentar o mosto, a levedura gosta de produzir sabores. Evitar a ocorrência de qualquer gosto agradável requer tecnologia digna de uma usina nuclear. Os sabores são neutralizados pelo uso intenso de milho e arroz, praticamente insípidos. Saem de cena o sabor de pão do malte puro, o aroma pronunciado de lúpulo e a suavidade conferida por meses de envelhecimento. Em seu lugar, a Pilsen americana de massa oferece uma cerveja aguada, fabricada rapidamente, com um mosto de apenas 50% de malte e quase sem lúpulo. Algumas das grandes cervejarias descartam totalmente o lúpulo e apelam para toda sorte de extratos de lúpulo quimicamente alterados. Fraca e pálida, a cerveja ainda passa por filtragem, da qual mal sai viva.

O resultado é, basicamente, água efervescente alcoólica com um colarinho ralo. Sua relação com a Pilsen original é a mesma do pão de forma branco com a *ciabatta* italiana – praticamente nenhuma. Você assa pão em casa? Tente fazer pão de forma branco. Vamos, tente. Acredite, é impossível. Nenhum padeiro artesanal consegue. É preciso ter um laboratório e milhões de dólares em equipamento para fazer algo tão notavelmente insosso. A cerveja de massa é exatamente a mesma coisa. É *morta-viva*.

A checa Budweiser Budvar, ainda admiravelmente fabricada no estilo original, não tem semelhança nenhuma com sua ingrata sobrinha americana de mesmo nome. Enquanto a Budweiser checa é conhecida como "cerveja de reis", a versão americana se autoproclama "O Rei das Cervejas". O problema é que o rei está nu. A maioria das pessoas que diz não gostar de cerveja baseia-se em experiências desagradáveis com esse tipo de cerveja. Não é para menos. É como comer queijo processado e depois decidir que você não gosta de queijo. Todo mundo merece algo melhor do que isso. Com alguns centavos a mais, é possível comprar a versão autêntica e desfrutar um dos estilos de cerveja mais versáteis do mundo. A autêntica Pilsen é verdadeiramente apetitosa, profundamente satisfatória, e incomparavelmente refrescante. Não se contente com menos.

PILSEN AUTÊNTICA E COMIDA

A Pilsen é um estudo de pureza e simplicidade de sabor. A falta de sabores frutados, condimentados, torrados ou caramelizados não se revela uma desvantagem na harmonização com comida: às vezes, o que se quer é justamente simplicidade autêntica. Ela traz à mesa seu amargor forte e refrescante, carbonatação revigorante, doçura de malte, sabores de pão e aromas florais brilhantes. Com pratos picantes, o amargor pronunciado atravessa os condimentos e chega ao coração do prato. A doçura do malte une-se à comida e ajuda a suavizar o ardor, enquanto a carbonatação absorve fisicamente, do seu palato, os óleos picantes. Tal talento é especialmente bem-vindo com vários pratos tailandeses e vietnamitas, que muitas vezes têm interação complexa de sabores estimulantes e picantes. Ao comer pato com molho vermelho de *curry* e coco, por exemplo, você precisa de uma cerveja suficientemente viva para lidar com gordura, pimenta-malagueta e condimentos fortes. A Pilsen dá conta do recado, contanto que o prato não seja doce demais. Também é boa opção com pratos que combinam doce, azedo e picante, como pargo-vermelho tailandês com molho de tamarindo. Se a comida for indiana, esqueça as onipresentes cervejas indianas e escolha uma boa Pilsen alemã, checa ou americana artesanal. Numa emergência, as versões indianas até servem, mas não têm a intensidade de malte nem a lupulagem pronunciada que se deseja. O mesmo vale para pratos jamaicanos populares, como frango ou porco com molho *jerk* – deixe de lado a Red Stripe, que é basicamente uma Budweiser caribenha e não acrescenta nada à comida.

A comida mexicana tradicional raramente é tão picante, mas *salsas* e *dressings* apimentados são apreciados nos Estados Unidos. A Pilsen lida bem com tais ataques, atravessando tranquilamente *salsas*, feijão, queijo, *jalapeños* e creme azedo. Entre uma garfada e outra, a cerveja refresca e restaura o palato, enquanto as notas de lúpulo se associam ao coentro e ao cominho. Com receitas mais complexas, a Pilsen contenta-se em ficar em segundo plano, deixando o palco para a comida. Pode simplesmente refrescar o palato sem se intrometer, e às vezes é exatamente isso o que se deseja.

A Pilsen lida bem com praticamente todo tipo de mariscos e frutos do mar. Ao contrário do que se imagina, seu amargor agressivo não abafa sabores delicados. O "ataque" da Pilsen é rápido, agudo e fugaz – quando passa, os sabores delicados desabrocham no seu palato. Lula frita fica sensacional com Pilsen, que "esfrega" bem o palato, limpando-o e deixando o sabor da lula intacto. Os sabores de caranguejos, amêijoas, ostras e lagosta são realçados pelo forte contraste. Também podem fazer boas combinações os peixes de texturas e sabores semelhantes, como tamboril, por exemplo. A única exceção na afinidade da Pilsen por mariscos é vieira, que, para realçar seus melhores sabores, exige um tratamento mais delicado. Se for uma receita bem temperada, no entanto, não há problema. Todo peixe de sabor intenso vai bem com Pilsen. Salmão grelhado, assado, defumado ou escalfado tem textura e sabor suficientes para encarar a Pilsen, e fica ainda melhor quando há amargor, para atravessar a oleosidade. Salvelino ártico também vai bem, assim como peixes ainda mais fortes e oleosos, como sardinhas, cavalas, arenques e anchovinhas. Tendo algumas sardinhas frescas, qualquer hora em que a churrasqueira estiver acesa, tempere-as bem, com azeite e sal marinho grosso, e jogue-as na grelha. Quando estiverem prontas, segure-as pelo rabo, e um leve toque de faca ou garfo transforma-as em filés diretamente sobre sua língua. Beba sua Pilsen e sorria.

Por favor, tratando-se de caviar ou afins, nem pense em acompanhar com vinho. Não, nem mesmo com champanhe, que, ao ser combinado com as preciosas ovas, adquire um estranho "sabor" de peixe. Os russos, obviamente, gostam de vodca com caviar; a combinação tem seus méritos, mas não faz meu estilo. (Talvez a lógica seja essa: quem tem dinheiro para comprar caviar, provavelmente não tem nada de urgente para fazer depois.) Uma cerveja Pilsen, a mais pronunciada e seca que você encontrar, vai ficar absolutamente perfeita com caviar. De modo geral, nenhuma boa cerveja deve ser servida totalmente gelada, mas esse caso é uma exceção, pois a baixa temperatura realça o amargor da Pilsen, deixando o caviar mais saboroso. Deguste um *brunch* de *blinis* russas, algumas cobertas com salmão defumado e outras com uma colherada de caviar e *crème fraîche*, acompanhadas por um bom copo de Pilsen gelada: de tão satisfeito, você vai sentir-se até presunçoso.

Presunto em geral (e *prosciutto* em particular) vai muito bem com Pilsen, que atravessa a gordura e absorve o sal da carne, permitindo a você degustar seu verdadeiro sabor. Com um simples sanduíche misto, a Pilsen é um bom acompanhamento. Com um *croque monsieur*, o clássico sanduíche francês com queijo Gruyère, a combinação fica deliciosa. Já com um sanduíche de *prosciutto* ou *jamón serrano,* numa *ciabatta*, com queijo Brie derretido e fatias de maçã, é um escândalo. Não há embutido que não vá bem com ela, e os condimentados, como *chorizo*, *andouille* e *merguez* ficam particularmente bons.

Por ser tão versátil, a Pilsen é ótima opção para canapés mistos. Há pouca chance de um choque frontal, mesmo que as combinações sejam irregulares. O seu amargor garante ao palato certa amnésia – ao degustar um canapé, sua língua não se lembrará do sabor anterior. Pode ser uma vantagem se você servir salmão defumado ao lado de patê, asa de frango ou coquetel de camarão. Pronunciada e seca, a Pilsen também dá um ótimo aperitivo, e fica charmosa em taças de champanhe.

Tudo isso significa que uma boa Pilsen é candidata a ocupar um lugar cativo na sua geladeira. Mas ela não é capaz de tudo –

não é a melhor opção para peixes muito delicados, ou robustos estuvados de carne –, entretanto é extremamente versátil e muito útil para se ter sempre à mão. E não fique enrolando – compre a cerveja autêntica, seja produzida na Europa ou na América. A verdadeira Pilsen é uma cerveja puro malte, com amargor de lúpulo pronunciado e vigoroso. É isso que lhe dá qualidade. Versões domadas, como Budweiser e Heineken (os brancos "pães de forma" das cervejas), não vão funcionar. Qualquer cerveja comprada em posto de gasolina provavelmente cai nessa categoria. A verdadeira Pilsen vai custar um pouco mais do que essas cervejas, mas, se não valesse a pena, você não estaria lendo este livro, certo?

Helles

No final do século XIX, enquanto a Pilsen seguia sua marcha triunfal pelo norte da Alemanha, Europa, Estados Unidos, os teimosos bávaros agarravam-se à Dunkel, sua tradicional Lager marrom-escura. Algumas cervejas bávaras eram mais claras, particularmente a Märzenbier, maltada e de um tom bronze. Em Munique, porém, a cerveja escura ainda reinava: dos consumidores de cerveja da Alemanha, os bávaros eram os mais conservadores – e ponha conservador nisso! Com o tempo, porém, até eles começaram a ceder, atraídos pela reluzente cerveja dourada servida nos *Biergärten*. As cervejarias de Munique assustaram-se. Em 1894, a Spaten, de Munique, lançou uma resposta à cerveja Pilsen importada. Chamava-se Helles, ou simplesmente Hell. Em alemão, *Hell* significa "claro", e a cerveja tinha cor dourado-palha reluzente. A Helles era um ou dois tons mais clara do que as Pilsen da Boêmia, mas enfatizava o caráter maltado mais do que o do lúpulo: era consideravelmente menos amarga do que a Pilsen, e tinha menos aroma de lúpulo. Sua principal característica era o sabor de pão, bem desenvolvido, e logo caiu nas graças dos habitantes de Munique. Em pouco tempo, as tradicionais Lager escuras foram deixadas de lado. Vários cervejeiros de Munique ficaram revoltados – fabricar essa cerveja significava submeter-se aos boêmios. A Associação dos Cervejeiros de Munique pensou até mesmo em banir a produção de cervejas claras. No entanto, era tarde demais: o povo de Munique havia falado, e restava aos cervejeiros acatar sua vontade. Em trinta anos, até mesmo as cervejarias que haviam denunciado a nova Helles como uma abominação estrangeira estavam fabricando cerveja clara. Na década de 1950, a Helles destronou definitivamente, na Baviera, a escura cerveja Dunkel.

Atualmente a Helles é fabricada em toda a Alemanha, mas seu verdadeiro lar é a Baviera, onde ainda é a cerveja diária da população. A Helles responde por grande parte dos quase 200 litros de cerveja *per capita* consumidos anualmente pelos bávaros. Seu caráter maltado, balanceado e suave rendeu-lhe o apelido de "pão líquido", e muita gente a consome no café da manhã. Até mesmo na Oktoberfest de Munique, a popular Helles é mais consumida do que a Oktoberfest-Märzen, um estilo de cerveja mais forte. No Hofbräuhaus, com uma desenvoltura impressionante, garçonetes vestindo trajes tradicionais servem copos de um litro de Helles. Se uma cervejaria deseja passar uma imagem de autenticidade, pode incluir no rótulo o adjetivo *Urtyp* ou *Urhell* – *Ur* significa "original". Já *Edelhell* (nobre clara) procura conferir nobreza à cerveja e seus lúpulos, enquanto *Spezial Helles* insinua que a cerveja foi fabricada para uma ocasião ou estação específica.

A diferença entre Helles e Pilsen é um tanto vaga, o que, em vista de sua história, não é de se estranhar. Com teor de 4,5%, a Helles tende a ser um pouco mais fraca do que a Pilsen. Apesar disso, as Helles são bastante encorpadas. Na Alemanha, as cervejas do norte tendem a ter mais lúpulo, enquanto as do sul são mais maltadas. A única diferença entre uma Helles do norte e uma Pilsen bávara pode ser o caráter de pão, típico da Helles. A Pilsen nunca chegou a conquistar a Baviera, que sempre dançou segundo sua própria música. E, fora da Baviera, a Helles é um estilo pouco conhecido. A Pilsen, com seu vigoroso caráter lupulado e sua imagem mais vistosa, é a cerveja que conquistou o mundo.

Mas sem dúvida a Helles é agradável, em especial nos *Biergärten* e salões bávaros, onde sempre está magnificamente fresca. A atração está em seu equilíbrio e sutileza. Muitos cervejeiros bávaros consideram a Helles a glória máxima da cervejaria alemã, e a população da Baviera certamente concorda.

HELLES E COMIDA

Dadas as similaridades entre Helles e Pilsen, não é de se estranhar que, com comida, as afinidades sejam igualmente semelhantes. A diferença principal entre os dois estilos está no grau de amargor e no aroma de lúpulo. Na Helles, o equilíbrio tende mais para o malte, muitas vezes com admirável intensidade de sabor. Ao combinar Helles e comida, contamos menos com o amargor da Pilsen e buscamos prazeres mais sutis. Os sabores de malte da Helles têm um intenso frescor de levedura, que, como o do pão, associam-se a sabores semelhantes. Assim, a Helles combina particularmente bem com sanduíches e *panini* prensados. Contanto que não se pegue pesado demais no molho picante, a Helles fica curiosamente agradável com *falafel*. Eu gosto de *falafel* com bas-

Em Hofbräuhaus, o *Hof* é uma antiga referência real, mas atualmente a cervejaria e seu famoso salão pertencem ao estado da Baviera.

tante *tahine*, e há algo no caráter maltado da cerveja que combina bem com os sabores de frutos secos do grão-de-bico e do gergelim.

A lupulagem modesta dessa cerveja abre as portas para pratos de peixes delicados, como linguado, solha-limão, rodovalho, e até mesmo solha, cujos sabores não são subjugados por ela. Gotas de limão-siciliano acentuam esses sabores e proporcionam um agradável contraponto à cerveja. A Helles relaciona-se bem com mariscos, incluindo vieira. Caranguejos ou moluscos vão cair muito bem em um "leito" de *linguini* com molho de ervas e, aí, casar-se com uma Helles. Também pode combinar muito bem com *sushi* – é delicada o suficiente para não interferir com o sabor e a textura do peixe, mas forte o suficiente para enfrentar ataques ocasionais do *wasabi* e do picles de gengibre. Um dos pratos mais leves no sul da Alemanha é truta com molho bechamel delicado, que fica muito bom com Helles. Quer adicionar um pouco de endro? Sem problemas. É claro que uma pessoa sofisticada como você nunca se rebaixaria a comer palitinhos de peixe à milanesa comprados no supermercado, mas, se comesse, a Helles seria um bom acompanhamento. A Helles é parceira natural para embutidos leves, e os bávaros apreciam-na com *Weisswurst* e mostarda doce. A sua leveza também vai bem com frango e peru assados, e seu sabor de pão se casa agradavelmente com os recheios.

A padroeira dos restaurantes bávaros é Miss Piggy. *Biergärten* ou *Bierhalle,* em sua maioria, ficariam felizes em servir qualquer entrada que você pedir, desde que tenha porco. Só vá se você estiver faminto, pois as porções são generosas. A boa notícia é que a carne de porco alemã é de excelente qualidade, muito mais saborosa do que a americana. Às vezes, ela vem em dose dupla, como o clássico prato bávaro de carne de porco assada com *bacon*, *Sauerkraut* e *Klösse* (grandes "nhoques", de batata). A doçura de malte da Helles realça perfeitamente a doçura da carne, enquanto a carbonatação e o lúpulo atravessam o resto. Gosto muito de lombo recheado ou de *porchetta*, sua versão italiana, e a Helles combina bem com ambos. Também fica bastante agradável com presunto, seja cozido (mas sem abacaxi), seja curado a seco, como *prosciutto* de Parma, *jamón* Serrano ou *jambon* de Bayonne.

Para saladas, a Pilsen é um pouco amarga demais, mas a Helles vai muito bem com saladas mais pesadas, especialmente naquelas com queijo, presunto ou *bacon*. Você apreciará o toque leve da Helles no *brunch*, realçando *huevos rancheros* ou uma *tortilla* espanhola. A Helles também fica muito boa com ovos Benedict: a

SE VOCÊ FOR A MUNIQUE, PRECISA TOMAR AO MENOS UMA CERVEJA no mais famoso salão de cerveja do mundo, o Hofbräuhaus. Antigamente, era a cervejaria real da casa de Wittelsbach, dinastia que reinou na Baviera por quase 800 anos. Foi construída em 1591, pelo duque Guilherme V, para fabricar as populares cervejas marrons da época, mas, poucas décadas depois, a Hofbräuhaus (que significa basicamente "cervejaria da casa real") já estava produzindo Weissbier e Bockbier. Para garantir seu sucesso, os Wittelsbach proibiram qualquer outra pessoa, na Baviera, de produzir cerveja Weissbier e Bockbier durante 200 anos. Ambas eram cervejas muito populares, portanto foi um monopólio extremamente rentável para os cofres reais.

A Hofbräuhaus opera continuamente há mais de 400 anos, sem nunca ter interrompido o serviço, nem mesmo em meio às bombas da Segunda Guerra Mundial. Nos primeiros anos, admitia somente membros da aristocracia, mas isso mudou em 1829, quando pela primeira vez foi permitida a entrada de cidadãos comuns. O prédio passou por várias reformas, a mais recente em 1897, quando a área de serviço foi ampliada, para permitir a acomodação de mais de 4 mil pessoas em três níveis. Há vários anos, a cervejaria em si foi transferida de lá, e hoje está em uma fábrica moderna nos arredores da cidade. Ao longo dos anos, a Hofbräuhaus recebeu vários visitantes ilustres e alguns infames. No início do século XX, Lênin e sua esposa passaram muitas noi-

cerveja atravessa o molho holandês, encontra o *bacon*, e o realça, fornecendo um contraponto para o sal.

PRODUTORES NOTÁVEIS DE PILSEN E HELLES

PILSNER URQUELL Se você visitar Praga, verá essa marca anunciada por toda a parte – Plzenský Prazdroj, ou PILSNER URQUELL. Em alemão, *Urquell* significa "fonte original", e a alegação é tão

tes alegres ali e, na década de 1930, era o ponto de encontro dos camisas marrons de Hitler. A Hofbräuhaus testemunhou tudo, e sobreviveu.

Visitei a Hofbräuhaus pela primeira vez em 1984, durante minha grande turnê europeia pós-universitária. O prédio está localizado numa pequena área da cidade antiga conhecida como Platzl, que parece um elaborado cenário de cinema hollywoodiano. A impressão aumenta quando se entra no cavernoso salão abobadado, ocupado por turistas, habitantes locais em seus melhores trajes típicos, garçonetes apressadas, carregando cinco canecas em cada mão feito aríetes espumantes e, é claro, há sempre uma *Umpapa*, a tradicional banda bávara, tocando *bayerische Blasmusik* ao compasso da tuba. Como a Torre Eiffel, é um espetáculo que, só por meio de fotos, é inimaginável. Todos se aglomeram nas mesas rústicas ou, quando o tempo está bom, no belo jardim externo coberto, onde o ambiente é menos agitado. Toda a cerveja vem da cervejaria Hofbräuhaus que, assim como o salão, pertence hoje ao estado da Baviera. É impossível imaginar tal lugar nas mãos de qualquer segmento do governo americano. Tudo na Hofbräuhaus, dos habitantes à excelente cerveja, é o arquétipo do *Bierhalle* bávaro, ou ao menos do que imaginamos ser. Turístico? Com certeza – o salão de cerveja Augustiner, que fica próximo, é bem mais autêntico. A Hofbräuhaus não é lugar para passar a noite toda, mas eu não perderia essa experiência por nada no mundo.

verdadeira quanto evidente. Foi dessa cervejaria na Boêmia checa que o estilo Pilsen e seus descendentes partiram para conquistar o mundo. A cerveja original tem um tom dourado velho, pleno e acetinado, e seu aroma de lúpulo e pão assado é equilibrado e levemente condimentado. O amargor é concentrado e forte, conduzindo de um paladar totalmente seco a um final vigoroso, com maltes suaves emergindo no sabor residual. É uma cerveja maravilhosa – não é à toa que, na década de 1840, quando ela bateu às suas portas, os cervejeiros de Munique se apavoraram. Até cerca de 1990, ainda se fermentava essa cerveja em tanques de carvalho abertos, sendo maturada em gigantescos tonéis de carvalho, instalados em galerias subterrâneas abertas em solo de arenito. Então, a cerveja era mais encorpada, com um leve caráter amanteigado, possivelmente derivado do carvalho, ou, mais provável, da mistura de leveduras Lager usada na época. Por um tempo, a cerveja pareceu sofrer de uma ressaca pós-comunista – surgiu nos Estados Unidos ultrapassada e apática, sem nada que a recomendasse. Hoje em dia, está admiravelmente recuperada, graças a modernas técnicas de produção que, embora tenham removido o lado romântico do carvalho e do envelhecimento subterrâneo, restauraram seu frescor e resistência. Se você mora em Praga, provavelmente vai sentir falta das complexas sutilezas da versão antiga, mas, se mora nos Estados Unidos, reencontrará uma velha amiga. Provei a Pilsner Urquell pela primeira vez em 1984, em Praga, e fiquei assombrado. Ainda fico. Com seu amargor concentrado, é bem robusta e perfeita para pratos condimentados indianos e mexicanos. Também é particularmente ótima com peixes oleosos: grelhe algumas sardinhas frescas e faça a festa.

BUDWEISER BUDVAR-CZECHVAR A Boêmia já foi um reino independente, e a cervejaria real ficava na cidade de Céské Budějovice, conhecida, na vizinha Alemanha, como Budweis. Assim como a cerveja de Pilsen era conhecida como *Pilsner*, a cerveja de Budweis era conhecida como *Budweiser*. Céské Budějovice chegou a ter 44 cervejarias, mas hoje só restam duas – Budweiser Burger-brau e Budweiser Budvar. Nenhuma cervejaria do final do século XIX conseguiu ignorar o sucesso do estilo Pilsen dourado, que, na década de 1870, inspirou a americana Anheuser-Busch a chamar sua cerveja de Budweiser. As cervejarias de Budweis fabricavam suas próprias cervejas douradas e encorpadas, baseadas no estilo Pilsen, e em 1895, seu primeiro ano de produção, a Budweiser Budvar fabricou mais de 60 mil hectolitros. No início, as Budweiser checa e americana conviveram pacificamente, mas logo passaram a brigar na justiça. A cerveja checa foi banida nos Estados Unidos, e o produto da Anheuser-Busch era vendido na Europa como "Bud". Após décadas de ameaças legais e ofertas de compra, a empresa checa rendeu-se à força do dinheiro; hoje em dia, sua BUDWEISER BUDVAR é vendida nos Estados Unidos sob o humilhante nome de CZECHVAR. Os advogados da Anheuser-Busch trabalharam bem e, no rótulo, não há nenhuma menção a Budweis, Budvar ou qualquer outro tipo de Bud.

A cerveja tem profunda cor dourada e aroma de malte abiscoitado, com notas condimentadas do lúpulo Saaz. O amargor espalha-se na boca e depois se retrai, permitindo a emergência de sabores maltados doces com paladar encorpado, mas seco. O sabor residual é de baguete fresca. É tudo que a insípida Budweiser americana não é, o que não causa nenhuma surpresa. A Czechvar fica ótima com comida condimentada e frutos do mar, mas também é suficientemente vigorosa para acompanhar um hambúrguer avantajado. A Budweiser verdadeira poderia ficar de pé, por favor?

SPATEN Fundada em 1397, a Spaten é a cervejaria mais antiga de Munique. Gabriel Sedlmayr, mestre-cervejeiro da corte real da Baviera, assumiu-a em 1807 e revelou propensão para inovação. Gabriel II, seu filho, herdou o talento do pai e alçou a Spaten a uma posição de liderança, como uma das cervejarias mais modernas do mundo. Na década de 1870, tornou-se a primeira no mundo a utilizar refrigeração mecânica. Em 1894, os Sedlmayr lançaram a primeira Lager dourada de Munique, a Spaten Helles Lagerbier. Outras cervejarias de Munique quiseram colocar o gênio de volta na garrafa e boicotar a produção de cerveja dourada, mas os Sedlmayr não se intimidaram: a Helles chegara para ficar.

A SPATEN PREMIUM LAGER tem um tom dourado-claro e aroma delicioso de malte com sabor pão e lúpulos florais. Há um sopro sulfuroso, leve e agradável de fonte termal, marca característica da fermentação da levedura Lager. O paladar revela equilíbrio preciso entre o doce sabor de pão do malte e o lúpulo pronunciado. Essa cerveja parece ter sido criada como um meio-termo entre a Helles, menos vigorosa, e a Pils, mais seca e amarga. Nomenclaturas à parte, a cerveja tem todas as características de uma Lager. É um ótimo exemplo para entender as diferenças entre as cervejas Lager e Ale, e fica perfeita com ostras, caranguejo, lagosta e *tapas* (os deliciosos petiscos que acompanham os *drinks* dos espanhóis).

JEVER No noroeste da Alemanha, está a Frísia, uma região que, como Flandres, estende-se a outros países, nesse caso à Dinamarca e à Holanda. Os frísios têm cultura própria e, no repertório de todos os alemães do sul, sempre há algumas piadas sobre frísios. A cidade de Jever, perto do mar do Norte, não está nem aí para as piadas, pois ninguém zomba de sua cervejaria, motivo de grande orgulho. Essa, cujo nome completo é Friesiches Brauhaus zu Jever, também é bastante orgulhosa. Começou como um pequeno negócio familiar, até ser comprada, em 1923, pela cervejaria Bavaria-St. Pauli, de Hamburgo, que mais tarde se tornou parte de um conglomerado internacional. Apesar das constantes mudanças administrativas nos últimos cem anos, a cerveja continua exatamente igual. A JEVER ORIGINAL FRIESLAND PILSENER tem cor dourado-clara e magnífico aroma resinoso de lúpulo com notas de pão fresco. O amargor é vigoroso e intensamente pronunciado, estalando no palato feito um chicote. A cerveja tem corpo leve, sabores subjacentes de malte e um final bem seco. É ótimo exemplo do estilo Pilsen extremamente seco e pronunciado do norte da Alemanha. Sirva em taças de champanhe, como aperitivo (para dar água na boca), ou gelada, acompanhando caviar ou mariscos. Também fica ótima com *tapas*, ou seja, vai bem com praticamente tudo, com exceção de sobremesas, pratos adocicados e carne vermelha. Mas, de fato, não faria feio até mesmo com um hambúrguer.

STAROPRAMEN A cervejaria mais popular de Praga foi fundada em 1869, e até mesmo no período negro do comunismo fabricou cervejas de qualidade. A Staropramen não se refere à sua cerveja como Pilsen, que para os checos é mais um nome do que propriamente um estilo de cerveja. Chama-se simplesmente STAROPRAMEN. Tem profunda cor dourada e o aroma condimentado e floral do célebre lúpulo boêmio Saaz. O corpo é médio, mas a cerveja é bastante seca, com amargor pronunciado sustentando camadas de malte com sabor de pão. O final é limpo, com sabor residual de lúpulo. Mesmo fora da República Checa, essa cerveja pode ser muito boa na pressão. Em Londres, no famoso *pub* White Horse, em Parson's Green, tomei certa vez um estonteante copo de Staropramen. Faz tempo, mas ainda me lembro claramente – o lúpulo resinoso saltava do copo, e o caráter de malte era intenso. (Lembro bem, inclusive, porque foi um dos poucos copos de Lager que tomei na Inglaterra.) Você pode servir essa cerveja com os parceiros de sempre, mas a intensidade do malte é suficiente para harmonizar muito bem com carne de porco, *Wiener Schnitzel* e *saltimbocca*.

BITBURGER PRIVATBRAUEREI THEOBALD SIMON A pequena cidade de Bitburg, na Renânia, abriga uma das cervejarias mais conhecidas da Alemanha. Começou como *Brauhaus* (o *brew pub* alemão*),* fundado em 1817 por Johann Peter Wallenborn. Em 1842, Ludwig Simon entrou para a família, e seu filho Theobald lançou-se num ambicioso projeto de mudança e expansão. A cervejaria,

fundada antes da revolução da Lager, fabricava originalmente o estilo Altbier, de fermentação de superfície, mas Theobald decidiu mudar para Lager. A produção de sua Pilsen (hoje famosa) começou em 1884. No início do século XX, a cervejaria aproveitou-se das novas conexões ferroviárias de Bitburg e começou a vender sua cerveja em toda a Alemanha. A cervejaria ainda é controlada pela família Simon, e hoje em dia seu antigo slogan *Bitte ein Bit* – "uma Bit(burger), por favor" – é familiar a todos os alemães.

A BITBURGER PREMIUM PILS tem cor dourado-clara brilhante e um aroma magnífico, que combina malte de pão fresco, lúpulos condimentados e florais delicados, além de um leve sopro sulfuroso. É definitivamente um aroma de Lager. O sabor de lúpulo é rápido e pronunciado, atordoando momentaneamente o palato, antes da emergência de maltes suaves no centro vigoroso. O final é breve, limpo e bem seco, deixando o palato zunindo com o forte amargor de lúpulo. Leve, exuberante, maltada e vigorosa, é o arquétipo da cerveja Pilsen do norte da Alemanha. Bem gelada, é um aperitivo sensacional, especialmente servida em taças de champanhe. É acompanhamento perfeito para caviar ou ostra. Em temperaturas mais moderadas, fica ótima com peixes robustos, lagosta, caranguejo e presunto.

THE BROOKLYN BREWERY Durante muito tempo, meus colegas e eu esnobamos a Pilsen. Parecia ser comum demais para fabricarmos, e temíamos que nossos clientes pudessem achar que estávamos comprometendo nossa qualidade. Na medida em que nos tornamos apreciadores mais sofisticados de cerveja, começamos a entender que a verdadeira Pilsen é um estilo magnífico. Além disso, muito difícil de fazer. Por ter sabores muito simples e puros, uma boa Pilsen precisa ser bem fresca. Chegamos à conclusão de que poderíamos fabricar a Pilsen mais fresca do mercado e pusemos mãos à obra. Importei maltes, lúpulos e levedura da Alemanha, e, exclusivamente com esses ingredientes, produzimos a BROOKLYN PILSNER. Eles não são necessariamente melhores do que os ingredientes americanos, mas têm um gosto diferente, e eu queria sabores clássicos. A Brooklyn Pilsner tem cor dourada plena e cristalina, e colarinho branco macio. Os aromas condimentados e florais dos lúpulos Saaz (boêmio) e Hallertauer (bávaro) juntam-se às fragrâncias de pão dos maltes. O paladar abre com um breve estalo de amargor, seguido de malte de pão seco. No centro, o malte é suculento, revelando ligeira impressão de doçura, antes do final rápido e lupulado. Ótimos ingredientes, fermentação bem fria e armazenamento prolongado são os segredos de nossa Pilsen clássica. Deguste-a com peixes oleosos, peixe frito, lulas, lagosta, caranguejo, *sushi*, presunto, cachorro-quente e *pizza*. Ou gele-a bem e traga o caviar.

Dortmunder Export

A cidade industrial de Dortmund – onde o rio Dort se encontra com o poderoso rio Ruhr – fabrica uma variante própria de Lager clara. No início do século XIX, a cidade já era conhecida por suas cervejas de trigo escuras, fornecidas a outras cidades da região. O aço e o carvão movimentavam a rica economia de Dortmund, e a cerveja Dortmunder matava a sede dos trabalhadores que operavam as fábricas. Na década de 1840, algumas cervejarias adotaram as recém-surgidas técnicas de fabricação de Lager, de fermentação de fundo. Por volta da década de 1870, Dortmund já desenvolvera uma versão própria do estilo Pilsen que varrera a Europa. Ligeiramente mais escuro do que o das Pilsen, o estilo Dortmunder tem tonalidade ouro-mel acetinada, pendendo para âmbar. Em troca de intensidade de malte, a cerveja abre mão do amargor e do aroma de lúpulo pronunciados da Pilsen. O paladar é encorpado e levemente adoçado, e o final é limpo e seco. O teor reforçado, de aproximadamente 5,5%, mais próximo dos estilos Märzen e Oktoberfest, sem dúvida ajudava a cerveja a sobreviver às longas viagens. A cerveja Dortmunder popularizou-se tanto, na Alemanha e no resto da Europa, que passou a ser conhecida simplesmente como "Export". Graças ao sucesso da Export, Dortmund tornou-se a maior cidade produtora de cerveja da Alemanha, e uma das maiores do mundo.

A Segunda Guerra Mundial castigou Dortmund severamente, deixando-a totalmente alterada. A Dortmunder Export ainda é fabricada na cidade, mas o estilo sofreu uma queda de popularidade. O principal mercado da cerveja – de mineiros e operários da siderurgia – decaiu com a base industrial da cidade. Hoje as cervejarias fabricam e promovem outros estilos, incluindo a onipresente Pilsen. Em Dortmund, o estilo Export parece ter sido relegado a mera lembrança de outras épocas. Cervejeiros de outros países lembram dela com mais carinho, e o estilo ainda é produzido por cervejarias artesanais americanas, na Europa e até mesmo no Japão.

DORTMUNDER EXPORT E COMIDA

As afinidades entre Dortmunder Export e comida são semelhantes às da Pilsen e da Helles, portanto, de maneira geral, nessas seções há informações suficientes para a harmonização. Você pode pensar na Dortmunder Export como uma irmã mais velha da Pilsen – mais forte e um pouco menos impetuosa. Lembre-

-se de que a Dortmunder tem caráter maltado mais intenso e amargor menos afiado do que a Pilsen. Essa intensidade adicional funciona particularmente bem com carne de porco, hambúrguer, carne de cervo *poêlée* sapecada, vitela e filé grelhado simples. A cerveja fica ótima com *saltimbocca*, o prato italiano de escalopes de carne (de vitela ou de porco) fritos, com *prosciutto* e folhas de sálvia. A Dortmunder ainda tem amargor suficiente para aceitar pratos condimentados, mas é um pouco mais doce do que a Pilsen. Isso lhe dá vantagem com comida tailandesa, que quase sempre contém elementos doces. O mesmo vale para pratos indianos, com a doçura servindo de contraponto a receitas condimentadas, como *vindaloo*.

Aceita bem qualquer prato da culinária tex-mex (texano--mexicana): *fajitas*, *chimichangas*, *burritos* e *tacos* vão bem com a combinação de sabores brilhantes e intensos da cerveja. Com *pizza*, fica ainda melhor do que a Pilsen. Assim como praticamente toda cerveja alemã, a Dortmunder Export é excelente com embutidos e presunto. Eu a acho particularmente boa com sanduíche de presunto e queijo suíço no pão de centeio. E com um pacote de salgadinhos de milho.

FABRICANTES NOTÁVEIS DE DORTMUNDER EXPORT

DORTMUNDER ACTIEN BRAUEREI O nome sugere algo em movimento, mas *Actien* significa "ações" de capital aberto. A cervejaria DAB foi fundada em 1868, pela família Fischer, que quatro anos depois abriu seu capital. Nas últimas décadas, uma série de fusões e aquisições consolidou várias marcas sob uma única empresa, todas produtoras, em seu apogeu, do estilo Dortmunder Export. Em 1971, a DAB começou a fabricar Pilsen, e outras cervejarias foram forçadas a seguir seu exemplo. As cervejas da DAB já foram bastante populares nos Estados Unidos, principalmente entre as grandes comunidades de imigrantes alemães. Com a dissolução desses grupos de imigrantes, o mercado americano da Dortmund

Export foi reduzindo, e hoje em dia é difícil encontrá-la nos Estados Unidos. A Dortmunder Union Brauerei (DUB), rival da DAB no outro lado da cidade, fabrica a DUB Export, mas não parece exportá-la, e nem ao menos ela é mencionada no *site* da empresa. É tão rara que nem vale a pena listar a DUB como fabricante notável desse estilo.

A DAB ORIGINAL é uma cerveja plenamente dourada, tem colarinho branco e macio, aroma de malte de pão e de lúpulos florais. Parece ser doce no início, mas, depois, estabiliza-se num centro maltado de corpo médio, típico de Lager. Os lúpulos apresentam-se em seguida, conduzindo a um final prolongado e seco, com um lampejo de sabor lupulado. É bom acompanhamento para lagosta, com o toque de doçura associando-se ao sabor doce da lagosta. Também vai muito bem com camarão grelhado, especialmente quando deixado de molho em açúcar e sal. Fora disso, é uma cerveja bastante versátil, especialmente com pratos condimentados, e fica perfeita com praticamente tudo que se leva para um piquenique.

GREAT LAKES BREWING COMPANY Fora de Dortmund, a Great Lakes, de Cleveland, talvez seja a cervejaria que assumiu com maior entusiasmo a produção do estilo Export. Sua versão já ganhou vários prêmios e, no rótulo da GREAT LAKES DORTMUNDER GOLD, o carro-chefe da cervejaria, é orgulhosamente exibida a medalha de ouro do Great American Beer Festival. A cerveja tem profunda cor dourada, pendendo para um tom alaranjado, e um aroma agradável e equilibrado de malte de pão e de lúpulos florais. Os lúpulos apresentam-se primeiro, desferindo um golpe puro de amargor pronunciado, antes do predomínio de intensos e suculentos sabores maltados de pão. O paladar é meio encorpado, seco e vigoroso, terminando num final prolongado, seco e lupulado. É uma versão robusta e lupulada, como uma Pilsen alemã tratada com esteroides anabolizantes. É muito saborosa. O sabor audacioso de lúpulo aceita bem filés e hambúrgueres, e ela também

fica muito boa com pratos condimentados indianos, tailandeses e mexicanos.

Dark Lager

Antigamente, toda cerveja era escura, não só na Alemanha, mas em qualquer parte do mundo. Com o tempo, o costume dos cervejeiros bávaros de envelhecer sua cerveja em cavernas resfriadas favoreceu a seleção de variedades de levedura de fermentação de fundo, cuja "descoberta" só ocorreu, mesmo, na década de 1840. Antes do advento das modernas técnicas de torrefação de malte, no início do século XIX, o uso de leveduras Lager pouco afetava o sabor da cerveja, que era sempre defumado. Porém, quando os sabores de malte se libertaram da defumação, as coisas mudaram. Enquanto os britânicos fabricavam Brown Ale frutadas, os bávaros e seus vizinhos boêmios fabricavam Lager escuras, de fermentação de fundo, que evitavam sabores frutados. Em vez desses, tais cervejas mostravam um sabor de malte profundo e distinto, intensificado pela decocção, o estilo alemão de mostura. Em 1894, quando foi introduzido o estilo Helles dourado, as Dark Lager predominavam nos salões de cerveja da Baviera. O sucesso da Helles foi imediato, mas a Dark Lager só perdeu terreno para a Helles na década de 1950, e sua produção ainda é substancial. É conhecida como Dunkel ou Dunkles, que significa "escuro(a)".

A Dunkel tem cor marrom-avermelhada profunda e colarinho bronze admirável e firme. Assim como ocorre em todas as Lager, os sabores da Dunkel são produzidos diretamente pelos ingredientes, e, nesse caso, alguns dos maltes são levemente torrados ou cozidos (ou ambos), conferindo à cerveja notas de caramelo, *toffee*, café, chocolate e até alcaçuz. O teor é médio, cerca de 5%, mas algumas têm considerável intensidade. É comum haver um paladar adocicado, com sabor de frutos secos, e as melhores são complexas sem ser pesadas ou enjoativas. Os aromas de lúpulo são abafados, e o amargor é suficiente apenas para equilibrar o malte. Não há dúvida de que os bávaros se referiam a essa cerveja como "pão líquido", antes de surgir a nova Helles dourada para reivindicar o título.

A região da Francônia Superior, no norte da Baviera, é um bastião do estilo Dunkel. Os franconios são conhecidos por seu forte conservadorismo cultural e, nos últimos cem anos, apesar das investidas de estilos concorrentes, eles mantiveram-se leais a seus costumes. A Dunkel ainda é bastante popular em Kulmbach e Bamberg. Do outro lado da fronteira com a República Checa, há cervejas semelhantes, as *ĉerné pivo*, ou "cervejas escuras". Elas tendem a ter sabores torrados mais pronunciados do que os das versões alemãs. Os países escandinavos e a Polônia também têm algumas variantes boas. A Dunkel já foi um estilo popular nos Estados Unidos, mas acabou sucumbindo à Lei Seca e ao assalto das Pilsen massificadas. A "cor escura" das poucas Dark Lager de massa remanescentes deve-se basicamente ao uso de corantes, e raramente são cervejas dignas de menção.

DUNKEL E COMIDA

A Dunkel é acompanhamento ótimo para os pratos típicos que moram no coração dos bávaros. Em geral, as receitas de carne de porco têm alguma doçura, muitas vezes pela adição de frutas. Também é comum um toque de acidez, *Sauerkraut* (chucrute) ou outros vegetais em picles (como pepino) são bastante populares. Os sabores levemente caramelados, maltados e adocicados da cerveja Dunkel envolvem essas comidas feito um cobertor quente. A cerveja tem doçura suficiente para não ser alterada pelas frutas e para abrandar a acidez das conservas. Os sabores de caramelo associam-se a carnes douradas e sucos de cozimento. Carne de cervo, outra companhia excelente, pode ser servida com um molho reduzido de ginja. A Dunkel é ótima opção para combinações agridoces. Percebe-se logo que esse tipo de comida e essa cerveja têm um relacionamento longo e feliz .

Quase tanto quanto carne de porco, os alemães adoram "bolinhas" de batata amassada. No norte, servem *Klösse*, na Baviera comem *Knödel*, e os suábios gostam de *Spätzle*. Variando no tamanho, algumas são feitas de batata, outras de sêmola ou de uma combinação de ambas. A textura em geral é ligeiramente elástica e gelatinosa, como a dos nhoques, lembrando tanto massa quanto batata. Soam indigestas, mas podem ficar admiravelmente deliciosas com repolho, *bacon*, frutas, queijos ou embutidos. Os maltes escuros da Dunkel simplesmente se fundem com esse tipo de comida. O mesmo vale para fígado (de fauna variada), que os alemães apreciam *sauté* ou em forma de patê, como no *Leberkäse*.

Cada região da Alemanha tem seu próprio *Wurst*, ou embutido. *Bratwurst, Liverwurst, Rindwurst, Weisswurst* – todos ficam ótimos com Dunkel. E não é preciso restringir-se às tripas recheadas alemãs, pois essa cerveja também vai bem com embutidos de alho franceses (Toulouse) ou os italianos doces. A Alemanha é célebre pela qualidade de seu presunto, e a Dunkel combina muito bem, seja no jantar de presunto assado com batata ou acompanhando o sanduíche de queijo e mostarda do almoço. Também é ótima parceira para um sanduíche Reuben ou praticamente qualquer sanduíche com *bacon*.

É claro que a Dunkel não acompanha apenas comida alemã. Fica muito gostosa com frango assado, no forno ou no espeto, especialmente frango caipira, que é mais saboroso. A pele caramelizada pelo calor do forno ou pelas chamas associa-se aos maltes escuros da cerveja. O recheio e o molho de carne completam a combinação. Vegetais que deixam vinhos arrepiados – couve-de-bruxelas, por exemplo – não criam problemas para a Dunkel, especialmente se forem *sautés*. A Dunkel também lida bem com peixes robustos, em receitas de sabor opaco – tamboril assado com *pancetta*, por exemplo. Cogumelos cozidos são bons parceiros para a Dunkel, que tem um caráter terroso próprio para associar-se com um *Strudel* de cogumelos ou um risoto de *funghi porcini*.

A doçura da Dunkel permite harmonizações com vários pratos chineses, especialmente aqueles que sempre juramos não comer, como porco agridoce e frango com gergelim. Se você gosta de comida mais condimentada, a Dunkel aceita um pouco de ardência. Essa cerveja também fica boa com pratos chineses com sabores mais opacos, como carne bovina em molho de feijão ou qualquer receita feita com *mu shu* (legumes salteados). Prove também com macarrão de gergelim frio – os sabores de frutos secos da cerveja encontram parceiros no molho. A Dunkel também casa com pato crocante.

FABRICANTES NOTÁVEIS DE DARK LAGER

SCHLOSSBRAUEREI KALTENBERG Soa um tanto humilhante ligar para um príncipe, em seu castelo, para avisar que você está perdido. Todavia, no fim das contas, achei melhor ligar do que deixá-lo esperando, portanto encostei o carro e telefonei para lá. Descobri que o Schloss Kaltenberg (Castelo Kaltenberg) está praticamente escondido em meio às árvores, no alto de uma colina nos arredores do vilarejo de Geltendorf, cerca de 50 km a oeste de Munique. No século XIII, antes de Rodolfo, duque da Baviera, construir um castelo no local, aí havia um mosteiro. Os últimos 800 anos foram meio tumultuados: várias vezes, o prédio foi destruído e reconstruído, passando por diversos donos. A última reconstrução ocorreu em 1670 e, em meados do século XIX, houve uma derradeira reforma, que deu ao castelo sua atual aparência de conto de fadas. Os membros da família Wittelsbach, que governou a Baviera de 1180 até a Primeira Guerra Mundial, ainda ocupam o castelo. O Prinz Luitpold von Bayern (Luitpold, príncipe da Baviera), chefe da família, ainda se ocupa de assuntos de Estado, embora tenha função basicamente diplomática. Perguntei a Michael Braun, seu jovem cervejeiro-chefe, se o nome da família ainda era Wittelsbach. Repentinamente, ele respondeu sério. "O nome da família é von Bayern, que significa 'da Baviera'. Eles não têm outro nome; esse é o que consta do passaporte do príncipe."

A princípio, achei isso meio exagerado, mas começou a fazer sentido quando conheci o príncipe Luitpold. O castelo respira a história da Baviera e de sua tradição cervejeira – e o príncipe é um especialista em ambas. Antes de 1260, seus antepassados estabeleceram uma conceituada cervejaria. Em 1516, escreveram a Lei da Pureza (*Reinheitsgebot*) e, em 1589, fundaram a Hofbräuhaus. De 1570 a 1770, detiveram o monopólio de fabricação de Weissbier e, em 1810, com um casamento real, deram início à Oktoberfest de Munique. Segundo o príncipe, houve época em que a corte real de Munique alimentava 500 pessoas por dia, não só membros da família real, mas também clérigos locais, caçadores e funcionários da propriedade. As pesadas despesas levaram à manutenção de registros detalhados, a partir de 1600, que incluíam até mesmo o que as pessoas bebiam e quando. O príncipe, dono dos documentos originais, afirma que, durante mais de 200 anos, o consumo diário de cerveja era de 2,2 litros por pessoa. Com tal nível de consumo, "você precisa ter cuidado com o que está bebendo".

É evidente que o príncipe Luitpold, que tem um diploma superior técnico em fabricação de cerveja, toma esse cuidado. Em 1976, quando as cervejas escuras já haviam perdido popularidade, ele assumiu a cervejaria da casa, que funciona dentro do castelo. Desde então, o estilo Dunkel recuperou seu prestígio, em parte graças à habilidade técnica do príncipe e a suas estratégias de *marketing*. A Schloss Kaltenberg fabrica somente cervejas escuras, embora comercialize Lager douradas e cervejas de trigo fabricadas por uma cervejaria próxima. O príncipe, um homem afável, é brusco ao falar de outras cervejarias que, segundo ele, tentam copiar sua cerveja, seus rótulos e até sua linhagem. Considerando-se que tentam copiar a cerveja de sua família há mais de 800 anos, não é surpresa que isso ainda ocorra. Hoje, a cervejaria detém cerca da metade do mercado de cerveja escura da Baviera, e o príncipe espera que se torne, em breve, a principal fabricante de cerveja escura da Alemanha. Por ano, 100 mil pessoas degustam sua Dunkel, assistindo a elaborados combates encenados no ter-

reno do castelo. Mais de 200 pessoas, a maioria dublês, participam de uma vigorosa "batalha" em uma arena para 10 mil espectadores. Para o príncipe, além de gerar renda para o castelo, esses espetáculos são uma brilhante e imbatível ferramenta de *marketing*.

O príncipe Luitpold tem ideias bem definidas sobre o sabor apropriado de uma cerveja Dunkel, reveladas em sua König Ludwig Dunkel, batizada com o nome de dois de seus ancestrais que foram reis da Baviera. A cerveja, de cor mogno-escura, tem colarinho macio e aroma de malte maravilhosamente intenso, com uma camada de lúpulos florais. Uma efervescência vigorosa e um breve toque de lúpulo dão lugar a um paladar de corpo médio, maltado e um tanto seco, tendo no centro notas complexas e leves de chocolate e caramelo. Antes do final, prolongando e seco, há rápida sugestão de doçura, e o sabor residual é de café e chocolate. O príncipe não abre mão dos sabores maltados, mas sua receita evita taninos de malte ásperos, que geram adstringência. Uma prática incomum é a adição de lúpulo no envelhecimento (*dry-hopping*), técnica mais associada a cervejas Ale inglesas (e, agora, às americanas). O perfil da cerveja, ao mesmo tempo maltado e seco, é bastante agradável e confere grande afinidade com comida. Gostei muito de tomá-la, no restaurante do castelo, acompanhando pratos de carne de porco. Também fica excelente com comida mexicana, hambúrguer, bifes e embutidos. Ao me despedir, o príncipe entregou-me seu cartão de visita. Gravado em ouro, traz o brasão do estado da Baviera encimado por uma coroa, símbolo que só ele pode usar, e o nome "Luitpold, Prinz von Bayern". Devo ter cerca de mil cartões de visita, mas devo admitir que esse é o meu predileto.

DINKELACKER-SCHWABEN BRÄU Foi em Stuttgart, em 1888, que Carl Dinkelacker fundou sua cervejaria e, desde o começo, revelou-se um inovador. Adotou rapidamente as novidades técnicas da época, ela foi uma das primeiras da Alemanha a fazer entregas em caminhões, e não em carroças puxadas a cavalo. Há vários anos, a Dinkelacker fundiu-se com sua concorrente Schwaben Bräu (também de Stuttgart) para formar a empresa atual. A cervejaria Spaten, de Munique, produz sob licença algumas das cervejas da Dinkelacker, entre elas a DINKELACKER DARK, inteiramente cor de mogno, tem aroma de *toffee* com sugestão de fumaça. O amargor é fresco, pronunciado e puro, e, no centro, de corpo médio, apresentam-se maltes suculentos, antes do final limpo e seco. É uma cerveja bem estruturada, com sabor maltado agradável e persistente – uma Dunkel clássica. Fica ótima com churrasco, carne de porco, filés e pratos mexicanos terrosos, especialmente os preparados com cogumelos ou *huitlacoche* (fungo do milho, usado na culinária mexicana).

AO LADO:
De volta à fonte – uma garçonete servindo cerveja no restaurante da Ayinger.

PRIVATBRAUEREI FRANZ INSELKAMMER Essa cervejaria é mais conhecida como Ayinger, mas Franz Inselkammer também é bastante célebre. A cidade de Ayinger parece tirada de um livro de contos e, em dias claros, os Alpes proporcionam um cenário maravilhoso.

Inselkammer é um cavalheiro bávaro tradicional – você nunca o verá usando calças *jeans*. Ele é um retrato da cidade: tradicional, bem-arrumado e elegante, com ar nobre. Em minha última visita, meu fotógrafo Denny queria o terno dele, enquanto eu gostei do seu belo casaco *Loden,* de pura lã. Provavelmente, tenho metade da idade dele, mas duvido que alguma vez consegui ser tão elegante assim.

O sabor das cervejas Ayinger é igualmente tradicional e elegante. A Ayinger Altbairisch Dunkel é um exemplo clássico desse estilo (*altbairisch* significa "bávaro antigo"). Tem carbonatação plena e uma radiante cor mogno, com espesso colarinho bronze. O aroma é de malte e pão, com notas de *toffee* e sugestão leve de defumação. O paladar é vigoroso, com a lupulagem pronunciada dando lugar a um suculento e saboroso centro maltado de corpo médio. O final é maltado e seco, com sabor residual

repleto de cereais frescos. Pode parecer contradição, mas é isso mesmo – uma cerveja maltada surpreendentemente refrescante. Sirva com os tradicionais pratos de carne de porco, mas lembre-se também de hambúrgueres, bifes e de pratos mexicanos com cogumelos ou feijão-preto.

DIXIE BREWING COMPANY Fundada em 1907, em Nova Orleans, por imigrantes alemães, a Dixie Brewing é até hoje uma cervejaria regional muito apreciada. Há um século, Nova Orleans tinha dez cervejarias, mas apenas a Dixie sobreviveu para ver a chegada do século XXI. Até a inundação de New Orleans (2005), ainda era bastante artesanal, com parte da cerveja sendo envelhecida em velhos tanques feitos de cipreste da Louisiana. O principal produto da cervejaria, a Dixie Beer, uma cerveja simples, afastou-se de suas raízes germânicas, e seu sabor era apenas ligeiramente melhor do que o das cervejas industrializadas do mercado. Quando a cervejaria decidiu entrar no mundo moderno, com a fabricação de uma cerveja mais saborosa, mergulhou fundo em suas raízes alemãs e emergiu com uma Lager escura de estilo Dunkel. Embora o rótulo da DIXIE BLACKENED VOODOO retrate um pântano escuro e intimidante, a cerveja ficou bastante agradável, com cor marrom-avermelhada e aroma doce de melado e caramelo, somado à sugestão de frutas escuras. Qualquer temor de sabores doces releva-se precipitado – o amargor leve contrapõe-se a um paladar seco de corpo médio, com bastante chocolate e caramelo. O final é rápido e seco, com leve adstringência no sabor residual. É uma versão do estilo Dunkel bem-adaptada ao clima e à comida de Nova Orleans, sendo um pouco menos maltada do que as alemãs originais, mas com sabor suficiente para encarar comida robusta. Prove com hambúrguer ou churrasco, ou siga o *script* e harmonize com frango ou porco escurecidos, *dirty rice* (o "arroz sujo" da culinária *cajun*) e feijão-fradinho.

LAKEFRONT BREWING COMPANY Às margens do rio Milwaukee, perto do centro da cidade de mesmo nome, a pequena cervejaria Lakefront fabrica ampla linha de saborosas Ale e Lager. Foi aberta em 1987 como um empreendimento de meio período dos irmãos Russel e Jim Klisch, e mais um terceiro sócio. Durante anos trabalhou num sistema meio improvisado, quase caseiro, com uma produção de, no máximo, 200 litros por lote. No final da década de 1990, a Lakefront comprou, na Pensilvânia, o equipamento de uma velha cervejaria alemã desativada e trouxe-o para Milwaukee. Hoje ele está desajeitadamente instalado dentro de uma velha fábrica de tijolo, parecendo vagamente uma precária espaçonave montada apressadamente por um cientista maluco. Milwaukee já abrigou dezenas de cervejarias, e os sabores das cervejas alemãs que fabricavam foi resgatado na LAKEFRONT EASTSIDE DARK, uma cerveja marrom-avermelhada, de cor profunda e aroma maltado de pão com ricas notas de chocolate. O amargor é firme, mas balanceado com redondas e adocicadas notas de malte, num centro suave, quase oleoso. Sabores leves de chocolate e caramelo conduzem a um final prolongado, seco e limpo, tendo como sabor residual frutos secos e cacau. É uma cerveja excelente e verdadeira campeã para acompanhar grossos bifes grelhados, hambúrgueres, carne de cervo, chuletas de porco escurecidas à moda *cajun* e pratos mexicanos com *mole*.

Vienna, Märzen e Oktoberfest

Em 1841, o influente cervejeiro vienense Anton Dreher lançou uma nova cerveja, de cor avermelhada e acobreada e suculento caráter maltado. Ele achou a cerveja deliciosa, mas não fazia ideia de que seria o começo de uma revolução na cervejaria alemã. Os britânicos já vinham produzindo maltes mais claros, e, agora, a nova tecnologia de maltagem ajudara Dreher a criar um malte âmbar. Ele usou-o para fabricar uma cerveja bem mais clara que as Lager escuras e defumadas da época. O malte âmbar era cozido depois da germinação da cevada. Isso convertia em açúcar parte do amido de malte, que era depois caramelizado em torrefação branda. (Na maltaria Weyermann, em Bamberg, já provei esse malte no meio do processo, tirado diretamente do tambor de torrefação. O gosto é delicioso, de cereal quente açucarado.) Alguns anos depois, com suas novas Pilsen douradas, os boêmios deram um passo a mais, mas a cerveja Vienna, de Dreher, tinha atrativos próprios, e os vienenses adoraram-na.

O sucesso da cerveja Vienna não passou despercebido por Gabriel Sedlmayr, da cervejaria Spaten, de Munique, que não tardou em usar o novo malte para produzir a Märzen (cerveja de março). Antes que o advento da refrigeração mecânica possibilitasse a fabricação de cerveja o ano inteiro, uma cerveja mais forte era fabricada no início da primavera e armazenada em cavernas refrigeradas com gelo até a safra seguinte, no outono, sendo desfrutada na época da colheita. Sedlmayr fabricava a sua em março e armazenava-a em barris para ser servida em setembro e outubro na Oktoberfest de Munique. Ela emergia em sua coloração bronze e incomparavelmente suave, com um paladar redondo, ligeiramente doce, e intensos sabores e aromas de *toffee* quase condimentados. A cerveja Märzen tem um amargor apetitoso, que serve mais para equilibrar do que desafiar a base maltada. Com teor de aproximadamente 5,6%, é mais forte do que a Pilsen, porém mais fraca do que a Bock. O equilíbrio entre a maltada e suculenta doçura e o amargor firme faz da tradicional Märzen uma cerveja extremamente sedutora.

Houve época em que essa cerveja era intimamente ligada à Oktoberfest, e muitas ainda carregam o rótulo Oktoberfest Märzen. Essas cervejas tendem a ser tradicionais. Com o passar dos anos, no entanto, as mudanças no gosto do público e a internacionalização da Oktoberfest levaram ao surgimento de um estilo dourado de cerveja Oktoberfest. Embora tenha sabor agradável, carece da intensidade de malte caramelizado da Märzen original. Em geral, o rótulo diz apenas Oktoberfest ou Festbier. Esse estilo é, basicamente, uma versão um pouco mais forte do que a cerveja Helles. A verdadeira Märzen geralmente tem cor acobreada, portanto é improvável que uma cerveja dourada tenha sido fabricada no estilo original. Para evitar confusão, o melhor é observar cuidadosamente a cerveja, pois não há muito critério no uso da nomenclatura. Atualmente, até a cervejaria Spaten, de Sedlmayr, fabrica uma cerveja Oktoberfest dourada, embora felizmente não tenha interrompido a produção da Märzen original.

Anton Dreher deixou Viena, trabalhando primeiro em Budapeste e depois em Trieste, onde ainda há uma marca de cerveja com seu nome. Mais tarde, operou uma cervejaria em Michelob, na Boêmia, cidade que inspirou o nome das cervejas menos expurgadas da gigante Anheuser-Busch. Em relação à popularidade da cerveja de Dreher, a publicação de uma associação de cervejeiros escreveu, em 1878:

> A cerveja de Dreher é encontrada em 25 estabelecimentos em Trieste; em Pola, Fiume, Monica, Ístria e Dalmácia; na Grécia, no Egito, na Palestina, na Turquia Oriental, na Índia e até mesmo na China e no Japão. O crédito por ter introduzido cerveja em tantas terras estrangeiras é de Dreher, e ele tem todos os motivos para orgulhar-se de sua cervejaria.

Já a cerveja de estilo Vienna quase não é mais fabricada em sua cidade natal, mas seus rebentos ainda são encontrados não só na Alemanha, mas também na Escandinávia e no Novo Mundo. Cervejas Lager, baseadas no estilo Vienna, eram muito populares nos Estados Unidos antes da Lei Seca. Tal popularidade está sendo resgatada com cervejas como a Brooklyn Lager, o carro-chefe de minha cervejaria, e a Samuel Adams, de Boston. Curiosamente, é possível encontrar descendentes do estilo Vienna também no México. As cervejas Dos Equis, Negra Modelo, Leon Negro e a saborosíssima Noche Buena, uma cerveja para o Natal, são todas fabricadas nesse estilo, embora nenhuma se aproxime da intensidade de malte da original. Antes que a população se cansasse do infeliz imperador Maximiliano e o mandasse de volta a Viena num caixão, a dinastia austríaca dos Habsburgos governou o México por três anos. Os mexicanos gostavam da cerveja e, assim, preservaram o estilo Vienna, com a preferência pelos ritmos de polca que, até hoje, influenciam sua música. Isso é o que chamo de multiculturalismo.

VIENNA, OKTOBERFEST-MÄRZEN E COMIDA

Por seus sabores de malte, pão e caramelo, as afinidades entre Märzenbier e comida são semelhantes às da Dunkel, mas sua lupulagem mais pronunciada lhe dá maior poder de fogo à mesa. Uma Märzen aceita com satisfação uma carne bem grelhada: o lúpulo atravessa a gordura, enquanto o malte suculento se mistura com os sucos da carne. Vai bem com a maioria dos molhos, embora o molho pronto para carnes A1 (A1 Steak Sauce) seja ácido demais para uma boa combinação. (De todo modo, num bife decente, não se deve colocar o molho A1 Steak Sauce.) A Märzen fica muito boa com Stilton ou molho *beárnaise*. Carne de cervo também funciona bem, mas, novamente, cuidado com o molho, especialmente os de fruta, às vezes servidos com essa carne. É evidente que a Märzen fica sensacional com carne de porco, seja qual for o preparo. Uma cerveja bávara que não combine com carne de porco não tem qualquer futuro.

Se você já foi à Oktoberfest, viu churrasqueiras enormes assando, para as massas de frequentadores, toneladas de carne de porco, frangos inteiros e peixe. Pouco refinado, talvez, mas bem saboroso. Os sabores maltados da Märzen harmonizam perfeitamente com carnes grelhadas. Para acompanhar um frango inteiro, provavelmente vai precisar de uma caneca de um litro. Mas não é preciso abrir mão de legumes, como é hábito frequente entre os alemães. Assados no espeto, legumes desenvolvem sabores adocicados, que combinam bem com o caráter maltado intenso da Märzen. Pimentão, abobrinha, cebola – é só escolher. A única exceção é tomate, que, sem perder a acidez, desenvolve doçura na grelha. Além disso, tomate é fruta, e isso já é blefar.

A Märzen aceita tomate em um cenário diferente, especialmente se houver queijo. O molho de tomate das *pizzas* americanas é doce, com acidez moderada por açúcar. A cerveja combina seus próprios sabores de pão com os da massa da *pizza*, a doçura do malte casa com a do molho, e a carbonatação e os lúpulos atravessam o queijo. A Märzen aceita bem todas as coberturas normais, mas nem pense em abacaxi.

Contanto que não se exagere nos acompanhamentos, a cerveja Märzen fica ótima com hambúrguer. Você pode colocar bastante queijo, *bacon* e cebola, mas *ketchup*, mostarda e picles em demasia podem exigir algo mais lupulado (nesse caso, vai bem a versão americana do estilo Amber Lager). O mesmo tipo de princípio aplica-se ao churrasco. Ela fica ótima com carnes assadas lentamente com tempero seco, mas, se houvesse molho, eu escolheria uma cerveja diferente. Também fica excelente com presunto, mesmo glaceado, ou temperado com mel, ou com pimenta. Já presunto assado no forno, acompanhado de macarrão caseiro e

A cerveja Oktoberfest é tradicionalmente tirada de barris de madeira. Atualmente, a maltada Ur-Märzen, da Spaten, é comercializada o ano inteiro.

Cortesia de Spaten North America

molho de queijo, fica absolutamente perfeito. Essa combinação fará você esquecer que existem outras bebidas.

Embutidos são harmonização óbvia, e a Märzen combina com todos, menos com os mais picantes. Vale a pena provar alguns dos excelentes embutidos especiais existentes no mercado. Minhas marcas preferidas são D'Artagnan, Trois Petits Cochons e Bruce Aidells, mas você talvez tenha seu próprio fornecedor local ou, melhor ainda, um açougueiro que os faça à sua moda. Os bávaros os comem com um tipo de mostarda doce e suave (*Senf*). Se você conseguir achá-la, ótimo, especialmente quando combinada com essa cerveja. *Choucrute*, o clássico prato alsaciano de repolho, embutidos e carnes defumadas, também é excelente combinação para a Märzen.

Para frutos do mar, a Märzen não é escolha óbvia, mas funciona bem com peixe empanado frito e bolinhos de caranguejo com tempero leve. Também é ótima parceira para truta defumada, especialmente com molho bechamel.

FABRICANTES NOTÁVEIS DE VIENNA, OKTOBERFEST E MÄRZEN

PAULANER-SALVATOR-THOMASBRÄU Todo ano, o mestre-cervejeiro da Paulaner veste um manto de arminho e, com outros mestres-cervejeiros de Munique, atravessa o Theresienwiese rumo às cerimônias de abertura da Oktoberfest. É um espetáculo e tanto. Quando da primeira Oktoberfest, a cervejaria Paulaner localizava-se nos arredores de Munique. A cidade cresceu em volta da cervejaria, que ficou sem espaço para expandir-se. A solução foi expandir para baixo, e, num admirável feito de engenharia, alguns dos salões de fermentação da cervejaria flutuam, basicamente, sobre o lençol freático sob a cervejaria. E a Paulaner – que, no século XIX, foi pioneira em refrigeração e energia a vapor – continua recorrendo à tecnologia para resolver seus problemas modernos.

Se os tempos mudaram, ao menos a cerveja ainda preserva bastante caráter. A PAULANER OKTOBERFEST MÄRZEN tem atraente cor âmbar-clara e aroma maltado de *toffee,* tipicamente alemão. O amargor brando rapidamente cede lugar a um paladar seco e redondo, com leves sabores maltados de pão e sugestão de caramelo. O final é seco e fresco com sabor de pão. Antigamente era cerveja sazonal, mas hoje é fabricada o ano inteiro. É bastante versátil e combina igualmente bem com frango assado, sanduíches de presunto e queijo suíço ou *tamales* recheados com carne de porco.

SPATEN-FRANZISKANER-BRÄU Nenhuma cervejaria tem associação tão íntima com a história da cerveja Vienna-Märzen como a Spaten. Em meados do século XIX, Gabriel e Josef Sedlmayr trabalharam com Anton Dreher, o criador original do estilo. Josef Sedlmayr lançou sua versão na Oktoberfest de 1871, com enorme sucesso. A família Sedlmayr ainda tem participação considerável na empresa, e a Märzenbier da Spaten provavelmente seria reconhecida de imediato por alguém que tivesse provado a versão original de 1871. Em alemão, o prefixo *Ur* significa "original", e a Spaten tem todo o direito de usá-lo no nome de sua SPATEN OKTOBERFEST UR-MÄRZEN. A cerveja tem cor de mel plena, colarinho grande e macio, e um maravilhoso aroma maltado, com apenas um sopro de lúpulo. O amargor é leve e dá lugar a um paladar levemente adoçado, repleto de sabores maltados suculentos. O centro é redondo e suave, secando num prolongado final com sabor de pão. Os sabores de malte que se apresentam são notavelmente deliciosos. Deguste com *tacos* de milho, chuletas de porco, leitão assado, peru com molho de carne e *Wiener Schnitzel.*

THE BROOKLYN BREWERY Entre a metade e o final do século XIX, no outono, os *Biergärten* do Brooklyn realizavam uma Oktoberfest. Quando decidimos fabricar nossa própria cerveja Oktoberfest, sentimos que estávamos resgatando uma antiga tradição do Brooklyn. Desde o começo eu sabia que o segredo de uma Märzenbier clássica estava nos sabores maltados. Portanto, quando chegou a época de fabricar a nossa BROOKLYN OKTOBERFEST sazonal, importei, da

EM 1810, O PRÍNCIPE LUDWIG DA BAVIERA casou-se com a princesa Therese von Sachsen-Hildburghausen. O casamento ocorreu na época das tradicionais festas da colheita, e por isso ficou decidido que, naquele ano, Munique teria uma festa particularmente espetacular para comemorar o casamento real. A população de Munique divertiu-se tanto que a festa foi eternizada como a atual Oktoberfest, celebrada todos os anos no parque Theresienwiese (prado de Teresa), em Munique. A comemoração de duas semanas abre com os mestres-cervejeiros das seis maiores cervejarias de Munique adentrando o parque, vestidos de mantos de arminho (Eu adoro essa parte.). Em seguida, ao meio-dia, o prefeito de Munique abre cerimoniosamente o primeiro barril de madeira, nele inserindo a torneira com uma marreta. Basta um só golpe para colocá-la corretamente, caso contrário todos os que estão próximos levam um banho de cerveja. Abrir incorretamente o barril diante de toda Munique pode prejudicar a carreira política de um prefeito. Em 1959, os quatro candidatos à prefeitura de Munique encontraram-se para uma competição dessas. Três deles falharam, mas Hans Jochen Vogel inseriu a torneira com um único golpe. Depois de ter humilhado publicamente seus concorrentes, Vogel foi eleito prefeito em 1960 e teve longa carreira política.

Alemanha, malte Munique e lúpulo Perle. A cerveja tem cor âmbar-clara e aroma maltado de *toffee* e pão. O amargor é breve e suave, dando lugar aos sabores maltados redondos, suculentos e levemente adocicados que dominam o centro. O final é seco, deixando impressão de pão assado. É bastante suave, graças às tradições de fermentação fria e de envelhecimento por vários meses. Quando eu a bebo, posso até ouvir a tuba da banda *Umpapa* tocando, mas, felizmente, a impressão desaparece quando chega a carne de porco assada. Essa cerveja fica ótima com qualquer prato de carne de porco, mas também vai muito bem com frango e peru assados, carnes frias, sanduíches, hambúrgueres e *burritos*.

SNAKE RIVER BREWING COMPANY A Snake River é uma microcervejaria americana clássica. Começou como *brew pub* em Jackson Hole, Wyoming, e, à medida que suas saborosas cervejas fizeram sucesso, a cervejaria passou a engarrafá-las. Por ora, as cervejas são distribuídas apenas em Wyoming e em alguns outros estados do oeste e centro-oeste norte-americano. A SNAKE RIVER "VIENNA STYLE" LAGER é cor de mel plena, e tem um colarinho firme impressionante. O perfil aromático traz fragrâncias de pão, com sugestões de lúpulo e fruta. O paladar é seco e redondo, com maltes maravilhosamente suculentos revelando, antes do final seco, um breve lampejo de doçura. Cereais frescos vagam pelo sabor residual. É uma interpretação muito saborosa, feita por um grande pequeno produtor, e já ganhou vários prêmios. Prove com frango assado, sanduíches de presunto, hambúrgueres leves, *tacos* e chuletas de porco.

Bock e Doppelbock

Na Europa, particularmente na Alemanha, a arte de fabricar cerveja sempre foi fonte de intenso orgulho cívico. Assim como a cidade boêmia de Pilsen emprestou seu nome ao estilo de cerveja mais popular do mundo, a cidade hanseática de Einbeck é evocada no nome da Bockbier, sua forte cerveja nativa. Na metade do século XIV, a indústria cervejeira de Einbeck já era célebre por toda a Europa. A cerveja aí feita escoava pelas rotas comerciais da Liga Hanseática, que alcançavam desde Rússia, Suécia, passavam pela Dinamarca, pelos Países Baixos, por França, Inglaterra e, finalmente, chegavam até mesmo ao Mediterrâneo e ao resto do Sacro Império Romano-Germânico.

Isso despertava o ciúme dos bávaros, que ainda não haviam se estabelecido como grandes cervejeiros, mas tinham ampla oportunidade de provar a cerveja fabricada no norte, conhecida no dialeto bávaro como *Ainpöckish Biere* ou *Oanbock*. Com o tempo, o nome foi abreviado para Bock, e tanto ele quanto a cerveja eram bem conhecidos por toda a nobreza bávara. Para os cervejeiros bávaros, superados em sua própria casa, além do prejuízo, a situação era extremamente constrangedora. Em 1540, o duque Ludwig X, da Baviera, importou um mestre-cervejeiro do norte para recriar, em Munique, a famosa cerveja Bock nortista e, assim, pôr fim à humilhação bávara. Ao longo dos anos, os cervejeiros de Munique foram cada vez mais bem-sucedidos, e a qualidade de sua cerveja começou a aproximar-se daquela das cervejas nortistas. Quando a Reforma e a Contrarreforma dividiram o norte protestante do sul católico, as cervejarias bávaras já estavam quase prontas para andar com as próprias pernas. Faltava apenas um detalhe para coroar seu sucesso. Em 1612, o duque Maximiliano I convenceu o principal mestre-cervejeiro de Einbeck a visitar Munique. Em seguida, o duque reteve-o na cidade para que fabricasse a autêntica cerveja Bock. Em 1614, a cervejaria real de Munique, a Hofbräuhaus, já estava produzindo cerveja Bock para sua população, despertando paixão imediata. Era o começo do predomínio cervejeiro da Baviera.

Soa como a trama de um filme de James Bond. Para que tanto esforço? Poder e requinte, uma combinação irresistível para os bávaros. As cervejas Bock são fortes e maltadas, com uma suavidade desenvolvida ao longo de meses de armazenamento a frio. O amargor moderado serve para equilibrar um paladar levemente adoçado, de corpo médio repleto de sabores caramelizados e torrados de pão. A estrela é o malte e nela há bastante, gerando um teor de 6% a 7%. Apesar da alta gradação, a cerveja não parece forte e, no final, o paladar seca. A maioria das cervejas Bock tem um tom entre o cobre profundo e o marrom, mas, recentemente, estão angariando popularidade as versões mais claras. As Hellesbock são bem douradas (daí o apelido de *Blondebock*, a Bock loira). As Maibock geralmente são âmbar-claras, e servem-se na primavera. Essas versões retêm um teor semelhante, e as melhores também preservam os sabores maltados intensos, porém com um corpo mais leve do que o das versões escuras. Antes da Lei

Seca, quase todas as cervejarias americanas de Lager fabricavam cervejas Bock, algumas o ano inteiro, outras como especialidade ansiosamente aguardada da primavera. Atualmente, nos Estados Unidos, há pouquíssimas Bock alemãs de teor-padrão disponíveis, mas os cervejeiros artesanais americanos têm criado algumas versões aceitáveis.

A palavra alemã *Bock* também significa "bode", e as cervejarias transformaram o bode na mascote da cerveja Bock. (Há, nisso, um paradoxo intrigante, já que a cerveja foi originalmente criada por monges, e o bode em geral carrega uma imagem satânica.) O bode, retratado em vários rótulos de cerveja Bock, muitas vezes está elegantemente trajado, bebendo, cabriolando e comportando-se de maneira festiva. E tem motivos de sobra, especialmente se estiver tomando a versão mais forte da cerveja, a chamada Doppelbock. Enquanto a Bock é originária do norte da Alemanha, Munique pode reivindicar a paternidade da Doppelbock. Em alemão, o nome de Munique é München, ou "lugar dos monges". Fabricar cerveja em mosteiros já foi prática comum, adotada por trapistas, franciscanos e outros, supostamente mais por questão de sobrevivência do que de prazer. Os seguidores de são Francisco de Paula, por exemplo, conhecidos como *Paulaners* (em português, Ordem dos Mínimos), jejuavam duas vezes ao ano, não podendo ingerir alimentos sólidos durante os quarenta dias da Quaresma (que antecedem a Páscoa) e as quatro semanas do Advento (anteriores ao Natal). Para ser consumida durante as festas, os monges fabricavam uma cerveja particularmente nutritiva. Embora, hoje em dia, os mais insensíveis possam achar o termo ligeiramente blasfemo, não é de surpreender que os monges a chamassem de *Sankt-Vaters-Bier* (cerveja do Santo Pai). No início de sua comercialização, em 1780, a população, impressionada com seu alto teor, passou a chamá-la de Doppelbock, ou seja, Bock dupla. Quando Franz Zacherl, no início do século XIX, adquiriu a cervejaria Paulaner, batizou de Salvator (Salvador) a forte cerveja da Quaresma.

O nome Doppelbock é um tanto fantasioso, já que a cerveja não tem, de fato, o dobro da gradação da original, mas não é difícil entender por que as pessoas ficaram impressionadas. O teor alcoólico dessas cervejas é de mais de 7%, mas está escondido por trás de um véu de sabor maltado suave. Um copo de Doppelbock tem cheiro de *Schwarzbrot* (pão preto de centeio) recém-saído do forno. O aroma estende-se ao paladar, sedoso, sustentado por amargor suficiente para evitar que o malte doce torne-se enjoativo. A cor varia desde um tom grená profundo até um quase preto, embora raramente haja sabores maltados verdadeiramente torrados. São cervejas para aquecer a alma nos dias escuros de inverno, ou para espantar o frio persistente do começo da primavera. Devido à sua antiga ligação com a Quaresma, a Doppelbock ficou associada à chegada da primavera. Embora, hoje, seja produzida o ano inteiro, muitas cervejarias lançam versões especiais no início dessa estação.

A cerveja fabricada pelos monges da Ordem dos Mínimos ficou tão famosa que, ao secularizarem a cervejaria, a empresa foi batizada oficialmente como Paulaner Salvator. No rótulo ainda há um monge; mas nenhum na fábrica. A Paulaner profana fabrica cerveja Salvator até hoje, mas não está mais sozinha. Após o sucesso da Salvator, outras cervejarias começaram a produzir suas próprias versões, adicionando o sufixo "-ator" a suas marcas. Hoje em dia, podemos agraciar nossos palatos com Celebrator, Maximator, Optimator, Magistrator, Kulminator, Triumphator e Bajuvator, entre outras. Às vezes, as cervejarias vão um passo adiante, fabricando cervejas Lager com teor acima de 10%. Em geral adquirem uma suavidade admirável, pois são envelhecidas por quase um ano antes de engarrafadas. E ficam sensacionais com queijos ou sobremesas.

EISBOCK

O folclore cervejeiro é abundante em relatos pouco confiáveis de estilos de cerveja descobertos por acaso, mas é quase certo que a história da cerveja Eisbock é verdadeira. Como qualquer um que tenha esquecido uma no congelador sabe, cervejas congelam a temperaturas bem baixas. Um taverneiro bávaro aprendeu isso da maneira mais difícil – deixou uma caixa de cerveja Bock forte do lado de fora da taverna e, ao voltar, estava parcialmente congelada. Era a única cerveja que tinha e não lhe restava outra escolha a não ser servi-la assim mesmo. No fim das contas, a cerveja mostrou-se particularmente forte e deliciosa, e os clientes aclamaram-no como gênio! Em essência, a cerveja havia sido destilada: parte da água congelara, deixando o álcool e o resto da cerveja intactos.

Fora descoberto um novo tipo de cerveja, batizado de Eisbock (*Eis* significa "gelo"), sem dúvida uma referência ao vinho alemão Eiswein, feito com uvas que congelaram na videira. A Eisbock é alcoólica e produz sensação de aquecimento, sendo por isso um ótimo aperitivo. Atualmente é especialidade da cervejaria Kulmbacher Reichelbrau, embora um ou outro cervejeiro artesanal americano tente reproduzi-la ocasionalmente. Aparentemente, a Eisbock também tem a duvidosa honra de ter inspirado as anêmicas Ice Beer, fabricadas no Japão, no Canadá e nos Estados Unidos por grandes cervejarias industriais. Você pode ignorar essas "Ice Beers", que não passam de desculpa para produzir comerciais de TV com cintilantes pedaços de gelo voando pela tela. Têm exatamente o mesmo gosto das outras cervejas massificadas.

BOCK E COMIDA

Nenhuma outra cerveja assemelha-se à Bock em seu sabor de malte de cevada tão autêntico, puro e concentrado – e notavelmente delicioso, capaz de envolver a comida feito seda e fundir-se a ela. O amargor preciso permite ao malte ter acesso aos sabores básicos de um prato, enquanto a doçura do malte aceita molhos com quantidade considerável de açúcar. É esse equilíbrio que torna a Doppelbock imbatível nesse terreno.

A Doppelbock é a parceira ideal dos pratos de cervo. O sabor intenso de caramelo do malte levemente queimado enlaça-se firmemente com o sabor da carne. A doçura do malte harmoniza com molhos frutados clássicos, como o de ginja, e a intensidade do malte lida bem com molhos reduzidos, escuros e viscosos. Assim, o sabor da cerveja e o sabor do cervo fundem-se completamente, num casamento perfeito. É impressionante: a afinidade é tão completa que parece que o cervo passou a vida inteira se alimentando apenas de malte. Se você realmente gosta de carne de cervo, tem o dever de degustá-la com uma Doppelbock. Falando em caça com pelo, você já provou alce? A Doppelbock é a cerveja certa para lidar com seu intenso sabor de caça.

Outras carnes de caça escuras, com penas, também ficam ótimas. Pato e ganso são bons parceiros, especialmente com molhos frutados. Pombo-torcaz ou mesmo o comum, com sua carne quase achocolatada, encontra na Doppelbock um acompanhamento elegante. Essas aves podem parecer pequenas demais para rechear, mas vale a pena o esforço, principalmente se você pretende degustá-las com cerveja, que se associa ao pão do recheio. Outra carne de caça de sabor intenso, que combina bem com cerveja Doppelbock, é a de javali. No Felidia Ristorante, em Nova York, tomei uma Doppelbock Celebrator, da Ayinger, para acompanhar um prato de *pappardelle* com javali selvagem, *funghi porcini* e cenoura. A combinação ficou maravilhosa, e a cerveja harmonizou tão bem com o cogumelo quanto com o javali. Cenouras cozidas tendem a ser adocicadas, portanto, também aí a doçura da cerveja veio a calhar. As Doppelbock mais doces também são ótimas combinações para *foie gras sauté* e *ris de veau*.

É óbvio que carne de porco fica excelente com Doppelbock. Leitão assado é combinação absolutamente espetacular: acontecem coisas mágicas quando os sabores de malte se encontram com a pele crocante. Se você não tem uma churrasqueira rotativa para assar seu próprio leitão, experimente lombo recheado com maçã *sautée* e *Klösse* de batata. A cerveja fica excelente com todos os elementos do prato: deliciosamente suculenta com a carne de porco, familiar e amigável com os *Klösse*, adoçada e sedosa com a maçã. Aliás, a Doppelbock adora batata e faz eco com os sabores de amido abiscoitados do tubérculo. *Klösse, gnochi*, purê de batata, batata assada na brasa ou no forno, batata frita caseira – a Doppelbock vai bem com todas as preparações. Embutidos em geral – a *Bratwurst* alemã, os italianos doces ou a linguiça de alho de Toulose – encontram na Doppelbock uma ótima parceira. As únicas exceções são os muito picantes, como a *andouille* (autêntica) da Louisiana, caso em que é preferível uma cerveja com sabores mais brilhantes.

Presunto traz sal ao paladar e contrasta bem com a doçura da cerveja Doppelbock. Seja cozido ou assado dá ótimas combinações, e presuntos crus, curados a seco, como o *prosciutto* di Parma, ficam ainda melhores. Um excelente aperitivo são os palitos de queijo Gruyère maturado, envoltos em fatias finas de *prosciutto*. Tome cuidado ao servir com Doppelbock, pois seus convidados podem pedir que você esqueça o jantar e sirva apenas isso a noite toda. Se o presunto estiver em um sanduíche, a Doppelbock é muito saborosa, mas, se ficar forte demais, opte por uma Bockbier simples ou uma Maibock, se conseguir achá-las.

A doçura do malte confere à cerveja Doppelbock uma habilidade especial para harmonizar com pratos que têm elementos doces. Muitos raviólis italianos são recheados com tubérculos ou polpas doces de vegetais. Um dos meus favoritos é o ravióli de abóbora com molho de nozes; outro, é o recheado com queijo de cabra e beterraba. A Doppelbock fica ótima com esses pratos e também aceita bem acompanhamentos doces de pratos de carne. Batata-doce, nabo e pastinaca (cenoura-branca) são todos um tanto açucarados, e a Doppelbock combina bem com eles, sem parecer rala ou excessivamente seca. Você também pode harmonizar Doppelbock com ingredientes doces de saladas. A cervejaria italiana Moretti fabrica uma Doppelbock excelente, a Doppio Malto, que já combinei com salada em que havia figos frescos, nozes e gorgonzola doce: resulta absolutamente delicioso.

Pode não parecer, mas a Doppelbock é boa opção para comida mexicana. Normalmente, vemos a culinária mexicana como abundante em sabores brilhantes – limão-galego, coentro e *chillis*. Isso vale apenas em parte – e todos aqueles feijões terrosos? Há também os cogumelos; os molhos pungentes, como *adobo*, *mole* e *pipian*; e vários sabores vegetais, como erva-de-santa-maria, figo-da-índia e pimentas estuvadas. Essas últimas, quando assadas ou defumadas, conferem dimensões novas a muitos pratos mexicanos – e a Doppelbock faz maravilhas com elas, pois a doçura do malte ajuda a cerveja a confrontar os condimentos picantes. Já os sabores de malte mantêm-se intactos e fundem-se com os sabores terrosos da comida. O La Palapa, tradicional restaurante mexicano de Nova York, serve um *puerco em pipían* (lombinho de porco com molho de sementes de abóbora) que costuma frequentar meus sonhos. O caráter maltado da Doppelbock Salvator combina maravilhosamente bem com o sabor defumado do molho e com os sabores de frutos secos da semente de abóbora. Um casamento surpreendente e brilhante. Falamos mais da comida mexicana tradicional do que da tex-mex, mas vários desses princípios também se aplicam a ela. Atualmente, as cervejas mexicanas são mais ralas, mas as Lager de estilo Vienna, trazidas ao México pelos regentes austríacos, tinham os mesmos sabores da Doppelbock, embora menos concentrados. Não é difícil entender por que se tornaram tão populares.

E não vamos nos esquecer da sobremesa. Cervejas Bock mais fortes e doces podem ficar ótimas com sobremesas, especialmente os clássicos *flan* de caramelo e *crème brûlée*.

FABRICANTES NOTÁVEIS DE BOCK

PAULANER-SALVATOR-THOMASBRÄU Anteriormente, a cerveja "Santo Pai" original era associada à Quaresma, mas hoje em dia é comercializada o ano inteiro. Poucas semanas antes da Páscoa, no início da primavera, a Paulaner secularizada ainda preserva a tradicio-

nal cerimônia de desarrolhar um barril de madeira de Paulaner Salvator para inaugurar a Starkbierfest, ou "temporada da cerveja forte". A PAULANER SALVATOR tem cor âmbar-escura, espesso colarinho bronze, e um intenso aroma maltado de *toffee*, com sugestões condimentadas de rum encorpado, melado e mel. O malte, rico e doce, é sentido na ponta da língua antes de o amargor, ajustado, apresentar-se para equilibrá-lo. O corpo é cheio, redondo, suave e sedoso, e o final é curto e semisseco. Essa cerveja implora por barriga de porco (cozida em fogo lento) ou leitãozinho assado. O malte doce funde-se com a carne cozida ou assada lentamente, criando uma combinação tão perfeita e satisfatória que às vezes me sinto culpado por gozar tamanho prazer. Essa combinação é praticamente óbvia, mas descobri que a Salvator tem inúmeros outros talentos. Quando provei cervejas com pratos mexicanos

O malte da Spaten Optimator retém doçura suficiente para acompanhar com muita classe um crème brûlée.

tradicionais, a Salvator inesperadamente se revelou uma estrela, atrelando seus sabores maltados intensos aos sabores de frutos secos dos pratos. Além disso, a doçura abrandou a ardência de *chillis* fortes. A Salvator é uma ótima parceira para queijos com sabores de frutos secos: experimente com queijos de leite de vaca mais duros, especialmente o suíço Gruyère bem maturado.

AYINGER Ao caminhar com Franz Inselkammer pela pitoresca cidadezinha de Aying, logo percebi que, embora não tenha título de nobreza, ele é considerado um príncipe. Esse senhor de idade, de feições notavelmente bonitas e porte real, é cordialmente cumprimentado por todos que o encontram. Aying situa-se nos contrafortes dos Alpes, cerca de 15 km de Munique, mas parece um mundo à parte. Os Inselkammer vivem em Aying desde 1804 – de início como fazendeiros e, a partir de 1878, como cervejeiros –, totalizando seis gerações. Quando, há vários anos, o filho mais velho de Franz manifestou seu desejo de dar prosseguimento ao negócio da família, o pai ficou extremamente contente e, em prados luxuriantes nos arredores da cidade, construiu uma nova cervejaria, que conta com um restaurante onde os clientes podem degustar especialidades bávaras quase em meio aos grandes tanques de fermentação – e as melhores mesas têm vista panorâmica dos Alpes à distância. A Ayinger também conta com um restaurante na cidade e uma charmosa hospedaria.

Fora da Alemanha, a cervejaria ficou famosa por sua AYINGER CELEBRATOR, uma Doppelbock muito escura, praticamente preta, de colarinho bronze, rico e macio. Cada garrafa traz, pendurado em seu pescoço, um bodezinho de plástico, mascote não oficial da Doppelbock. O aroma é bastante maltado, com notas de café e chocolate, que se apresentam juntos em um paladar maltado, encorpado e bem estruturado, com equilíbrio harmonioso entre os sabores de chocolate e *toffee* do malte doce e um amargor seco, conduzindo a cerveja a um final prolongado. O sabor residual mistura pão com café e chocolate, lembrando *pain au chocolat*.

A Celebrator é parceira excelente para sabores de caça, como cervo, pato, ganso e javali. Também fica ótima com lombo de porco recheado e presuntos de qualidade.

SPATEN Embora hoje em dia possa parecer vadiagem, ou até mesmo delinquência, meu irmão Roger e eu costumávamos sentar na soleira das casas de St. Mark's Place, em Manhattan, para ver a vida passar. Era o início da década de 1980, e a rua era um verdadeiro carnaval, uma ponte extravagante e confusa entre o mundo ordeiro da Universidade de Nova York e o de East Village, sombrio e *punk*. Era um espetáculo e tanto, mas não teria sido o mesmo sem uma boa cerveja.

Nossas opções incluíam a SPATEN OPTIMATOR, uma das primeiras cervejas realmente boas que tomei. O surpreendente, mesmo naquela época, era ela ser facilmente encontrada nas mercearias mais finas. O que primeiro nos atraiu foi provavelmente o nome (bem animador) e o rótulo ousado em forma de brasão retratando a *Doppelspaten*, uma dupla de pás brancas sobre um escudo vermelho. O nome Spaten e o símbolo da pá evocam o nome de Georg Spät, que comprou a cervejaria em 1622. O rótulo era atraente, mas foi o sabor da cerveja que conquistou nossa lealdade. A Spaten Optimator é de um tom marrom-ferrugem profundo, com aroma leve de *toffee* e breve nota de lúpulo. São predominantes os sabores doces de caramelo e *toffee*, com o lúpulo fornecendo um bom equilíbrio em uma estrutura encorpada. No final, prolongado, a cerveja fica leve, com sabor residual de chocolate e caramelo. Dá quase para imaginar monges em jejum sobrevivendo dessa cerveja: há bastante açúcar residual, e a qualificação de "pão líquido" parece particularmente apropriada. Fica excelente com leitãozinho assado, lombo de porco recheado, cervo e embutidos. Também vai muito bem com ravióli de abóbora, especialmente com molho de nozes. A excitante época do *punk--rock* no East Village já passou e, hoje em dia, o bairro é cheio de restaurantes da moda, onde você pode degustar sua Optimator sem vadiar nos degraus da casa de alguém.

SCHLOSSBRAUEREI EGGENBERG *Schloss* significa "castelo", embora nesse caso se refira a uma enorme casa em Eggenberg, no meio do caminho entre Linz e Salzburg, na Áustria. Apesar da ilustre tradição cervejeira, a Áustria não é mais reconhecida por sua cerveja. Essa cervejaria pequena, num "castelo", com sua linha de cervejas robustas, preserva a tradição. Quando a alemã Feldschlossen comprou a cervejaria suíça Hurlimann em 1996, repentinamente uma das cervejas mais notáveis do mundo se viu desabrigada. A Hurlimann fabricava a SAMICHLAUS, na época a Lager mais forte do mundo, com teor de 14%. A Samichlaus, que significa "Papai Noel" no alemão da Suíça, era fabricada uma vez por ano, em 6 de dezembro, Dia de São Nicolau. Em seguida, era envelhecida por um ano e comercializada somente em 6 de dezembro do ano seguinte. A Feldschlossen decidiu que não tinha mais interesse em fabricar essa famosa (mas restrita) especialidade e, para a tristeza dos especialistas do mundo todo, interrompeu a produção da Samichlaus. Vendo aí uma boa oportunidade, a Schloss Eggenberg comprou os direitos de fabricação da cerveja e reintroduziu-a no mercado.

O rótulo é infeliz, com o lema vulgar "Der Stärkste Bier der Welt – Guinness Book of World Records". Há tempos esse recorde de cerveja mais forte do mundo já foi superado, e a cerveja tem outras qualidades bem superiores: sua bela cor vermelho-rubi e um colarinho que, rapidamente, transforma-se em um anel na parede do copo. O aroma de malte é admiravelmente intenso, lembrando carne, com notas de *toffee*, pão assando, vinho do Porto Tawny e frutos secos. O paladar é redondo, suave, de tisana doce, com acidez frutada e lupulagem perfeitamente ajustada, que desaparece num final prolongado e limpo. O sabor residual é de mel. É uma cerveja absolutamente admirável, provavelmente melhor do que antes. Combine com *foie gras sauté* ou em *terrine*, *magret* de pato, sorvete, *crème brûlée* ou sobremesas de chocolate. Ou faça a festa com queijos, desde os de cabra, doces e frescos, ao Stilton e outros queijos azuis salgados, ou o frutado Gruyère maturado, com seu sabor de frutos secos. Além disso, sozinha ou acompanhada por um charuto, é um digestivo espetacular. Deguste-a feito um Porto Vintage ou um uísque escocês de malte único que a Samichlaus não fica a dever em nada.

EINBECKER BRAUHAUS "Ohne Einbeck gäb's kein Bock-bier" diz o cartaz na fachada da última cervejaria de Einbeck: "Sem Einbeck não haveria cerveja Bock". É verdade. A Einbecker Brauhaus é herdeira solitária da tradição cervejeira hanseática, que deu a Einbeck a alcunha de "cidade da cerveja". Aí, uma *Städtische Brauerei*, ou cervejaria municipal, foi construída em 1794, consolidando, numa empresa pública, direitos de fabricação privados. Em 1854, essa cervejaria comercializou cerveja engarrafada pela primeira vez, e até hoje é usada a mesma garrafa característica, de ombro baixo. Em 1880, a cidade vendeu ações da cervejaria, que abriu definitivamente seu capital em 1967. Hoje, a Einbecker Brauhaus pertence ao grande grupo alemão Brau und Brunnen, que também controla a Dortmunder Union Brauerei, entre várias outras cervejarias.

A Einbecker fabrica duas cervejas Bock. A EINBECKER UR-BOCK DUNKEL não é bem uma Dunkel – tem cor âmbar plena e brilhante, e aroma maltado condimentado, equilibrado por notas de lúpulos florais. As primeiras impressões são de sabores maltados concentrados de *toffee*, mas a doçura momentânea é rapidamente controlada por um amargor amplo e firme. O paladar seca ao alcançar o centro suculento e maltado, terminando num final seco, quase calcário. Um amargor apetitoso persiste no sabor residual. Firme e bem estruturada, seu teor é de 6,5% e a lupulagem, de confiança. Deixe-a sentir, nos dentes, lombo de porco assado, frango assado, churrasco e *quesadillas* de cogumelos.

A Einbecker Mai-Ur-Bock é uma cerveja tradicional de primavera, de um tom laranja bem pálido, um colarinho macio quase branco e um aroma maltado de *toffee* e mel. Maltes redondos e macios apresentam-se primeiro, logo seguidos por um breve amargor para contrabalançar a doçura do malte. O centro é condimentado e suculento, com notas de *toffee*, e até o longo final – lupulado, maltado e seco – a cerveja preserva um equilíbrio refrescante. É deliciosa, pois o lúpulo e o malte competem para dominar o paladar. Antigamente, a lupulagem robusta aumentava a capacidade de resistir a longas viagens. Agora, com sua interação entre malte e lúpulo, é uma cerveja interessante, ótima para casar cerveja e comida. Tem tanto amargor quanto intensidade de malte, sendo uma escolha óbvia para leitão assado, bifes, hambúrgueres e churrasco. As cervejas Einbecker vão bem até com peixes fritos.

AASS BRYGGERI Fundada em 1834, a cervejaria Aass é a mais antiga da Noruega. O nome não tem nada a ver com "asno" (em inglês, *ass*) – é o sobrenome de família dos donos e pronuncia-se "öse", um modo antigo de dizer-se *ås*, "alto da serra" em norueguês. A cervejaria fica em Drammen, às margens do rio de mesmo nome, cerca de 40 km ao sul de Oslo. Poul Lauritz Aass comprou a cervejaria em 1860 e hoje ela é administrada pela quarta geração de seus descendentes. Bem antes de saber o que era malte, eu já adorava os sabores maltados da Aass Bock. O rótulo rosa e preto, bastante original, retrata um bode bebendo de uma espumante caneca de cerveja. A cerveja tem cor grená profunda e um impressionante aroma de malte, que lembra uma tigela de cereal quente ou, melhor, o mosto na cervejaria. O paladar é redondo, delicioso e suave, com ondas leves – de malte, chocolate, alcaçuz e *toffee* – acariciando a língua, revelando-se suculento e semisseco no centro. O final é prolongado, maltado e limpo. Antes de ser engarrafada, a cerveja fica armazenada durante seis meses, o que é evidente no sabor. Trata-se de um maravilhoso clássico mundial,

AO LADO:
O nome Aass lembra *ass* ("asno", em inglês), entretanto não é ele que se diverte no rótulo da Aass Bock, mas o tradicional símbolo da cerveja Bock: um bode.

com poucos rivais na Alemanha. É muito versátil e opção perfeita para leitão assado, lombo de porco assado, *puerco en pipían*, cervo e pratos variados de carne de caça.

AUGUSTINERBRÄU WAGNER Em alemão, Munique é München, que significa "lugar dos monges", e esse conceito é retratado no símbolo da cidade, um monge encapuzado, com as mãos estendidas. Os franciscanos deram início à Spaten, os mínimos fundaram a Paulaner, mas os agostinianos foram os pioneiros. Fundaram seu mosteiro em 1298, a poucos passos da famosa Frauenkirche. Em 1328, já estavam fabricando cerveja. A cervejaria foi secularizada em 1803 e, por pouco tempo, pertenceu à cidade, até ser comprada por Anton e Therese Wagner em 1829. Hoje, o imponente salão de cerveja Augustiner ocupa o local onde ficava a antiga cervejaria – a atual foi construída nas proximidades, em 1885, sobre as antigas adegas. Muita gente em Munique considera a Augustiner a melhor cervejaria da cidade e costuma recomendar suas cervejas aos especialistas. Todas as Augustiner têm um caráter maltado intenso maravilhoso, especialmente a Doppelbock Augustiner Maximator. A cerveja tem bonita cor marrom-grená e aroma intenso e maravilhoso de *toffee*, caramelo e uva-passa queimada, com sugestão de fumaça. Maltes doces deliciosos acariciam suavemente a língua, à medida que o amargor leve apresenta-se para equilibrar a doçura. O centro tem sabor de pão preto com uvas-passas recém-saído do forno. O final é prolongado e semisseco, com notas de uva-passa, deixando um sabor residual de cereais. Não é difícil imaginar os monges sobrevivendo dessa cerveja durante as semanas do jejum da Quaresma. A Maximator é cerveja belíssima, doce, rica e inflexivelmente tradicional. Carinhosamente, deguste-a com leitão assado, lombo de porco, cervo, embutidos de javali ou cervo, ripa de costelas, Gorgonzola *dolce* ou *panna cotta*.

Schwarzbier

Embora antigamente todas as cervejas fossem escuras, poucas chegaram a ser verdadeiramente pretas. Algumas Stout são bem pretas, mas contra luzes fortes apresentam tons avermelhados. Na ex-Alemanha Oriental, no estado da Turíngia, há uma cerveja tão preta, na cidade de Bad Köstritz, que é chamada simplesmente de *Schwarzbier*, ou "cerveja preta". A KÖSTRITZER SCHWARZBIER guarda alguma semelhança com a Irish Stout, ao combinar amargor pronunciado e sabores de café torrados e secos em um corpo de leve a médio.

Presa na cápsula do tempo que era a Alemanha Oriental, a Köstritzer Schwarzbierbrauerei emergiu da Guerra Fria mantendo intacto esse estilo antigo, que aparentemente havia desaparecido há tempos em outros lugares. É difícil dizer como a cervejaria conseguiu fazer isso. Outras cervejarias fizeram o que seria impensável no passado: reagindo à falta de uma moeda forte, ignoraram a *Reinheitsgebot* e começaram a adicionar milho à cerveja, como os americanos haviam feito décadas antes. Não tendo a tecnologia das grandes cervejarias americanas, a maioria das cervejarias da Alemanha Oriental fabricou produtos horrorosos. Numa tarde ventosa em 1986, entrei num bar em Berlim Oriental e pedi uma cerveja chamada Bären. Foi a pior cerveja que já provei em solo alemão: rala e com gosto de sabão. Depois da queda do muro, a cervejaria Bitburger comprou e reformou a Köstritzer, introduzindo-a no mundo moderno para fabricar um estilo clássico, quase extinto de cerveja.

As cervejarias japonesas Sapporo e Asahi fazem cervejas bastante semelhantes, provavelmente inspiradas pelas cervejas pretas da Turíngia. A maioria das cervejarias asiáticas mais antigas foi originalmente iniciada por mosteiros alemães, e é provável que as cervejarias monásticas tenham trazido ao Japão esse estilo de cerveja. (No passado, havia mosteiros alemães espalhados pelo mundo todo, o que provavelmente também explica por que a Índia só produz cerveja Lager, apesar dos séculos de influência britânica.) Recentemente, algumas cervejarias artesanais americanas repararam nesse estilo de cerveja obscuro e começaram a produzir suas próprias Schwarzbier. Sem dúvida, os turíngios achariam graça em saber que atualmente se fabrica mais cerveja Schwarzbier nos Estados Unidos do que na Alemanha. Talvez por ter bastante sabor e teor leve, de cerca de 3,5%, é uma das cervejas favoritas nos estados norte-americanos em que o teor alcoólico da cerveja é limitado por lei. Alguns *brew pubs* de Utah, por exemplo, fazem Schwarzbier espetaculares.

SCHWARZBIER E COMIDA

Embora a Schwarzbier seja uma Lager, seu sabor é dominado por maltes torrados, o que lhe confere forte semelhança com a Irish Stout. Todavia, a Schwarzbier nunca é servida com o tipo de colarinho cremoso nitrogenado que faz a fama das Irish Stout; e sua alta carbonatação lhe dá um vigor extra. É cerveja ótima para filé grelhado, especialmente se estiver sapecado por fora. O mesmo vale para hambúrguer, e a cerveja aceita bem os acompanhamentos mais comuns. Os sabores achocolatados amargos fazem da Schwarzbier uma boa parceira para os tradicionais molhos *mole* mexicanos, que são mais austeros e complexos do que doces.

Cerveja preta fica muito saborosa com comida escurecida. A Schwarzbier fica brilhante com frango e chuletas de porco escurecidas, à moda *cajun*. Minhas versões prediletas desses pratos são bastante picantes, e a cerveja é suficientemente robusta para lidar com a ardência. A afinidade da cerveja com a técnica de escurecimento na panela (*pan-blackening*) parece óbvia, mas a intensidade das harmonizações pode surpreender. Não podemos nos esquecer dos acompanhamentos – a Schwarzbier aceita bem feijão-fradinho, *dirty rice* e até quiabo. Jambalaya, a versão *cajun* da *paella* espanhola, pode ser bem picante e repleta de ingredientes variados, desde lagostim a *andouille* e frango. Os sabores torrados puros da Schwarzbier atravessam tudo e ajudam a fundir, no palato, os sabores díspares.

Embutidos são opção óbvia, e a Schwarzbier vai bem com todos, especialmente os grelhados. Presunto também faz boa combinação. Essa cerveja fica ótima com um sanduíche na hora do almoço, e ainda mais se for com pão preto, que realça a combinação. Pão integral traz à mente *pastrami* e *corned beef*, que também seriam ótimos parceiros para a Schwarzbier.

FABRICANTES NOTÁVEIS DE SCHWARZBIER

EINBECKER BRAUHAUS Essa cervejaria é mais conhecida por sua cerveja Bock e um pouco menos por sua pronunciada, seca e aromática Pilsen. Curiosamente, o *site* da cervejaria não faz qualquer menção à EINBECKER SCHWARZBIER, que só chegou aos Estados Unidos recentemente. A cerveja é de um tom marrom-ferrugem bem profundo e tem aroma maltado de *toffee*, caramelo e chocolate. O paladar é meio encorpado, suave e redondo, equilibrado por lupulagem leve, e os sabores torrados contribuem para uma acidez saborosa e suculenta no centro. O final é breve, limpo e seco, com leves sabores residuais de café e chocolate. A torrefação é utilizada mais para estrutura do que para intensidade de sabor, que é assumido pelos maltes caramelizados. Essa cerveja fica maravilhosa com pratos *cajun* e mexicanos terrosos, e é um ótimo acompanhamento para presunto assado com macarrão caseiro e queijo.

KULMBACHER Kulmbach, uma cidade da Francônia, é conhecida há mais de 650 anos por sua cerveja. Aí, em 1349, foi instalado um mosteiro com cervejaria e, ao longo dos séculos, a reputação das saborosas cervejas escuras dos monges espalhou-se pela região. As cervejas de Kulmbach tendem a ser mais escuras do que as de Munique, sua antiga cidade rival, ocupando um espaço peculiar entre o estilo Dunkel padrão (escura) e o estilo Schwarzbier (preta).

O rótulo Mönchshof da cervejaria Kulmbacher faz menção aos monges pioneiros, e a cervejaria reserva o rótulo Mönchshof para suas cervejas mais tradicionais. A KULMBACHER MÖNCHSHOF KLÖSTER-SCHWARZBIER é bem escura, de um tom marrom--avermelhado profundo, tem colarinho extravagantemente firme e aroma de *toffee*, caramelo e chocolate ao leite. O paladar é suave, seco e sedoso, com um equilíbrio admirável de maltes achocolatados voluptuosos e lupulagem vigorosa. Os sabores são lineares – a cerveja termina como começa: seca e suave. Lúpulo e café emergem no sabor residual. Embora não seja totalmente preta, é uma interpretação elegante do estilo, revigorante e muito agradável. Deguste-a com bifes, rosbifes, cervo, lombinho de porco, embutidos, presunto assado e pratos mexicanos com feijão-preto.

9

Novas tradições:
cerveja artesanal americana

Em 1876, havia 2.700 cervejarias nos Estados Unidos. Muitas eram pequenas, fornecendo para um restaurante, um bairro, uma cidade ou uma região.

Nenhuma de suas cervejas era distribuída em escala nacional. As cervejarias americanas fabricavam ampla variedade de estilos – Pale Ale, Vienna Lager, Pilsen, Weissbier, Brown Ale, Porter, Stock Ale, Steam Beer e outras. A cultura da indústria cervejeira americana era tão variada e vibrante quanto a cultura do próprio país, revigorada pelos imigrantes e suas tradições de cerveja e comida.

Cem anos depois não havia mais nada. Nos Estados Unidos, um país com mais de 240 milhões de habitantes, restavam apenas quarenta cervejarias. E, o que era pior, quase todas as quarenta cervejarias fabricavam basicamente o mesmo produto. Pior ainda, esse produto era insípido. Fosse Pabst (que em 1976 ainda era a marca mais vendida), Budweiser, Miller ou Coors – quem podia distingui-las de fato? Em testes cegos de degustação, os próprios mestres-cervejeiros tinham dificuldade em diferenciar suas cervejas das dos rivais. Os consumidores eram fiéis à marca na garrafa ou lata, mas, por dentro, não havia nenhuma razão para lealdade. As geladeiras dos supermercados e mercearias tinham Budweiser, Miller, talvez Coors (ou possivelmente uma marca regional de sabor igual), American Löwenbrau (fabricada pela Miller, disfarçada de alemã) e quem sabe algumas garrafas vencidas de Bass Ale. Desde aquela época, as marcas massificadas mudaram muito pouco. Os *bartenders* contam-me que quando acaba certa marca de cerveja massificada na pressão, simplesmente conectam a tor-

neira a um barril de outra marca e vendem sob o mesmo nome. Ninguém jamais percebe a diferença.

Justiça seja feita, essas cervejas combinavam com a época. A cultura alimentar americana como um todo se tornara insípida e massificada. Nos supermercados, prateleiras inteiras acomodavam marcas diferentes de pão branco, muitas subsidiárias da mesma empresa. Pão "integral" era pão branco com um pouco de farelo e muito corante. O café, esse vinha em cristais solúveis; os vegetais, em blocos congelados; e o *ketchup* era o rei dos temperos. Queijo? Que eu me lembre, havia três variedades – queijo americano fatiado (fatias individualmente embaladas para seu conforto), queijo cheddar amarelo em pedaços e mozarela desfiada. Se você morasse num bairro italiano, ocasionalmente podia ter a sorte de encontrar ricota. Para quem passara algum tempo na Europa, comendo e bebendo com qualidade, a culinária americana era, sem meias palavras, um inferno.

Em meados da década de 1970, na Califórnia, uma revolução começou a tomar curso. Pessoas que haviam viajado para a Europa e conhecido as maravilhas da boa comida resolveram resgatar essa sensibilidade perdida entre os americanos. Alice Waters abriu, em Berkeley, o restaurante Chez Panisse, com uma culinária baseada em técnicas francesas e ingredientes locais orgânicos de alta qualidade. Fabricantes de vinho dos vales de Napa e Sonoma começaram a pôr de lado seus garrafões e criar vinhos sérios, voltados para harmonizações. A ideia, bastante estreita, de cerveja como bebida simples e insípida para as massas não convencia pessoas que haviam visitado a Inglaterra, a Alemanha ou a Bélgica. Tinham degustado Bitter maltadas nos *pubs* ingleses, Weissbier condimentadas nos ensolarados *Biergärten* alemães, e Ale trapistas nos cafés belgas à beira dos canais. Não estavam dispostas a beber uma efervescência sem gosto, imposta pelas grandes cervejarias.

Jack McAuliffe era uma dessas pessoas. Na Grã-Bretanha, servira na marinha americana e ficara impressionado com as Pale

AO LADO:

Cresce uma cervejaria no Brooklyn, que já chegou a abrigar 48 cervejarias. Na fabricação de cervejas tradicionais, Brooklyn tem um passado orgulhoso e um futuro brilhante.

Ale e Bitter que provara. Em 1976, de volta aos Estados Unidos descobriu que não havia nada para beber com um mínimo de sabor. E resolveu o problema criando a primeira nova microcervejaria pós-Lei Seca em Sonoma, no norte da Califórnia, em meio a uma região produtora de vinho. New Albion, o nome da cervejaria, remetia à sua inspiração britânica, e ele começou produzindo pequenos lotes de Ale em estilo britânico. Embora fossem excelentes, McAuliffe estava à frente de seu tempo, e sua cervejaria durou apenas seis anos. Todavia, serviu de inspiração para várias outras, incluindo a atual Mendocino Brewing Company, sucessora da New Albion. Havia uma mudança cultural em curso, despertando uma nova consciência de sabor.

A onda crescente também levantou antigos barcos. A Anchor Brewery, de São Francisco, sobrevivera ao final do século XIX, mas estava nas últimas quando Fritz Maytag (herdeiro do império Maytag de eletrodomésticos) a comprou em 1965. Surpreendentemente, Maytag recuperou a cervejaria graças ao estilo Steam Beer, uma relíquia que fizera fama durante a corrida do ouro na Califórnia. Animado pelo sucesso, começou a resgatar outros estilos tradicionais. Suas cervejas inspiraram outros cervejeiros, iniciando uma reação em cadeia.

Nos Estados Unidos, houve época em que muitos restaurantes fabricavam sua própria cerveja, mas foram todos exterminados pela Lei Seca. Agora, novos *brew pubs* começaram a pipocar por toda a parte. O conceito era baseado na revolucionária cadeia inglesa Bruce's Breweries, fundada por David Bruce. Esses *pubs* (que ao mesmo tempo eram cervajarias) começaram fabricando estilos antigos de Ale, com grande intensidade de sabor. Pequenas cervejarias independentes, que produziam menos de 15 mil barris, passaram a ser descritas por um novo termo – microcervejarias. O movimento da cerveja artesanal começou na região de vinho da Califórnia, ganhou as regiões de cultivo de lúpulo nos estados da costa Noroeste do Pacífico e depois se espalhou pela Costa Leste. Jim Koch, um profissional de propaganda e *marketing* com vá-

Na Brooklyn Brewery, coleção de garrafas de cervejas nova-iorquinas do século XIX.

rios cervejeiros em sua árvore genealógica, fundou a Boston Beer Company e lançou seu carro-chefe, a Samuel Adams Boston Lager. Em Nova York, o distrito do Brooklyn, há tempos destituído das 48 cervejarias que ostentava orgulhosamente no final do século XIX, testemunhou o nascimento da tradicionalista Brooklyn Brewery, fundada pelo jornalista Steve Hindy e o banqueiro Tom Potter. O recado era claro – a cerveja saborosa estava de volta e tinha orgulho de ser americana. Usando uma engenhosa mescla de *know-how* publicitário e *marketing* de guerrilha, Jim Koch e sua Samuel Adams Boston Lager levaram o sabor da verdadeira cerveja a milhões de americanos que nunca sequer tinham percebido o que estavam perdendo. À medida que as pequenas cervejarias viravam empreendimentos regionais, o nome microcervejaria começou a perder sentido, pois algumas delas não eram mais "micro". Mas seguiram produzindo cerveja de alta qualidade, sendo então cunhado o termo cervejaria artesanal, para descrever os produtores que criavam cervejas tradicionais com ingredientes tradicionais, usando métodos tradicionais. Ou seja, cerveja de verdade. E quando alguém começava a beber cerveja de verdade, não havia mais volta.

Hoje em dia, é um mundo totalmente novo. Há novamente mais de mil cervejarias nos Estados Unidos. Minha mercearia local, no Brooklyn, vende mais de 100 marcas de cerveja, cinco diferentes marcas de legítimo *maple* (xarope de bordo), dez de mel, doze de vinagre, quatro de azeite e uma batelada de condimentos. Virando a esquina, há uma casa de frios digna de Paris, com vários tipos de queijo, seis presuntos diferentes, e frangos assados no espeto, pingando seus sucos num leito de batatas douradas. Há sorvete espanhol com sabores como Grand Marnier e Chocolate. No *Brooklyn*! Finalmente chegamos lá.

As cervejas artesanais americanas estão voltadas para esse novo mundo de sabor. São inspiradas nos estilos de cerveja europeus, mas tendem a ser mais ousadas, ostentosas e extravagantes, como os americanos. A palavra de ordem da cerveja artesanal americana é *mais*. Mais lúpulo, mais malte, mais sabores caramelizados, mais sabores torrados, mais aroma e, às vezes, mais álcool. Algumas delas viraram novos estilos, gerando seus próprios imitadores. Esses novos estilos americanos têm sabores diferentes dos de seus antecessores europeus e maneira diferente de combinar com a comida. É por isso que vale a pena analisá-los separadamente. A mistura inebriante da nova e vibrante cultura alimentar, a ampla disponibilidade de cervejas clássicas importadas, e o surgimento de cervejas artesanais americanas de alta qualidade fizeram dos Estados Unidos o melhor lugar do mundo para se desfrutar o suco da cevada.

American Pale Ale, American Amber Ale e American India Pale Ale

No final da década de 1970 e início da década de 1980, à medida que a fabricação de cerveja artesanal começou a florescer na Califórnia, os primeiros cervejeiros descobriram que tinham alguns problemas. Um deles, obviamente, era dinheiro. Os cervejeiros não tinham muito capital para investir, e cada cervejaria precisava, o quanto antes, estabelecer um fluxo de caixa razoável para não ir à falência. Embora as mais populares no país fossem as cervejas Lager, necessidades econômicas apontavam para as Ale. Para a fermentação e maturação a frio, as Lager exigiam bastante refrigeração, e envelhecimento prolongado significa menor produção em um número limitado de tanques. Poucas cervejarias tinham recursos para tanto, então a opção foi Ale. Para a maioria dos cervejeiros, era uma solução satisfatória, já que sua inspiração inicial viera das maravilhosas Ale inglesas. No entanto, isso gerou um segundo problema – ingredientes. O sabor dos maltes e lúpulos ingleses era totalmente diferente dos equivalentes americanos. Havia a opção de importar os ingredientes, mas a Inglaterra ficava a mais de 9 mil quilometros da Costa Oeste, e o custo do transporte seria extremamente alto.

Os cervejeiros então se deram conta de que não precisavam fabricar cervejas idênticas às britânicas: os Estados Unidos tinham maltes e lúpulos próprios. Assim, procuraram os melhores ingredientes disponíveis na América do Norte. Os maltes de cevada canadenses e americanos tendem a ter sabores mais puros e leves, e não sabores abiscoitados intensos. São bons maltes, mas não têm o tipo de caráter distinto que diferencia os melhores maltes alemães e ingleses. Os lúpulos, porém, são outra história.

Os cervejeiros alemães e britânicos há muito desprezavam os lúpulos americanos, considerando seu amargor pronunciado demais e os aromas muito exóticos. Os novos cervejeiros americanos acharam esses lúpulos fascinantes, e neles basearam suas cervejas. O novo lúpulo experimental Cascade, cultivado no vale de Yakima, no estado de Washington, era exatamente o que estavam procurando. O Cascade era um cruzamento da variedade inglesa Fuggle, de aromas terrosos, com um lúpulo selvagem americano. Resultou em uma planta robusta, que produzia flores com quase o dobro dos compostos aromáticos da variedade inglesa e tinha bastante personalidade. Para amargor, o Cascade é um ótimo lúpulo, mas é o aroma que o torna especial. É repleto de aroma cítrico de toranja, com notas de groselha-preta e acículas de pinheiro. É um aroma extremamente vivo, parecido com o dos melhores vinhos brancos Sauvignon. O lúpulo Cascade, seu primo Chinook e o arrojadamente resinoso Centennial formaram a base do estilo American Pale Ale, criado pelos cervejeiros da Califórnia.

As American Pale Ale têm cor que varia de um tom dourado profundo ao cobre, aromas intensos, e um paladar seco, de corpo médio, sustentado por sabores de malte relativamente brandos. O amargor inicial pronunciado dá lugar, no centro, a sabores levemente frutados e maltados, que conduzem a um final seco e limpo. A Sierra Nevada Pale Ale é uma versão clássica do estilo, e talvez seja a cerveja mais imitada nos Estados Unidos. Serve de parâmetro de comparação para todas as outras Pale Ale produzidas no país. Se um cervejeiro americano lhe disser que nunca a provou, é provável que esteja mentindo.

As versões mais escuras da American Pale Ale são ocasionalmente chamadas de Amber Ale, ou, mais vagamente ainda, apenas Amber. Em certa medida, Amber Ale é um termo genérico difícil de caracterizar. Em geral, são cervejas acobreadas, com sabor de malte caramelizado mais acentuado que o das mais claras. Às vezes são encorpadas e podem ser bastante frutadas. Quase todas apresentam um caráter cítrico de lúpulo americano. Para nós, é uma discussão demasiado esotérica se a Amber Ale pode ou não ser considerada um estilo à parte. Seja qual for o sexo dos anjos, se aparecer a palavra *amber* no rótulo espere mais sabor de malte caramelizado e talvez um pouco mais de fruta.

Na década de 1980, o estilo IPA foi resgatado pelo cervejeiro tradicionalista Bert Grant, que de início era um cientista de cervejaria e especialista em lúpulos, e montou sua cervejaria em Yakima, Washington, logo começando a explorar as plantações de lúpulo vizinhas. Produziu uma IPA de corpo relativamente leve, mas extremamente seca – o amargor ardente praticamente fazia decolar quem ousasse prová-la. Bert Grant era um iconoclasta e, se você comentasse que a cerveja dele era lupulada demais, respondia jovialmente que fabricara a cerveja para prazer próprio, não dos outros. Uma atitude semelhante ainda é popular entre alguns cervejeiros de IPA da região oeste, simbolizada por uma cerveja da Stone Brewing Company, a espantosamente forte (e popular) Arrogant Bastard IPA.

A American India Pale Ale caracteriza hoje um estilo em si. Restam poucos exemplares britânicos do estilo original, mas nos Estados Unidos são fabricadas várias versões de IPA, sendo um dos estilos prediletos entre os cervejeiros artesanais. As melhores preservam aroma impetuosamente resinoso de lúpulo e um amargor afiado, seguido de um centro maltado sólido, que sustenta os lúpulos até o final seco. Podem ser pouco equilibradas, mas de maneira agradável. No entanto, qualquer um pode jogar toneladas de lúpulo na caldeira, e as versões mais rústicas, embora interessantes, devem ser deixadas para os mais devotos "lupulomaníacos". As cervejas de melhor qualidade são apetitosas do começo ao fim e têm aromas de lúpulo que mal podem esperar para combinar com comida.

AMERICAN PALE ALE, AMERICAN AMBER ALE, AMERICAN INDIA PALE ALE E COMIDA

Embora a maioria de nós nem tenha notado, há alguns anos a cultura alimentar americana rompeu uma barreira. Pela primeira vez, as vendas de *ketchup*, o rei dos condimentos americanos industrializados, ficaram abaixo das vendas de molhos tipo *salsa*. A comida dos americanos nunca foi tão condimentada, e grande parte da influência veio do México. A comida mexicana é bastante regional – em Yucatán, por exemplo, você não encontrará o *burrito* texano-mexicano. No entanto, há elementos comuns, como *chillis*, frutos cítricos, cominho, coentro e outros sabores brilhantes, às vezes combinados com os sabores opacos de cogumelos, milho, frutos secos e fumaça.

Com esses sabores, a American Pale Ale faz a festa, e os aromas vivos e cítricos da cerveja fornecem combinações perfeitas para ampla variedade de pratos mexicanos. Os lúpulos Cascade, Chinook e Centennial têm sabor de limão-galego e coentro. O amargor robusto dessa cerveja atravessa queijos e suaviza a ardência dos *chillis*, enquanto os sabores lupulados se entrelaçam com os outros condimentos. Tais cervejas são vigorosas e exuberantes. Certa vez, o comediante Steve Martin disse que, num banjo, é difícil tocar uma melodia triste. É verdade, e sinto que uma boa American Pale Ale tem um sabor semelhante ao som do banjo – notas vibrantes, vivas, felizes. Essas cervejas ficam ótimas com receitas condimentadas de frutos do mar, especialmente camarão. O que mais? *Tacos, quesadillas, tamales, chimichangas, chillis rellenos, tostadas, chilaquiles, panuchos, enchiladas, fajitas, huevos rancheros* – a lista é interminável. Combinando essas comidas com American Pale Ale não há como errar.

A culinária mexicana é muito influente na Califórnia, e é difícil resistir à teoria de que o desenvolvimento inicial desse jovem estilo de cerveja esteve, de alguma maneira, atrelado à sua afinidade por comida mexicana. É óbvio que os pratos mencionados são apenas uma pequena fração do vasto universo da cozinha mexicana. Posso afirmar, no entanto, que já li livros inteiros sobre o assunto e nunca vi um único prato que não combinasse bem com um bom copo de American Pale Ale.

Por razões semelhantes, pratos tailandeses e vietnamitas também combinam muito bem. A comida tailandesa é famosa por seu equilíbrio de elementos doces, ácidos, salgados e condimentados, e o caráter lupulado da American Pale Ale entrelaça-se com cada um deles. A cerveja combina muito bem com sabores de limão-galego, *galangal* (gengibre-pavão ou galanga) e tamarindo. Um dos meus pratos tailandeses prediletos é um pargo inteiro, frito até ficar crocante, e depois coberto com molho picante à base de tamarindo. O amargor da American Pale Ale confronta o molho e ajuda a definir o sabor do peixe. É ótima combinação.

AO LADO:
Os aromas de pinheiro e limão-galego do lúpulo americano Cascade – abundante em algumas American Pale Ale – parecem feitos para combinar com coentro, especiarias e pimentas muito ardidas.

Os exuberantes lúpulos americanos também proporcionam bom contraponto aos sabores mais opacos da comida tailandesa como *tofu*, coco, amendoim e molho de peixe. Com comida vietnamita, acrescentamos outros elementos, como pimenta-do-reino e folhas de hortelã, e a cerveja também vai muito bem com eles.

Fabricada originalmente na Inglaterra, a India Pale Ale foi criada para ser consumida por colonos e soldados britânicos em Calcutá. Sempre achei interessante o fato de os ingleses não mais verem a comida indiana como étnica: para eles, é tão típica quanto bifes e torta de rim. Mesmo no início do século XIX, a India Pale Ale, cheirosa e lupulada, deve ter sido a combinação perfeita para a comida típica de Calcutá. Atualmente, na harmonização com condimentos, a American IPA é provavelmente ainda melhor. A complexidade da culinária indiana é admirável, mas a grande maioria dos pratos fica excelente com essa cerveja. Grande parte da comida indiana baseia-se numa interação elegante entre ervas e condimentos perfumados. Os aromas dos lúpulos americanos insinuam-se nessa interação, resultando em ótimas harmonizações. Com molhos à base de creme ou iogurte, o amargor pronunciado e a carbonatação purificante ajudam a refrescar o

palato. Essas cervejas também vão muito bem com molhos *jerk* e temperos *cajun*, que exigem bastante amargor e carbonatação.

A American Pale Ale fica ótima com sabores complexos e condimentados, mas isso não significa que suas capacidades acabem aí. São ótimas cervejas para tomar no dia a dia. Por sua versatilidade, combinam muito bem com sanduíches de queijo e presunto em pão de centeio, e ficam excelentes com hambúrgueres, dando conta de qualquer tipo de acompanhamento: tomate, *ketchup*, cebola crua, picles, nada disso vai criar problema. Frango frito ou grelhado também é ótimo parceiro, proporcionando boa combinação para um dia quente de verão.

Peixes fortes e oleosos, especialmente salmão, dão-se bem com o caráter lupulado desse estilo de cerveja. Eu adoro grelhar filés de salmão temperados com azeite e pimenta-do-reino quebrada, e a American Pale Ale é um belo acompanhamento. Também fica muito boa com bolinhos de caranguejo, especialmente os bem condimentados.

FABRICANTES NOTÁVEIS DE AMERICAN PALE ALE, AMERICAN AMBER ALE E AMERICAN INDIA PALE ALE

SIERRA NEVADA BREWING COMPANY Hoje em dia, algumas pessoas usam o termo California Pale Ale para se referir a uma cerveja dourada, com amargor pronunciado e aroma cítrico intenso de lúpulo Cascade. A denominação é geralmente estendida para incluir o resto do país, mas não há dúvida de que o estilo se originou no norte da Califórnia, e a fonte foi a Sierra Nevada Brewing Company. Em 1981, Ken Grossman e Paul Camusi, fabricantes caseiros, começaram a fazer cerveja em Chico, Califórnia, usando uma mixórdia de tanques montados com as sobras de um antigo laticínio. Quando esses tanques ficaram obsoletos, compraram equipamentos de cobre da Alemanha que duraram mais de uma década. Quando essa fábrica finalmente atingiu seu limite, a Sierra Nevada entrou para a modernidade com equipamento de última geração em uma fábrica novinha em folha. Graças a um compromisso fanático com a qualidade, a cervejaria saltou, de seu início em um galpão, à sua atual posição de liderança entre as cervejarias artesanais americanas. Tamanho e sucesso não estreitaram sua visão.

Todas as cervejas Sierra Nevada são boas, mas a cervejaria é mais conhecida por seu carro-chefe, a SIERRA NEVADA PALE ALE, uma cerveja original americana, de um tom dourado-alaranjado profundo, com um aroma característico de lúpulo Cascade – toranja, limão-galego, acículas de pinheiro e groselha-preta. O amargor é amplo, mas moderado, sustentando um paladar redondo, seco e levemente frutado, com carbonatação suave, e sabores de cereais e pão. O final é bastante seco, com amargor residual de lúpulo. A cerveja é acondicionada na garrafa e contém fina poeira de levedura, que sedimenta no fundo. A cerveja de barril é filtrada. No primeiro gole da Sierra Nevada Pale Ale, começo imediatamente a pensar em comida mexicana e tex-mex: *quesadillas*, *burritos*, *tacos* de carne de porco ou de peixe, pratos de camarão, e praticamente tudo que leve suco de limão-galego, *chillis* e coentro. Vai muito bem, inclusive, com comida tailandesa, vietnamita e indiana. Uma cerveja muito versátil, para se ter sempre na geladeira.

FULL SAIL BREWING COMPANY O *slogan* da Full Sail é "Beer You Can Believe In" (Cerveja em que você pode acreditar). E seus empregados acreditaram na empresa quando a compraram há vários anos. Desde então, vêm fabricando uma linha de cervejas excelentes e populares nessa cervejaria situada em um local belíssimo, em Hood River, Oregon. A cor laranja da FULL SAIL PALE ALE tem uma tonalidade linda, trazendo um fantástico aroma cítrico de lúpulos americanos frescos. O amargor é concentrado e puro, dando lugar ao centro maltado, abiscoitado e levemente frutado, e a um final seco, mineral. É uma cerveja altamente versátil, de requinte considerável. Fica particularmente boa com comida mexicana. A FULL SAIL IPA tem quase a mesma cor da Pale

Ale, mas mais forte. O aroma é bastante lupulado e, em relação à Pale Ale, surpreendentemente contido. Os lúpulos apresentam-se no palato de maneira seca e ampla, sustentados por um firme centro maltado. O final é seco, com amargor residual. A cerveja é suficientemente vigorosa para aceitar desde um filé grelhado, coberto com pimenta-do-reino quebrada, até comida tailandesa condimentada. A adição de maltes caramelizados confere um tom mogno à FULL SAIL AMBER, e algum aroma de caramelo. A doçura do caramelo apresenta-se no palato, mas não deixa de ser uma cerveja característica da região Noroeste, com lupulagem robusta. O centro é saboroso e suculento, e o final, limpo e seco. É uma cerveja musculosa, que aceita bem churrasco, bifes e hambúrgueres carregados de acompanhamentos.

ANDERSON VALLEY BREWING Boonville, na Califórnia, tem um linguajar estranho chamado *Boontling*, desenvolvido no século XIX, para permitir que os habitantes falem abertamente entre si, sem serem compreendidos por forasteiros. Aparentemente, aí também houve prodigiosa produção de maconha, o que talvez explique a paranoia. A Anderson Valley Brewing batiza seus produtos com nomes em *Boontling*, mas as cervejas são brilhantes e destemidas.

A POLEEKO GOLD PALE ALE tem profunda cor dourada e um maravilhoso aroma de lúpulo americano, de acículas de pinheiro e toranja recém-fatiada. O amargor é pronunciado, amplo e puro, conduzindo a cerveja levemente pelo palato. Um toque de malte frutado apresenta-se no centro antes do final lupulado, breve e seco. Absolutamente deliciosa, uma ótima parceira para pratos de frutos do mar condimentados e praticamente para qualquer prato mexicano, tailandês ou vietnamita.

A HOP OTTIN' IPA tem cor âmbar plena e profunda. O aroma é uma bomba lupulada de cítricos e pinho – se você quer saber qual é o cheiro dos lúpulos americanos, aí está a resposta. O paladar segue na mesma linha, com amargor cortante, equilibrado tenuemente por maltes abiscoitados. O final é extremamente seco, com sabor residual de lúpulo. Prove essa cerveja com salmão e camarão grelhado, *vindaloos* indianos, frango com molho *jerk* jamaicano ou frango escuro *cajun*.

Na BOONT AMBER ALE, que apresenta bonitos tons avermelhados no copo, os aromas de lúpulo são um pouco mais contidos. Aromas de fruta e caramelo insinuam-se no lúpulo. Fiel à origem, o paladar é estimulante e seco, com leve sabor de caramelo no centro. Vai bem com os mesmos pratos das duas outras cervejas, mas com chuletas de porco, rosbife e frango frito, o caramelo ajuda.

REDHOOK ALE BREWERY Fundada em 1982, em Seattle, com o nome de Independent Ale Brewery, a Redhook tornou-se uma das maiores produtoras nacionais de cervejas artesanais. Em meados da década de 1990, a Anheuser-Busch (fabricante da Budweiser) comprou uma participação na Redhook, o que permitiu à empresa construir uma nova fábrica em Merrimack, New Hampshire, e alcançar o mercado nacional. O sabor das cervejas é mais puro do que antes, embora algumas pessoas tenham reclamado que elas perderam caráter. Aparentemente preocupada que a palavra *bitter* pudesse afastar novos consumidores, a Redhook rebatizou sua popular Ballard Bitter como REDHOOK IPA (na região do Noroeste Pacífico, até avós sabem o que é IPA.) A Redhook IPA tem cor dourada plena e aromas de frutas cítricas. O amargor é relativamente brando, mas o paladar é bastante seco, tendo no centro um sabor de pão que lembra a Pilsen. A cerveja marca presença rapidamente, terminando seca. É menos aromática do que outras IPA, mas ainda assim tem bastante caráter. Poderia ser extremamente refrescante num dia quente de verão e fazer ótima companhia para sardinha, salmão e camarão grelhados.

GOOSE ISLAND BEER COMPANY Discretamente, John e Gregg Hall (uma dupla pai-filho) transformaram a Goose Island Beer Company, em Chicago, de um conceituado bar-cervejaria em uma cervejaria regional de grande sucesso. Seu carro-chefe é a HONKERS ALE, cerveja de um tom âmbar-claro, com agradável aroma de biscoito e lúpulo frutado. O paladar é suave e redondo, com amargor brando, sustentando um centro maltado abiscoitado e seco. O final é limpo e refrescante. Essa cerveja á tão britânica quanto americana e parece ter um pé firmemente plantado em cada lado. É uma boa cerveja diária, para combinar com frango assado, chuleta de porco, churrasco, rosbife e frios.

A GOOSE ISLAND INDIA PALE ALE é talvez apenas ligeiramente mais clara do que a Honkers, mas tem um caráter totalmente diferente, com seu aroma lupulado de laranja saltando do copo. O amargor é amplo e estimulante, mas a cerveja é equilibrada por sólida espinha dorsal de malte, em que transparecem sabores de cereais e um toque de doçura. O final é seco e vigoroso. Cerveja ótima para acompanhar camarão condimentado, bolinhos de caranguejo, *enchiladas*, *tamales*, *quesadillas*, comida indiana preparada com especiarias de Goa, e os robustos *curries* tailandeses Panang (frito em leite de coco) e Massamun.

VICTORY BREWING COMPANY Segundo o rótulo, a imaginação dos fazendeiros era habitada antigamente por uma criatura mítica, o *hop devil* (diabo do lúpulo). Acho mais provável que ele ainde habite a mente desses hábeis cervejeiros de Downington, Pensilvânia. A VICTORY HOP DEVIL ALE é uma cerveja de cor acobreada, com aroma vivo de capim-limão. O amargor é pronunciado, concentrado e marcante, mas, num paladar extremamente seco, permite a presença de algum sabor de malte. O final é seco e vigoroso, com um persistente sabor de lúpulo que desafia você a tomar outra. Eu aceito o desafio. Essa cerveja implora por comida tailandesa: há nela um intenso aroma de coentro que mal pode esperar pelas *prik khii noo*, as ardidíssimas "malaguetas" asiáticas. Pratos mexicanos fortes, especialmente *fajitas*, também ficam muito bons.

RUSSIAN RIVER BREWING No condado de Sonoma, a região de Russian River é mais conhecida por seus vinhos do que por suas cervejas. Mas, aí, a apreciação de cerveja cresceu bastante nas últimas duas décadas, e muitos habitantes parecem ser aficionados tanto por vinho quanto por cerveja. Essa pequena cervejaria californiana fica não só numa região de vinho como originalmente pertencia ao fabricante de vinho Korbel, bem conhecido por produzir uma imitação de champanhe. A Russian River India Pale Ale tem um tom laranja tendendo ao abóbora, sendo ligeiramente turva e com aroma de lúpulo tão intenso que me lembra o depósito de lúpulo da nossa cervejaria. A carbonatação é bastante baixa, e a cerveja parece um tanto inócua. O devastador ataque de lúpulos dissolve qualquer ilusão de inocência – o amargor é ardente. Ao mesmo tempo, é saboroso e surpreendentemente atraente. Essa cerveja evidentemente gosta de seu total desequilíbrio. Qualquer um pode jogar um monte de lúpulos na caldeira e nos tanques de fermentação, mas é preciso grande habilidade para desenvolver, reter e servir tanto sabor de lúpulo. Se você é um autêntico aman-

Para tornar suas cervejas maravilhosamente aromáticas, muitos cervejeiros americanos fizeram um pacto com o "diabo do lúpulo". A Victory Brewing Company, da Pensilvânia, dá a ele um papel de destaque.
Cortesia de Victory Brewing Company

te de lúpulo, essa é a sua cerveja. Experimente com *quesadillas* e *enchiladas* de queijo, pois ele vai suavizar o amargor do lúpulo. Também é combinação saborosa para *pizza* coberta com um bom *pepperoni*. O jovem mestre-cervejeiro Vinnie Cilurzo está evidentemente procurando uma boa briga. Em 2002, comprou a marca e transferiu a produção para uma instalação maior a 20 km de Santa Rosa. Ele planeja expandir a distribuição para além do norte da Califórnia.

BRIDGEPORT BREWING COMPANY Portland, Oregon, é uma cidade decididamente cervejeira, e seus habitantes são extremamente fiéis às cervejarias locais. A BridgePort Brewing Company, ótima cervejaria regional, corresponde a essa lealdade com cervejas saborosas e bem equilibradas. A maioria delas tem raízes firmes na tradição britânica, mas a BRIDGEPORT INDIA PALE ALE afasta-se do caráter maltado da casa. Acondicionada na garrafa, a cerveja, de um dourado profundo, traz intenso aroma lupulado de laranja, limão-galego e laranjinha-da-china (*kinkon*). O amargor amplo reveste a boca, acompanhado por um refrescante toque de acidez. O centro dessa cerveja é todo de malte claro, sustentando o castelo de lúpulo que há por cima. O final é prolongado e seco, com agradáveis sabores residuais de cereais matinais. Essa cerveja ficaria ótima com comida tailandesa, mexicana e indiana. No entanto, de alguma maneira, ela me faz pensar em omelete de queijo Cheddar (legítimo) e *bacon*, misto quente ou *cheeseburguer* também com queijo Cheddar. Por que Cheddar? Acho que é a acidez – a cerveja parece pedir algo adstringente. Faça a vontade dela e será recompensado.

THE BROOKLYN BREWERY Em 1994, nossa cerveja especial para as festas do inverno, a Brooklyn Black Chocolate Stout, fez bastante sucesso. No ano seguinte, decidimos produzir uma cerveja especial para o verão – mas fazer o quê? A ideia lógica seria fazer algo leve, mas cervejeiros nem sempre são pessoas lógicas. Só pensávamos em lúpulos e decidimos seguir essa linha. David Bruce, veterano cervejeiro britânico, há pouco tempo havia me dado *The Theory and Practice of Brewing Ilustrated*, um magnífico livro antigo, de William Tizzard, editado em 1842. No capítulo "East India Pale Ale", Tizzard descreve com detalhes fascinantes o desenvolvimento e a fabricação da India Pale Ale original. Fiquei encantado e decidi basear nossa próxima cerveja no estilo IPA original. Com certeza era uma cerveja bastante forte; mas, já que o clima na Índia era seguramente quente e ensolarado, pensei: nossa cerveja seria ideal para combater o verão abafado de Nova York. Nossas outras cervejas haviam sido fabricadas com maltes americanos, mas, para essa, eu queria um malte britânico abiscoitado. Com as descrições de Tizzard zunindo na cabeça, fui para as caldeiras produzir o primeiro lote da BROOKLYN EAST INDIA PALE ALE, uma cerveja âmbar-clara, com aroma de capim-limão terroso e frutado, produzida com o premiado lúpulo East Kent Golding, mencionado no velho livro. O amargor pronunciado apresenta-se primeiro calcário e seco no paladar; em seguida, maltes suculentos e abiscoitados inundam o centro, desenvolvendo algum sabor frutado de laranja. O malte equilibra o lúpulo até o final mineral, quando a cerveja termina com um breve toque cítrico.

Gosto de imaginar que George Hodgson, o criador da India Pale Ale no século XVIII, ficaria contente com nossa cerveja. Assim como as IPA originais, a Brooklyn East India Pale Ale é robusta, com um teor forte, de 7%. Uma cerveja de verão? Bem, é bem refrescante, e fez tanto sucesso que logo se tornou nossa terceira cerveja a ser produzida o ano inteiro. Gosto muito de tomá-la com comida tailandesa, malaia, vietnamita, mexicana e, é claro, indiana. A cerveja é suficientemente robusta para aceitar sabores fortes, e seus sabores cítricos fundem-se maravilhosamente bem com os dos pratos. No restaurante Panang, em Nova York, é uma de minhas cervejas favoritas para acompanhar pato com molho vermelho de *curry* e coco. Em Williamsburg, no Brooklyn, nas proximidades de minha cervejaria, eu a degusto com pratos tailandeses autênticos e frescos, como *pad thai* e frango picante com manjericão-santo (*tulsi*) tailandês. Depois do jantar, gosto da maneira como sua lupulagem pronunciada combina perfeitamente com bons queijos Cheddar maturados, especialmente Grafton Village, de Vermont, e Lincolnshire Poacher, da Inglaterra.

Em nossa East India Pale Ale, o malte tem presença firme, mas quem predomina é o lúpulo. Já na nossa BROOKLYN ALE, o papel do malte é maior. E não é um malte qualquer. Usamos a antiga variedade tradicional Maris Otter, cultivada em áreas limitadas na Inglaterra e na Escócia. O malte Maris Otter é célebre por sua intensidade de sabor e aroma. Assim como vários alimentos, as cevadas foram selecionadas ao longo dos anos, visando a um maior rendimento e resistência ao clima e pragas. O malte Maris Otter preserva todos os sabores originais que as novas variedades de cevada perderam. O nosso é maltado manualmente no chão, na Escócia, e nós acrescentamos alguns maltes aromáticos belgas e maltes Cristal caramelizados da Ânglia Oriental, na Inglaterra. Pela manhã, ao iniciarmos a produção do mosto, o prédio inteiro é rapidamente tomado pelo aroma de pão, característico desses maltes. O resultado é uma cerveja de cor totalmente âmbar e o mesmo aroma de pão e cereal quente liberado pelo mosto, realçado por notas de geleia de laranja e lúpulo cítrico. No palato, o lúpulo apresenta-se pronunciado, mas o malte assume rapidamente, tendo, no centro suculento, sabores secos frutados e abiscoitados. O final é rápido e seco, com um refrescante toque mineral. O sabor residual é de pão fresco. Esse sabor de pão combina admiravelmente bem com assados recheados de frango, faisão, peru ou lombo de porco. Os agradáveis sabores de caramelo conferem a essa cerveja afinidade com cervo, bifes e hambúrgueres, e, com vitela empanada, ela é verdadeira estrela. Na hora do almoço, fica ótima com sanduíches e, depois do jantar, é bom acompanhamento para os queijos Stilton ou Gorgonzola doces.

ANCHOR BREWING COMPANY A Anchor é tão célebre por sua cerveja estilo Steam Beer que muita gente acha que o nome da cervejaria é Anchor Steam. Por mais que eu aprecie essa cerveja, gosto mais ainda da pioneira ANCHOR LIBERTY ALE. Em 1975, Fritz Maytag resolveu criar uma cerveja caracteristicamente americana, para as comemorações dos 200 anos da Midnight Ride, a cavalgada de Paul Revere para alertar os revolucionários americanos do iminente ataque britânico. Ironicamente, inspirou-se em cervejas britânicas robustas, como a Landlord, da Timothy Taylor, e a Special London Ale, da Young's. A cerveja de Maytag utilizava em abundância o recém-desenvolvido (e já ameaçado) lúpulo Cascade, e revelou-se tão popular que, em 1983, a Anchor a incorporou à sua linha permanente de produtos. A Anchor Liberty Ale é de um tom mel bem claro e levemente turva, resultante da substancial adição de lúpulo aos tanques de maturação. Esse processo de *dry-hopping* cria um aroma absolutamente magnífico, um verdadeiro monumento ao lúpulo. A cerveja tem o cheiro de um depósito de cones frescos de lúpulo Cascade – acículas de pinheiro, limões-galegos, laranjas e toranjas saltam fora do copo. O sabor inicial de lúpulo é marcante e revigorante, revestindo a língua com um amargor bem ajustado, antes de aparecerem, no centro seco, os maltes abiscoitados, ao lado de uma eclosão de frutas. O final é prolongado, seco, suculento e resinoso, e há um delicioso sabor residual de malte fresco. Sempre gostei muito dessa cerveja. É expressão admiravelmente pura, desenvolvida com malte e lúpulo, da impetuosidade e da criatividade americanas. A cerveja é propositadamente desequilibrada. A Anchor Liberty Ale fica especialmente boa com comidas condimentadas americanas e tailandesas. O lúpulo Cascade, cítrico, casa-se definitivamente com suco de limão-galego, cominho e coentro, criando sabores exuberantes.

American Brown Ale

Quando os cervejeiros artesanais americanos terminaram suas exuberantes adaptações da Pale Ale britânica, voltaram as atenções para o estilo Brown Ale. As do norte da Inglaterra, exemplificadas pela onipresente Newcastle Brown Ale, são levemente encorpadas e bem refrescantes, com pouquíssimo caráter torrado. Já as do sul da Inglaterra são suaves e doces, com agradáveis sabores de frutos secos em lugar da torrefação. Agradáveis sim, mas pouco arrojadas para os americanos. "Podemos reconstruir essa cerveja", disseram os americanos. "Mais vigorosa, mais impetuosa, mais torrada, mais forte."

A investida foi liderada por Bill Moeller, o convertido ex--cervejeiro industrial que me precedeu como mestre-cervejeiro da Brooklyn Brewery: para as festas de fim de ano no inverno de 1989-1990, Moeller lançou a Brooklyn Brown Ale. Era intensamente saborosa e lupulada, como nunca se vira antes. Fez tanto sucesso, que a Brooklyn Brewery decidiu mantê-la como a segunda cerveja permanente de sua linha. Logo vieram outras, dando início ao processo de criação de um novo estilo de Brown Ale.

A American Brown Ale ocupa um espaço antes vago no espectro de sabores entre Pale Ale e Porter. A torrefação, que fora um tanto negligenciada pelos britânicos, ganha projeção nessas cervejas, tornando-se um elemento importante no paladar. Mas não é dominante, geralmente se apresentando mais com um sabor suave de chocolate do que com um caráter pronunciado de café. Também há maior uso de maltes caramelizados, que conferem à cerveja corpo, doçura e sabores de caramelo. Essas cervejas em geral são mais escuras do que as Brown Ale britânicas, mas não tanto quanto as Porter ou Stout – a cor preferida é de um tom marrom-ferrugem profundo. Finalmente, há a influência dos lúpulos americanos, com seu amargor robusto e brilhantes aromas cítricos. Para realçar um caráter distinto de lúpulos frescos, não é incomum a adição de lúpulo no envelhecimento. Essa combinação de sabores e aromas não seria reconhecida pelo consumidor britânico médio. Mas britânicos têm pouco contato com churrasco ou comida *cajun*, a singular harmonização por excelência das American Brown Ale.

AMERICAN BROWN ALE E COMIDA

A American Brown Ale tem combinação única de lúpulos brilhantes e sabores torrados opacos, envolvendo um centro maltado de corpo cheio. Um *carré* de porco na brasa tem temperos (líquidos ou secos) brilhantes e fortes, e sabores defumados opacos, envolvendo um robusto centro de carne. Percebeu a afinidade? A American Brown Ale tem um talento único para churrascos. Nos Estados Unidos, churrasco é coisa séria e deve ser tratado com respeito. Há vários estilos de churrasco, e não quero iniciar uma guerra entre a Carolina do Sul e o Texas. Não há necessidade de brigar – a American Brown Ale vai bem como todos.

Sobre churrasco, há um consenso geral: no verdadeiro, não se coloca a carne diretamente sobre a chama – isso é grelhar. Para assar a carne lentamente, de preferência por várias horas, o verdadeiro churrasco usa calor indireto e fumaça. Ao longo dessas horas, a fumaça vai permeando a carne, deixando-a tenra. Os resultados às vezes são milagrosos. A American Brown Ale usa seu amargor robusto para atravessar a gordura; os aromas de lúpulo cítricos, para se associar ao tempero forte; e, para combinar com a carne, os sabores maltados doces. Os sabores torrados da cerveja unem-se aos sabores defumados da carne, completando a harmonização. A carbonatação absorve os sabores fortes, deixando o paladar pronto para recomeçar. Esses dois americanos autóctones – American Brown Ale e churrasco – foram feitos um para o outro.

Se você planeja temperar as costelas com molho de churrasco e assá-las diretamente sobre a brasa, isso é grelhar, não é churrasco – ao menos segundo os churrasqueiros. Eu nunca discuto com churrasqueiros. Seja qual for o nome, todo americano cozinha assim; ou, ao menos, tenta. O tradicional churrasco de quintal é grelhado. Grelhar carameliza, defuma e sapeca o exterior da carne – o objetivo principal é produzir esses sabores (além de desfilar de avental, segurando a tenaz e o garfo de churrasco). A American Brown Ale tem sabores bem semelhantes, portanto é uma parceira natural. Vegetais grelhados também adquirem sabores sapecados e defumados, e ficam mais doces com a concentração de seus sabores naturais. Também com eles a cerveja vai bem.

É claro que todos nós precisamos comer vegetais, mas no momento estou pensando em bifes. Minha receita favorita é bem simples. Tempero bem – com azeite, pimenta-do-reino mal moída e sal marinho – um bom bife de contrafilé, com ou sem o osso, bem grosso (uns 3 cm ou mais). Em seguida, coloco-o sobre a chapa muito quente. Quando a superfície da carne está bem dourada, com as bordas escuras, eu viro e cozinho o outro lado, até a carne ficar levemente dourada. O bife fica quase malpassado e bem suculento. Na grelha de uma churrasqueira, a mesma receita fica maravilhosa. É claro que tenho Brooklyn Brown Ale na geladeira, que é a parceira perfeita para eles. Todos os sabores parecem se alinhar. Gosto particularmente da combinação do lúpulo com pimenta-do-reino. Outro bom parceiro é cervo, em geral servido ao ponto, com o exterior bem sapecado. A cerveja vai bem com a maioria dos molhos, contanto que não sejam doces demais.

A American Brown Ale é provavelmente um pouco forte demais para rosbife quente fatiado (opte pela receita britânica), mas fica excelente com rosbife frio e sanduíche de rosbife. O mesmo vale para carne de porco ou de carneiro fria, seja no sanduíche, seja no prato. Quando a carne esfria, a gordura solidifica-se, concentrando os sabores e exigindo maior amargor. Com sanduíches, essa cerveja aceita bem cebola, tomate, queijo e molho de raiz-forte.

Muitos pratos mexicanos, especialmente os com frutos secos e *chillis* torrados ou defumados, vão muito bem com American

Brown Ale. *Puerco en pipian* – lombo de porco com molho de semente de abóbora – é excelente combinação. A culinária mexicana tradicional inclui vários estuvados de carne, ricos e complexos, e a American Brown Ale é um ótimo acompanhamento para a maioria deles. Também é comum usar amêndoas, que vão muito bem com os sabores maltados da cerveja. Com os lúpulos americanos casam bem cominho, suco de limão-galego ou de laranja, e pimentas bem ardidas.

FABRICANTES NOTÁVEIS DE AMERICAN BROWN ALE

THE BROOKLYN BREWERY Por volta de 1990, a popularidade da Brooklyn Brewery, fundada três anos antes, crescia graças à admiração da população local pela Brooklyn Lager, sua única cerveja. Steve Hindy e Tom Potter, os fundadores, queriam expandir a linha de produtos e decidiram arriscar-se na fabricação de uma cerveja especial para as festas de fim de ano. Em casa, Steve costumava fazer uma Brown Ale forte e lupulada, e trouxe sua receita para o mestre-cervejeiro Bill Moeller, que a adaptou para criar a original BROOKLYN BROWN ALE. Repleta de sabores caramelizados e torrados, fez sucesso imediato e logo foi incorporada à linha permanente da cervejaria. A Brooklyn Brown Ale é a progenitora do estilo American Brown Ale, mais forte e torrada do que suas antecessoras inglesas. Ao longo dos anos, mudei um pouco a receita, acrescentando maltes ingleses e belgas para dar maior intensidade de sabor, mas sem alterar o caráter geral da cerveja. A cor da Brooklyn Brown Ale é de um tom marrom-mogno profundo, e seu aroma combina caramelo com chocolate e fruta, além de lúpulos cítricos. Na ponta da língua, o amargor é pronunciado, mas recua para revelar um paladar encorpado, maltado e seco, com sabores de caramelo e chocolate. No centro suculento, apresenta-se certa doçura de malte, antes de a cerveja secar, num final prolongado. Um agradável gosto de frutos secos irradia do sabor residual. Apesar dos sabores intensos e do teor ligeiramente alto, a Brooklyn Brown Ale é bastante agradável e é uma das cervejas escuras mais populares no nordeste do país. Fica particularmente boa com bifes, hambúrgueres e churrasco, com seus sabores de caramelo associando-se aos sabores caramelizados da carne. A lupulagem robusta aceita bem a maioria dos molhos e acompanhamentos – eu não resisto a um filé de costela coberto com queijo Stilton derretido. A cerveja também vai muito bem com cervo, presunto e carne de porco assada, que harmonizam com seu caráter maltado intenso. Depois do jantar, a Brooklyn Brown Ale é um acompanhamento perfeito para queijos Cheddar, Gouda e Gruyère maturados, com sabores frutados e de frutos secos.

SMUTTYNOSE BREWING COMPANY Em 1993, em Portsmouth, foi fundada a principal cervejaria artesanal de New Hampshire usando as instalações da falida Frank Jones Brewing Company. A Smuttynose Brewery, batizada com o nome de uma ilha próxima, vendeu sua primeira cerveja em 1994 e, desde então, tem crescido consideravelmente. A cervejaria é hábil tanto na torrefação de maltes quanto na criação de rótulos interessantes. O da SMUTTYNOSE OLD BROWN DOG ALE – que tem linda cor marrom--ferrugem e aroma frutado e condimentado com fragrâncias de lúpulo, caramelo e chocolate – é adornado pela foto de Olive, a mascote da cervejaria (metade Weimaraner, metade Spaniel britânica), em pose digna de seus antepassados que posaram para o fotógrafo William Wegman. O paladar é suave e redondo, com amargor moderado, equilibrando a suculenta doçura de caramelo. O final é prolongado e seco, com sensação residual de amargor e café torrado. Essa cerveja é bem estruturada e tem bastante sabor para harmonizar com grelhados, especialmente um bife bem suculento. Também ficaria excelente com outras carnes grelhadas, como embutidos e costelas.

ABITA BREWING COMPANY Nos estados do sul, o progresso da cerveja artesanal em geral foi lento, mas há algumas exceções notáveis, como a Abita Brewing Company, fundada por Jim Patton e Rush Cummings em 1986, nos primórdios das microcervejarias. Ela está localizada na pequena cidade de Abita Springs, na Louisiana, a cerca de 50 km ao norte de Nova Orleans. O local foi escolhido, em parte, por suas excelentes fontes de água, que a cervejaria extrai de poços profundos. De um lado da cidade, a Abita tem um *brew pub* e, do outro, uma fábrica completa, que está sendo modernizada com equipamento de última geração proveniente da Alemanha.

A cor da ABITA TURBODOG é de um tom marrom profundo, e seu aroma traz *toffee*, ameixas-pretas, uvas-passas e chocolate. O paladar encorpado, seco e vinhoso apresenta frutas escuras e caramelo em equilíbrio com um amargor moderado. O final é bastante prolongado e seco, com notas torradas e carameladas. O que quer dizer Turbodog? Não sei, mas gosta de carne. Essa cerveja fica excelente com bifes (especialmente os da saborosa fraldinha), carnes grelhadas, cervo, *chilli con carne* e, naturalmente, os escuros frangos e costeletas de porco à moda *cajun*.

GOOSE ISLAND BREWING COMPANY A apreciada cervejaria regional de Chicago fabrica a GOOSE ISLAND HEX NUT BROWN ALE, uma cerveja marrom-escura com colarinho grande e macio e sedutor aroma de lúpulo, chocolate e café. As notas iniciais de lúpulo dão lugar rapidamente ao centro maltado redondo, frutado e levemente adocicado, repleto de sabores de caramelo e chocolate suave. A cerveja seca no final, com um toque de acidez frutada. Uma cerveja bem equilibrada e bastante saborosa, que ficaria excelente com um autêntico churrasco "lento", carnes grelhadas, leitão assado, embutidos, bifes e pratos mexicanos terrosos, especialmente os com molho *mole*.

DOGFISH HEAD BREWING COMPANY Não estou bem certo se há motivos culturais, mas a maioria dos cervejeiros mais criativos e malucos do país parece estar na região Oeste. A exceção notável é

Sam Calagione, da cervejaria Dogfish Head, localizada na sonolenta Rehobeth, Delaware. Ele já fez cerveja com uvas, uvas-passas e pão, e produziu uma Stout com teor de mais de 20%. Mesmo suas cervejas mais comerciais não são exatamente moderadas. A Dogfish Head Indian Brown Ale é de um tom marrom concentrado, e seu aroma de lúpulo, escandalosamente frutado, tem notas de rum, caramelo e vinho do Porto. Maltes caramelizados, suculentos e redondos acariciam a língua antes de sua atenção ser subjugada pelos lúpulos que vão revestir a boca. Eles e os maltes digladiam-se até o final prolongado e lupulado, que deixa o palato formigando. Tanto a generosa lupulagem quanto o forte teor alcoólico (7,2%) explicam o nome da cerveja. É uma espécie de interpretação Brown Ale do estilo IPA, fabricada com açúcar mascavo e lúpulos americanos. A mistura é maluca, mas funciona. É perfeita para churrasco e por certo encara qualquer tipo de molho. Também fica ótima com hambúrgueres empilhados em planejados "edifícios" com uma orgia de acompanhamentos e grandes queijos fortes.

American Wheat Beer

No final do século XIX e início do século XX, houve maciça imigração alemã para os Estados Unidos, e não tardou para que os imigrantes ocupassem a maioria das cervejarias do país. A Suddeutsches Weissbier, a frutada e turva cerveja de trigo bávara, chegou a ter grande produção. Especialmente nas regiões de imigração alemã da Pensilvânia e do Meio-Oeste, várias cervejarias produziam cerveja de trigo. Costumavam ser efervescentes, muito leves, bem mais do que as Weissbier alemãs atuais. Quase nenhuma delas sobreviveu à Lei Seca: a maioria dos cervejeiros passou a fabricar Lager e jamais olhou para trás.

Quando os microcervejeiros americanos se voltaram para a Europa, buscando estilos para basear-se, a Weissbier parecia ser opção razoável. Tinha paladar leve, e muitos queriam fabricar um estilo assim, mas sem comprometer sua imagem de produtores sérios. E o que poderia ser mais sério do que uma cerveja turva, tendo levedura no sedimento? É irônico que, ao começar a fabricar suas próprias cervejas de trigo, alguns desses cervejeiros ignoraram a variedade de levedura própria da Baviera. É essa levedura especial que confere às cervejas bávaras seus aromas de banana, cravo e goma de mascar. Nos primórdios das microcervejarias americanas, muitos cervejeiros temiam a ideia de ter na fábrica mais de uma variedade de levedura, pois eram grandes as chances de contaminação. Além disso, a cerveja de trigo alemã era um gosto adquirido. Assim, em vez do tradicional sabor frutado produzido pela levedura alemã, esses cervejeiros optaram por um sabor mais neutro, produzido por leveduras Ale próprias, e farta lupulagem.

Das cervejas de trigo americanas, muitas não são filtradas e, assim, bastante turvas, às vezes quase opacas. Não há os sabores de cravo e banana das leveduras alemãs nem a condimentação das belgas. Essas cervejas tendem a um paladar leve, claro e vigoroso, com uma leve acidez de trigo, realçada por alta carbonatação. As partículas de levedura e proteína conferem corpo e, às vezes, sugerem sabores terrosos. O amargor do lúpulo é geralmente mais pronunciado do que nas cervejas europeias, e é comum a presença dos aromas cítricos de lúpulos americanos.

Algumas cervejarias referem-se a essas cervejas como Hefeweizen, gerando certa confusão. Não deveriam fazê-lo, pois os consumidores podem achar que têm sabores alemães tradicionais. A menção, no rótulo, de Weihenstephan ou uma variedade de levedura alemã indica uma versão alemã, assim como qualquer menção a cravo ou banana. A versão americanizada domina a região do Noroeste Pacífico, liderada pela Widmer Brewery, que provavelmente criou o estilo. Para ser franco, não acho a cerveja de trigo americana tão interessante quanto as versões alemãs e belgas. Muitas vezes é servida com fatias de limão-galego, e não vou falar nada contra. Mas sejamos justos: nem todo momento na vida requer grande intensidade de sabor. As melhores dessas cervejas têm bem mais a oferecer do que as anódinas massificadas, cujo lugar ocuparam na preferência de muitos consumidores do Noroeste Pacífico.

AMERICAN WHEAT BEER E COMIDA

As American Wheat Beer são descomplicadas, claras e refrescantes, ótimas para acompanhar pratos de verão. Embora não tenham os sabores frutados das alemãs originais, preservam um sabor levemente acentuado conferido pelo trigo. Isso faz com que sejam boas parceiras para saladas, aceitando bem desde sabores delicados, como pepino e broto de feijão, até sabores mais fortes, como espinafre e endívia. Também funcionam bem com saladas mais robustas, com queijo, carne ou peixe, sendo assim um bom acompanhamento para a salada do *chef*. A acidez leve conferida pelo trigo equilibra a acidez de vinagretes, tornando-a suficientemente neutra para ser combinada com molhos frutados desse tipo.

Com peixes bastante suaves, essa neutralidade traduz-se em sutileza e tato. Sirva linguado, rodovalho, halibute e John Dory escalfados ou no vapor, e essa cerveja vai refrescar o palato e, depois, manter-se de lado, apenas realçando o sabor do peixe, sem interferir. Mesmo com peixes menos delicados, o fato de ser levemente cítrica pode realçar os sabores marinhos. Nesses casos, cai muito bem uma fatia de limão-galego, fornecendo acidez e caráter cítrico adicionais.

Todas as cervejas de trigo ficam ótimas no *brunch*, e a versão americana não é exceção. Fica especialmente gostosa com omeletes de queijo, principalmente as de queijo de cabra. É comum a American Wheat Beer ser mais amarga do que as equivalentes europeias, ficando melhor, portanto, com pratos de *brunch* mais condimentados, como omelete com *andouille* ou *chorizo*, ou com *huevos rancheros*. Embora seja leve e de sabor brilhante, a alta carbonatação e a boa acidez ajudam a atravessar *bacon*, embutidos e qualquer coisa que acompanhe ovos. Se quiser realçar a comida ainda mais, adicione uma fatia de laranja.

FABRICANTES NOTÁVEIS DE AMERICAN WHEAT BEER

WIDMER BROTHERS Kurt e Rob Widmer são pioneiros na fabricação de cervejas artesanais nos Estados Unidos. Abriram as portas em 1985, oferecendo à população de Portland, Oregon, uma Altbier escura e lupulada de estilo Düsseldorf. Hoje em dia, a Altbier da Widmer é mais difícil achar, mas sua cerveja de trigo é onipresente. A cervejaria Widmer tornou-se uma potência regional e preparou--se para o século XXI construindo uma grande fábrica com tecnologia de ponta. Uma aliança com a Anheuser-Busch ajudou a alavancar as vendas de seu carro-chefe, a WIDMER HEFEWEIZEN, a progenitora moderna da American Wheat Bear. Agora vou discorrer um pouco sobre uma de minhas implicâncias prediletas – essa cerveja *não* é uma Hefeweizen. O nome é, no mínimo, confuso. As Hefeweizen têm sabores de cravo, banana, goma de mascar e fumaça (conferidos pelo lúpulo), mas essa cerveja não.

Em vez disso, essa cerveja turva, cor de laranja, tem aromas de malte, pão e lúpulos americanos cítricos. Os lúpulos imediatamente se impõem, escorrendo pelas beiradas da língua. O paladar é de uma secura impiedosa, tendo no centro sabores abiscoitados de trigo. Os lúpulos dominam o final prolongado e mineral. Passados alguns minutos, emerge um fantasmagórico sabor residual fresco de malte e trigo. É uma cerveja de trigo típica do Noroeste norte-americano, da região de cultivo de lúpulo. É muitas vezes servida com uma fatia de limão-siciliano, prática incentivada pela cervejaria, pois confere à cerveja um toque cítrico. Para contrastar com o forte sabor de lúpulo, dá vontade de comer algo gorduroso, como um sanduíche com queijo quente e bem tostado. Melhor ainda se tiver presunto. Também fica muito boa com salmões dessa mesma região, frutos do mar condimentados, ovos com *bacon* e embutidos, e com saladas em que o *chef* realmente caprichou na variedade.

ODELL'S Em sua fábrica nos arredores de Fort Collins, o cordial Doug Odell, que tem aparência e jeito de fazendeiro, produz ótimas cervejas de estilo inglês. Ele, sua esposa Wynne e a irmã Corkie fundaram, em 1989, a segunda microcervejaria moderna do Colorado. A fábrica foi instalada na torre do elevador de um antigo silo e, durante vários anos, produziu apenas cerveja em barril. Mais tarde começaram a engarrafar e construíram uma fábrica maior e mais moderna. Sua cerveja de trigo foge ao padrão usual de sabores ingleses.

A turva ODELL'S EASY STREET WHEAT tem cor dourada plena e intenso aroma de trigo, realçado por um sopro de toranja. Lúpulos combinados, com acidez leve e refrescante, equilibram o centro semisseco da cerveja, que é admiravelmente leve, trigueiro e alaranjado, levando a um final rápido e limpo. No sabor residual, expande-se um gosto de cereais. A cerveja, como um todo, exibe sabores de cereais maravilhosamente equilibrados e confiantes, em total harmonia. É muito versátil, mas fica particularmente excelente com salada do *chef*, camarão grelhado, bolinho de caranguejo e peixe. Limão? É desnecessário.

NORTH COAST BREWING Esta microcervejaria no condado de Mendocino produz – sob várias denominações, incluindo o rótulo Acme, o divertido nome das firmas fictícias dos desenhos animados – cervejas lupuladas de estilo distintamente californiano. Sua BLUE STAR WHEAT BEER é dourada e turva, com aroma de lúpulo americano repleto de tangerina e toranja. Seu amargor pronunciado introduz um centro de corpo leve, extremamente seco e mineral, dominado por sabores de lúpulos cítricos. O final é limpo e seco. O caráter lupulado é bastante intenso, numa estrutura bem leve e refrescante. É aperitivo gostoso e bom acompanhamento para frutos do mar grelhados, especialmente lulas, polvo, sardinhas e salmão. Experimente também com presuntos terrosos: os lúpulos pronunciados absorvem o sal da carne, revelando seus sabores essenciais.

American Amber Lager

Na década de 1980, à medida que se expandia a produção de cervejas artesanais, muitos cervejeiros que até então haviam fabricado apenas cervejas Ale voltaram suas atenções para as Lager. Para eles, a Pilsen era demasiado trivial e amarela. (Mais tarde, ao descobrir o charme da verdadeira Pilsen, muitos se arrependeram dessa heresia.) Não parecia ter caráter suficiente: talvez uma cor mais escura sugerisse uma cerveja mais saborosa. E, com certeza, uma cerveja âmbar teria aparência mais robusta, e seus maltes caramelizados e torrados trariam mais sabor. Muitos cervejeiros adoravam as maravilhosas cervejas Oktoberfest que conheceram na Alemanha, mas, naquela época, nos Estados Unidos, era impossível obter os aromáticos maltes alemães. Os cervejeiros americanos tinham maltes neutros, de sabores puros, lúpulos bastante aromáticos e um excesso de criatividade – era com isso que teriam de trabalhar.

Começava a surgir um novo estilo de cerveja. A primeira a chegar ao mercado foi a Samuel Adams Boston Lager, de Jim Koch. Embora ele a chamasse ocasionalmente de Pilsen, tinha claras influências do estilo Vienna. A cor bronze-clara era bem mais profunda, mais escura do que a de qualquer Pilsen, mesmo entre as tchecas, tendo, com certeza, alguma adição de maltes escurecidos no mosto. Em 1987, Steve Hindy e Tom Potter recrutaram o veterano mestre-cervejeiro Bill Moeller e lançaram a Brooklyn Lager, o carro-chefe da Brooklyn Brewery. Moeller buscou inspiração nas cervejas de estilo Vienna fabricadas em Nova York antes da Lei Seca. A cerveja tinha cor acobreada plena, tonalidade que Anton Dreher teria reconhecido. Mas não teria reconhecido o sabor, bem mais impetuoso do que qualquer coisa que ele produzira.

No lugar do malte Vienna especial de Dreher, com seu sabor de pão, essa cerveja era fabricada com uma saudável adição de maltes caramelizados, que lhe conferiam cor escura e suculento sabor de caramelo. Era também levemente frutada, resultado da fermentação em temperaturas relativamente altas, com uma variedade de levedura Lager. O amargor era positivamente vigoroso, como o de muitas Pilsen alemãs. Quanto aos lúpulos, usava uma mistura do americano Cascade, com seus aromas de pinho e toranja, e outros florais mais sérios – e nobres – da Alemanha. Como se isso não bastasse, ainda havia a adição de lúpulo na fase de maturação, técnica até então limitada a cervejas Ale. Isso resultou em uma cerveja híbrida, singularmente americana, com a suavidade da Lager e algumas qualidades aromáticas da Ale.

Essas primeiras cervejas evoluíram, mas todas mostram claramente suas raízes. A Amber Lager é, hoje, um estilo popular entre as cervejarias artesanais americanas, e embora todas tenham origens no estilo Vienna, cada uma delas, a partir desse começo, traçou uma rota diferente. O estilo criado não chegou a desenvolver um nome próprio, então as cervejarias passaram a chamá-lo de American Amber Larger, que considero um tanto sem graça. E, odeio admitir, também não consigo pensar em nada melhor, assim o nome de nossa versão é simplesmente Brooklyn Lager. O que as American Amber Lager têm em comum são: aromas vivos de lúpulo, geralmente com o uso de alguma variedade americana cítrica; tonalidades entre bronze e cobre, desenvolvidas por maltes caramelizados; e um amargor robusto, sustentando leves sabores de caramelo num paladar de corpo médio. As melhores exibem, no centro, uma agradável suculência de malte, e têm um final rápido e limpo. As American Amber Lager são muito versáteis – ótimas para ter sempre na geladeira.

AMERICAN AMBER LAGER E COMIDA

Embora também sejam bastante versáteis, as Pilsen europeias não têm os sabores de caramelo que conferem à American Amber Lager algumas de suas afinidades com comida. Um pouco de caramelo e um toque de doçura de malte fazem maravilhas para a versatilidade de uma cerveja. A doçura permite à cerveja agarrar-se ao açúcar do molho de tomate de *pizza*, enquanto o amargor pronunciado atravessa o queijo, e os sabores de caramelo unem-se à crosta tostada. É combinação excelente – para acompanhar uma boa *pizza,* não conheço estilo melhor. Cobertura de embutidos? Melhor ainda, pois também eles têm doçura e sabores caramelizados. *Pepperoni*? Que venham os lúpulos, pois lidam com os condimentos, enquanto a carbonatação suaviza os óleos quentes. Cogumelos, cebolas e alho? Não se preocupe, a cerveja continua perfeita.

No Brooklyn, o Peter Luger Steak House, fundado em 1887, é um dos restaurantes mais antigos da cidade de Nova York, e serve o melhor filé dos Estados Unidos. Já posso até ouvir os protestos e as acusações de bairrismo, mas são de quem nunca comeu no Peter Luger. Eu também não acreditava, mas me converti. Venha desdenhar, que vai acabar virando freguês.

O Peter Luger tem, obviamente, uma carta de vinhos. Peça-a por sua própria conta e risco, pois é um tanto trivial. Mas ninguém nunca reclama. Eles servem Brooklyn Lager na pressão, e nossa Amber Lager é um acompanhamento perfeito para o filé. Quem precisa de vinho? A grelha do Peter Luger opera a uma temperatura de 1000 °C, tão quente que a superfície da carne carameliza imediatamente, deixando o miolo suculento e vermelho. (Certa vez vi um garçom levando um filé ao ponto para alguém; o filé ainda tinha uma leve chama azul saltando do osso.) Quando os lúpulos pronunciados atravessam a manteiga (o filé vem nadando em manteiga) e os maltes caramelizados encontram-se com a carne, você esquece que existe vinho. Peter Luger era um imigrante alemão, e o restaurante tem o ambiente simples de uma *Gasthof* (pousada) alemã. Acho que os garçons e os gerentes, que não dizem nada mas têm opiniões firmes, ficam ligeiramente ofendidos ao ver pessoas acompanhando seus grossos *porterhouse*, de classe mundial, com vinho. O restaurante serve filé há 125 anos, portanto eles têm motivos para achar que sabem o que é melhor. Vinho com filé? No Peter Luger, não.

Quando asso um frango, antes de temperá-lo com sal, pimenta-do-reino e ervas, eu cubro-o com creme *half-and-half* (metade leite, metade creme). Por que o creme? O açúcar do leite natural carameliza, deixando a pele mais dourada e saborosa. É onde se concentra o sabor do frango, e quero aproveitá-lo ao máximo. Em carnes e aves assadas, a American Amber Lager tem sabor de caramelo suficiente para se associar aos sabores caramelizados, mas é leve e vigorosa, o que basta para permanecer refrescante. Isso faz com que seja boa opção para churrasco e refeições preparadas ao ar livre, especialmente se você pegar leve no molho. Em dia de calor, comandando a grelha, essa cerveja vai bem com embutidos, frango, hambúrgueres, cachorros-quentes, chuletas de porco e até mesmo espiga de milho assada na brasa. Também é ótima opção para frango frito, especialmente se a pele estiver bem crocante.

A Amber Lager geralmente tem aromas vivos de lúpulos e amargor suficiente para lidar com condimentos e acompanhar comida *cajun* e caribenha, bem como receitas tailandesas, indianas e as da culinária chinesa de Sichuan (Setzuan). Também já degustei essas Lager com *empanadas* e bolinhos condimentados de caranguejo. Além disso, vão bem com pratos picantes do Oriente Médio, como *falafel* ou aqueles com *merguez*.

Já pratos de frutos do mar, nem todos dão certo, pois ela abafa o sabor de peixes delicados. Mas pode funcionar com peixes mais fortes e oleosos, peixe frito empanado, lula frita e com camarão. É cerveja ótima para sanduíches, e tem particular afinidade com carnes curadas salgadas, como presunto, *prosciutto* e *pastrami*. Graças à sua versatilidade, é ótima para levar a festas e jantas. Vai

AO LADO:
A época da inocência – a Brooklyn Brewery começou pequena. Tom Potter, Steve Hindy e a equipe da Brooklyn Brewery em 1988.
Cortesia de Brookeing Brewery

bem com praticamente qualquer prato que seu anfitrião possa servir, e é provável que a maioria dos convidados a aprecie. E, se a cerveja servida não for decente, você, pelo menos, terá o que beber.

FABRICANTES NOTÁVEIS DE AMERICAN AMBER LAGER

THE BROOKLYN BREWERY Na virada do século XIX para o século XX, os cervejeiros do Brooklyn estavam no auge. Havia aí 48 cervejarias, que produziam um em cada dez barris de cerveja dos Estados Unidos. Em Bushwick, havia até mesmo uma rua que todos chamavam de Brewer's Row (Travessa dos Cervejeiros), onde as principais cervejarias se enfileiravam por vários quarteirões. Foi o apogeu da fabricação de cerveja, que começara nesse local na década de 1840. Infelizmente não duraria muito. A Lei Seca, seguida da Grande Depressão, levou a maioria das grandes cervejarias do Brooklyn à falência. Após a Segunda Guerra Mundial, as fusões empresariais e os altos preços dos imóveis liquidaram quem so-

brevivera. A última cervejaria da área, a F & M Schaefer, fechou em 1976.

Oito anos mais tarde, em 1984, Steve Hindy, um correspondente da Associated Press, voltou de uma temporada de seis anos no Oriente Médio e estabeleceu-se no Brooklyn, em Park Slope. No Oriente Médio, Steve enfrentara tiros, bombas e até um sequestro, e agora queria uma vida mais tranquila. Steve era um jornalista excelente, mas no exterior adquirira também algumas habilidades novas interessantes. Trabalhando em países islâmicos, onde o consumo de bebidas alcoólicas é proibido, muitos correspondentes e diplomatas tornaram-se cervejeiros clandestinos. Na Arábia Saudita e no Kuwait, Steve e seus colegas fabricavam cerveja nas cozinhas de suas casas, trocando receitas junto com histórias de guerra. Quando aterrissou no Brooklyn, Steve era um dedicado produtor caseiro, que muitas vezes fabricava cerveja com Tom Potter, seu vizinho do andar de baixo. Tom tinha um bom emprego, em um banco grande, como gerente de empréstimos, mas, em 1987, pendurou o terno para abrir com Steve a Brooklyn Brewery.

Tom e Steve queriam trazer a boa cerveja de volta à cidade de Nova York e resgatar a orgulhosa herança cervejeira do Brooklyn. Mas havia um problema: tinham pouco dinheiro, e uma cervejaria nova custaria milhões de dólares. Decidiram que a única opção seria fabricar cerveja fora daí. Tom e Steve visitaram a centenária F. X. Matt Brewery, em Utica, Nova York, e fecharam um acordo para fabricar lá sua cerveja. Para desenvolver uma receita de Brooklyn Lager, contrataram William M. Moeller, um mestre-cervejeiro teuto-americano de quarta geração. O avô de Moeller fora cervejeiro do Brooklyn e, de herança, deixara suas receitas para os filhos. Com base nessas antigas receitas, Moeller desenvolveu a receita original da Brooklyn Lager, acrescentando alguns toques próprios. Milton Glaser – designer de fama mundial, célebre por seu logotipo "I♥NY" – criou o logotipo e as embalagens da Brooklyn Brewery.

Hoje, Steve Hindy costuma brincar que enfrentar tiros e bombas no Oriente Médio foi um ótimo treinamento para abrir uma cervejaria. Naqueles primeiros anos, os dias de glória e fortuna estavam bem longe. Um dos primeiros lotes de Brooklyn Lager foi rotulado manualmente no porão do edifício onde Tom e Steve moravam. Os distribuidores de cerveja não estavam interessados em sabor e sim em dinheiro. Steve, Tom e seus sócios tiveram de vender cerveja de porta em porta. Como, na cidade de Nova York, outras cervejarias pequenas enfrentavam o mesmo problema, a Brooklyn Brewery passou a distribuir, junto com a sua, um vasto leque de ótimas cervejas domésticas e estrangeiras.

Por volta de 1994, a Brooklyn Lager e a Brooklyn Brown Ale já estavam se popularizando, e os sócios mal podiam esperar para ter sua própria cervejaria. Steve foi me buscar no SoHo, na Manhattan Brewing Company, um *brew pub* do outro lado do rio. E foi bastante convincente – se não me engano, prometeu que eu teria meu próprio barco ancorado no rio, a poucas quadras da cervejaria. Preciso falar com ele sobre isso.

Ao longo dos anos, mudei muito pouco a Brooklyn Lager. Como as Lager de estilo Vienna que lhe serviram de base, ela tem cor âmbar-clara, mas os aromas dos lúpulos, de flores e pinheiros denunciam-na como cerveja original americana. A lupulagem robusta apresenta-se na ponta da língua, mas rapidamente dá lugar a um centro maltado suculento, redondo, suave e seco, repleto de sabores de biscoito e caramelo. Antes do final seco e abiscoitado, há alguma doçura de malte. O sabor residual é de lúpulo graças à técnica inglesa do *dry-hopping*, de adicionar lúpulos frescos na maturação.

A Brooklyn Lager é maravilhosamente versátil e vai muito bem com *pizzas*, hambúrgueres, comida mexicana, frango assado, churrasco, peixe frito, carne de porco e comida chinesa. Os intensos sabores de caramelo da cerveja associam-se aos da comida, enquanto a lupulagem robusta encara os sabores mais fortes. No Japão, há vários anos vem sendo acompanhamento para sushi e, na Inglaterra, é bastante apreciada com o popular *fish and chips* (peixe frito empanado e fritas).

A Brooklyn Lager continua sendo nosso carro-chefe, e fico feliz em dizer que sua popularidade cresce a olhos vistos. Quem sabe um dia eu ainda ganho aquele barco.

THE BOSTON BEER COMPANY A família Koch, que no século XIX emigrou da Alemanha, produziu seis gerações de cervejeiros, sendo que a última tem sido a mais influente. A cervejaria Koch, em St. Louis, fez bastante sucesso até ser ofuscada por uma vizinha grande, localizada a poucas quadras de distância: a Anheuser-Busch. Quando Jim Koch contou ao pai (que três décadas antes abandonara a decadente indústria cervejeira) que queria ser cervejeiro, a reação não foi das melhores. Jim formara-se em administração, em Harvard, e estava construindo uma boa carreira, para que entrar num negócio sem futuro como a indústria cervejeira? Assim mesmo, ele seguiu adiante, e as primeiras garrafas da Samuel Adams Boston Lager ganharam as ruas em abril de 1985. A cerveja era fabricada, sob contrato, na antiga Pittsburgh Brewing Company, que tinha bastante capacidade ociosa. Para atingir um crescimento meteórico, a marca Samuel Adams combinou sabores sólidos com táticas de *marketing* implacavelmente agressivas. Com o tempo, a empresa passou a fabricar cerveja em várias cervejarias por todo o país. A Boston Beer Company é, hoje, a maior cervejaria artesanal do país, produzindo mais de 1,6 milhão de hectolitros por ano. Em Boston, possui uma pequena cervejaria *showcase* (para exibir seus produtos) e, vários anos atrás, adquiriu a grande cervejaria Hudepohl-Schoenling, em Cincinnati, que atualmente fabrica grande parte de sua produção.

A Samuel Adams Boston Lager tem cor âmbar-clara e aroma fresco e maltado de pão, com fragrâncias de lúpulos florais e condimentados. O paladar é suave e redondo, com um centro em que se combinam a lupulagem contida e maltes secos e abiscoitados. À medida que a cerveja seca, os lúpulos ficam mais pronunciados, chegando a um final limpo. É cerveja sem frescuras, mas com sabores intensos. É tão suave, redonda e agradável quanto um bom vinho Merlot, o que lhe confere ótima versatilidade desde festas a piqueniques. Essa cerveja representa um marco – foi a primeira cerveja artesanal americana a popularizar-se. Para muitos americanos, foi a primeira cerveja autêntica que provaram. Experimente com frango assado, frios, *fried chicken* (pedaços de frango fritos à milanesa) e hambúrgueres com acompanhamentos leves.

Steam Beer

Em meados do século XIX, época da "Corrida do Ouro", com a intensa ocupação da Califórnia por colonos e garimpeiros, começaram a pipocar cervejarias improvisadas por toda parte. Naquela época, cerveja era considerado alimento básico, e ninguém pensava em ficar sem bebê-la. Uma cervejaria podia ser um negócio rentável, mas era difícil obter ingredientes e equipamento sofisticado. Já havia boa disponibilidade de leveduras Lager, mas, no clima quente da Califórnia, o estilo alemão de fermentação e armazenamento a frio era impossível. Ainda levaria uns bons anos para o uso de refrigeração mecânica pelas cervejarias americanas; e gelo era considerado um produto tão valioso que, às vezes, vinha de Boston por mar, via cabo Horn, no extremo sul das Américas. Custava uma fortuna e a entrega era inconstante.

Para contornar esse problema, os cervejeiros usaram levedura Lager e fermentaram sua cerveja em grandes tanques rasos, do tamanho de um quarto, mas com apenas meio metro de profundidade. Esses tanques permitiam que o calor se dissipasse, evitando o superaquecimento da fermentação, que poderia estragar a cerveja ou alterar seus sabores. Depois da rápida fermentação, a cerveja era envasada e, após curto período de maturação, comercializada. A fermentação, porém, ainda não terminara totalmente, levando a um considerável acúmulo de pressão nos barris. Os barris da Steam Beer eram feitos especialmente com tábuas reforçadas para suportar a pressão de 50/60 libras por polegada quadrada (mais ou menos 4 bária, ou seja, 4 kg/cm^2), cerca de três vezes a carbonatação de um moderno barril de cerveja. Segundo um relato contemporâneo:

> Tirar Steam Beer do barril requer alguma habilidade e experiência, e o melhor procedimento é: deve-se segurar firmemente o registro da torneira e puxá-lo levemente para cima sem virá-lo, para liberar a pressão excessivamente alta.

Pode-se imaginar o que acontecia quando isso não era feito a contento. Ao ser aberto o barril, a "pressão excessivamente alta" produzia um apito potente, como de uma locomotiva, daí o nome "cerveja a vapor".

Várias cervejarias produziam Steam Beer, que era considerada superior às cervejas Ale disponíveis, na época, na região – o famoso Far West. As Steam Beer claras e transparentes eram feitas inteiramente de malte de cevada, com sabor puro e amargor pronunciado. A produção era concentrada em São Francisco. Todavia, à medida que a indústria cervejeira adotava a refrigeração, muitas cervejarias da região Oeste passaram a converter suas fábricas para a produção de Lager, de fabricação mais fácil e confiável. No final do século XIX, poucas cervejarias ainda produziam Steam Beer.

Em 1965, Fritz Maytag comprou (e salvou) a Anchor Brewery, de São Francisco, a última cervejaria de Steam Beer da Califórnia. A Anchor Steam Beer ainda é produzida segundo o método original e é considerada um autêntico clássico americano. A geração moderna de cervejeiros artesanais americanos passou a fabricar Steam Beer, muitos quando ainda eram amadores. Assim como aqueles da época da corrida do ouro, na década de 1850, os cervejeiros caseiros raramente têm acesso a fermentação refrigerada, o que os força a fermentar cerveja Lager em temperaturas de cerveja Ale. Essa é uma técnica que confere à cerveja um toque frutado de Ale, embora a prática moderna exija um período de maturação a frio, que resulta em um perfil de sabor bastante suave. A maioria dos cervejeiros prefere usar maltes claros, talvez com um toque de malte caramelizado, produzindo uma cerveja com intensa cor dourada. O amargor é pronunciado e puro, e o paladar é seco, mediamente encorpado e vigoroso – a cerveja deve apresentar ao menos um toque da alta carbonatação, que está na origem do nome. Enquanto a Anchor não é mais a única cervejaria do país a produzir Steam Beer, é justo dizer que nossa percepção do estilo é baseada na Anchor Steam Beer, a derradeira cervejaria de Steam Beer ainda em pé antes do surgimento das cervejas artesanais.

Preocupado em proteger a marca registrada Anchor Steam Beer, Fritz Maytag tem "desencorajado" (um tanto assiduamente) outras cervejarias americanas a usar o termo Steam Bear, que é o nome correto do estilo. Não querendo provocar a ira bem financiada do respeitado cervejeiro veterano, todos os outros evitam usar esse nome. O resultado é que você vai ter dificuldade de encontrar outras Steam Beer que não a Anchor. Sendo esse o caso, não incluo uma seção separada sobre Steam Beer e comida, mas, em meus comentários sobre a cervejaria, indico algumas boas combinações.

FABRICANTES NOTÁVEIS DE STEAM BEER

ANCHOR BREWING COMPANY É uma das garrafas mais bonitas do mercado: curta, ombro baixo e rótulo oval na horizontal. A Anchor Steam Beer tem cor âmbar de um tom alaranjado e aroma levemente frutado com notas lupuladas de hortelã. Os lúpulos apresentam-se rapidamente, revestindo a boca, mas logo se retraem dando lugar a um paladar maltado, suculento, extremamente seco e repleto de sabores de pães integrais frescos. O final é rápido e seco como uma lixa, com sugestão de amargor de lúpulo. O sabor residual, que leva alguns minutos para emergir, tem gosto maravilhoso de pão. Ao longo dos anos, a Anchor Steam pouco

No passado, o estilo americano nativo Steam Beer era muito popular na Califórnia e além. A Anchor Brewery, de São Francisco, a derradeira sobrevivente daquele período, tem prosperado, em épocas mais recentes, com uma cervejaria moderna e inovadora.
Cortesia de Anchor Brewing Company

mudou e ainda é admiravelmente pronunciada e apetitosa. É forte o suficiente para aceitar grandes cortes assados na brasa e chuletas de cordeiro grelhadas, mas também encara desde um *burrito* até *quesadillas* de camarão.

American Stout e American Porter

É difícil achar um cervejeiro artesanal americano que não seja apaixonado por Stout. Comigo, o caso de amor começou cedo. Aos dezesseis anos e ostentando um incipiente bigode, adentrei no santuário secreto – o Chumsley's, um antigo bar clandestino no West Village, em Nova York. Larry, meu melhor amigo, declarando ser a melhor coisa que já provara, levou-me até lá para provar a Guinness Stout. Era a primeira cerveja que eu ia tomar desde que, aos treze anos, havia cuspido um gole de Miller Genuine High Life no gramado do meu tio Bill. De fato, não estava muito animado para meu próximo encontro com cerveja. Mas Larry tinha razão – era realmente deliciosa. Ao beber meu primeiro copo de cerveja autêntica, nem podia imaginar que uma década mais tarde eu estaria fabricando minha própria versão, usando um *kit* caseiro que me fora dado por... Larry.

Muita gente se surpreende ao saber que, de fato, Irish Stout famosas, como Guinness, Murphy's e Beamish, são relativamente leves. A imponente cor preta e o cremoso colarinho bronze dão impressão de alto teor alcoólico, mas a gradação dessas cervejas raramente passa de 4,5%, mais leves do que muitas das cervejas massificadas.

Nem sempre foi assim. Em torno de 1890, havia Stout bastante fortes, em média com 7% de teor alcoólico. O estilo leve atual parece ser invenção quase recente, após o desaparecimento das versões mais fortes no período entreguerras. Os cervejeiros artesanais americanos estão resgatando um tipo de Stout mais robusta, do tipo que um dublinense da época de James Joyce talvez reconhecesse. A Stout é uma cerveja que parece ficar na memória: a maioria dos cervejeiros recorda-se de seu primeiro copo, e a cerveja preserva uma espécie de mito pessoal. Às vezes sinto que, em suas versões, os cervejeiros americanos tentam recriar o impacto produzido por seu primeiro copo de Stout.

Muitas American Stout são certamente cervejas de alto impacto. O leque de sabores é amplo, desde relativamente doce até bem seco. O teor varia de 5% a 11%. Algumas seguem os estilos irlandês e inglês, mas outras têm intensidade de lúpulo e um caráter torrado, não encontrado em suas equivalentes europeias. Aqui, são essas que nos interessam. Aromas de lúpulos americanos cítricos saltam do copo, misturados a aromas de café e cacau. O amargor costuma ser intenso, casado com um forte sabor de café expresso, produzido pelo uso abundante de grãos torrados. Seguem-se ondas de café, caramelo e chocolate, sustentadas por um centro maltado encorpado. O final é limpo com sabor residual de lúpulo. Já está com fome? Muitas dessas Stout são praticamente refeições, mas, se você está frente a pratos com sabores fortes, a American Stout pode ser parceira brilhante.

A fronteira entre Stout e Porter, sua antecessora, não é muito clara. Muitas cervejarias americanas produzem ambos os estilos. Quando o fazem, a Porter é invariavelmente mais leve, com menos caráter torrado: essas cervejas raramente têm sabores torrados fortes, sendo os cereais caramelizados e torrados usados mais para alcançar uma harmonia sutil. Na maioria, o amargor é pronunciado e, normalmente, a impressão geral é seca. As Porter têm afinidades próprias com comida, baseadas em sabores de chocolate e caramelo. Como os cervejeiros americanos, também as cervejas Porter são altamente individualistas, portanto, para escolher a que mais lhe agrada, você vai precisar provar várias.

AMERICAN STOUT, AMERICAN PORTER E COMIDA

Embora as cervejas American Stout e American Porter variem bastante em intensidade, todas compartilham algumas características importantes à mesa. Os sabores de malte torrados conferem a quase todas elas a habilidade para acompanhar carne feita na brasa, pois eles se associam ao sapecado da carne. Há um motivo para um dos melhores cortes de carne ser chamado de *porterhouse* – cerveja sempre foi um acompanhamento tradicional do bom *steak* americano.

Para acompanhar seu *porterhouse* ou seu contrafilé especial, em tira ou bem alto, opte por Porter sólidas e Stout de corpo médio. Para cortes tenros (porém menos saborosos), como filé *mignon*, escolha uma Stout levemente adocicada – as de aveia são sempre boa opção. Muitas vezes, as receitas de filé *mignon* vêm com molho, e a cerveja acompanha bem qualquer tipo, desde um simples caldo reduzido até um molho *béarnaise* ou um, bem rico, de queijo Stilton. Para fraldinha, que é um pouco mais dura, mas muito saborosa, opte por uma cerveja com mais caráter – Anchor Porter ou Sierra Nevada, por exemplo. Se você tem dúvidas quanto ao caráter torrado de uma cerveja, verifique o rótulo. Muitas vezes há, aí, uma descrição de sabor que ajuda. Caso contrário, compre e prove. Uma garrafa raramente custa mais do que dois dólares. E, na declaração, você ainda pode lançar o valor em "despesas de pesquisa"...

Cervejas Porter e Stout são opções excelentes para churrasco, seja na versão fogo lento tradicional ou os populares e festivos grelhados de quintal. As Porter ficam ótimas com hambúrgueres e lidam bem com qualquer tipo de acompanhamento. Tanto a Porter quanto a Stout vão bem com costela. Uma American Stout forte associa-se ao sapecado da carne e enfrenta os sabores pungentes e condimentados dos molhos de churrasco. Se o seu for um churrasco do tipo fogo lento, escolha cervejas Porter, que ficam ótimas com *pulled pork* (carne de porco, geralmente do pescoço, desfiada, feita em fogo lento). Os maltes caramelizados e torrados fornecem combinação perfeita para a carne defumada, e a cerveja encara bem o molho. Se o dia estiver muito quente, pode parecer estranho tomar cerveja escura, mas o caráter lupulado dessas cervejas as mantêm surpreendentemente refrescantes.

Entre maltes torrados e carnes curadas, há uma tensão interessante. De alguma maneira, o caráter seco do sabor torrado parece absorver o sal, realçando o sabor da carne. Sabores doces e frutados contrastam com carnes salgadas, o que pode ser bastante agradável. Presunto vai particularmente bem com Porter e Stout. Presuntos cozidos mais brandos ficam melhores com Porter e Stout leves, enquanto presuntos curados a seco – como *prosciutto* de Parma, *jamón* Serrano e *jambon* de Bayonne – aceitam as Stout mais fortes. Com sanduíches de presunto, a melhor opção é Porter; as Stout também ficam boas, mas as mais fortes podem abafar o sabor. Sei que dizendo isso vou arriscar o pescoço, mas, para mim, com presunto, vinho é um fracasso gritante. Já provei várias supostas harmonizações, inclusive com alguns ótimos brancos semissecos, e ainda não me convenci. Mesmo que você não escolha a Porter ou Stout perfeita para seu presunto, é provável que a combinação fique bem melhor do que com qualquer vinho. Também *pastrami*, "presunto de peru" e outras carnes curadas são ótimos parceiros.

American Porter e American Stout ficam excelentes com pratos mexicanos e *cajun*, que costumam ter seus próprios sabores torrados. Os lúpulos americanos vivos e marcantes associam-se a condimentos e cítricos, ao mesmo tempo em que atravessam o sabor forte de queijos e feijões. Feijão-preto, feijão-fradinho (e feijão refrito) têm sabores terrosos que combinam perfeitamente com maltes torrados. Ficam ótimas também com *jambalaya* e *dirty rice*. E, para encarar um *gumbo* (lê-se "gambo"), você realmente precisa de uma boa Porter. Pimentas muito picantes, tostadas e defumadas, harmonizam com os sabores torrados da cerveja. Uma combinação óbvia e deliciosa com essas cervejas é *mole negro*, o tradicional molho mexicano feito com chocolate. As versões americanas desses estilos têm amargor, sabores frutados e teor alcoólico [heft] suficientes para lidar com temperos picantes.

Às vezes, por acaso, elas têm menos habilidades para lidar com frutos do mar do que suas equivalentes irlandesas. O caráter torrado americano tende a ser mais intenso e predominante – mais sabor de café comum do que amargor breve de café expresso. Mesmo assim, as mais secas podem ficar excelentes com frutos do mar, particularmente com ostra. Com ostras mais delicadas, prefira American Porter. Ostras mais fortes podem ser combinadas com American Stout. Essas cervejas também vão muito bem com camarão, que, se grelhado ou frito em fogo bem quente, desenvolve sabores defumados.

O intenso caráter torrado dessas americanas tem grande vantagem com sobremesas e, com as de chocolate, a afinidade pode ser surpreendente. A cerveja não precisa ser doce. Procure por aquelas com sabores intensos de chocolate e café e combine-as com tortas de chocolate, bolos de chocolate, qualquer coisa de chocolate. Mas você não precisa limitar-se a chocolate, pois elas também são ótimas com sobremesas de frutas. No palato, funcionam como chocolate ou café, ótimas combinações com frutas. Com torta de frutas, por exemplo, uma American Stout forte pode ter o efeito de um café expresso frio, fornecendo um contraste sensacional com os sabores frutados e, ao mesmo tempo, limpando o palato entre uma garfada e outra. Nenhum vinho de sobremesa faz isso – combinados com sobremesas de frutas, *sauternes*, Banyul e Porto ficam fracos e inertes. As American Stout fortes também ficam brilhantes com sorvete de creme. Preciso explicar por quê? Quando eu trabalhava na Manhattan Brewing Company, o pioneiro *brew pub* no SoHo, combinávamos, numa deliciosa "ilha" flutuando na cerveja, nossa Stout achocolatada com sorvete de creme. Era a sobremesa perfeita para adultos, verdadeira perdição.

FABRICANTES NOTÁVEIS DE AMERICAN PORTER E AMERICAN STOUT

SMUTTYNOSE BREWING COMPANY Os rótulos dessa cervejaria são quase tão admirados quanto as próprias cervejas, e o da SMUTTYNOSE ROBUST PORTER é certamente interessante: com um braço, um homem forte, desses de circo, segura um barril de madeira e com o outro, uma mulher sentada de aparência desconcertada. Não sei se a cerveja dará a você tais habilidades (ou se você as deseja), mas é certamente robusta e bastante opaca. A um aroma dominado por chocolate escuro, os lúpulos conferem notas de limão-siciliano e de casca de laranja, apresentando-se marcantes e vigorosos na ponta da língua, misturados aos maltes torrados. Quando atingem o centro, emerge uma leve doçura e a cerveja fica redonda e sedosa. O caráter torrado (um meio termo entre café bem torrado e café expresso) conduz a cerveja a um final lupulado, seco e leve. Eu consideraria essa cerveja uma Stout, mas não vou discutir com o camarada do rótulo. É uma cerveja bem fabricada, que fica boa com ostras, *prosciutto* (de Parma e outros), manta de costelas, bovina ou suína (*spareribs*), e sorvete de creme.

MAGIC HAT BREWING COMPANY Desde sua fundação, há vários anos, por Alan Newman e o mestre-cervejeiro Bob Johnson, a Magic Hat, sediada em Burlington, Vermont, vivenciou um crescimento meteórico. A boa cerveja e o *design* gráfico altamente criativo da cervejaria chamaram a atenção da população de Vermont, e atualmente suas cervejas são encontradas em toda a região Nordeste. Johnson também é grande apreciador de boa comida e isso transparece na estrutura de suas Ale, que são ótimas para harmonizações.

A MAGIC HAT HEART OF DARKNESS, uma cerveja bem preta, tem colarinho bronze, macio e perfil aromático repleto de chocolate e *butterscotch* (manteiga caramelizada). O paladar é leve, frutado, seco e calcário, com amargor contido e sabores torrados delicados que sustentam a suculência no centro. Em seguida, salta ligeiramente para um final limpo e seco. É uma cerveja fresca, marcante e fabricada na melhor tradição irlandesa. É ótima companhia para uma noite inteira. Seja almoço, seja jantar, combine com ostras, camarões grelhados, presuntos, bifes, pratos *cajun* de carne escura ou qualquer coisa com feijão-preto.

ANCHOR BREWING COMPANY Pioneira na fabricação de cerveja artesanal, a Anchor é mais conhecida por sua Steam Beer. No entanto, embora seja uma cerveja bastante agradável, nunca achei que fosse seu melhor produto. Em 1974, quando o estilo estava praticamente extinto nos Estados Unidos, começou a fabricar Porter. A ANCHOR PORTER liderou o movimento cervejeiro artesanal americano e até hoje segue na frente. Sua cor é preta plena e tem um perfil aromático complexo de chocolate francês, café expresso, alcaçuz, couro e bala caseira dura (*hard candy*). Os sabores são robustos, redondos e ligeiramente adocicados, equilibrados por amargor moderado. Confiantes, caramelo, café e chocolate apresentam-se no centro, levando a um final prolongado e semisseco. Muitos cervejeiros considerariam essa cerveja uma Stout, mas, em 1974, provavelmente era necessário distingui-la da Guinness. É um detalhe sem muita importância. Ela fica ótima com pratos mexicanos com *mole*, carnes grelhadas, presuntos de qualidade e sobremesas de chocolate ou frutas.

ANDERSON VALLEY BREWING COMPANY Os habitantes de Anderson Valley inventaram um "dialeto" local, o *Boontling*, desenvolvido no século XIX para frustrar a curiosidade dos forasteiros. Nele, uma floresta de sequoias da região tem um nome diferente, que a cervejaria adotou para um de seus produtos. A ANDERSON VALLEY BARNEY FLATS OATMEAL STOUT é apropriadamente preta e tem admirável perfil aromático de lúpulos frescos que cheiram a pinheiro e a café escuro. O paladar também impressiona: redondo, suave e sedoso, com colarinho macio, assentado sobre uma cerveja levemente adocicada. O amargor de lúpulo é perfeitamente integrado com o caráter torrado do centro achocolatado e suculento. A cerveja desliza para um final prolongado e seco, com sabor residual de lúpulo. Uma criação brilhante, encorpada e maltada, e até mesmo um pouco oleosa, graças ao uso de aveia. A doçura leve nunca chega a ser enjoativa. É praticamente imbatível com pratos mexicanos com molho *mole* e funciona igualmente bem com sorvete ou sobremesas de chocolate ou frutas.

SIERRA NEVADA BREWING COMPANY A cerveja Pale Ale, carro-chefe da Sierra Nevada, é tão famosa que tende a ofuscar algumas das outras cervejas da empresa, incluindo duas saborosamente torradas.

A SIERRA NEVADA PORTER tem cor marrom-ferrugem profunda e belo colarinho macio. Há um aroma suave de chocolate e café com fragrâncias de lúpulos americanos de cítricos e pinheiro. Primeiro, os lúpulos puros e marcantes atingem o palato, seguidos pela torrefação. O sabor é seco e mineral, lembrando algo como café expresso com sugestão de caramelo, mas sem doçura, levando diretamente a um final bastante mineral. É uma versão séria e caracteristicamente americana do estilo Porter. Os lúpulos predominam, e a torrefação é nítida, embora não seja intensa. É cerveja bastante versátil, que acompanha bem vários pratos mexicanos, com os sabores torrados opacos trabalhando lado a lado com o caráter lupulado cítrico. Prove também com hambúrgueres, embutidos e presuntos.

A SIERRA NEVADA STOUT é totalmente preta, com agradável aroma de lúpulo, café e cereais frescos. O paladar é vigoroso, firme e seco, com sabores amargos e torrados agarrando-se às laterais da língua, enquanto os maltes caramelizados ocupam o centro. O final é bem limpo, de um seco bem mineral com sabores residuais de café e chocolate. Sendo bastante versátil, essa cerveja fica à vontade tanto com ostras quanto com costelas, *burritos*, *fajitas* e hambúrgueres.

KALAMAZOO BREWING COMPANY Entre seus colegas cervejeiros, Larry Bell é conhecido por duas coisas. A primeira é sua excentricidade artística, especialmente o talento para organizar festas bizarras e memoráveis. A segunda é a variedade de suas cervejas Stout, singularmente saborosas: ele sempre tem em produção quatro ou cinco versões. Larry Bell abriu a Kalamazoo Brewing Company em 1983, nos primórdios do movimento americano de microcervejarias. Sediada em Kalamazoo, Michigan, é a mais antiga cervejaria artesanal a leste de Boulder, Colorado. Fabricou as primeiras cervejas em um caldeirão de sopa de 50 litros. Atualmente há quatro unidades de produção independentes, todas operando simultaneamente para produzir um turbilhão de cervejas saborosas.

A BELL's KALAMAZOO STOUT é totalmente opaca, com colarinho bege volumoso e firme. O perfil aromático é admirável: mescla sedutora de sorvetes de chocolate e de café. O cheiro é doce, mas o sabor inicial é seco, combinando amargor pronunciado e torrefação de café expresso, que leva a um centro de maltes encorpados. Chocolate escuro, café e caramelo entrelaçam-se no final prolongado e amargo, vagando por vários minutos no sabor residual. O teor é de 6,5%, mas parece ter ainda mais sabor do que essa gradação alcoólica sugere. É maravilhosamente bem estruturada, com sabores torrados complexos e pronunciados. Deguste com comidas bem salgadas, como ostras na salmoura, presuntos curados bem maturados ou com doces como tortas de frutas, sobremesas de chocolate e, é claro, sorvetes de chocolate e de café.

Se a Kalamazoo Stout é opaca, a BELL'S EXPEDITION STOUT parece absorver luz feito um buraco negro no espaço. Tem densidade de óleo de motor e um magnífico colarinho marrom com consistência de creme chantilly. O aroma é inebriante, combinando café escuro, caramelo e chocolate escuro com lúpulos frutados e brilhantes com aroma de laranjas. O paladar é doce, redondo, xaroposo e forte, com sabor inicial de maltes torrados e caramelo, seguido de amargor pronunciado de lúpulo. O centro é denso, viscoso e suculento, um redemoinho de café, chocolate, lúpulo e fruta. Imagine uma boa trufa de chocolate derretida em café expresso forte e terá uma ideia melhor. O final é agridoce e interminável. É cerveja de tirar o fôlego, uma sobremesa completa. Exige tortas de frutas e chocolates extremamente saborosos, ou sobremesas de chocolate bem concentradas, mas a combinação acertada dá um resultado magnífico. E, se você gosta de charutos, é hora de cortar a ponta de um cubano.

ROGUE BREWING COMPANY Em Newport, Oregon, Jack Joyce, ex-executivo de publicidade da Nike, construiu sua popular cervejaria com uma atitude aberta, voltada para independência, qualidade e experimentação. Suas propagandas criativas apelam à imaginação das pessoas, e as cervejas do mestre-cervejeiro John Maier garantem a fidelidade dos consumidores. Em 1987, Joyce e Maier montaram seu primeiro *brew pub* em Ashland, dando-lhe o nome de um belo rio local. A microcervejaria fica em Newport, poucas horas ao sul de Portland.

A ROGUE MOCHA PORTER é bem preta, embora ocasionalmente deixe transparecer um brilho vermelho. O aroma de seu lúpulo fresco é de laranja, tendo, ao fundo, chocolate ao leite. A cerveja é meio encorpada e surpreendentemente suave, com lupulagem inicial branda. Sabores de malte caramelizado dão leve impressão de doçura. Em seguida, os lúpulos, combinados com a torrefação, retornam e se afirmam, predominando sobre os sabores maltados. O amargor é curioso – acentuado e magro, ao invés de amplo. O final é lupulado e extremamente seco. É uma cerveja furtiva, em que o sabor se desenvolve de modo muito interessante. Prepare hambúrgueres ou bifes bem sapecados na brasa, ou coloque-a em jogo com presuntos e embutidos bem saborosos.

A ROGUE SHAKESPEARE STOUT é totalmente preta e tem um aroma típico da região Oeste, de lúpulos americanos, café e chocolate. O perfil do sabor expressa-se de uma só vez: o amargor, amplo e robusto, e a torrefação (de café expresso) aliam-se para dominar o palato, e há uma rápida explosão de fruta e acidez refrescante. O final é limpo e vigoroso, com sabor residual de lúpulos calcários e café torrado a flanar pelo palato. Vistosa, pronunciada e deliciosa, essa cerveja fica ótima com ostras e mexilhões na salmoura. Prove também com hambúrgueres, costelas, frango escuro, *burritos* de feijão-preto, sobremesas de chocolate, sorvetes e tortas de fruta.

VICTORY BREWING COMPANY Em Downington, Pensilvânia, essa cervejaria produz uma bela linha de cervejas saborosas, e sua Stout não é exceção. A VICTORY STORM KING IMPERIAL STOUT é bem preta – até mesmo o colarinho é marrom-escuro como o creme de um bom café expresso. No nariz, apresentam-se batalhões de grãos de café expresso e pauzinhos de alcaçuz, sob uma cobertura de lúpulos de frutas e pinheiros. No início, é um assalto, e a língua fica momentaneamente atordoada pela densidade da cerveja, que leva alguns segundos para revelar seu amargor profundo. Então, ondas de maltes bem torrados, com sabores intensos de café expresso e chocolate, contrapõem-se ao amargor. A tempestade enfraquece, mas sem passar totalmente, pois o gosto de café expresso, lúpulo e alcaçuz prolonga-se no sabor residual. Impetuosa, complexa e admiravelmente estruturada, essa cerveja é relativamente leve para o teor de 9,1%. Fica melhor com sobremesas ricas em chocolate, tortas de fruta, *cheesecake*, sorvete de creme e queijo Stilton.

GREAT LAKES BREWING COMPANY Em 1988, em Cleveland, Ohio, os irmãos Patrick e Daniel Conway fundaram essa microcervejaria e bar. No passado, o local escolhido abrigara várias cervejarias, mas perdera sua vocação industrial. Os Conways instalaram a sua em um centenário prédio vitoriano e, atualmente, a nova e imponente fábrica incorpora partes da antiga Schlather Brewing Company. Ao construírem essa grande cervejaria, ajudaram a revitalizar a área, hoje repleta de bons restaurantes e bares, inclusive o deles. São mais conhecidos por sua premiada Dortmunder Gold, mas sua Porter me impressiona mais.

A cor da Great Lakes Edmund Fitzgerald Porter é de um marrom bem escuro com tons avermelhados, e seu colarinho bronze tem impressionante firmeza. O aroma lembra o cheiro de

Os cervejeiros artesanais americanos inspiraram-se em todos os estilos de cerveja tradicionais da Europa. A cervejaria Great Lakes, de Cleveland, Ohio, oferece estilos belgas, alemães e ingleses.

Cortesia da Great Lakes Brewing Company.

uma caixa de chocolates finos, embora também haja notas de lúpulo cheirando a laranja. O amargor de lúpulo e o sabor torrado se unem, tomando conta da língua. Há alguma doçura de malte no paladar bem encorpado, com predomínio de lúpulos e cereais torrados, levando a um final seco e mineral. Essa Porter é seca, lupulada e bastante torrada – seria até agressiva, se seu equilíbrio não fosse tão extraordinário e suave. Tal requinte admirável já venceu vários prêmios. Deguste com ostras, camarões grelhados, presuntos maturados, hambúrgueres, bifes feitos na brasa, embutidos, churrasco, pratos *cajun* e sobremesas de chocolate.

DESCHUTES BREWERY O nome da cidade de Bend, Oregon, foi inspirado em uma curva panorâmica do rio Deschutes. Em 1988, ao instalar aí sua cervejaria, Gary Fish, dono de restaurante, batizou-a com o nome do rio. Gary tinha comida e bebida nas veias: trabalhara no ramo de restaurantes por doze anos, e seu pai passara vários anos na indústria vinícola na Califórnia. Notando que o mercado para cervejas saborosas estava em alta, decidiu abrir um *brew pub*. Logo passou a receber encomendas de outras regiões, e a Deschutes cresceu lenta e deliberadamente – de *brew pub* a microcervejaria e, depois, a uma influente cervejaria regional, produzindo mais de 160 mil hectolitros por ano. A dedicação à qualidade nunca oscilou, e o mestre-cervejeiro Bill Pengelly produz aí uma linha de cervejas saborosas e populares.

A originalidade da Deschutes está em ter como produtos principais cervejas torradas. Seu carro-chefe é a DESCHUTES BLACK BUTTE PORTER, batizada com o nome de uma montanha da região. Tem profunda cor marrom e aroma complexo de lúpulo, frutas escuras, alcaçuz e café, com sugestão de hortelã. O paladar é suave e, com a presença de sabores de caramelo, café e chocolate no centro, o amargor se retrai, mostrando um lampejo de doçura de malte. O final é seco de greda, mas deixa impressão frutada, como se a cerveja fosse mais doce. Versátil, e agradando desde o início, fica ótima com leitãozinho assado, chuletas de porco, *cas-*

soulet, hambúrgueres, presunto e com churrasco, se você pegar leve no molho.

A Deschutes Obsidian Stout é totalmente diferente. Impenetravelmente preta, transpira um poderoso aroma de café expresso, laranja e melão. A primeira impressão é de doçura, seguida por ondas de sabores de chocolate, café expresso, caramelo e frutas numa estrutura redonda, suave e bem encorpada. O amargor de lúpulo fornece sustentação, levando a um final semisseco com sabor de café. É uma cerveja deliciosa, repleta de sabor, cuja leveza não deixa transparecer o teor de 6,7%. Fica ótima com churrasco, presunto e hambúrgueres, mas seu brilho intenso se revela em sobremesas de chocolate, tortas de fruta, *cheesecake* e sorvete.

MATT BREWING COMPANY A estação ferroviária de Utica, em Nova York, criada pela mesma empresa que projetou a Grand Central Station, de Manhattan, evoca o passado da cidade como importante centro têxtil. As marcas registradas ainda se referem a tecidos Utica, mas, atualmente, as peças são confeccionadas na Malásia. Essa área central do estado de Nova York, aos pés da cordilheira das Adirondacks, já foi repleta de cervejarias, mas só uma sobreviveu até a modernização atual. A Matt Brewery, uma cervejaria regional bem estabelecida, era famosa pela produção da Utica Club, uma cerveja massificada comum da era pós-Lei Seca. Apesar do enorme luminoso em neon, no alto do belo prédio da cervejaria, anunciando seu nome, a Utica Club saiu de moda e raramente é vista fora da região. Frances Xavier Matt, conhecido como F. X., herdou a cervejaria, construída por seu avô alemão na década de 1850, e dedicou a vida à sua sobrevivência. Superou com grande persistência os anos mais difíceis e teve a visão de juntar-se ao movimento de cervejas artesanais, de início fabricando para terceiros e, depois, lançando a linha de cervejas Saranac. Quando foi procurado, em 1987, para produzir a Brooklyn Lager, primeira cerveja dos empreendedores Steve Hindy e Tom Potter, Matt abriu suas caldeiras para eles. A Matt Brewery ainda produz

A família Matt superou períodos difíceis, deles emergindo como respeitados cervejeiros artesanais.
Cortesia de The Matt Brewing Company

cerveja para várias empresas, incluindo a Brooklyn Brewery, embora parte de nossa produção já seja feita no Brooklyn. Através da marca própria, a Saranac, batizada com o nome de um lago próximo, a Matt Brewery oferece cervejas saborosas, bem equilibradas e muito agradáveis. Sua popularidade ajudou na recuperação financeira da cervejaria. Há alguns anos, por ocasião de sua morte, F. X. era um cidadão respeitado e lendário entre os cervejeiros. O comando do negócio, que é inteiramente familiar, foi assumido por Nicholas (Nick), seu irmão, e por Frederick (Fred), filho de F. X.

A SARANAC BLACK & TAN é, ao mesmo tempo, maravilha tradicional e uma completa americana. Embora a cervejaria não a considere uma Porter, encaixa-se perfeitamente nesse estilo. Assim como as Porter originais, é uma mistura – no caso, entre uma Stout de estilo irlandês e uma Amber Lager de estilo alemão. No final do século XIX, muitas Porter americanas eram fabricadas com leveduras Lager, portanto essa cerveja combina as histórias das cervejas Porter inglesas, alemãs e americanas. A Black & Tan tem cor marrom-avermelhada e aroma agradável de feno, lúpulo, terra, frutas escuras e chocolate. O amargor é nítido, mas retrai--se, para permitir a presença de sabores torrados de café em seu centro seco e suculento, de corpo médio. Há gostosas notas de caramelo, antes do final prolongado e seco, com um lampejo de ameixa-preta. O sabor residual é de malte fresco. Essa cerveja vai muito bem com bifes, hambúrgueres, sanduíches de presunto e queijo suíço, presunto (*tender*) assado no forno, churrasco e escuras chuletas de porco à moda *cajun*.

THE BROOKLYN BREWERY Embora a Brooklyn Lager seja o carro--chefe de minha cervejaria, é bem possível que a cerveja mais famosa seja nossa Imperial Stout. Em 1994, eu era mestre-cervejeiro da Manhattan Brewing Company. Steve Hindy, presidente da Brooklyn Brewery, pensava em me atrair para o outro lado do rio para construir uma nova fábrica. Nós já éramos amigos, portanto, antes mesmo de eu tomar minha decisão, iniciamos o projeto de uma nova cerveja para a Brooklyn Brewery. Steve queria uma para as festas de final de ano, que marcasse presença por seu sabor ousado. "Quero que, depois de prová-la, as pessoas nunca mais a esqueçam", disse. Steve decidiu que deveria ser uma Stout forte e, para descrever o sabor que tinha em mente, cunhou o nome BROOKLYN BLACK CHOCOLATE STOUT. Após criar uma receita, fabriquei um lote de mil litros na Manhattan Brewing Company. Algumas semanas depois, levei a cerveja para uma reunião na Brooklyn Brewery. Nossa ideia original era acrescentar chocolate à receita, mas isso se revelou desnecessário, já que a mistura de maltes torrados deu à cerveja o sabor exato que procurávamos. A cerveja serviu de currículo e eu fui contratado. Alguns meses mais tarde, produzimos o primeiro lote de Brooklyn Black Chocolate Stout. Nossa preocupação era não haver público para uma Stout muito forte, mas revelou-se infundada, pois a cerveja esgotou-se em duas semanas. Nosso estoque acabou tão rápido que esquecemos de guardar algumas cervejas para consumo próprio e tivemos que sair para comprá-las. Até hoje as pessoas nos perguntam sobre essa cerveja, que já recebeu vários prêmios.

A Brooklyn Black Chocolate Stout é realmente bem preta, com firme colarinho bronze. Tem aroma achocolatado intenso, com notas fortes de café e outras frutadas e vinhosas, que remetem aos melhores chocolates escuros belgas e franceses. O amargor inicial é pronunciado, realçado pela torrefação, mas logo recebe a companhia de suculentos maltes semissecos, com sabores intensos de chocolate e café que se espalham pelo paladar suave, redondo e encorpado. No centro, frutas e alcaçuz juntam-se ao chocolate e café expresso, antes do final prolongado, seco e vinhoso. O sabor residual é de chocolate, com um toque de lúpulo. Para cada lote de Black Chocolate Stout, fazemos três macerados e, de cada um, extraímos a primeira filtragem, sendo o mosto concentrado retirado antes de o macerado ser enxaguado, e descartamos o bagaço, ainda repleto de açúcares. (Todo ano, algumas vacas sortudas ga-

nham esse reforço em sua alimentação.) Isso nos deixa com um mosto não diluído, cuja fermentação resulta em uma cerveja com teor de quase 9%, que é envelhecida por mais de dois meses antes de deixar a cervejaria. Muitos gostam de envelhecê-la mais ainda em sua própria adega para aprimorar o sabor. Com o tempo, a cerveja fica mais magra e suave, desenvolvendo notas de Jerez e vinho do Porto. A Brooklyn Black Chocolate Stout é a cerveja de sobremesa definitiva, um acompanhamento excelente para tortas de fruta, sorvetes, suflês, sobremesas de chocolate e chocolates que merecem esse nome. Você pode tomá-la como sobremesa ou acompanhando um bom charuto. Se você tem em casa um Cohiba Esplendido, essa é a parceira ideal.

Vinhos "brigam" com chocolate, mas uma Stout forte proporciona uma combinação admirável.

American Fruit Beer

A Kriek (fermentada com cereja) e a Framboise (fermentada com framboesa) costumam ser as primeiras cervejas belgas que muitos americanos provam. Em geral, elas são baseadas nas Lambic amargas ou nas ácidas Brown Ale flamengas. Os cervejeiros americanos raramente fabricam esses estilos ácidos, mas muitos adoram produzir cervejas de fruta. E aí é que está o problema.

As American Fruit Beer encaixam-se em duas categorias. Atraídos pelo "lado escuro" dos sabores frutados opacos, os cervejeiros rendem-se à facilidade dos extratos "naturais" – óleos e essências que têm algum aroma da fruta original, mas pouco sabor em si. Entre a comunidade de cervejeiros artesanais, surgiu há alguns anos a moda de cervejas de fruta e, infelizmente, muitos decidiram aromatizar suas cervejas com esses extratos, criando cervejas que eram meras caricaturas das Lambic belgas, com poucas qualidades. A maioria sumiu rapidamente do mercado, mas ainda sobraram algumas para enganar os incautos. Se o rótulo diz algo como "Ale com sabores de frutas naturais", nem pare. Você vai se decepcionar com o "lado escuro".

Já os cervejeiros seduzidos pelos sabores brilhantes – o "lado iluminado" das frutas – se inspiram no trabalhoso processo de fabricação belga e suas cervejas podem ser verdadeira recompensa à mesa. São cervejas refermentadas com a fruta inteira ou, ao menos, com um purê. A base é geralmente uma cerveja americana de trigo, de corpo leve, baixo amargor e ligeiramente ácida. Outras cervejarias acrescentam frutas às cervejas Ale douradas. Geralmente, adicionam a fruta ou purê na fermentação; ou no envasamento, após a fermentação principal. A levedura ataca os açúcares da fruta e, nesse processo de refermentação, os sabores da fruta incorporam-se à cerveja, transformando-a completamente.

Os resultados variam de acordo com a imaginação dos cervejeiros. Algumas são totalmente secas, enquanto outras são bastante doces. Uma cerveja de trigo pode adquirir um leve sabor de cereja ou framboesa e um tom rosado. Uma Ale dourada pode passar meses consumindo enormes quantidades de açúcar, resultando em um intenso caráter frutado. Alguns cervejeiros, inspirados em suas belgas favoritas, adicionam fruta a uma cerveja especial, tipo Lambic, que criam usando uma coleção de leveduras selvagens e variedades de bactérias que produzem sabores ácidos. Enquanto a verdadeira Lambic só é produzida na Bélgica, certas American Fruit Beer são bem interessantes e algumas são espetaculares. As melhores ostentam intensidade que supera a maioria das versões belgas. Fruta é ingrediente bastante caro, e a maioria das cervejarias que fabrica essas cervejas tende a ser pequena e extremamente dedicada à sua arte.

Belgas não se limitam às tradicionais cerejas e framboesas; nem os americanos. Como jurado do Great American Beer Festival, já provei, com resultados variáveis, cervejas feitas com vários tipos de frutas: bananas, laranjas, morangos, ameixas-damascenas (*damson fruit*), uvas, uvas-passas, oxicocos (*cranberries*), ameixas-vermelhas, mangas e groselhas-pretas. Algumas se revelaram lamentáveis, outras produziram surpresas agradáveis. Nunca imaginei que gostaria de cerveja feita com laranja, mas provei uma realmente deliciosa. Quando cervejeiros sérios usam a imaginação, são capazes de criar maravilhosas cervejas de fruta, cujas afinidades com comida não têm paralelo.

AMERICAN FRUIT BEER E COMIDA

A harmonização mais óbvia das American Fruit Beer é com sobremesa, mas não se deve ignorar as possibilidades com os pratos que vêm antes delas. Muitas dessas cervejas são excelentes aperitivos, especialmente quando servidas em taça de champanhe ou em uma taça pequena de vinho. Visualmente são muito atraentes e bom assunto para iniciar conversas. Para aperitivos, prefira uma Fruit Beer seca, e deixe as versões mais doces para depois. As versões semidoces são opção bastante refrescante no *brunch*, ocupando o lugar de um Kir Royale ou de uma Mimosa. Com a maioria dos pratos de *brunch*, vai funcionar bem uma cerveja com acidez vigorosa, com alguma sugestão de doçura e intensidade de fruta.

Essas cervejas também podem ser excelente opção para saladas. Vinagretes de framboesa são muito populares e com uma cerveja de framboesa bem-feita pode casar-se perfeitamente. Os sabores dessa fruta parecem ter afinidade particular com vinagre balsâmico, e cervejas de framboesa acompanham bem os *dressings* à base de vinagre balsâmico. Se a salada tiver como ingrediente queijo de cabra, a combinação ficará ainda melhor, já que ele se dá muito bem com frutas.

A versatilidade das cervejas de fruta semidoces surpreende, pois acompanham grande variedade de pratos salgados. Mantendo a mente aberta, você poderá tirar bastante proveito disso. Qualquer carne que por acaso é servida com molho à base de fruta pode combinar perfeitamente com Fruit Beer. Opte por aquelas com sabor frutado intenso, mas doçura balanceada. Cervo e javali selvagem, que combinam bem com ginja, ficam ótimos com cerveja de cereja bem-feita. Pato e ganso vão bem com várias cervejas de fruta, sendo que as melhores são as preparadas com laranjas, cerejas, pêssegos e mangas. Se isso soa meio estranho, pense no "molho de pato" que acompanha o pato crocante chinês, e vai entender melhor. Nesse caso pode ser uma cerveja mais doce, já que pato vai bem com frutas doces. É comum servir essa ave com frutas em compota, e a Fruit Beer pode desempenhar um papel semelhante. Muitos pratos indianos são servidos com *chutneys* à base de frutas, alguns bastante picantes. Nesses casos, cervejas de pêssego funcionam bem, já que a doçura da cerveja ajuda a abrandar a ardência. Os *raitas*, aqueles saborosos temperos de iogurte – usados na culinária indiana para refrescar o paladar (da "quente" condimentação) – também podem associar-se de maneira deliciosa à Fruit Beer. Carne de porco tem afinidade com frutas – eu quase sempre sirvo porco com maçã *sautée*. As Fruit Beer podem proporcionar um acompanhamento saboroso para chuleta de porco ou lombo de porco bem recheado. Se houver fruta no recheio, melhor ainda. É frequente, na culinária mexicana, usar abacaxi e *chilli* com carnes de porco, com resultados brilhantes. Também são usadas – seja com carne de porco, seja de frango – laranjas e uvas-passas. Nesse caso, é melhor apostar em cervejas de laranja, manga ou pêssego. É preciso criatividade para descobrir tais combinações, mas metade do prazer da harmonização está na procura. Aguarde um momento inspirado e depois vá fundo. Você não vai ganhar todas, mas vai divertir-se muito, que é o principal objetivo do comer bem.

As Fruit Beer doces são, naturalmente, ótimas com sobremesas. Como já mencionei na seção de cervejas Lambic, os *sommeliers* deviam envergonhar-se de tentar nos vender a ideia de que vinhos de sobremesa combinam com sobremesa. É, de modo geral, uma falácia que deveria ser descartada de uma vez por todas. Sauterne e chocolate? Por favor, em que planeta essa é uma boa combinação? O que essas pessoas têm na cabeça? Vinhos Tokaj húngaros, Trockenbeerenausleses alemães, Banyul franceses, os portugueses da Madeira e do Porto, os Picolit italianos – sim, já provei todos e são muito saborosos. Mas não com sobremesa, muito obrigado.

As American Fruit Beer, por outro lado, fazem combinações brilhantes com sobremesas à base de chocolate ou de laticínios. Há infinitas possibilidades: as de cereja ou de framboesa combinadas com bolo cremoso de chocolate (*mud cake*); cerveja de manga e sorvete de creme; cerveja de pêssego e *panna cotta*; cerveja de mirtilo e creme *brulée*. Aqui só há uma armadilha: cuidado ao combinar cervejas de frutas com sobremesas de frutas. Parece boa ideia, mas os sabores frutados podem fundir-se em demasia e anular-se. Não chega a ser um desastre, mas também não fica brilhante. (Stout é a melhor opção para sobremesas de frutas.) Fora isso, é difícil errar. Se tiver dúvidas sobre qual cerveja servir, por que não servir mais de uma? Certa vez servi um sorvete de chocolate belga, bem cremoso, com três cervejas de fruta – cereja, framboesa e pêssego –, cada qual em sua própria taça de champanhe. As taças brilhavam em tons rosa, vermelho e laranja, com uma ininterrupta corrente de bolhas subindo até a espuma de coloração pastel. Os convidados admiraram-se ao ver as taças e deliciaram-se ao provar as cervejas com o sorvete. Sauterne? Por favor!

FABRICANTES NOTÁVEIS DE AMERICAN FRUIT BEER

NEW GLARUS BREWING COMPANY Daniel e Deborah Carey seguem o padrão dos cervejeiros artesanais americanos: têm nome e perseverança irlandeses, conhecimento alemão e criatividade belga. Na cidade de New Glarus, Wisconsin, operam uma das mais requintadas cervejarias dos Estados Unidos. Deborah Carey fundou a cervejaria em 1993, levantando o investimento inicial como presente para Dan, que trabalhava como supervisor de produção na Anheuser-Busch. Dan Carey tinha boa bagagem técnica, tendo estudado cervejaria na Universidade da Califórnia-Davis e feito treinamento na Bélgica. E, fabricando cervejas tradicionais de estilo alemão em uma caldeira de 3 mil litros, colocou em prática todo esse conhecimento. Dan cuidava da produção e Deborah, da administração. Em 1998, já não davam mais conta da produção, então foram à Alemanha comprar um belíssimo equipamento para 16 mil barris. Todas as suas cervejas são admiravelmente bem-feitas, mas ficaram famosos por suas Fruit Beer. Inspirados pelo método belga de produção de Lambic, em cervejas à base de trigo envelhecidas em tonéis de carvalho, eles fermentam a fruta inteira. Há várias outras cervejarias americanas fabricando boas Fruit Beer, mas as cervejas da New Glarus são inigualáveis e já receberam diversos prêmios.

Como convém a uma cerveja com mais de meio quilo de fruta em cada garrafa, a NEW GLARUS WISCONSIN BELGIAN RED vem em garrafa de vinho, cujo pescoço é lacrado com cera vermelha. No copo, a cerveja tem cor vermelha intensa, que, exceto pelo colarinho rosado, lembra vinho Beaujolais. O aroma é igualmente intenso – torta de cereja e amêndoa, com fragrância subjacente de pão assado. O paladar é surpreendente: encorpado, redondo, doce e ácido, com um poderoso sabor de cerejas tipicamente americanas em seu centro frutado e suculento. As cerejas predominam no final prolongado e doce, que termina com um toque ácido. O malte afirma-se no sabor residual de pão. É uma assombrosa experiência gustativa, no limite entre a cerveja e o vinho. As cerejas inteiras são da variedade Montmorency, produzidas localmente no Condado de Door. A New Glarus Wisconsin Belgian Red fica maravilhosa com sobremesas de chocolate, sorvete de creme, *cheesecake* e *panna cotta*. Você pode servi-la como sobremesa ou, se estiver se sentindo mais audacioso, com *foie gras sauté* ou pato assado glaceado com mel. Pode-se usá-la também para fazer um molho para pato ou cervo.

A New Glarus Raspberry Tart vem em garrafa semelhante e sua cor vermelha é de uma tonalidade profunda, com grande colarinho lavanda. O aroma de framboesa é intenso, tendo, no fundo, malte de pão. Primeiro se faz sentir a acidez frutada, seguida de um profundo sabor de framboesa. No centro, emerge uma doçura frutada, antes do prolongado final agridoce. Em seguida, o palato fica inesperadamente refrescado, como se tivesse passado por uma tempestade de sabores. Essa cerveja é outro *tour de force*, sendo envelhecida em tonéis de carvalho, onde passa por fermentação espontânea por leveduras selvagens. Você pode servi-la como limpador de palato, ao estilo de um *sorbet,* ou como sobremesa em si, bem gelada, em uma taça de champanhe. Se for servir após o prato principal, combine com queijos doces, como Mascarpone, Teleme ou Stracchino, ou com sobremesas de chocolates intensos, sorvetes, *panna cotta* ou *cheesecake.*

American Barley Wine

É difícil imaginar que seria possível começar a fabricar cervejas Barley Wine ainda mais fortes e intensas do que as originais, mas, quando se trata dos Estados Unidos, não há limites. Os cervejeiros artesanais americanos adoram Barley Wine. Seria pela arrogância machista dessa cerveja que tem um poderoso gancho de direita? Seria o requinte que se pode atingir através do cuidadoso envelhecimento? Seria a oportunidade de fazer uma cerveja com o máximo possível de sabor e aroma? Você adivinhou – valem

Grande, brilhante e poderosa, eis a primeira American Barley Wine: a Old Foghorn, da Anchor.

todas as opções anteriores. Muitas cervejarias fazem Barley Wine apenas uma vez por ano, e esse é um dia especial. Os preparativos chegam a ser quase místicos – vestir a camisa predileta, tocar música especial na fábrica, desligar os telefones. Os cervejeiros passam o dia levando a cervejaria ao seu limite: o mosto filtrado é o mais concentrado possível e ainda é fervido por várias horas, para concentrar ainda mais. Em seguida, eles tentam convencer sua melhor amiga, a levedura, a correr uma maratona e criar uma obra de arte.

Antes do surgimento das artesanais, era raro encontrar uma cerveja americana bem forte. O estilo Barley Wine – com base em cervejas Ale voluptuosas e fortes, com teor entre 8,5% e 14% – era originalmente fabricado para a aristocracia inglesa. Talvez a ausência de uma aristocracia americana explique a adoção tardia desse estilo no país. Mesmo nos primórdios das microcervejarias, já era difícil produzir cervejas normais, quanto mais algo tão trabalhoso e complexo como as Barley Wine. Essas cervejas exigem pelo menos uns bons meses de maturação, e muitas só ficam realmente prontas para servir após anos de envelhecimento.

Envelhecer cerveja é um processo caro. Para fabricar Barley Wine, o cervejeiro precisa de dinheiro e paciência.

As melhores Barley Wine inglesas podem ser envelhecidas durante décadas, mas, no caso das American Barley Wine, a maioria tem vida curta. São cervejas excelentes, mas grande parte só conserva as melhores qualidades durante cerca de cinco anos. (Há exceções, como a Rogue Old Crustacean.) Para compensar, as americanas ficam prontas para beber mais rapidamente do que as versões inglesas, que geralmente necessitam de alguns anos para atingir a melhor forma. A Bigfoot, da Sierra Nevada, por exemplo, é sensacional quando deixa a cervejaria e envelhece bem por um ou dois anos, adquirindo maior suavidade. Depois disso, perde o caráter lupulado jovem: ainda é saborosa, mas já passou do ponto. Nesse aspecto, reflete os vinhos que originalmente deveria imitar – o vigor do vinho Barbera jovem dura apenas alguns anos, enquanto o Barolo sai de uma juventude dura e adstringente para uma velhice gloriosa. Somos um povo impaciente – americanos não gostam de esperar. Talvez seja melhor aproveitarmos o vigor jovem das American Barley Wine e deixar os prazeres da idade para os ingleses.

AMERICAN BARLEY WINE E COMIDA

Existe apenas um parceiro alimentar confiável para as lupuladas American Barley Wine: queijo. Isso não significa que não haja outras possibilidades, pois as versões mais doces podem combinar com várias sobremesas. Mas, com sobremesas, as Fruit Beer e as Stout ficam melhores, portanto vale mais a pena explorar os pontos fortes da Barley Wine em outras searas. As American Barley Wine têm o ego inflado de teor alcoólico e sabor. Queijos fracos não devem nem tentar.

Também os fabricantes de queijo americanos são bastante ousados e, para combinar com as American Barley Wine, produzem vários excelentes. Algumas cervejarias, talvez inspiradas pelo exemplo dos mosteiros belgas, fabricam tanto cerveja quanto queijo. Como se não bastasse ser dono de uma das cervejarias artesanais pioneiras nos Estados Unidos, Fritz Maytag também produz, em seu laticínio em Iowa, o famoso Maytag Blue, que é um queijo de sabor nítido, pungente e muito cremoso, uma interpretação excelente dos clássicos queijos azuis dinamarqueses. Combina muito bem com a Old Foghorn da Anchor.

Muitas Barley Wine apresentam quantidade considerável de açúcar residual, equilibrando doçura e amargor de lúpulo. Cervejas mais doces combinam bem com queijos azuis fortes. Deles, há várias marcas americanas excelentes: a Bingham Hill, do Colorado, fabrica o bombástico Rustic Blue; a Great Hill Dairy, de Massachusetts, produz o Great Hill Blue; e a Point Reyes Farmstead, da Califórnia, faz o Original Blue. Quando jovens, todos são pungentes, estilo Stilton, e, depois de maturados, exibem na língua uma "queimação" estilo Roquefort. As American Barley Wine são suficientemente fortes para lidar com esses queijos, envolvendo, com a doçura do malte, o bolor arrojado, absorvendo a gordura com a purificante carbonatação e, depois, explodindo no seu palato. Saindo um pouco dos Estados Unidos, essas cervejas também ficam boas com queijos Stilton e Gorgonzola.

Cervejas Barley Wine mais doces também podem ser combinadas com queijos de cabra maturados. Em Nova York, a Coach Farm produz (em formato de pirâmide) um queijo maturado, refinado e austero, dono de uma linda pasta com consistência de bolo. É incrivelmente substancioso, mas uma boa Barley Wine lupulada é capaz de atravessá-lo feito faca e, depois, dissolvê-lo em sua língua. Não vá desmaiar, que pode deixar sua cerveja cair.

FABRICANTES NOTÁVEIS DE BARLEY WINE AMERICANAS

SIERRA NEVADA BREWING COMPANY No Noroeste Pacífico, durante o inverno, os amantes de cerveja aguardam pacientemente a chegada da arredia Sierra Nevada Bigfoot. Ela aparece em fevereiro, e a espera vale a pena. A Bigfoot tem cor âmbar profunda e estupendo aroma resinoso de lúpulos americanos frescos. O sabor inicial, de lúpulo, é rápido, vigoroso e impetuoso, revestindo o palato com um amargor pipocante. O malte frutado esforça-se para aparecer no centro, mas acaba ofuscado pelo sabor de lúpulo, que se estende até o prolongado final agridoce. No sabor residual, o lúpulo ainda persiste por um bom tempo. Com até dois anos de envelhecimento, o sabor da Bigfoot melhora, mas por seu teor relativamente modesto (9,6%) não resiste a longas maturações. Depois de um ano, o amargor ardente suaviza-se, permitindo a emergência de um agradável caráter maltado. Se você gosta de sabor de lúpulo, a cerveja parece fácil de beber, mas engana. É comum ser servida apenas em copos de meio litro (*pint*), o que acaba fazendo vítimas. Se estiver a fim de aventuras, experimente a Bigfoot com *quesadillas*: seu caráter lupulado, de pinheiro, combina bem com comida mexicana vigorosa. Ou combine com um forte e frutado Cheddar legítimo, de fazenda, bem maturado.

THE BROOKLYN BREWERY A maioria dos cervejeiros americanos adora Barley Wine, e eu certamente não resisto ao desafio de fabricá-la. Em 1997, produzimos pela primeira vez nossa Barley Wine e decidimos chamá-la de Monster. Pode ser infantilidade, mas eu sempre quis uma cerveja chamada Monster. Ao som da *Toccata e fuga em ré menor*, de Bach, e da *Carmina Burana,* de Carl Orff, pusemos mãos à obra. O macerado era tão grande que ameaçou pular fora da caldeira e, no prédio inteiro, recendia o poderoso aroma do malte inglês Maris Otter. Foi uma festa. Desde então, todos os anos, na temporada de inverno, fabricamos a Brooklyn Monster Ale. Tem cor âmbar profunda e aroma maltado de pão, com camadas de lúpulo e geleia de laranja. Os lúpulos estalam na ponta da língua e depois dão lugar a um centro semisseco, suave e redondo, de corpo médio, repleto de sabores de malte, fruta e caramelo. A cerveja seca, num final prolongado e alcoólico. Compareci recentemente a uma degustação de Brooklyn Monster Ale no Blind Tiger, o melhor *brew pub* da cidade de Nova York. O nome da degustação era "The Five-Headed Monster" (o monstro de cinco cabeças), pois havia exemplares de todos os cinco anos desde que a cerveja fora lançada. Foi fascinante ver como a cerveja envelhecera bem até então. Deguste a Monster Ale com queijos azuis fortes, com Gruyère ou Gouda maturados, ou com um charuto suave, meio encorpado.

ANCHOR BREWING COMPANY A Anchor Brewing Company, de São Francisco, pioneira em tantas coisas, lançou sua Barley Wine em 1975. Fritz Maytag, o proprietário, inspirou-se nas cervejas que provou na Inglaterra e resgatou o estilo Barley Wine nos Estados Unidos. A ANCHOR OLD FOGHORN foi a primeira Barley Wine americana moderna e preservou seu caráter original ao longo dos anos. Vem em garrafinha de 200 ml, primeira indicação de que deve ser consumida devagar. Tem linda cor de mogno e aroma repleto de lúpulos, cítricos e resinosos, e de goma de mascar frutada. A impressão inicial é de doçura de malte, mas o amargor rapidamente se impõe, secando o paladar. O caráter suculento e frutado de goma de mascar ocupa o centro redondo, de corpo médio, ao lado de sabores gostosos de caramelo. O final é curto e lupulado, com um sabor residual delicioso de pão, de cereais. Essa cerveja apresenta menor concentração de malte do que as Barley Wine inglesas clássicas, substituindo-o por bastante fruta e um intenso sabor de lúpulo. O resultado final lembra um excelente vinho Borgonha. Prove com queijos Gruyère maturados, com Boerenkaas ("queijo de fazendeiro", um tipo de Gouda), com Parmigiano Reggiano ou com o famoso Maytag Blue, feito na fazenda da família, em Iowa. Também fica excelente com charutos, e a garrafinha tem o tamanho ideal para acompanhar um bom Robusto.

ROGUE ALE BREWERY A Rogue Brewery, de Oregon, sempre trilhou um caminho próprio. Sua versão do estilo Barley Wine é um bom exemplo da cervejaria radical que se popularizou entre os cervejeiros artesanais da Costa Oeste. Em sua garrafinha de 200 ml, a ROGUE OLD CRUSTACEAN parece bem inocente. Tem até tampa de rosca. A cerveja, de luzente cor de mogno, tem um maravilhoso aroma concentrado de malte frutado e lúpulo resinoso, com fragrância de hortelã. A cerveja começa redonda, doce e frutada, mas logo vem o golpe inesperado. Um amargor vasto e maciço surge do nada e assume o controle total, conduzindo a cerveja a um final prolongado, seco e amargo. No sabor residual, caso você se atreva a dar outro gole, os lúpulos seguem ameaçando. É possivelmente a cerveja mais amarga que já provei. A que estou provando foi engarrafada há três anos, mas ainda assim é bem amarga e, mesmo com um teor de 10,5%, os lúpulos predominam sobre o malte. Certa vez encontrei John Maier, o mestre-cervejeiro, e desculpei-me por ter escrito em um artigo de revista que as garrafas jovens de Old Crustacean tinham "gosto de aguarrás". Para minha surpresa e alívio, ele riu. "Essa cerveja, não se pode beber jovem", disse. "Precisa ser envelhecida alguns anos." A recomendação no rótulo é abrir após um ano. A menos que você seja viciado em lúpulo, eu esperaria cinco. Na Old Crustacean, há muita coisa acontecendo, e o gosto de lúpulo suaviza-se com o tempo, trazendo um equilíbrio agradável. O Noroeste Pacífico é uma região de "lupulomaníacos", e muitos deles idolatram essa cerveja. Prove com Stilton ou com outro queijo azul, bem forte e amanteigado.

10

Especialidades únicas

Por mais que eu tente, nem todos os estilos de cerveja encaixam-se perfeitamente em categorias amplas. Alguns estilos característicos escaparam ao radar das tendências históricas e emergiram, no século XXI, como idiossincrasias locais interessantes... e saborosas.

Altbier

Quando o estilo Lager partiu para conquistar o mundo, em meados do século XIX, nem todos aderiram à moda. Embora a revolução da cerveja Lager tenha se iniciado na Alemanha, as cidades de Düsseldorf, Münster e Hannover retêm uma tradição de cerveja Ale de alta fermentação, a Altbier. *Alt*, que significa "antigo", é um adjetivo que, saudosos, os alemães tendem a usar. Sem dúvida, no início, foi aplicado a esse estilo de cerveja como um desafio às mudanças: alguns cervejeiros continuaram a fabricar a "cerveja antiga", do período anterior à Lager. Düsseldorf era uma grande cidade mineradora, e não é difícil imaginar os mineiros apoiando a preservação dessa cerveja. A Altbier é semelhante a certas Ale encontradas na Bélgica e na Inglaterra, mas o estilo alemão tem personalidade própria inconfundível.

A Altbier de Düsseldorf varia de um tom bronze profundo chegando ao marrom-ferrugem e tem firme colarinho bronze. O aroma é levemente frutado, com fragrâncias abiscoitadas e agradáveis notas de lúpulo. No paladar, a única indicação de Ale é uma sugestão de fruta: os sabores são bastante puros e redondos, com um centro maltado de corpo médio, sustentado por uma estocada

No século XIX, algumas cidades armaram barricadas contra o assalto das cervejas Lager, de baixa fermentação. Altbier significa "cerveja antiga", e esse estilo de alta fermentação ainda é uma especialidade em Düsseldorf, Alemanha. Fica excelente com carne de porco.

pronunciada e refrescante de amargor de lúpulo. O final é seco e cortado. Essas cervejas são fermentadas em temperatura alta, mas maturadas, por até várias semanas, em temperaturas relativamente baixas. Essa prática apara as arestas e produz uma cerveja suave, apesar do lúpulo marcante. As Altbier são vigorosas e relativamente leves, com um teor geralmente pouco abaixo de 5%.

Assim como a Helles é a cerveja diária dos bávaros, os habitantes de Düsseldorf tendem a ser fiéis à sua Altbier. Geralmente, é servida num copo cilíndrico curto, de 330 ml. Algumas tabernas servem-na diretamente do barril. Se algum dia você for a Düsseldorf, aproveite para visitar os quatro *brew pubs* da cidade, principalmente o famoso Zum Uerige, cuja Altbier é premiada por seu caráter lupulado. Os outros três locais – Zum Schlüssel, Im Fuchschen e Ferdinand Schumacher – também produzem ótimas versões. O caráter lupulado da Altbier atravessa a riqueza da pesada comida local, centrada em diferentes partes do porco. Em outras culinárias, o amargor pronunciado da Altbier funciona bem com uma ampla variedade de pratos.

HARMONIZAÇÃO DE ALTBIER COM COMIDA

Com sua combinação de amargor de lúpulo, maltagem pronunciada e sabores de fruta contidos, a Altbier é maravilhosamente versátil com comida. Os sabores de malte caramelizados associam-se a sabores semelhantes em pratos como frango assado, atum grelhado e vários outros. A lupulagem confere à cerveja a capacidade de atravessar molhos e caldos de carne. Em Düsseldorf, a carne de porco é bastante popular, inclusive a do fígado. A cerveja vai muito bem com porco e, embora eu prefira pratos mais conservadores, uma boa receita de pernil é um ótimo acompanhamento. Em Nova York, o restaurante Lupa, de Mario Batali, serve uma versão excelente, assim como o Kerry Heffernon, em Madison Park. São receitas refinadas, que ficam sensacionais com Altbier. Na Alemanha, as versões tendem a ser mais rústicas.

A Altbier vai bem com toda sorte de embutidos, e a maioria é suficientemente robusta para encarar um hambúrguer cheio de acompanhamentos. Também gosto dessa cerveja com *cassoulet*, pois é maltada e condimentada o suficiente para harmonizar com os sabores, e os lúpulos atravessam a densidade do feijão. O amargor da Altbier também vai bem com *burritos*, *quesadillas* e até *pizza*. Prove também com peixes gordos (filés de salmão grelhados são ótimos) e com apimentados bolinhos de caranguejo.

FABRICANTES NOTÁVEIS DE ALTBIER

PRIVATBRAUEREI FRANKENHEIM A família Frankenheim continua sendo proprietária da grande cervejaria fundada, em 1857, por Heidrich Frankenheim. A FRANKENHEIM ALT, totalmente âmbar, tem um impressionante colarinho macio. O aroma é maltado, com leve nota frutada de uva-passa. Lúpulos pronunciados e nítidos apresentam-se primeiro, seguidos por vigorosos maltes caramelizados, em uma estrutura seca de corpo médio. O final é vigoroso, lupulado e curto. É uma cerveja curiosamente lupulada, quase uma American Amber Ale, fabricada por um cervejeiro particularmente criterioso. Com sua lupulagem pronunciada e uso contido de sabores frutados e caramelizados, é cerveja de consumo fácil e agradável. Você pode servi-la com os tradicionais pratos de porco, mas o que ela pede mesmo é um bom *steak*, desses bem altos, de afundar os dentes.

GROLSCH BIERBROUWERIJ O nome Grolsch traz à mente a imagem da garrafa verde com tampa *swing top*. Desde 1897, a Grolsch usa essa garrafa para sua Pilsner de estilo europeu, encontrada por toda parte. O *site* da Grolsch nem ao menos menciona sua Altbier de alta fermentação, a GROLSCH AMBER ALE, que geralmente é vendida em uma garrafa clara com a habitual tampa de coroa. Sua cor âmbar é profunda, e o aroma, levemente maltado, tem algum caramelo, mas pouco lúpulo ou fruta. O paladar é soberbamente equilibrado, com lupulagem leve contrapondo-se, numa estrutura seca de corpo médio, a maltes suculentos e ligeiramente frutados. O final é curto, seco e bastante limpo. A cerveja fica agradável com embutidos grelhados de frango, *Bratwurst*, rosbife, chuleta de porco e bifes empanados de vitela. É saborosa, mas pouco robusta, portanto resista à tentação dos hambúrgueres cheios de acompanhamentos.

ALASKAN BREWING COMPANY Em sua origem, Juneau, no Alasca, era uma cidade mineradora. Em 1881, com a descoberta de ouro na região, surgiram cervejarias por toda parte. Para quem mora no resto dos Estados Unidos, o Alasca parece um lugar inóspito para cervejarias, mas, no auge da corrida do ouro, o estado abrigava mais de cinquenta. No fim da Lei Seca, não restava nenhuma. Em 1986, Geoff Larson, cervejeiro amador e químico, e sua esposa, Marcy, abriram aí a primeira cervejaria desde a década de 1920. A primeira receita dos Larson foi baseada em uma cerveja que, por volta de 1900, um imigrante alemão fabricara para os habitantes locais. Pelas informações que ele conseguiu obter, essa cerveja antiga parece ter sido fabricada segundo o estilo Altbier alemão.

Assim, depois de várias tentativas, selecionou uma variedade de levedura Altbier de alta fermentação e criou a ALASKAN AMBER. O tom âmbar da cerveja é brilhante, muito atraente, e ela tem um apetitoso aroma de malte fresco, apresentando, no fundo, leve nota de goma de mascar. O paladar, de corpo médio, abre com lupulagem vigorosa, rapidamente seguida por maltes admiravelmente suculentos, desenvolvendo, no centro redondo, leves sabores de caramelo e fruta. O final é prolongado, seco e limpo, deixando a língua curiosamente refrescada.

Não é fácil fabricar cerveja no Alasca, e Geoff e Marcy Larson já enfrentaram situações que teriam mandado muitos cervejeiros diretamente para o aeroporto. Na verdade, eles prosperaram e apaixonaram-se pela beleza e pela comida do Alasca, especialmente o salmão. Geoff Larson especializou-se em salmão defumado, e várias vezes já me deleitei com o fruto de seu trabalho. Ele também defuma maltes ao estilo Bamberg e utiliza-os em sua Porter defumada, que é muito imitada. Sua Alaskan Amber é uma cerveja deliciosa, com encantos sutis mas instantâneos. A tentação é esvaziar o copo rapidamente. Em vez disso, beba devagar e saboreie a Alaskan Amber com bifes, hambúrgueres, frango assado, embutidos, bolinhos de caranguejo e, obviamente, com salmão-rei do Alasca.

Kölsch

Na Alemanha, especialmente em Colônia, conhece-se um homem pela cerveja que ele bebe. Em alemão, o nome da cidade é Köln, e qualquer coisa oriunda de Köln pode ser chamada de *Kölsch*. A associação dos cervejeiros da cidade data de 1254 e protege e reverencia a cerveja Kölsch local tanto quanto a um animal ameaçado de extinção. Nenhuma cerveja fabricada fora de Colônia ou de seus arredores pode ser chamada de Kölsch. O formato, o tamanho e a decoração dos pequenos copos cilíndricos em que a Kölsch é servida são padronizados por lei. Kölsch é uma *appellation très controlée.*

Mas por que tanta preocupação? O que os cervejeiros de Colônia temem? Ora, o lobo mau – a Pilsen. Assim como a Altbier, a Kölsch é uma cerveja Ale de alta fermentação, que remete à época anterior ao domínio da Lager no mundo germânico. Colônia, bem mais próxima de Bruxelas do que de Munique, tem com os Países Baixos históricos laços íntimos, que se estendem à cultura cervejeira local. Quando finalmente, no período entreguerras, a Pilsen bateu às portas de Colônia esta recusou-se a atendê-la. Em vez disso, preservou a alta fermentação, clareou a cor da cerveja, e processou todo forasteiro que ousasse fabricar uma cerveja chamada Kölsch. Deu certo. A área de Colônia e arredores abriga cerca de vinte cervejarias, todas fabricando Kölsch. É improvável que qualquer outra cidade importante no mundo ostente um número tão grande de cervejarias.

Com tamanho esforço, era de se esperar que a cerveja tivesse alguma característica maravilhosamente distinta, mas os cervejeiros de Colônia contentaram-se com um estilo que oferece prazeres simples. A Kölsch típica é cerveja de alta fermentação, bastante pálida, feita com malte Pilsner e até 15% de trigo maltado. O perfil aromático traz uma mistura leve de lúpulo, malte e fruta. O amargor é contido, mas o paladar é levemente encorpado e extremamente seco, com suave sabor maltado no centro, levando a um final seco e ligeiramente ácido. O que confere suavidade à cerveja é seu armazenamento a frio, de um a dois meses. A Kölsch fresca é bastante delicada, mas curiosamente prazerosa. Os habitantes locais às vezes se referem à cerveja como *Wiesse*, que no dialeto local significa "branco", especialmente se a cerveja não for filtrada. Isso causa certa confusão. Se você pedir uma *Wiesse*, vão lhe servir uma Kölsch turva, não uma Weissbier bávara. A cerveja Kölsch é bem agradável e refrescante, com teor de aproximadamente 5%, o que torna possível degustá-la a noite toda.

Se você estiver em uma taberna em Colônia, isso pode exigir algum esforço: no copo alto e cilíndrico da Kölsch cabem apenas cerca de 180 ml. Assim que um dos garçons – que, com destreza assustadora, equilibra bandejas redondas cheias de cerveja – trouxer o primeiro, é bom já pensar em pedir o próximo. Se não conseguir, poderia pensar em pedir outra coisa, mas não há outra coisa – a maioria das tabernas serve apenas Kölsch e, nelas, uma vez aberta, raramente a torneira fica fechada. Poucas cervejas Kölsch são exportadas, mas chegam algumas aos Estados Unidos, e vários cervejeiros artesanais americanos fabricam versões próprias. São pessoas que querem produzir uma cerveja leve e saborosa, sem comprometer sua credibilidade, e a Kölsch cai feito uma luva. Colônia, sem dúvida, exigiria que fossem extraditados.

KÖLSCH E COMIDA

Em suas afinidades com comida, a cerveja Kölsch é bem mais comedida e diplomática. É cerveja para matar a sede, mas com sabor, e só por isso merece um lugar na geladeira, principalmente no verão. Fica excelente com saladas, pois é suficientemente leve para não ofuscar o gosto das folhas verdes, e acompanha bem

É melhor não ficar só em uma – esses copos pequenos, tradicionais da Kölsch, costumam acabar logo.

ovos cozidos, presuntos, queijos ou quaisquer outros ingredientes da salada. Aceita bem vinagretes ácidos, portanto não se preocupe com molhos. Peixes delicados dificilmente vão encontrar uma parceira melhor. Seus sabores frutados, leves, associam-se a receitas à base de cítricos, e os sabores maltados de pão combinam com cogumelos, especialmente os *porcini* ou *morel*. Você pode até combinar com rodovalho ou John Dory no vapor, sem medo de abafar o sabor do peixe. É acompanhamento agradável para lagostas, amêijoas, camarões e também caranguejos, exceto em receitas extremamente picantes. Mesmo nesses casos, a cerveja consegue controlar bem o "fogo".

A Kölsch é boa parceira para o *brunch*, combinando bem com omeletes, salmão defumado e ovos Benedict. Também fica muito saborosa com *croque monsieur*, o popular sanduíche gratinado de presunto e queijo suíço dos bistrôs de Paris, Nova York e outros lugares.

Em Colônia, bebe-se Kölsch com praticamente tudo, incluindo uma grande variedade de pratos à base de carne de porco. Mas, com carne de porco, prefiro cervejas mais maltadas, mesmo não havendo nada de errado em juntar chuleta de porco grelhada com um bom copo de Kölsch gelada. A Kölsch não interfere no sabor da comida, portanto, relaxe e aproveite.

FABRICANTES NOTÁVEIS DE KÖLSCH

PRIVATBRAUEREI HEINRICH REISSDORF Na Renânia, os Reissdorfs formavam uma família de fazendeiros que cultivava e administrava terras em nome da igreja. Forçados a deixar essas terras devido a turbulências políticas e calamidades climáticas, mudaram-se para Colônia, onde Heinrich Reissdorf virou alfaiate. Era bom alfaiate e conseguiu juntar dinheiro suficiente para, em 1894, aos 55 anos, abrir uma pequena cervejaria, empresa que dirigiu até sua morte, em 1901. Gertrude, sua mulher, assumiu o comando por mais sete anos, falecendo em 1908. Tiveram cinco filhos, portanto o legado familiar estava garantido. Em 1936, a Reissdorf tornou--se a primeira cervejaria a engarrafar cerveja Kölsch. Na Segunda Guerra Mundial, a cervejaria foi quase totalmente destruída, mas rapidamente a família a reconstruiu e permanece no controle até hoje.

A Reissdorf Kölsch tem uma brilhante cor dourada e maravilhoso aroma suave de malte, acompanhado de notas de laranja e lúpulo. O paladar é leve, suave e redondo, com amargor vigoroso, carbonatação branda e alguma doçura frutada no centro. O final é prolongado, apresentando um pequeno toque de acidez refrescante. É versão muito agradável – leve, simples, fresca e prazerosa –, perfeita para peixes delicados, parceira ainda mais suave do que um Kabinett Riesling leve. É opção excelente para rodovalho, especialmente em receitas terrosas. Também fica ótima com saladas e pratos de *brunch*.

KÜPPERS A maior produção de Kölsch é da Küppers, que tem uma cervejaria à beira do rio Reno e um bar na Alteburger Strasse, em Colônia. Gustav Kupper fundou a cervejaria no século XIX, e essa Kölsch é uma das poucas que podem ser encontradas fora da Alemanha. A Küppers Kölsch é excelente exemplo do estilo. É de um tom dourado meio pálido e tem belo aroma de lúpulos florais, com agradável fundo de malte de pão. De amargor nítido e leve, a cerveja é levemente frutada e adoçada no centro, mas seca no final rápido. É suave, redonda e refrescante. Não é a melhor opção com as receitas alemãs mais comuns, de porco, mas vai bem com peixes delicados, frutos do mar e saladas.

Smoked Beer

Em meados do século XVIII, a maioria dos cervejeiros comemorou a possibilidade de usar malte de sabor puro, seco com carvão. Todavia, alguns nunca abriram mão de fazer a secagem em fogo de lenha. Assim como os escoceses produtores de uísque preservaram o uso de maltes defumados com turfa, por seus sabores únicos, várias cervejarias na região alemã da Francônia fizeram o mesmo. O estilo local de cerveja defumada, a Rauchbier (*Rauch* significa "fumaça"), ainda é bastante popular na cidade de Bamberg, antigo centro de fabricação de cerveja, onde os mosteiros cuidavam do corpo e da alma dos fiéis. Atualmente ainda existem ali nove cervejarias para servir seus 70 mil habitantes e, a uma hora de distância de carro, ainda há outras noventa. Iluminar corpo e alma continua sendo necessário.

A Heller-Trum e a Spezial, cervejarias de Bamberg, fabricam a especialidade local. O malte é seco em defumadores, usando lenha de faia de florestas próximas. A cor das cervejas varia desde um tom marrom-claro até um bem escuro, e o aroma, intensamente defumado, é reforçado pelo malte. O sabor maltado defumado domina o paladar, com algumas notas frutadas, e o final é seco. São cervejas confiantes e singulares, estranhas até mesmo para a maioria dos alemães. Também são totalmente fascinantes e delícias surpreendentes, que têm inspirado cervejeiros nos Estados Unidos e em outras regiões da Europa. Mantendo a mente aberta, você logo vai perceber que essas cervejas são parceiras únicas, perfeitas para uma grande variedade de pratos.

SMOKED BEER E COMIDA

Num requintado jantar, promovido por Thomas e Sabine Weyermann, malteadores de Bamberg, após olhar o *menu*, inocentemente perguntei se havia algum prato de frango. Já estava na Alemanha há vários dias e, em todas as refeições, comera carne de porco. Meus anfitriões olharam um para o outro e depois, um tanto confusos, para mim. "Não...", disse Thomas. "Não costumamos comer... frango." Ele me olhou como se eu tivesse acabado de chegar do interior do Tennessee e perguntasse se havia esquilos fritos para comer. O porco estava delicioso.

Fumaça e porco formam uma combinação natural, que os Estados Unidos expressam brilhantemente nos clássicos churrascos.

Cerveja defumada é uma opção óbvia, mas só depois de prová-la com churrasco é que você percebe o quanto é saborosa. A cerveja é o último instrumento essencial de uma orquestra, amarrando todos os elementos da comida. Presunto e *bacon*, defumados ou não, ficam ótimos com Smoked Beer. Gosto muito de *bacon* fresco ou de barriga de porco assada. Em Nova York, no Gramercy Tavern, o *chef* Tom Colicchio serve uma receita simples (*Pork loin & belly, heirloom beans and red rice*), com um bloco de carne (um cubo) coberto por uma camada de gordura pecaminosamente dourada. A carne é extremamente tenra e vem flutuando em uma camada de pequenas lentilhas verdes. Prove com Smoked Beer e a sala simplesmente desaparece, restando apenas você, a cerveja e a comida. É bom à beça.

Peixes e carnes defumados também são parceiros óbvios para essa cerveja e ficam tão bons quanto se imagina. Um almoço ótimo é salmão defumado, com um pouco de queijo cremoso e endro, e a Smoked Beer é o complemento perfeito. Pode parecer um excesso de sabores defumados, mas acredite, não é.

Superado o choque inicial do sabor da Smoked Beer, é possível que ocorra algo muito estranho. De repente, quase tudo parece combinar com Smoked Beer. Não estou brincando. Já bebi Smoked Beer com comida chinesa, e a cerveja associou-se aos sabores defumados dos molhos de feijão-preto e aos cogumelos. Já provei com comida tailandesa e combinou maravilhosamente com os sabores caramelizados desenvolvidos na *wok*. Fica muito boa com peixe e camarão grelhados. Combina naturalmente com qualquer embutido que se possa imaginar. Fica sensacional com hambúrgueres e bifes, trazendo os sabores da churrasqueira para os pratos feitos na sua própria cozinha. Sim, fica boa até mesmo com frango assado.

Já bebi essa cerveja com comida mexicana, que é repleta de sabores defumados como os de *chilli* e feijão. Quando no La Palapa, em Nova York, provamos a Schlenkerla Rauchbier com comida mexicana, no início, meu amigo Jim, um editor da revista

Gourmet, torceu o nariz: "Nunca gostei muito de cerveja defumada". Três minutos depois, tendo provado a cerveja com *puerco en pipian* (lombo de porco com molho de semente torrada de abóbora), já mudara totalmente de opinião. Comemos diversos pratos e ficamos abismados com a versatilidade da cerveja. Ao final da refeição, eu já pensava em comprar uma caixa da cerveja. Pode parecer forçado, mas às vezes acho que temos uma memória pré-histórica, instintiva, dos dias em que grande parte de nossa comida entrava em contato direto com o fogo. Há algo profundamente satisfatório em sabores defumados, algo que desafia uma explicação lógica. Decidi parar de tentar explicar. Comprei a caixa de Schlenkerla.

FABRICANTES NOTÁVEIS DE SMOKED BEER

BRAUEREI HELLER-TRUM No antigo dialeto de Bamberg, *Schlenkerla* significa "alguém com um andar estranho, encurvado". Aparentemente, a taberna Schlenkerla, fundada como *brew pub* em Bamberg, em 1678, já teve um dono assim. A família Heller era proprietária do *pub* – aí chamado de *Gaststätte* – antes de ele passar para a família Trum, há cinco gerações. Atualmente, o jovem Matthias Trum está aprendendo a arte de fabricar cerveja. A *Gaststätte* ainda fica no centro da cidade, uma bonita construção parcialmente feita de madeira, onde se serve uma ótima versão da robusta cozinha local. Por necessidade de expansão, a cervejaria foi transferida para um bairro numa colina próxima, atualmente área residencial elegante. A cervejaria é boa vizinha, que pouco destoa das outras construções. Dentro do terreno, há um galpão, onde fica a lenha de faia em pilhas ordenadas. No porão, pequenas caixas de maltagem são usadas para a germinação da cevada, com velhos parafusos girando entre os grãos, para mantê-los separados. Vários corredores subterrâneos conduzem a uma parede onde há uma porta de ferro, que o mestre-cervejeiro Martin Knab abre para revelar a fogueira de lenha. Ele joga um pedaço de faia de 1,5 m, provocando um instantâneo crepitar das chamas. Acima do fogo, fica o defumador, onde o ar enfumaçado seca o malte verde, espalhado sobre uma malha. Prendi a respiração ao entrar, e a fumaça úmida me cobriu feito um cobertor, enquanto rodopiava silenciosamente entre os grãos. Quando saí, Matthias parecia preocupado: "Agora, vai ter de mandar lavar seu casaco. Todas as minhas roupas cheiram a fumaça". De alguma maneira, aquela fumaça era maravilhosamente atraente, reminiscente das fogueiras de acampamento da minha infância.

A principal cerveja dessa cervejaria é a AECHT SCHLENKERLA RAUCHBIER MÄRZEN. É um nome e tanto. *Aecht* é uma grafia antiga da palavra alemã *echt* (autêntico, a), e a cerveja é mesmo uma Märzen defumada, daí o resto do nome. Ela tem um profundo tom marrom e belo colarinho firme. O aroma é surpreendente, intensamente defumado, lembrando molho de churrasco, fogueiras fumacentas, *Bratwurst* e *beef jerky* (tirinhas de carne desidratada defumada). Voltam à tona novas recordações de infância, dessa vez de Slim Jim (um salgadinho de carnes mistas, que, felizmente, já havia esquecido). No palato, o gosto defumado retrai-se, e o caráter da Märzen apresenta-se no centro, com maltes caramelizados doces, redondos e suculentos, contrapostos a lúpulos robustos. O final é curto e seco, com um toque defumado que persiste no sabor residual. No início, essa cerveja é estranha, até bizarra. Aos poucos vai ficando deliciosamente incitante e, mais tarde, com a comida, parece ser uma necessidade. Fica inacreditável acompanhando leitãozinho assado, lombinho, *Eisbein* ou costela na brasa. Com comida mexicana, é uma revelação, realçando tudo habilmente – *burritos*, *puerco en pipian*, pato com *mole negro*. Fica maravilhosa com *steaks*, como se a própria carne tivesse sido assada em fogueira de lenha de faia.

Na mesma linha, a cervejaria fabrica uma Bock defumada, cujo perfil é de um defumado ainda mais intenso, balanceado por maltes robustos. Há também uma cerveja de trigo defumada, com enfoque diferente e incrivelmente híbrido. A AECHT SCHLENKERla Rauchbier Weizen é plenamente marrom e tem opacidade causada pela levedura. O aroma é maravilhoso e evoca um fio de fumaça de lareira mais do que a fumaça de churrasqueira da Märzen e da Bock. O trigo, que responde por metade da receita, não é defumado, portanto o perfil defumado é mais leve do que nas outras cervejas. No palato, o amargor é bastante leve, e a tradicional levedura de cerveja de trigo revela-se numa explosão doce, de banana e *tutti-frutti*. O centro é efervescente e suculento; e o final, prolongado, frutado e defumado. Considero essa cerveja fabulosa. Fica ótima com praticamente qualquer prato de carne de porco e todos os pratos mexicanos que já experimentei. Também vai muito bem com pratos chineses. E, naturalmente, é difícil imaginar melhor combinação para salmão defumado.

CHRISTIAN MERZ BRAUEREI SPEZIAL Fundada em 1536, como *brew pub*, a Brauerei Spezial assim permanece até hoje. É também uma pousada de estilo antigo, que oferece comida e quartos simples. A cervejaria ainda seca o próprio malte com fogo de lenha de faia. A Spezial Rauchbier tem cor âmbar-mel clara e agradável aroma de fumaça e malte com notas de *toffee*. O caráter defumado é imediatamente identificado, porém mais moderado em comparação com as cervejas Schlenkerla. O amargor é bastante contido e doce, e no centro se apresentam maltes açucarados. Os maltes suculentos predominam até o final seco, quando o sabor defumado reaparece, prolongando-se no sabor residual. É uma interpretação mais delicada do estilo Rauchbier e agradável para tomar sozinha. Fica particularmente boa com comida chinesa e também vai bem com pratos tailandeses e vietnamitas, especialmente os que contêm certa doçura.

ALASKAN BREWING COMPANY Ao mudar-se para Juneau, Geoff Larson apaixonou-se por tudo do Alasca, principalmente a comida local. Em frente à cervejaria, do outro lado da rua, fica a defumadora de peixe Taku, que produz salmão defumado curado,

de sabor espetacular. Larson teve a ideia de pedir à defumadora que secasse certa quantidade de malte sobre um fogo de lenha de amieiro. Criou, assim, um novo estilo de cerveja, imitado por muita gente, mas nunca igualado. A ALASKAN SMOKED PORTER é totalmente opaca – nem mesmo luz direta do sol consegue passar. O aroma, magnífico, é uma complexa tapeçaria de café, chocolate escuro, fumaça e *tutti-frutti*. O paladar faz jus ao aroma, com uma apetitosa estocada inicial de lúpulos, seguida por um centro substancioso, repleto de maltes doces e suculentos. Conforme a doçura se retrai, surgem sabores torrados secos, de café e chocolate, magnificamente bem estruturados. A defumação emerge ao fundo, conduzindo tudo a um final seco e vigoroso. É uma verdadeira proeza que merece os inúmeros prêmios recebidos. Num jantar de gala do World Beer Cup Awards, no Hotel Jerome, em Aspen, servi essa cerveja com a receita de cervo ao molho de ginja, do *chef* Todd Slosberg. A harmonização ficou estonteante, como nenhum vinho seria capaz de alcançar. A Alaskan Smoked Porter também fica perfeita com churrascos, bifes, embutidos e salmão defumado.

Eles não querem outra vida! Fregueses da Gaststätte Schlenkerla, em Bamberg, desfrutam uma tarde sossegada, lendo jornais e bebendo Rauchbier.

Parte 3
A última palavra

Copos, temperatura, armazenagem e serviço

Parte do prazer de comer e beber bem está no cerimonial. Não estou falando da ostentação afetada de restaurantes franceses sérios em excesso, mas de talheres de prata, pratos atraentes e copos agradáveis. Temperatura, copos e serviço são, no mínimo, tão importantes para cerveja quanto para vinho. Não se trata apenas de uma questão de etiqueta: servir cerveja incorretamente pode estragar o sabor e o prazer da degustação.

Imagine-se num restaurante fino, na expectativa de comer uma refeição excepcional. Você pede uma garrafa de um bom vinho tinto. É um tanto cara, mas, afinal, você merece. Agora, imagine que o garçom lhe traz um copo de requeijão (já sem o conteúdo e o rótulo, é claro) e, sem a mínima cerimônia, serve nele o vinho tinto e gelado. Posso supor que você ficaria perplexo e provavelmente um tanto irritado... É o que sinto quando o garçom serve uma Ale trapista excessivamente gelada, num copo mais adequado para suco de laranja. Na Bélgica, onde cada cervejaria tem seu próprio copo especial, isso nunca aconteceria. Mas você não mora na Bélgica, não tem um armário repleto de copos de cerveja especiais, e a temperatura de sua geladeira está regulada em 4,5 °C. Como aproveitar ao máximo sua cerveja em casa?

Copos

Antes de mais nada, relaxe. Beber cerveja é algo prazeroso, e o objetivo do copo é ajudá-lo a desfrutar esse prazer. Embora alguns

Cortesia de Chimay.

rótulos tragam desenhos recomendando o uso exclusivo de um tipo especial de copo, o fato é que você provavelmente já tem tudo de que precisa em casa. Então vamos dar uma olhada nos copos.

O que queremos de um copo? Para começar, queremos ver a cerveja e admirar sua cor, portanto prefiro sempre copos transparentes, bem limpos. Se a sua lava-louça deixa resíduos, enxágue bem seus copos de cerveja antes de usá-los, pois qualquer traço de gordura ou detergente pode matar o colarinho da cerveja, deixando-a com um aspecto triste e pouco apetitoso. Para um cervejeiro, um copo de cerveja precisa estar impecavelmente limpo. Nós levamos isso muito a sério, pois trabalhamos duro para criar um belo colarinho macio para sua cerveja e queremos que continue assim. Em muitos estilos de cerveja, o colarinho é parte importante da aparência e da textura.

Em seguida, queremos desfrutar os aromas da cerveja. Os melhores copos para isso são os redondos, pois permitem girar a cerveja, liberando os aromas à medida que parte da cerveja evapora nas laterais. Soa familiar? Pelas mesmas razões, vários copos de vinho e conhaque encaixam-se nessa descrição. Copos de vinho são concebidos para permitir o melhor aproveitamento possível do vinho. Praticamente qualquer copo de vinho com haste fará o mesmo pela cerveja. Segurar o copo pela haste evita que fique engordurado quando você está comendo e também evita que a cerveja esquente rápido demais. Cervejas boas para aperitivo, como Pilsen, Belgian Strong Golden Ale, Tripel e cervejas de trigo, podem ser servidas, com muita elegância, em taças para vinho branco. Essas cervejas também ficam muito atraentes em taças de champanhe. Para cervejas mais escuras, prefiro algo um pouco mais robusto, como um copo de vinho tinto. Para aquecer uma cerveja resfriada demais, você pode segurar o bojo na palma da mão. Não é preciso usar copos de vinho: no mercado, há vários de formato adequado, vendidos em lojas de departamentos e supermercados.

Obviamente, o melhor é ter alguns bons copos de cerveja. Os tradicionais não são necessariamente projetados para degustação propriamente dita e procuram enfatizar ou realçar alguma característica específica do estilo de cerveja a que se destinam. Por exemplo, o copo de Weissbier, típico da Baviera, tem cerca de 25 cm de altura, um pé largo e pesado, e um bojo baixo e fino, que vai se alargando graciosamente em direção à boca. O motivo desse desenho é a alta carbonatação e o colarinho volumoso, característicos da Weissbier. O copo é concebido para acomodar uns 7 cm de espuma e, na Baviera, servir Weissbier é uma arte. Você pega o jeito rapidamente: escorra a cerveja lentamente pela lateral inclinada até encher dois terços do copo. Em seguida, retorne o copo à posição normal e leve gradativamente o colarinho até pouco acima da borda. Um copo de Weissbier bem servido é bonito de se ver, especialmente cintilando ao sol em um *Biergarten*.

A cerveja de trigo belga é geralmente servida num copo corpulento e facetado, que exibe a cor dourada, pálida e turva da cerveja e inspira tragos profundos em dias quentes. Os britânicos, para servir cervejas Ale de teor modesto, geralmente usam o clássico copo *pint*. Os *pint* britânicos comportam quase 600 ml, mas são mais para consumo do que para degustação e remetem à origem proletária dos *pubs*. Nos *Bierhalle* bávaros, os copos em formato de caneca para cerveja Lager também são grandes, mas, para outros estabelecimentos, a maioria das cervejarias alemãs produz bonitos copos com haste. Os copos de Pilsen tendem a ser altos e estreitos, para exibir o dourado-claro da cerveja. Nesse sentido, assemelham-se às taças de champanhe. Para cervejas escuras, a preferência é por cálices de pé baixo, que parecem sugerir elegância e robustez.

Um dos copos que menos aprecio é o *shaker pint* americano, de lateral reta – um copo de 470 ml, antes usado para misturar drinques. Muitas cervejarias artesanais americanas o produzem, mas basicamente a pedido dos bares, que apreciam sua robustez. Não acomoda bem o colarinho nem concentra os aromas ousados das cervejas artesanais americanas. Todavia é difícil de evitar, pois está por toda a parte. Não ajuda muito a cerveja, mas também não causa grandes danos. Mesmo assim, em casa eu nunca uso esse tipo de copo.

Os belgas apreciam muito seus copos de cerveja. Um bar ou restaurante com apenas dois ou três tipos de copo de vinho pode ter até mais de uma dúzia de copos de cerveja. Muitas cervejarias belgas fabricam um copo do tipo tulipa, com haste, que concentra os aromas e também ajuda a formar um belo colarinho de espuma. Um clássico do gênero é a enorme tulipa de pé curto dos anúncios da Duvel, uma cerveja de estilo Belgian Strong Golden Ale. O copo é duas vezes maior do que uma garrafa da Duvel – o resto do espaço é para acomodar o enorme colarinho macio. Há vários tamanhos e formatos de copo tulipa, geralmente com o logotipo da cervejaria impresso na lateral.

Entre os mais bonitos, estão os copos das cervejarias trapistas e de abadia. O formato mais comum é o de cálice, ao mesmo tempo belo e evocativo. Ao beber nesses copos, a sensação é de ter encontrado o Cálice Sagrado. Um cálice bem servido, seja de Chimay, Orval ou Westmalle, é lindo demais para a gente resistir, e confesso que geralmente não faço muito esforço. Se há uma boa loja de cerveja perto de sua casa, é possível que venda alguns copos de cervejarias. Muitas cervejarias artesanais americanas também fazem belos copos. Na Brooklyn Brewery, fazemos copos *pint* americanos, copos de Weissbier tradicionais, copos de Oktoberfest em formato de caneco, copos de Witbier robustos e cálices de conhaque para degustar nossos estilos Imperial Stout e Barley Wine. Ocasionalmente fabricamos um lote de Brooklyn Abbey Ale – em breve, vamos ter um cálice?

Eis um conselho que provavelmente me denuncia como autêntico nova-iorquino. Se você pedir uma boa garrafa de cerveja em um restaurante e o garçom tentar servi-la em um copinho qualquer, desses de suco, recuse-o educadamente e peça um copo para vinho branco. Imponha sua vontade – você está pagando pela cerveja e tem direito a um serviço decente. Você vai aproveitar bem mais a cerveja, acredite.

Se você está organizando um piquenique ou churrasco, a última coisa que deseja é se preocupar com copos. Perdoar alguém que quebrasse seu lindo cálice trapista exigiria uma paciência de monge. Você quer relaxar, o que é incompatível em relação a preocupar-se com copos. Beber da garrafa é para amadores: a cerveja esquenta rapidamente, fica muito gasosa e não é possível apreciar o colarinho e o aroma. Além disso, você não beberia vinho no gargalo, não é mesmo? Há um feliz meio termo nesses casos: plástico. Alguns amantes de cerveja podem achar uma heresia, mas a verdade é que hoje em dia há copos de plástico decentes. Não estou falando de copinhos de aniversário, mas de copos de plástico duro, com haste. Redes grandes, como Crate e Barrell, Pottery Barn e Williams-Sonoma, vendem belos copos com haste de plástico grosso, alguns com preços bem acessíveis. A maioria parece vidro, não tem cheiro de plástico, tem um pé largo e firme, e pode ser lavada na máquina. O que há de errado? Eu não usaria plástico na mesa de jantar, mas é uma ótima solução ao ar livre, quando não quero usar meus copos de vidro.

Temperatura

Assim como ocorre com vinho, a temperatura tem grande influência no sabor da cerveja. Temperaturas baixas realçam secura, amargor, carbonatação e refrescância, mas reduzem a percepção

de sabor, aroma e corpo. Temperaturas mais altas, ao contrário, realçam corpo, aroma, doçura, acidez e sabor. O que queremos, portanto, é um bom equilíbrio, e ele ocorre a temperaturas diferentes, dependendo do estilo da cerveja. Os americanos tendem a beber vinho tinto quente demais, vinho branco frio demais e cerveja praticamente congelada. Uma cerveja massificada extremamente gelada faz sentido, pois é preciso anestesiar as papilas gustativas para poder suportá-la, mas, se você quer sentir o gosto do que está bebendo, cerveja gelada é uma péssima ideia.

Qual a temperatura certa para sua cerveja? A resposta mais honesta é "depende", mas há algumas recomendações básicas. A maioria das Lager fica boa mais resfriada, entre 4,5 °C e 8,5 °C. Sua geladeira está provavelmente regulada a 4,5 °C, que, embora um tanto fria, é temperatura ótima para Pilsner e Helles, especialmente no calor. As Lager geralmente não têm sabores e aromas frutados, portanto não há necessidade de aquecer a cerveja para liberá-los. Os sabores das Lager são puros e simples, adequados para temperaturas mais baixas. Já os estilos de Lager mais escuros, como Dunkel e Doppelbock, têm sabores maltados intensos, portanto ficam melhores em temperaturas mais altas. Muitos bares bávaros têm bandejas para aquecer a cerveja; os clientes que gostam da cerveja mais quente podem inserir o copo em água morna, para cortar o resfriamento. Em casa, não há necessidade de adotar medidas tão drásticas, basta tirar a cerveja da geladeira 10 a 15 minutos antes de servi-la.

Cervejas Ale desenvolvem sabores e aromas frutados durante a fermentação. Quanto mais complexos ou sutis forem esses sabores, mais alta a temperatura ideal para servi-las. Os bávaros servem Weissbier a 10 °C aproximadamente, mas alguns graus abaixo disso não vão afetar a cerveja, e ela ficará mais refrescante. Da mesma maneira, a Witbier fica melhor a 7 °C, mas servi-la um pouquinho mais resfriada não é um crime. As Ale britânicas tradicionais ficam melhores numa faixa entre 11 °C e 15 °C, que chamaremos de "temperatura de adega". Isso não significa morno: é levemente resfriado, mas não frio. Quando as Ale britânicas são servidas frias demais, perdem todos os aromas e sabores sutis que as tornam célebres.

A maioria das Ale belgas também fica melhor nessa faixa de temperatura. Em geral, cervejas mais claras, como a Tripel, expressam-se melhor na parte mais baixa dessa faixa, por volta de 11 °C, enquanto as mais escuras ficam mais saborosas em temperaturas ligeiramente mais altas. Se sua cerveja estiver na geladeira, tire-a pelo menos meia hora antes de servir. Se estiver fora, cerca de meia hora na geladeira será suficiente para resfriá-la adequadamente.

Mais uma vez, o mais importante é relaxar e apreciar sua cerveja. Se você acha que está morna demais, coloque-a alguns minutos no *freezer*, e, se estiver fria demais, aqueça a garrafa ou o copo nas mãos. É melhor errar para menos, pois a cerveja sempre aquece no copo. Não há fundamento para o mito de que não se deve esfriar a cerveja rápido demais ou que ela estraga com mudanças bruscas de temperatura. Dito isso, se você tem algumas cervejas boas em casa, deve fazer o possível para armazená-las corretamente.

Armazenamento

A menos que você tenha uma cerveja feita para envelhecer na garrafa, é sempre melhor armazenar cerveja em um local frio, escuro e seco. Ou seja, em sua geladeira. Se sua geladeira não comporta todo seu estoque, escolha o local mais fresco de sua casa ou apartamento e guarde a cerveja ali, dentro de uma caixa. No calor, o envelhecimento da cerveja é precoce, e ela fica choca. Em geral, a cerveja sai da fábrica com o sabor ideal, e queremos mantê-la nessa condição. A luz reage com os componentes de lúpulo da cerveja, formando compostos aromáticos pungentes. Garrafas marrons ajudam a proteger a cerveja dos raios ultravioleta que fazem tal estrago, mas garrafas verdes oferecem pouca proteção. Garrafas transparentes são ainda piores: uma boa cerveja, numa garrafa transparente, deve ser sempre armazenada na escuridão total.

Algumas cervejarias industriais usam garrafas transparentes. O problema dos aromas pungentes é evitado com a eliminação total de lúpulos legítimos da cerveja. Para isso elas usam extratos de lúpulo quimicamente modificados, que não reagem com a luz. Muito apetitoso... Isso me lembra o Drácula, cuja imagem não é refletida no espelho. Mortos-vivos têm vários truques na manga, portanto fique esperto.

Se você quiser envelhecer uma cerveja Ale boa e forte, procure armazená-la à temperatura de adega. O ideal é em torno de 13 °C, mas poucos têm um local em casa que mantenha essa temperatura constante o ano todo. A geladeira não é o lugar certo para envelhecer cerveja, pois o frio impede a maturação que se deseja obter. Portanto, vai ser preciso fazer o melhor possível. Mantenha as garrafas em pé, no local mais fresco e escuro de sua casa. Ao contrário de bons vinhos, a boa cerveja em geral não é cara, portanto dá para fazer algumas experiências. Só não se esqueça de provar uma garrafa de vez em quando, afinal, foi para isso que você a comprou, não?

Serviço

Algumas palavras rápidas sobre serviço. Agora que você já tem um bom copo, imaculadamente limpo, e sua cerveja está na temperatura certa, é hora de servi-la. Em geral, deve-se inclinar o copo primeiro e despejar a cerveja suavemente pela lateral. Isso preserva a carbonatação e evita espuma excessiva. Quando tiver enchido cerca de dois terços do copo, volte-o à posição normal e despeje o resto no centro, para erguer o colarinho até a borda do copo. Para a maioria das cervejas, um colarinho de "dois dedos" é perfeito. A espuma que bebemos junto com a cerveja contribui para uma textura mais cremosa. E uma cerveja com um colarinho macio também é mais atraente, certo?

Se você está planejando organizar um jantar com cerveja, como faço frequentemente, há uma regra simples que vai ajudá--lo a aproveitar ao máximo a cerveja. A regra é servir as cervejas de acordo com o *impacto no palato*. Se isso soa meio esotérico, vamos analisar melhor. Não seria estranho servir um peixe delicado logo depois de um filé sapecado? Em geral, servimos os pratos mais leves antes dos mais pesados. O mesmo deve valer para a cerveja. Se, depois de uma poderosa Imperial Stout, você servir uma Witbier belga leve, ela vai parecer demasiado rala. Procure começar com cervejas menos amargas, de corpo leve, deixando as mais fortes para depois. Você pode servir a Witbier leve com uma salada; uma Pilsner mais vigorosa com o salmão; uma American Brown Ale frutada e achocolatada com a costela; e uma Imperial Stout com sabor de café expresso com a torta de chocolate. Quem sabe, depois, uma pequena taça de Barley Wine com os queijos?

Esse princípio aplica-se principalmente à degustação de cerveja, quando não há comida para interagir com a cerveja no palato.

A ordem correta ajuda cada cerveja a revelar o que tem de melhor. Às vezes é difícil saber a ordem certa. Faça o melhor que puder e anote depois o que deu certo e o que não funcionou tão bem. Você também pode provar as cervejas lado a lado, antes do jantar ou da degustação, para ajudar a determinar a ordem. No caso de bom vinho, isso seria uma proposta extravagante, mas cerveja é um luxo acessível, o que nos permite relaxar e abrir algumas garrafas. Nunca se esqueça de se divertir. *Bon appétit!*

Cerveja e comida: um quadro de referência

É preciso deixar claro que esse quadro *não* é a palavra final para combinar cerveja e comida. Se fosse, não faria sentido escrever um livro inteiro sobre o assunto. O objetivo é uma referência rápida para oferecer sugestões. Pode ajudá-lo quando você estiver de saída e tiver de decidir qual cerveja comprar para acompanhamento de seu jantar. Não listei todas as comidas existentes, nem todos os estilos de cerveja que podem combinar com um prato, mas são casamentos de cerveja e comida que, em geral, ficam muito prazerosos.

Abacate (em salada ou guacamole)	AMERICAN PALE ALE E IPA
Aïoli (molho)	BELGIAN STRONG GOLDEN ALE E SAISON
Amêijoas (vôngoles)	PILSEN, BELGIAN STRONG GOLDEN ALE, HELLES, KÖLSCH
Amêndoas, salgadas	BRITISH BROWN ALE, AMERICAN BROWN ALE, BRITISH PALE ALE E AMERICAN PALE ALE
Anchovas, salgadas	PILSEN DO NORTE DA ALEMANHA (BEM RESFRIADA)
Arenque (em conserva)	PILSEN, OUD BRUIN E RED, GUEUZE, BERLINER WEISSE
Arraia (skate)	WITBIER, WEISSBIER, HELLES, KÖLSCH, BELGIAN STRONG GOLDEN ALE
Aspargo	TRIPEL BELGA
Atum	
Salada ou tartare	WITBIER OU WEISSBIER
Outros	SAISON, AMERICAN PALE ALE

Avestruz	BIÈRE DE GARDE, TRIPEL, DORTMUNDER, HELLESBOCK
Azeitonas	TRIPEL, DUBBEL, BIÈRE DE GARDE
Bacalhau (frito)	BRITISH BITTER OU BRITISH PALE ALE, PILSEN, AMERICAN AMBER ALE
Bacon	
Com ovos no *brunch*	WEISSBIER BÁVARA, WITBIER BELGA
Com outros pratos com segurelha (savory)	DUBBEL BELGAS, RAUCHBIER E DOPPELBOCK ALEMÃS
Bananas (fritas ou com sobremesa)	WEIZENBOCK (WEISSBOCK), IMPERIAL STOUT
Batatas gratinadas	DOPPELBOCK, DUNKEL, OKTOBERFEST MÄRZEN
Beterrabas	WEISSBIER, WITBIER, ALE DE ABADIA, DOPPELBOCK MAIS DOCES
Biriyani (arroz basmati, etc.)	WEISSBIER, WEISSBOCK, BELGIAN STRONG GOLDEN ALE, SAISON
Blinis (com peixe ou caviar)	PILSEN TCHECA OU PILSEN ALEMÃ (BEM GELADAS)
Boi (carnes)	
Assados	BRITISH BITTER E PALE ALE, ALTBIER ALEMÃ
Braseados, ripa de costelas, bochecha	DUBBEL BELGA, ALE TRAPISTAS OU ALE DE ABADIA (FORTES E ESCURAS)
Bolinhos de peixe	WEISSBIER, WITBIER, HELLES, DORTMUNDER, KÖLSCH, GUEUZE
Bolo de carne	BRITISH BITTER, BRITISH BROWN ALE, BRITISH PALE ALE, PORTER, DUNKEL, OKTOBERFEST MÄRZEN, ALTBIER
Bouillabaisse	TRIPEL, BIÈRE DE GARDE, BELGIAN STRONG GOLDEN ALE
Brandade (baccalà)	WEISSBIER, PILSEN AMARGA, BELGIAN STRONG GOLDEN ALE
Brownies	IMPERIAL STOUT, PORTER BÁLTICA FORTE
Búfalo (carnes)	AMERICAN BROWN ALE, PORTER
Burritos	AMERICAN PALE ALE E AMERICAN BROWN ALE, ALTBIER, SMOKED BEER

Camarão	PILSEN, WEISSBIER, WITBIER, HELLES, SAISON, BELGIAN STRONG GOLDEN ALE, AMERICAN PALE ALE, IRISH STOUT
Caranguejo	WITBIER, WEISSBIER, HELLES, PILSEN, IRISH STOUT, SAISON
Carbonnade Flamande	DUBBEL, ALE TRAPISTAS OU ALE DE ABADIA (FORTES E ESCURAS), DOPPELBOCK, OUD BRUIN MAIS FORTES, OLD ALE
Carne de caça	BIÈRE DE GARDE, DUBBEL, ALE TRAPISTAS OU ALE DE ABADIA (FORTES E ESCURAS), DOPPELBOCK, SCOTCH ALE FORTES
Carne de coelho	BIÈRE DE GARDE, TRIPEL, BELGIAN PALE ALE, STRONG BRITISH BITTER (ESB)
Carne de porco (assada no forno)	DUNKEL, DUBBEL, DOPPELBOCK, ALTBIER, OKTOBERFEST MÄRZEN, BIÈRE DE GARDE
Carpaccio	WEISSBOCK, BRITISH PALE ALE OU BITTER
Cassoulet	BIÈRE DE GARDE, DUBBEL, DOPPELBOCK
Cavala (mackerel)	PILSEN, AMERICAN IPA, GUEUZE
Caviar	PILSEN DO NORTE DA ALEMANHA MUITO BEM RESFRIADA
Cervo	DOPPELBOCK, DUNKEL, OLD ALE, BRITISH E AMERICAN BROWN ALE E PORTER, ALE TRAPISTAS OU ALE DE ABADIA (FORTES E ESCURAS), SCOTCH ALE FORTE, SMOKED BEER
Ceviche	GUEUZE, OUD RED ALE E OUD BRUIN, BERLINER WEISSE
Charcutaria	BIÈRE DE GARDE, BELGIAN PALE ALE, DUBBEL, OKTOBERFEST MÄRZEN
Cheesecake	FRUIT BEER DOCE, PORTER BÁLTICA FORTE, IMPERIAL STOUT, AMERICAN STOUT
Chilli, com carne ou tex-mex	AMERICAN PALE ALE, BROWN ALE E IPA, IRISH STOUT, SMOKED BEER
Chilli recheado	AMERICAN PALE ALE OU AMERICAN IPA, SMOKED BEER, DOPPELBOCK, IRISH STOUT
Chocolate	FRUIT BEER DOCES, IMPERIAL STOUT, AMERICAN STOUT FORTE, PORTER BÁLTICA FORTE
Chorizo	AMERICAN PALE ALE, IPA, SAISON OU BELGIAN STRONG GOLDEN ALE (SE SABORIZAR UM PRATO DELICADO)
Chowder (sopa de frutos do mar)	WEISSBIER, WITBIER, HELLES, KÖLSCH, PILSEN
Chutneys	SAISON FORTE, RED ALE OU BROWN ALE FLAMENGAS FORTES
Codorna	BIÈRE DE GARDE, TRIPEL, BELGIAN PALE ALE, BEST BITTER
Cogumelos	DOPPELBOCK, DUNKEL, DUBBEL, BRITISH BROWN ALE, SCOTCH ALE

Comida cajun	AMERICAN PALE ALE E AMERICAN BROWN ALE, SCHWARZBIER, DUNKEL, SAISON
Comida caribenha	PILSEN, AMERICAN PALE ALE, SAISON, IRISH OU STOUT ESTILO ESTRANGEIRO
Comida chinesa (em geral)	WEIZENBIER, WEIZENBOCK, SMOKED BEER, DUNKEL, BELGIAN STRONG GOLDEN ALE
Comida indiana	
Pratos leves	WEISSBIER, WITBIER, HELLES, KÖLSCH, BELGIAN STRONG GOLDEN ALE, PILSEN, BRITISH PALE ALE
Pratos picantes	SAISON, PILSEN, DORTMUNDER, HELLESBOCK, AMERICAN IPA
Comida marroquina (em geral)	WEISSBIER, SAISON, AMERICAN PALE ALE, AMERICAN IPA, DORTMUNDER, HELLES, BELGIAN STRONG GOLDEN ALE
Comida tailandesa (em geral)	WEISSBIER, SAISON, AMERICAN PALE ALE E AMERICAN IPA, AMERICAN AMBER LAGER, ALTBIER
Comida vietnamita (em geral)	WEISSBIER, SAISON, PILSEN, AMERICAN PALE ALE E AMERICAN IPA
Coq au vin	BIÈRE DE GARDE, DUBBEL
Cordeiro	
Assado	DUBBEL, SCOTCH ALE, ALE TRAPISTAS OU ALE DE ABADIA (FORTES E ESCURAS), OLD ALE, BIÈRE DE GARDE
Grelhado	BRITISH E AMERICAN BROWN ALE, AMERICAN AMBER LAGER, SCHWARZBIER, IRISH STOUT
Crème brûlée	OLD ALE, BARLEY WINE, DOPPELBOCK FORTE, PORTER BÁLTICA FORTE, AMERICAN STOUT, IMPERIAL STOUT, FRAMBOISE E KRIEK DOCE
Croque monsieur	HELLES, DORTMUNDER, KÖLSCH, ALTBIER, WITBIER, WEISSBIER, OKTOBERFEST MÄRZEN
Crudités (vegetais crus, como aperitivos)	BIÈRE DE GARDE, DUNKEL, WEISSBIER, TRIPEL
Cuscuz (marroquino)	WITBIER, WEISSBIER, HELLES, AMERICAN PALE ALE, BELGIAN STRONG PALE ALE

Dim sum (carnes, frutos do mar, vegetais e frutas que, na China, acompanham o chá)	WEISSBIER, HELLES, AMERICAN WHEAT BEER, KÖLSCH

Embutidos	QUASE TODAS AS CERVEJAS VÃO BEM COM EMBUTIDOS, EM ESPECIAL BELGIAN PALE ALE, BITTER, OKTOBERFEST MÄRZEN, DUNKEL, ALTBIER, BIÈRE DE GARDE, SAISON
Empanadas	AMERICAN PALE ALE E IPA, SAISON, PILSEN
Enchiladas (em geral)	AMERICAN PALE ALE E IPA, DOPPELBOCK, OKTOBERFEST MÄRZEN, SMOKED BEER, IRISH STOUT
Enguia (defumada)	WEISSBIER, SMOKED BEER
Ervilhas (peas)	WEISSBIER, WITBIER
Escargot	PILSEN, SAISON, BELGIAN STRONG GOLDEN ALE, TRIPEL
Espadarte	SAISON, AMERICAN PALE ALE, TRIPEL, WEIZENBOCK, AMERICAN AMBER LAGER
Espinafre (com queijo/ovos)	WEISSBIER, WITBIER, KÖLSCH

Faisão	BIÈRE DE GARDE, DUBBEL, ALE TRAPISTAS OU ALE DE ABADIA (FORTES E ESCURAS), ESB OU SIMILARES
Fajitas	AMERICAN PALE ALE, AMERICAN BROWN ALE, AMERICAN IPA, AMERICAN AMBER LAGER, SAISON, IRISH STOUT
Falafel	SAISON, AMERICAN IPA, PILSEN, DORTMUNDER
Feijões	DOPPELBOCK, BIÈRE DE GARDE, BRITISH BROWN ALE E AMERICAN BROWN ALE
Fígado de vitela	ALE TRAPISTAS OU ALE DE ABADIA (FORTES E ESCURAS)
Foie gras	DOPPELBOCK DOCES, BARLEY WINE DOCES, ALE TRAPISTAS OU ALE DE ABADIA (SEMISSECAS, FORTES E ESCURAS), FRAMBOISE E KRIEK SEMISSECAS, RED ALE E BROWN ALE FLAMENGAS FORTES, SCOTCH ALE FORTES
Fondue (queijo)	BIÈRE DE GARDE, DUNKEL, OKTOBERFEST MÄRZEN, HELLESBOCK
Framboesa (em tortas ou com creme)	IMPERIAL STOUT, CREAM STOUT, AMERICAN STOUT, PORTER BÁLTICA FORTE
Frango (depende do prato, mas estas sugestões são boas para frango simples)	
Assado	BIÈRE DE GARDE, DUNKEL, BOCK, BRITISH BITTER, BRITISH PALE ALE, BRITISH BROWN ALE, OKTOBERFEST MÄRZEN, DUBBEL, AMERICAN AMBER ALE, BELGIAN PALE ALE
Frito	AMERICAN AMBER LAGER, AMERICAN BROWN ALE, ALTBIER
Em churrasco	AMERICAN AMBER E BROWN ALE, AMERICAN AMBER LAGER, PORTER, SMOKED BEER (RAUCHBIER)
Em tandoori	AMERICAN PALE ALE, SAISON, BELGIAN STRONG GOLDEN ALE

Frutos secos (nuts)	BRITISH BROWN ALE, DUBBEL, DOPPELBOCK

Ganso	DUBBEL, ALE TRAPISTAS OU ALE DE ABADIA (FORTES E ESCURAS), DOPPELBOCK, WEIZENBOCK, PORTER BÁLTICA FORTE
Goulash	CERVEJAS CONDIMENTADAS, DUNKEL, DOPPELBOCK, ALE TRAPISTAS OU ALE DE ABADIA (FORTES E ESCURAS), ENGLISH BROWN ALE, PORTER BÁLTICA
Guacamole	AMERICAN PALE ALE, AMERICAN IPA E AMERICAN AMBER LAGER
Gumbo	AMERICAN PALE ALE, AMERICAN BROWN ALE, AMERICAN IPA, AMERICAN AMBER LAGER, DORTMUNDER E WEISSBOCK

Hadoque (defumado)	WEISSBIER, SMOKED BEER
Haggis	SCOTCH ALE FORTE, SMOKED BEER
Halibute (Alabote--do-Atlântico, Hipoglosso)	WITBIER, WEISSBIER, KÖLSCH, HELLES, AMERICAN WHEAT BEER
Hambúrgueres	AMERICAN BROWN ALE, PALE ALE E IPA, SCHWARZBIER, ALTBIER, AMERICAN AMBER LAGER
Homus	WEISSBIER, OKTOBERFEST MÄRZEN, BELGIAN PALE ALE, DUNKEL, BOCKBIER, ENGLISH BROWN ALE

Jambalaya	AMERICAN PALE ALE, IPA, AMERICAN AMBER LAGER, SAISON, PILSEN, IRISH STOUT, SCHWARZBIER
Javali	DOPPELBOCK, DUNKEL, PORTER, ALE TRAPISTAS OU ALE DE ABADIA (FORTES E ESCURAS), SCOTCH ALE FORTE, SMOKED BEER
John Dory (peixe)	KÖLSCH, WITBIER, HELLES

Kebab (espeto de carne grelhada)	BRITISH PALE ALE, AMERICAN PALE ALE, AMERICAN AMBER ALE, AMERICAN LAGER, STRONG BITTER (ESB), IRISH STOUT, SCHWARZBIER, SMOKED BEER
Kippers (arenques defumados a frio)	SMOKED BEER, PILSEN BEM RESFRIADA

Lagosta	WEISSBIER, WITBIER, PILSEN, HELLES, IRISH STOUT
Lagostins	WEISSBIER, WITBIER, PILSEN, HELLES, BELGIAN STRONG GOLDEN ALE

Lasanha	AMERICAN AMBER LAGER, BELGIAN PALE ALE
Lentilha	OKTOBERFEST MÄRZEN, DOPPELBOCK, ENGLISH BROWN ALE, DUNKEL
Língua	BITTER, BRITISH BROWN ALE, DUNKEL
Linguado	WITBIER, KÖLSCH
Lula	
Grelhada, recheada, salada	WEISSBIER, WITBIER, BELGIAN STRONG GOLDEN ALE
Lula frita	PILSEN, HELLES, KÖLSCH, AMERICAN AMBER LAGER, AMERICAN PALE ALE, SAISON

Macarrão com queijo	BRITISH BITTER, BRITISH PALE ALE, DUNKEL, ALTBIER, OKTOBERFEST MÄRZEN
Massas em geral	
Queijo cremoso, alfredo, carbonara	TRIPEL, BIÈRE DE GARDE, DOPPELBOCK
Frutos do mar	WEISSBIER, KÖLSCH, HELLES
Molho de carne	AMERICAN AMBER LAGER, BELGIAN PALE ALE
Pesto	TRIPEL, BELGIAN STRONG GOLDEN ALE
Melão	WEISSBIER, FRAMBOISE, KRIEK, BERLINER WEISSE (COM XAROPE)
Merguez	SAISON, AMERICAN PALE ALE E IPA, DORTMUNDER
Mexilhões	WITBIER, WEISSBIER, SAISON, GUEUZE, PILSEN
Milho cozido ou grelhado na espiga	HELLES, KÖLSCH, DORTMUNDER, WEISSBIER
Molho de amendoim (satay, tailandês)	AMERICAN PALE ALE, AMERICAN IPA, AMERICAN AMBER LAGER, AMERICAN BROWN ALE, SAISON
Morango (em torta ou com creme)	IMPERIAL STOUT, CREAM STOUT, AMERICAN STOUT, PORTER BÁLTICA FORTE

Nachos	AMERICAN PALE ALE, AMERICAN IPA, AMERICAN AMBER LAGER, OKTOBERFEST MÄRZEN, IRISH STOUT
Nozes (walnuts)	DOPPELBOCK, DUNKEL, ENGLISH BROWN ALE

Omeletes	WEISSBIER, WITBIER, AMERICAN WHEAT BEER
Ossobuco	ALE TRAPISTAS OU ALE DE ABADIA (FORTES E ESCURAS), DUBBEL, DOPPELBOCK, SCOTCH ALE

Ostra	IRISH STOUT, PILSEN, HELLES, KÖLSCH, GUEUZE, OUD RED ALE
Ouriços-do-mar	TRIPEL, BELGIAN STRONG GOLDEN ALE, WEIZENBOCK
Ovos	WEISSBIER, WITBIER, AMERICAN WHEAT BEER, HELLES, KÖLSCH

Paella	BELGIAN STRONG GOLDEN ALE, BIÈRE DE GARDE, DORTMUNDER, HELLESBOCK, BITTER
Panna cotta	IMPERIAL STOUT, AMERICAN STOUT, OATMEAL STOUT, FRUIT BEER, SCOTCH ALE FORTE, PORTE BÁLTICA FORTE
Pargo (snapper)	SAISON, PILSEN, HELLES, AMERICAN WHEAT BEER, WITBIER
Patê	BIÈRE DE GARDE, DUBBEL, ALE TRAPISTAS OU ALE DE ABADIA (FORTES E ESCURAS), OLD ALE, BRITISH BROWN ALE, AMERICAN BROWN ALE
Pato	
Assado	DUBBEL, ALE TRAPISTAS OU ALE DE ABADIA (FORTES E ESCURAS), DOPPELBOCK, WEIZENBOCK, BIÈRE DE GARDE
Com mel ou molho de frutas	FRAMBOISE SEMISSECA, KRIEK E OUTRAS FRUTADAS, DOPPELBOCK DOCE, ALE TRAPISTAS OU ALE DE ABADIA (FORTES E ESCURAS), CREAM STOUT, PORTER BÁLTICAS
Crocante e picante	PILSEN, SAISON, AMERICAN PALE ALE E IPA
Confit	BIÈRE DE GARDE, DUBBEL, DOPPELBOCK, FRUIT BEER MAIS SECAS
Perdiz	BIÈRE DE GARDE, DUBBEL, ALE TRAPISTAS OU ALE DE ABADIA (FORTES E ESCURAS)
Peru	BIÈRE DE GARDE, DUNKEL, DUBBEL, OKTOBERFEST MÄRZEN, AMERICAN AMBER ALE
Pizza	AMERICAN AMBER LAGER, AMERICAN PALE ALE, AMERICAN AMBER ALE, OKTOBERFEST MÄRZEN
Polvo	TRIPEL, BELGIAN STRONG GOLDEN ALE, WEISSBIER, WITBIER
Presunto	
Assado no forno (baked)	IRISH STOUT, PILSEN, DORTMUNDER, HELLESBOCK, OKTOBERFEST MÄRZEN, TRIPEL, BELGIAN STRONG GOLDEN ALE, ENGLISH BROWN ALE
Maturado (Prosciutto, Serrano, Bayonne)	IRISH STOUT, SCHWARZBIER, PORTER, HELLESBOCK, DOPPELBOCK, DORTMUNDER, WEIZENBOCK
Prosciutto (ver Presunto)	

Queijos	(VER PÁGINA 99)
Quiches	WEISSBIER, WITBIER, HELLES, KÖLSCH, AMERICAN WHEAT BEER

Rabada	BRITISH BROWN ALE, AMERICAN BROWN ALE, DUBBEL, ALE TRAPISTAS OU ALE DE ABADIA (FORTES E ESCURAS), DOPPELBOCK, SCOTCH ALE, OLD ALE, BARLEY WINE LEVES
Ratatouille	BIÈRE DE GARDE, TRIPEL, BELGIAN STRONG GOLDEN ALE, DUBBEL
Rillettes (de pato ou ganso)	BIÈRE DE GARDE, TRIPEL, BELGIAN PALE ALE, DUBBEL, DOPPELBOCK, OKTOBERFEST MÄRZEN
Rins	DUBBEL, SCOTCH ALE, ALE TRAPISTAS OU ALE DE ABADIA (FORTES E ESCURAS)
Ris de veau	DUNKEL, DOPPELBOCK, ENGLISH BROWN ALE, BELGIAN PALE ALE
Risoto	BELGIAN STRONG GOLDEN ALE, TRIPEL, BIÈRE DE GARDE
Robalo (grelhado)	WEISSBIER, WITBIER, PILSEN DO NORTE DA ALEMANHA
Rodovalho (Turbot)	WEISSBIER, WITBIER, KÖLSCH

Salada César	WEISSBIER, WITBIER, AMERICAN WHEAT BEER, KÖLSCH
Saladas	WEISSBIER, WITBIER, AMERICAN WHEAT BEER, KÖLSCH OU DOPPELBOCK, COM QUEIJOS AZUIS FORTES
Salame	PILSEN, DORTMUNDER, BELGIAN STRONG GOLDEN ALE, TRIPEL, SAISON, IRISH STOUT
Salmão	WEISSBIER, WITBIER, AMERICAN WHEAT BEER, SAISON, PILSEN, AMERICAN IPA
Salmão defumado	PILSEN, DORTMUNDER, SAISON, WEISSBIER, WITBIER, SMOKED BEER, GUEUZE
Salsas (molhos)	AMERICAN PALE ALE E IPA, SAISON, PILSEN, AMERICAN AMBER LAGER, OKTOBERFEST MÄRZEN
Sardinha	PILSEN SECA DO NORTE DA ALEMANHA GELADA, SAISON, GUEUZE, FLANDERS RED ALE
Sauerkraut (choucrute, chucrute)	BELGIAN PALE ALE, OKTOBERFEST MÄRZEN, BIÈRE DE GARDE, DUNKEL, DOPPELBOCK, WEIZENBOCK
Shepherd's pie	BITTER, BRITISH BROWN ALE, PORTER, IRISH STOUT, DUNKEL
Sorvete	IMPERIAL STOUT, AMERICAN STOUT, CREAM STOUT, PORTER BÁLTICA FORTE, FRUIT BEER DOCE
Steak (bifes, filés)	AMERICAN AMBER LAGER, AMERICAN BROWN ALE, ALTBIER, PORTER, DUBBEL

Steak tartare (bife tártaro)	TRIPEL, ALE TRAPISTAS OU ALE DE ABADIA (FORTES E ESCURAS)
Suflês	AMERICAN STOUT, AMERICAN PORTER, CREAM STOUT, IMPERIAL STOUT, PORTER BÁLTICA, FRUIT BEER DOCES
Sushi	WEISSBIER, WITBIER, KÖLSCH

Tamboril (Monkfish)	WEISSBIER, DUNKEL, BOCKBIER, BRITISH BITTE, BRITISH BROWN ALE, DUBBEL
Tapas	WEISSBIER, WITBIER, AMERICAN WHEAT BEER, PILSEN, HELLES, KÖLSCH
Tarte Tatin	PORTER BÁLTICA FORTE, IMPERIAL STOUT, CREAM STOUT
Tempura (só vegetais ou com frutos do mar)	WEISSBIER, WITBIER, KÖLSCH
Terrines	DUBBEL, ALE TRAPISTAS OU ALE DE ABADIA (FORTES E ESCURAS), BIÈRE DE GARDE, ENGLISH BROWN ALE, AMERICAN BROWN ALE, LAMBIC FRUTADA SEMISSECA
Tiramisu	FRUIT BEER DOCE, CREAM STOUT, PORTER BÁLTICA FORTE
Torta de abóbora	ALE CONDIMENTADA, CREAM STOUT, IMPERIAL STOUT, OATMEAL STOUT, PORTER BÁLTICA FORTE
Torta de cebola	BIÈRE DE GARDE, OKTOBERFEST MÄRZEN, DUNKEL, AMERICAN AMBER LAGER
Torta de limão	AMERICAN STOUT, IMPERIAL STOUT, PORTER BÁLTICA FORTE, BERLINER WEISSE (COM XAROPE DE LIMÃO)
Torta de maçã	IMPERIAL STOUT, PORTER BÁLTICA FORTE, CREAM STOUT
Torta de pecã	IMPERIAL STOUT, AMERICAN STOUT, CREAM STOUT, PORTER BÁLTICA FORTE
Tortas de fruta	IMPERIAL STOUT, CREAM STOUT, AMERICAN STOUT, PORTER BÁLTICA FORTE
Trufas	BIÈRE DE GARDE, DOPPELBOCK, ALE TRAPISTAS OU ALE DE ABADIA (FORTES E ESCURAS)
Truta	WEISSBIER, WEIZENBOCK OU, SE DEFUMADA, SMOKED BEER

Vichyssoise	WEISSBIER, DOPPELBOCK
Vieira	
Selada	BRITISH BROWN ALE, BRITISH PORTER, PORTER BÁLTICA, DOPPELBOCK
Picante	WIESSBIER, WITBIER, HELLES, KÖLSCH
Vitela	DUNKEL, HELLESBOCK, BELGIAN STRONG GOLDEN ALE, WEIZENBOCK SAISON

Índice remissivo

Números em itálico remetem a ilustrações.

3 Monts Flanders Golden Ale, *342*, 343

Aass Bock, *407*, 407-408
Aass Bryggeri, *407*, 407-408
Abadia de la Trappe, 296
Abadia de Rochefort, *310*
Abadia Notre-Dame d'Orval, 303-306
Abadia Notre-Dame de Saint-Rémy, cervejaria, 309-312
Abadia Notre-Dame de Scourmont, cervejaria, 299-302
Abadia Trapista de Westmalle, cervejaria, 307-308
Abita Brewing Company, 441
Abita Turbodog, 441
"A cervejeira e seu barril", 55-56
acondicionamento em garrafa, cervejas com, 46-47
açúcar, 26, 27, 29, 41-43, 45, 95-97
    invertido, 165
Adams, Samuel, 64, 269, 387, 419, 447, 454
Adnams' Broadside, 189
Adnams' Extra, 189
Adnams Southwold, cervejaria, 188-189
Adolph Coors, 68-69, 181
África, 52, 211
água, 26, 39-40
Aix-la-Chapelle, 58
Alaskan Amber, 493
Alaskan Brewing Company, 492-493, 502-503
Alaskan Smoked Porter, 503
Albert Le Coq Imperial Extra Double Stout, *226*, 227
Albrecht V, duque da Baviera, 347-348
Ale (cervejas), 36-37, 66-67, 350
    americanas, 78, 87, 420-434, 436-442
    belgas, 75, 76-77, 269-280, 328-334
    britânicas, 196-204, 240-256
    Brown e Mild, 196-204
    Brown e Red, flamengas, 269-280
    Old, 83, 240-256
    Scottish, 229-240
    veja também India Pale Ale; Pale Ale; Ale específicas

Ale de Burton, 39, 170
Ale Double Maxim, 197
Ale Duvel, 328-329, 331
Ale, levedura, 35, 36-37, 44
Ale Lucifer, 332-333
Alemanha, 58
Ale Piraat, 333
AleSmith Brewing, 327
AleSmith Horny Devil Ale, 327
Allagash Brewing Company, 153-154
Allagash White, 153-154
altbier, 82, 489-493, *490*
amargor, 92-94
âmbar, malte, 428-429
Anchor Brewing Company, 193, 418, 435, 456-457, 457-458, *458*, 464, 486
Anchor Liberty Ale, 435
Anchor Old Foghorn, *482*, 486
Anchor Porter, 460-461, 464
Anchor Steam Beer, 456-457, 457-458
Anderson Valley Barney Flats Oatmeal Stout, 465
Anderson Valley Boont Amber Ale, 429
Anderson Valley Brewing Company, 428-429, 465
Anderson Valley Hop Ottin' IPA, 428-429
Anderson Valley Poleeko Gold Pale Ale, 428
Anheuser-Busch, 68, 367, 429, 445, 454
aroma, 78-80
aromático, malte belga, 40-41
Arrogant Bastard IPA, 423
artesanais americanas, cervejas, 175, 415-487
    Amber Ale, 78-79, 420-435
    Amber Lager, 87, 91, 447-455
    Barley Wine, 481-487
    Brown Ale, 82, 87, 439-442
    e comida, 423-426, 437-439, 444-445, 449-451, 460-463, 477-479, 483-484
    fabricantes de, 426-435, 439-442, 445-447, 484-487
    Fruit Beer, 475-481
    India Pale Ale, 420-435
    Pale Ale, 78-79, 90-92, 420-435
    Porter e Stout, 83, 458-475
    Steam Beer, 418, 435, 455-458
    Wheat Beer, 442-447
Arthur Guinness & Sons, *veja* Guinness & Sons
Asahi, cerveja, 355, 409-410
aspérula, 155-156
Associação Americana de Mestres-Cervejeiros, 67
Associação dos Cervejeiros de Munique, 361
Associação dos Cervejeiros, sede da, *260*
associações, 58
Auberge de Poteaupré, 301-302
Augustine Maximator, cerveja, 396, 408

Augustinerbräu Wagner, 408
Avec les Bons Voeux de la Brasserie Dupont, cerveja, 289-290
Aventinus, cerveja, 144
Ayinger, 402-403
Ayinger Altbairisch Dunkel, 383-384
Ayinger Brauerei Inselkammer, 142-143, 382-384, 402-403
Ayinger Brau-Weisse, 142-143
Ayinger Celebrator, cerveja, 396, 398, 402-403
Ayinger, restaurante da cervejaria, *382*
Ayinger Ur-Weisse, 143

Bajuvator, cerveja, 396
Ballantine, India Pale Ale de, 175
Barchet, Ron, 326-327
Barclay Perkins, cervejaria, 213, 225-226
Barley Wine, 78, 82, 102-103, 240-256, 481-487
    e comida, 244-246, 483-484
    fabricantes de, 246-256, 484-487
Bass & Company, 39
Bass Ale, 194
Bass Brewers, 170, 193-194
Bateman, cervejaria, 166
Bauweraerts, Chris, 291-29
Baviera, 59, 66, 131, 361-362, 376, 394
Baviera, Legislação Comercial da (1539), 59
Bavik, cervejaria, 279-280
Beamish & Crawford, cervejaria, 221-222
Beamish Irish Stout, 221-222
Becket, Thomas, 58
Belhaven Brewery, 236-237
Belhaven Scottish Ale, 237
Belhaven Wee Heavy, 237
Bell's Expedition Stout, 467
Bell's Kalamazoo Stout, 466-467
Berliner Kindl Brauerei, 157
Berliner Kindl Weisse, 157
Berliner Weisse, 113, 131, 154-157, *156*
Bevo, cerveja, 68
Bière Blanche *veja* Witbier
Bière de Garde, 78-79, 82, 91, 101-102, 334-344, *337*
e comida, 336-339
fabricantes de, 339-344
Bière de Miel, 289
Biergelden (taxa), 58
Birra Baladin, cervejaria, 293-294
biscoito, malte belga, 40-41
Bitburger Premium Pils, 370
Bitburger Privatbrauerei Theobold Simon, 369-370
Bitter, 82, 165-172, 199
    e comida, 169-172

Blanche de Brooklyn, 153
Blanche de Bruges, 77, 148, 151-152, 322
Blanche de Bruxelles, 152
Blue Star Wheat Beer, 446-447
Bock, cerveja, 78-79, 82, 393-408, *407*
Boêmia (região), 352, 366-367
Bohemia, cerveja, 354
Boon, *109*, 119-121
Boon, Frank, 119
Boon Gueuze, 116
Boon Mariage Parfait Framboise, 121
Boston Beer Company, 419, 454
Bouckaert, Peter, 280
Bow Brewery, 172
Bradford, William, 190
Brakspear & Sons Brewery, 194-195
Brakspear Bitter, 195
brassagem, 25-26, 40-44
Brasserie à Vapeur, 290-291
Brasserie Cantillon, 121-123
Brasserie Castelain, 340-341
Brasserie Dupont, 285-290
Brasserie Duyck, 339-340
Brasserie La Choulette, 343-344
Brasserie Lefèbre, 152
Brasserie St. Sylvestre, 341-343
Brauerei Heller-Trum, 498, 500-502
Braun, Michael, *348*, 379
Brau und Brunnen, grupo cervejeiro, 405
Brewery Ommegang, 267-268, 292-293, 328
BridgePort Brewing Company, 432
BridgePort India Pale Ale, 432
brilhante (sabor de cerveja), 90-92
Brix, escala, 43
Brooklyn Ale, 78, 434
Brooklyn Best Bitter, 251-252
Brooklyn Black Chocolate Stout, 98, 432-433, 474-475
Brooklyn Brewery, *41*, 66, 144-145, 152-153, 371, 391-392, *417*, 419, *419*, 432-434,
    436, 439-440, 447, 451-454, *450*, 473-475, 485-486
Brooklyn Brown Ale, 40, 42, 43, 436, 438, 439-440
Brooklyn East India Pale Ale, 433
Brooklyner Weiss, 145
Brooklyn Lager, 387, 439, 447, 448, 449, 451-454, 471
Brooklyn Monster Ale, 485-486
Brooklyn, Nova York, 39, 66-67, *68*
Brooklyn Oktoberfest, 391-392
Brooklyn Pilsner, 76, 371
Browar Okocim, cervejaria, 228-229
Brown e Mild Ale, 78, 196-204
    e comida, 199-201
    fabricantes de, 201-204

Brown e Red Ale flamengas, 269-280
e comida, 272-275
fabricantes de, 275-280
Bruegel, Pieter, 107
Brugse Tarwebier, 148, 151-152, 322
Brugse Tripel, cerveja, 322
Budweiser Budvar, cerveja, 356, 367
Budweiser Budvar-Czechvar, cervejaria, 367
Budweiser Burgerbrau, cervejaria, 367
Budweiser, cerveja, 159, 354, 360, 367
B. United International, 227
Burton-upon-Trent, 172-173, 193
Bury St. Edmunds, 179

café, 97
calorias, 76
Campanha pela Verdadeira Ale (Camra), 164
Cantillon Gueuze Lambic, 122
Cantillon Kriek Lambic, 123
Cantillon Rose de Gambrinus, 122-123
caramelização, 95-97, 176
caramelo, malte, 30, 96
carbonatação, 88-89, 95, 176-177
carbonnade flamande, 274-275
Carlsberg, cerveja, 355
Carlsberg, cervejaria, 350
Carlsberg, grupo, 181
Cascade americano, lúpulo, 34, 90, 421-422, *424*
Castelain, cerveja, 76, 101-102, 340-341
Catarina, a Grande, Imperatriz da Rússia, 213
Celis Brewery, 146
Celis, Pierre, 146
Centennial, lúpulo, 422
cerveja
armazenamento da, 514-515
branca (Witbier, Weissbier, Bière Blanche), 83, 88, 131, 145-154
breve história da, 52-71
caseira, fabricação de, 70
copos para, 353, 508-511
de fruta, 103, 475-481
e comida, 73-103, 518-526
estilos de, 80-86
fraca, *63*
serviço da, 515-516
temperatura da, 511-514
veja também cervejas específicas
cerveja britânica, estilos de, 159-256
Barley Wine e Old Ale, 82, 240-256
Bitter, 165-172
Brown Ale e Mild Ale, 196-204

e comida, 169-172, 176-179, 199-201, 208-210, 214-219, 232-234, 244-246
fabricantes de, 179-196, 201-204, 219-229, 234-240, 246-256
India Pale Ale, 39, 82, 84-85, 101, 172-196
Pale Ale, 165, 172-196
Porter, 204-210, 219-229
Scotch Ale e Scottish Ale, 229-240
Stout, 38, 75, 83, 210-229
cerveja de trigo, 129-157
americana, 442-447
bávara (Weissbier ou Weizenbier), 66-67, 77, 83, 88, 96, 132-145, 351
copos para, 131, 132
e comida, 135-140
fabricantes de, 140-145
belga, 78-79, 83, 86, 87, 131, 145-157
e comida, 75, 135-140, 146-147
fabricantes de, 140-145, 150-154
cervejas belgas, estilos de, 81-84, 86, 87, 145-154, 259-344
Brown e Red Ale flamengas, 269-280
Dubbel, 78, 80, 90-91, 297-298
e comida, 76, 77, 147-150, 262-264, 272-275, 282-285, 313-321, 330-332, 336-339
fabricantes de, 150-154, 264-269, 275-280, 285-294, 321-328, 332-334, 339-344
Farm Ale, 76, 77
Pale Ale, 261-269
Strong Golden Ale, 328-334
Tripel, 78, 81-84, 91, 297-299
Witbier (Bière Blanche), 83, 131, 145-153
cervejas Bios, 333
cervejas de abadia, *veja* cervejas trapistas e de abadia
cervejas especiais, 489-503
cervejas trapistas e de abadia, 83, 294-328
Ale, fortes e escuras, 316-317
Chimay, cervejas, 297, 299-302, 316-317, 318
Dubbel, estilo, 82, 297-298
e comida, 313-321
fabricantes seculares de, 321-328
Orval, cerveja, 297, 303-306, 319-321
Rochefort, cervejas, 297, 309-312, 316, 317
Tripel, estilo, 83, 297, 298, 317-319
Westmalle, cervejas, 297, 307-308
Westvleteren, cervejas, 297, 312-313, 316-317
champanhe, 88-89
Chimay Blanche, 301
Chimay Bleu, 301-302
Chimay, cervejas, *295*, 297, 299-302, 316-317, 318
copos para, 508
Chimay Rouge, 300
Chinook, lúpulo, 34, 422, 424
Chiswick Bitter, 186
chocolate, 97, 209-210

chocolate, malte, 31, 40, 210
Christian Merz Brauerei Spezial, 502
Churchill, The, 171, 187
Colônia da Baía de Massachusetts, 62
comida
e Barley Wine, 244-246, 483-484
e Bière de Garde, 336-339
e Bitter, 169-172
e Brown Ale e Mild Ale, 199-201
e Brown Ale e Red Ale flamengas, 272-275
e cerveja, 73-103, 115-119, 518-526
e cerveja de trigo, 75, 135-140, 147-150
e cerveja de trigo bávara, 135-140
e cervejas artesanais americanas, 423-426, 437-439, 444-445, 449-451, 460-463, 477-479, 483-484
e cervejas de estilo belga, 76, 77, 147-150, 262-264, 272-275, 282-285, 313-321, 330-332, 336-339
e cervejas de estilo britânico, 169-172, 176-179, 199-201, 208-210, 214-219, 232-234, 244-246
e cervejas trapistas e de abadia, 313-321
e Framboise, 117-118
e Gueuze, 115-117
e Helles, 362-365
e India Pale Ale, 176-179, 423-426
e Kriek, 117-118
e Lager, 357-360, 362-365, 372-373, 377-379, 388-390, 397-400, 410-411
e Lambic, 115-119
e Old Ale, 244-246
e Orval, 319-321
e Pilsen, 357-360
e Porter, 208-210, 460-463
e Saison, 282-285
e Scotch Ale e Scottish Ale, 232-234
impacto da (com cerveja), 86-88
veja também nas cervejas e estilos específicos
Companhia Holandesa das Índias Ocidentais, 60
condicionamento em barril, cervejas com, 89, 160-164, *163*, 169
Constituição Norte-Americana, festa federal em comemoração à ratificação da, 64
Coors *veja* Adolph Coors
copos, 507-511
Corsendonk Abbey Brown Ale, 323
Corsendonk Abbey Pale Ale, 323-324
Corsendonk Agnus Dei, 323-324
Covaleski, Bill, 326-327
cristal, malte, 31, 40, 96
Czechvar, cerveja, 366-367

DAB, cervejaria *veja* Dortmunder Actien Brauerei
DAB Original, cerveja, 374, *374*
Dark Lager, 376-385

Dedeycker, Olivier, 286, 289
De Gouden Boom *veja* Gouden Boom, cervejaria
De Kluis, 146, 150
De Koninck, cerveja, 262, 264-265
Delirium Tremens, cerveja, 334
Dennis, Giles, 251, 252
De Ridder, cervejaria, 151
Deschutes Black Butte Porter, 470-471
Deschutes Brewery, 470-471
Deschutes Obsidian Stout, 471
D. G. Yuengling & Sons Brewery *veja* Yuengling & Sons, cervejaria
Dhaussy, Alain e Martine, 344
Dinkelacker Dark, 382
Dinkelacker-Schwaben Bräu, 382
Dits, Jean-Marie, 290
Dixie Blackened Voodoo, 384
Dixie Brewing Company, 384
doçura, 95-97
Doelger, família, *68*
Dogfish Head Brewing Company, 441-442
Dogfish Head Indian Brown Ale, 442
Doppelbock, cerveja, 78, 82, 84, 96, 101, 144, 351, 393-408
Dortmunder Actien Brauerei, 373-374, *374*
Dortmunder Export, cerveja, 82, 371-376
Dortmunder Union Brauerei, 374, 405
Dos Equis, cerveja, 387-388
Draught Bass, 193-194
Dreher, Anton, 385-386
Drexler, Hans Peter, *37*, 143
Drury, Reg, 250
dry-hopping, 46, 166
Dubbel, 78, 80, 90, 297, 298, 314
Du Bocq Brewery, 323-324
Dunkel, cerveja, 82, 360, 376-385
Dunkelweisse, 135, 136
Dunkelweizen, 135

Eaton, Nathaniel, 62
Egito, 53-54, 55, 294
Einbecker Brauhaus, 405, 411
Einbecker Mai-Ur-Bock, 407
Einbecker Schwarzbier, 411
Eisbock, cerveja, 396-397
Eldridge Pope Brewery, 253-254
Eldridge, Sarah, 253
Engel & Wolf Brewery, 66
envasamento, 46-48
Erdinger Dunkel Weisse, 141
Erdinger Weissbier, 141
Erdinger Weissbrau, 141-142

Estados Unidos
cervejas nos, 64-65, 71
imigração alemã para os, 65-66, 65, 206-207
primeiras cervejarias nos, 60-67
veja também artesanais americanas, cervejas

Fat Tire Amber Ale, 268-269, 280
Feinberg, Don, 292, 327-328
Feldschlossen, cervejaria, 404
fermentação, 25-26, 34-37, 44-46, 88, 349, 376
Burton Union System, 195-196
espontânea, 107
Yorkshire square, 182
Filadélfia, 66
filtração, 46-48
Fleming, Claudia, 97-98
Forêt, cerveja, 288
Framboise, 82, 111, 112-127, 475-476
e comida, 117-118
fabricantes de, 119-127
Framboise Boon, 120-121
francesas, cervejas *veja* Bière de Garde
Franklin, Sean, 191
Fraøch Heather Ale, 239-240
Friesiches Brauhaus Zu Jever *veja* Jever, cervejaria
frisagem, processo de (*krausening*), 46
Frísia, 368
Fuggle, lúpulo, 34, 165-166
Full Sail Amber, 428
Full Sail Brewing Company, 427-428
Full Sail IPA, 427-428
Full Sail Pale Ale, 427-428
Fuller's 1845, 188
Fuller's Brown Ale, 198-199
Fuller's, cervejaria, *160*, 166, 171, 175, 183, 186-188, 224, 250-251
Fuller's ESB, 187, 204
Fuller's Golden Pride, 204, 242-243, 250
Fuller's London Porter, 224
Fuller's London Pride, *160*, 186-187
Fuller's Vintage Ale, 244, 250-251

Gale, George, 255-256
Gale's Festival Mild, 203
Gale's Prize Old Ale, 244, 255-256
Geary's, cervejaria, 228
Geary's London Porter, 228
George Gale & Company, 203, 255-256
Geuze Boon, 120
Ghequire, Rudi, 276
Gobron, Pierre, 291-292

Golden Pride, cerveja, 250
Golden Promise, malte, 28
Golding, lúpulo, 34, 165-166
Goose Island Beer Company, 429-430
Goose Island Hex Nut Brown Ale, 441
Goose Island India Pale Ale, 430
Gouden Boom, cervejaria, 151-152, 321-322
Gouden Carolus, cerveja, 326
Gouden Carolus Triple, cerveja, 326
Gramercy Tavern, 97
Great British Beer Festival, 187
Great Lakes Brewing Company, 374-376, 469-470, *469*
Great Lakes Dortmunder Gold, 374-375
Great Lakes Edmund Fitzgerald Porter, 469-470
Green Dragon Brewery, 253
Greene, Benjamin, 179
Greene King 5X, 246, *246*
Greene King Abbot Ale, 179-180
Greene King, cervejaria, *163*, 179-180, 246-248, *246*
Grieco, Paul, 101
grist, 40-41
grogue, 174
Groll, Josef, 352-353
Grolsch Amber Ale, 492
Grolsch Bierbrouwerij, 492
gruit, 59
G. Schneider & Sohn *veja* Schneider Brewery
Guerra da Independência, 62-63
gueuze, 82, 86, 110-112
  e comida, 115-117
  fabricantes de, 119-127
Guilherme IV, duque da Baviera, 59
Guinness & Sons, 159, 206, 207, 210, 211, 212, 219-221
Guinness, Arthur, 206, 210-211
Guinness Foreign Extra Stout, 214, *220*, 221
Guinness Stout Draught, 219
Guinness West Indies Porter, 211, 214

Haffenreffer, cerveja, 159
Hainaut, província de, 281, 285-286, *286*
Hansen, Emil, 350
Hanssens Artisanaal, 110, 123-125
Hanssens Artisanaal Oudbeitje, 124
Hanssens Oude Gueuze, 124
Hanssens Oude Kriek, 124-125
Hare, Robert, 63, 206-207
Harvard, Universidade de, 62
Harvey & Son, 189-191, *193*, 225-228
Harveys Elizabethan Ale, 244
Harveys Sussex Bitter, 190-191

Harwood, Ralph, 205
Harwood's Entire, 205
Heather Ales, cervejaria, 239-240
Hefeweizen, 82, 84-86
Heineken, cerveja, 141, 355, 360
hekt (cerveja do Antigo Egito), 54
Helles, cerveja, 82, 351, 360-371, 376
    e comida, 362-365
    fabricantes de, 365-371
Hellesbock, cerveja, 394
Het Anker, cervejaria, 326
hidromel, 51
Highgate & Walsall, cervejaria, 201-202
Highgate Mild, 201-202
Hindy, Steve, *450*, 452-453
Hodgson, George, 172, 174
Hodgson's East India Pale Ale, 172
Hoegaarden, 150-151
Hoegaarden Original White, 150-151
Hofbräuhaus, 361, *362*, 364-365, 394
Honkers Ale, 430
Hudepohl-Schoenling, cervejaria, 454
Hughes, Sarah, 249
Hurlimann, cervejaria, 404
Huyghe, cervejaria, 333-334

IBU (International Bitterness Units), 94
ice beers, 397
Imperial Extra Double Stout, 226-228, *226*
Imperial Stout, 75, 81, 98, 213-214, 218-219, 223-224, 227
impostos, 58, 60-62
India Pale Ale, 39, 78-79, 82, 84-85, 101, 172-196, 420-435
    americana, 420-435
    britânica, 39, 82, 84-85, 101, 172-196
    e comida, 176-179, 423-426
    fabricantes de, 179-196, 426-435
Inglaterra, 55-57
Inselkammer, Franz, 382-383, 402
Interbrew, 150, 193
In t'Spinnekopke, albergue, 117
Irish Stout, 38, 93, 210-229
Irlanda, 206

Jägermeister, 59
Japão, 139, 397
Jefferson, Thomas, 64, 206
Jenlain Original French Ale, 340
Jenner, Miles, 190, 227
Jerez Fino, 107
Jever, cervejaria, 368-369

Jever Original Friesland Pilsener, 368-369
Jordan, Kim, 268
J. W. Lees & Company, *47*, 251-253
J. W. Lees Harvest Ale, 102, 245, 251-253, *253*

Kalamazoo Brewing Company, 466-467
Kasteelbier Donker Foncée, 325
Kasteelbier Golden Triple, cerveja, 324-325
Keersmaekers, Jef, 323-324
Kellerbier, 351
Key, Francis Scott, 65
Kingfisher, cerveja, 355
Kirin, cerveja, 355
Klisch, Russell e Jim, 385
Koch, cervejaria, 454
Kölsch, cerveja, 82, 493-497
König Ludwig Dunkel, cerveja, 381
Kostritzer Schwarzbier, 409
Krausening (método de carbonatação), 350
Kresge, S. S., 67
Kriek, 82, 111, 112-127, 259, 271, *271*, 475-476
    e comida, 117-118
    fabricantes de, 119-127
Kriek Boon, 121
Kristalweizen, 140
Kulmbacher, cervejaria, 411-412
Kulmbacher Mönchshof Kloster-Schwarzbier, 412
Kulmbacher Reichelbrau, cervejaria, 397
Kulminator, cerveja, 396
Küppers, cervejaria, 497
Küppers Kölsch, 497

La Choulette Ambrée, cerveja, 344
La Folie, cerveja, 280
Lager, cerveja, 36-38, 66, 79, 347-412
    e comida, 357-360, 362-365, 372-373, 377-379, 388-390, 397-400, 410-411
    escura, 376-385
    fabricantes de, 365-371, 373-376, 379-385, 390-393, 400-408, 411-412
    moderna massificada americana, 71
    veja também Lager específicas
Lager de estilo boêmio-germânico *veja* Lager, cerveja
Lager, levedura, 35, 36, 37-38, 44, 376
Lakefront Brewing Company, 385
Lakefront Eastside Dark, 385
Lambic, cervejas, 36, 78-79, 83, 98, 107-127, *109*
    com frutas, 112-115, 117
    e comida, 115-119
    fabricantes de, 119-127
lauter, 42
lauter tun, 42

Lebesch, Jeff, 268
Le Coq, Albert, 225-226
Lei da Pureza da Cerveja (Reinheitsgebot), 59, *60*, 351, 380
"Leis do Duque" (1664), 62
Lei Seca, 67-71, 207
Lei Volstead, 68, 70
Leon Negro, cerveja, 387-388
levedura, 25-26, 34-38, *37*, 44, 45, 95, 347-350, 351
    aromas de, 79-80
Liberty Ale, 193
Liefmans, cervejaria, 278-279
    garrafas da, 271
    Goudenband de, cerveja, 278-279
Liga Anti-Saloon, 67
Lindemans Cuvée René, 126
Lindemans Framboise, 98, 126
Lindemans Gueuze Lambic, 125-126
Lindemans Pêche, 127
Littlefield, Wendy, 292-293, 327-328
Livarot, queijo, 101-102
Luitpold, Príncipe da Baviera, 379-382
lupulina, 32
lúpulos, 26, 31-34, *33*, 43-44
    amargor de, 92-94
    aromas de, 79-80
    envelhecidos, 108

macerado, 27, 41-42
Maclay, cervejaria, 239
Madison, James, 63, 64
Magic Hat Brewing Company, 463-464
Magic Hat Heart of Darkness, 464
Magistrator, cerveja, 396
Maibock, cerveja, 394-395
malte, 26, 27-31
    amargor de, 92-94
    aromas de, 79-80
    doçura de, 95-97
malte torrado, 40, 97
malte de trigo, 40-41
Manhattan Brewing Company, 145, 453, 463, 473-474
Manneken Pis, 152
Maredsous 8 Dobbel, cerveja, 324
Maredsous 10, cerveja, 324
Maris Otter, malte, 28, 31, 434
Marston, Thompson & Evershed, cervejaria, 170, 195-196
Marston's Pedigree, 196
Märzen, cerveja, 83, 360, 385-393
Märzen Oktoberfest, cerveja, 352-353
mash tun, 40-41

Mateen, cerveja, 334
Matt Brewing Company, 452, 471-473
Matt, família, *472*
maturação a frio, processo de, 45-46, 347
Maytag, Fritz, 193, 418, 435, 456-457, 484, 486
McEwans, cervejaria, 236
McEwans Scotch Ale, 236
Mendocino Brewing Company, 418
Meux, cervejaria, 205, 206
microcervejaria, 418-419
Miller Brewing, 146
Milwaukee, 66-67
Minuit, Peter, 60
mistura de cervejas, 204-205
misturadoras, empresas, 110
Moinette Bio, 288
Moinette, cerveja, 288, 289
Moortgat, cervejaria, 328, 329
Moretti, cervejaria, 399
Moretti Doppio Malto, 399
Morland's Old Speckled Hen, 180
mosteiros, 56, 81, 296
mosto, 27, 40-44, 44-45
Munique, malte, 30
Murphy and Son Brewery, 211, 222-223
Murphy's Irish Stout, 222-223
Musso, Teo, 293

National Bohemian, cerveja americana, 354
Negra Modelo, cerveja, 387-388
Neidhart, Matthias, 227
New Albion, cervejaria, 418
New Belgium Brewing Company, 268, 280
Newcastle Amber Ale, 197-198
Newcastle Brown Ale, 197-198, 202, 436
New Glarus Brewing Company, 103, 480-481
New Glarus Raspberry Tart, 481
New Glarus Wisconsin Belgian Red, 480-481
Ninkasi (deusa suméria), 52
Noche Buena, cerveja, 387-388
Nora, cerveja, 294
North Coast Brewing, 446-447
Nova Amsterdã, 60-62
Nova York (cidade), 60, 66-67
Nut-Brown Ale (Ale avelã), 202-203

Oatmeal Stout, 213, 217, 223, 224-225, 465
Odell's, cervejaria, 446
Odell's Easy Street Wheat, 446
Okocim Porter, 229

Oktoberfest, cerveja, 30, 83, 385-393
Oktoberfest (festival alemão), 361, 380, 390-391
Old Ale, 83, 240-256
    e comida, 262-264
    fabricantes de, 264-256
Olde Suffolk, cerveja, 246-248
Ommegang, cerveja, 267-268, 292-293, 327-328
Ommegang Hennepin, 102, 267-268, 292-293
opaco (sabor de cerveja), 90-92
ordem cisterciense, 296
original gravity, 43
Orkney Brewery, 238-239
Orkney Dark Island, 238
Orkney Skullsplitter, 238-239
Orval, cerveja, 297, 303-306
e comida, 319-321
Oud Bruin (estilo de cerveja), 83, 269-280
Oudenaarde, 269-270, 278

Pale Ale
    americana, 78-79, 90-92, 420-435
    belga, 261-269
    britânica, 165, 172-196
    inglesa, 78
    malte, 30-31, 40-41
    veja também India Pale Ale
Palm, cervejaria, 267, 276-277
Paris, 59
Paulaner Hefe-Weizen, 140-141
Paulaner Oktoberfest Märzen, 390-391
Paulaner Salvator, 396
Paulaner-Salvator-Thomasbräu, 140-141, 390-391, 395-396, 400-402
Pajottenland, distrito de (Bélgica), 107
Perfect Match, The (St. Pierre), 9
Perle, lúpulo alemão, 34, 145
Petrus Oud Bruin, cerveja, 279-280
Pikantus Dunkler Weizenbock, 141-142
Pilsen, a cerveja de Groll, 352
Pilsen/Pilsner, cerveja, 37, 39-40, 78-79, 83, 95, 261, 351, 352-360, 365-371
    e comida, 357-360
    fabricantes de, 365-371
    malte, 30
Pilsner Urquell, cervejaria, 353, 365-366
Pittsburgh Brewing Company, 454
Plato, escala, 43
Porter, cerveja, 63-64, 78-79, *207*
    americana, 83, 458-475
    britânica, 204-210, 219-229
    e comida, 208-210, 460-463
    fabricantes de, 219-229, 463-475

Porter, Jim, 197
Porto, vinho do, 102-103
Potter, Tom, *450*, 452
Powell-Evans, Michael, 189
preto, malte, 30
Privatbrauerei Frankenheim, 491-492
Privatbrauerei Franz Inselkammer *veja* Ayinger Brauerei Inselkammer
Privatbrauerei Heinrich Reissdorf, 496-497
processo de envelhecimento em baixa temperatura, 46
pubs, 162-164

"quase cerveja", 68-69
queijo suíço, 101

Radlermass, 113
Ramsés II (faraó egípcio), 53-54
Rare Vos, cerveja, 267-268
Raspberry Tart, cerveja de fruta (Fruit Beer), 103
Rauchbier *veja* Smoked Beer
Redhook Ale Brewery, 429
Redhook IPA, 429
Red Stripe, 357
refrigerantes, 70-71
Reinheitsgebot (Lei da Pureza), 59, 60, 351, 380
Reissdorf Kölsch, 497
resfriamento, nave de, 108
Riva, grupo, 278, 332-333
Rochefort, cervejas, 297, 309-312, 316-317
Rochefort Eight, 311, 316-317
Rochefort Six, 310, 311
Rochefort Ten, 311, 316-317
Rockefeller, John D., 67
Rodenbach, cerveja, 272-273, 275-278
Rodenbach, cervejaria, *276*
Rodenbach Grand Cru, 277-278
Rogue Brewing Company, 467-468, 487
Rogue Mocha Porter, 467-468
Rogue Old Crustacean, 487
Rogue Shakespeare Stout, 468
Roosevelt, Teddy, 67
Rooster's, cervejaria, 191
Rooster's Yankee, 191
Rosier, Marc, 286
Roth Käse, 101
Ruppert, Jacob, 159
Rush, Benjamin, 63
rusk, cereal, 171
Russian River Brewing, 431-432
Russian River India Pale Ale, 431-432

Saaz, lúpulo checo, 34
Sacré, Vincent, 302
Saison, cerveja, 76-77, 78, 83, 89-90, 91, 92, 101, 102, 281-294
    e comida, 282-285
    fabricantes de, 285-294
Saison de Pipaix, cerveja, 291
Saison Dupont Vieille Provision, cerveja, 76-77, 78, 286-290, *286*
Samichlaus, cerveja, 404-405
Samuel Adams Boston Lager, 269, 387-388, 419, 447, 454-455
Samuel Smith's Imperial Stout, 223-224
Samuel Smith's India Ale, 176, 182-183
Samuel Smith's Nut Brown Ale, 77, 197, 202-203
Samuel Smith's Oatmeal Stout, 223
Samuel Smith's Old Brewery, 173, 181-183, 202-203
Samuel Smith's Old Brewery Bitter, 170-171
Samuel Smith's Old Brewery Pale Ale, 173, 182
Samuel Smith's Taddy Porter, 208, 223
Samuel Smith's Winter Welcome, 182
Sapporo, cerveja, 355, 409-410
Sarah Hughes Brewery, 249
Sarah Hughes Dark Ruby Mild, 249
Saranac Black & Tan, cerveja, 473
Schaapskooi, 297
Schlenkerla, *503*
Schlenkerla Rauchbier Märzen, 499-500, 501
Schlenkerla Rauchbier Weizen, 501-502
Schlossbrauerei Eggenberg, 404-405
Schlossbrauerei Kaltenberg, 379-382
Schloss Kaltenberg, *349*
Schneider Brewery, *37*, 143-144
Schneider, Georg, 133, *137*
Schneider Weisse, 77, 142-143
Schwarzbier, 83, 351, 409-412
Scotch Ale e Scottish Ale, 83, 229-240
    e comida, 232-234
    fabricantes de, 234-240
Scottish & Newcastle Breweries, 202, 236, 248
Sedlmayr, Gabriel e Josef, 367-368, 386-387, 391
Sierra Nevada Bigfoot, 485
Sierra Nevada Brewing Company, 173, 426-427, 465-466, 484-485
Sierra Nevada Pale Ale, 422, 427
Sierra Nevada Porter, 465-466
Sierra Nevada Stout, 460-461, 466
Simon, Joanna, 99, 210
Singha, cerveja, 355
Sint-Sixtusabdij van Westvleteren, cervejaria, 297
Slanted Door, 285
Smoked Beer, 497-503
Smuttynose Brewing Company, 440, 463
Smuttynose Old Brown Dog Ale, 440

Smuttynose Robust Porter, 463
Snake River Brewing Company, 393
Snake River "Vienna Style" Lager, 393
sparging, 42
Spaten-Franziskaner-Bräu, 350, 352-353, 360-361, 367-368, 386, 391, 403-404
Spaten Helles LagerBier, 368
Spaten Oktoberfest Ur-Märzen, *389*, 391
Spaten Optimator, cerveja, 396, *401*, 403-404
Spaten Premium Lager, 368
Speciale Palm, cerveja, 267
Special London Ale, 175
Spezial Rauchbier, 502
St. Amand French Country Ale, 341
Staropramen, cervejaria, 369
Steam Beer, 418, 435, 455-458
Steenbrugge Dubbel Bruin, cerveja, 322
Steenbrugge Tripel Blonde, cerveja, 322
Stella Artois, cerveja, 355
Stone Brewing Company, 423
Stout, 97
    americana, 83, 458-475
    britânica, 38, 75, 83, 210-229
    Imperial, 75, 83, 98, 213-214, 218-219, 223-224, 225-226, 227
    irlandesa, 38, 93, 210-229
    veja também Stout específicas
St. Pierre, Brian, 99
Stroh Brewery, 68-69
Strong Suffolk, cerveja, 246-248
Suméria, 52-53, *53*
Suntory, cerveja, 355
Super Baladin, cerveja, 294

Tadcaster, cidade, 181
tanino, 33
temperatura, 95, 511-514
Tetley Bitter, 181
Tetley, cervejaria, 181
Tetley's English Ale, 181
Tettnang, lúpulo alemão, 34
Theakston, cervejaria, 248-249
Theakston's Old Peculier, 244, 245, 248
Thomas Hardy Ale, 254-255
Thomas Hardy Brewing, 253-255
Thrale's Anchor Brewery, 225
Timothy Taylor, cervejaria, 193
Timothy Taylor's Landlord, cerveja, 193, 435
Tod, Rob, 153-154
Toison d'Or, cerveja, 326
Traquair House Ale, 235
Traquair House, cervejaria, 234

Traquair Jacobite Ale, 234
tratado prático sobre a natureza da fabricação de cerveja, Um, 242
"três fios" (mistura de cervejas), 205
Tripel, 78-79, 81-84, 91, 297-298
Triumphator, cerveja, 396
Tsing-Tao, cerveja, 355

Utica Club, cerveja, 471

Valônia, 281
Van den Bogaert, Modeste, 262, 264-265, *267*
Van Honsebrouck, cervejaria, 324-325
Van Steenberge, cervejaria, 323, 333
Vapeur en Folie, cerveja, 291
Vaux, cervejaria, 197
Victory Brewing Company, 326-327, 430, *431*
Victory Golden Monkey, 326-327
Victory Hop Devil Ale, 430
Victory Storm King Imperial Stout, 468
Viena, malte, 30
Vienna, cerveja, 83, 385-393
vinho, 75, 76, 79, 88-89, 92, 99-103, 136, 217-218, 240-243
von Linde, Carl, 350

Wagner, John, 66
Washington, George, 63-64, *63*, 206-207
Weihenstephaner, cervejaria, 142
Weihenstephaner HefeWeissbier, 142
Weissbier *veja* cerveja de trigo, bávara
Weisses Bräuhaus, 133
Weizenbier *veja* cerveja de trigo, bávara
Weizen Doppelbock, 144
Westmalle, cervejas, 299, 307-308
Westmalle Dubbel, 307-308
Westmalle Tripel, 307-308
Westvleteren Abt, 313
Westvleteren, cervejas, 297, 312-313, 316-317
WH Brakspear & Sons Brewery *veja* Brakspear & Sons Brewery
Whitbread, cervejaria, 205
Whitbread's Gold Label, 242-243
White Horse, The, 194
White, Roger, 238
widget, embalagem, 168
Widmer Brothers, cervejaria, 443, 445-446
Widmer Hefeweizen, 445
Wieckse Witte, 151
Williams, Bruce, 239
Wine with Food (Simon), 99
Wisconsin Belgian Red, cerveja de fruta, 103, 480-481
Witbier (Weissbier, Bière Blanche, cerveja branca), 17-18, 131, 132-133

Witty, Mark, 145
Woodforde's Norfolk Ales, 203-204
Woodforde's Norfolk Nog, 204

Younger's Double Century, 236
Young's, cervejaria, 175, 183-185, *184*, 224-225, 249-250
Young's Export, 184-185
Young's Oatmeal Stout, 224-225
Young's Old Nick, 245, 249-250
Young's RamRod, 184
Young's Special Bitter, 184
Young's Special London Ale, 175, 184-185, 435
Yuengling & Sons, cervejaria, 66, 68, 207
Yuengling, David G., 66